学问与人生

典藏版

新编胡适文选

胡 适／著

耿云志 宋广波／编

外语教学与研究出版社

北京

图书在版编目 (CIP) 数据

学问与人生：新编胡适文选：典藏版 / 胡适著；耿云志，宋广波编. -- 北京：外语教学与研究出版社，2024.3
ISBN 978-7-5213-4993-1

I. ①学… II. ①胡… ②耿… ③宋… III. ①胡适（1891-1962）-文集 IV. ①C52

中国国家版本馆 CIP 数据核字 (2024) 第 030410 号

出 版 人　王　芳
责任编辑　仲志兰
责任校对　段会香
封面设计　彩奇风
出版发行　外语教学与研究出版社
社　　址　北京市西三环北路 19 号（100089）
网　　址　https://www.fltrp.com
印　　刷　三河市紫恒印装有限公司
开　　本　650×980　1/16
印　　张　30
版　　次　2024 年 3 月第 1 版 2024 年 3 月第 1 次印刷
书　　号　ISBN 978-7-5213-4993-1
定　　价　83.00 元

如有图书采购需求，图书内容或印刷装订等问题，侵权、盗版书籍等线索，请拨打以下电话或关注官方服务号：
客服电话：400 898 7008
官方服务号：微信搜索并关注公众号"外研社官方服务号"
外研社购书网址：https://fltrp.tmall.com

物料号：349930001

编者说明

从 20 世纪 80 年代末期以来，海内陆续有人编辑出版胡适著述的选辑本。有按专题编的，如胡适论教育之类；有按类分卷编辑的，如分哲学卷、文学卷……之类；也有多卷本的综合性的选集；等等。但这些选本都有一个问题：就是对于从事专业研究的学者来说，它们还不能满足需要；而对于普通读者来说，又嫌太专门、太狭窄或太繁重。我们一直有个想法，想编一种适合普通读者的需要，特别是适合青年读者的需要的一种胡适著作的选本。1997 年，我应香港商务印书馆之请，为他们编辑一本三十多万字的胡适著作选本，大体就是按我的上述想法编的。出版发行的情况很不错。十多年来，至今仍有销售。但它是竖排的繁体字版，价钱又较贵，不很适合内地读者的需要。

此次的这个选本，充分借鉴了香港 1997 年的那个选本，分类的序列只做了很小的调整，文章的篇目则有较多的改动。我相信，这个选本应更加适合内地大多数普通读者，特别是青年读者的需要。

这里还需要说明如下几点：

一、本书在篇目的选择上，照顾到全面性。既要涵盖其一生的著述历程，又要涉及他发挥影响的各个方面，如文学、历史与哲学等。同时，我们还特别注意有所侧重，即着重选择那些有启蒙意义、关乎个人修养与处事的历练、做学问的态度与方法以及对人生与世局的观察与体验等内容。我们觉得，这些可能是青年朋友们更加感兴趣的。

二、本书所选各篇，先从新刊横排简体字胡适著作选本中录出，再依亚东图书馆的《胡适文存》本、商务印书馆的《胡适论学近著》本和台湾远流出版公司的《胡适作品集》本做校订。超出以上三书范围的，则找出其在报刊上最初发表的文本做校订。

三、为方便读者阅读，特在每篇文章末作者所署的日期后标注其对应的公历日期。

四、为满足想更多地读一些胡适作品的朋友的愿望，我们在书后列出一个《补充选目》，供大家参考。

编者

目　录

1
文学革命

文学改良刍议

今之谈文学改良者众矣，记者末学不文，何足以言此？然年来颇于此事再四研思，辅以友朋辩论，其结果所得，颇不无讨论之价值。因综括所怀见解，列为八事，分别言之，以与当世之留意文学改良者一研究之。

吾以为今日而言文学改良，须从八事入手。八事者何？

一曰，须言之有物。

二曰，不摹仿古人。

三曰，须讲求文法。

四曰，不作无病之呻吟。

五曰，务去烂调套语。

六曰，不用典。

七曰，不讲对仗。

八曰，不避俗字俗语。

一曰须言之有物

吾国近世文学之大病，在于言之无物。今人徒知"言之无文，行之不远"；而不知言之无物，又何用文为乎？吾所谓"物"，非古人所谓"文以载道"之说也。吾所谓"物"，约有二事：

（一）情感 《诗序》曰："情动于中而形诸言。言之不足，故嗟叹之。嗟叹之不足，故咏歌之。咏歌之不足，不知手之舞之，足之蹈之也。"此吾所谓情感也。情感者，文学之灵魂。文学而无情感，如人之无魂，木偶而已，行尸走肉而已。（今人所谓"美感"者，亦情感之一也。）

（二）思想 吾所谓"思想"，盖兼见地，识力，理想，三者而言之。思想不必皆赖文学而传，而文学以有思想而益贵；思想亦以有文学的价值而益贵也：此庄周之文，渊明老杜之诗，稼轩之词，施耐庵之小说，所以复绝千古也。思想之在文学，犹脑筋之在人身。人不能思想，则虽面目姣好，虽能笑啼感觉，亦何足取哉？文学亦犹是耳。

文学无此二物，便如无灵魂无脑筋之美人，虽有秾丽富厚之外观，抑亦末矣。近世文人沾沾于声调字句之间，既无高远之思想，又无真挚之情感，文学之衰微，此其大因矣。此文胜之害，所谓言之无物者是也。欲救此弊，宜以质救之。质者何？情与思二者而已。

二曰不摹仿古人

文学者，随时代而变迁者也。一时代有一时代之文学：周秦有周秦之文学，汉魏有汉魏之文学，唐、宋、元、明有唐、宋、元、明之文学。此非吾一人之私言，乃文明进化之公理也。即以文论，有《尚书》之文，有先秦诸子之文，有司马迁、班固之文，有韩、柳、欧、苏之文，有语录之文，有施耐庵、曹雪芹之文：此文之进化也。试更以韵文言之：《击壤》之歌，《五子》之歌，一时期也；《三百篇》之诗，一时期也；屈原，荀卿之骚赋，又一时期也；苏李以下，至于魏晋，又一时期也；江左之诗流为排比，至唐而律诗大成，此又一时期也；老杜、香山之"写实"体诸诗（如杜之《石壕吏》、《羌村》，白之《新乐府》），又一时期也；诗至唐而极盛，自此以后，词曲代兴，唐五代及宋初之小令，此词之一时代也；苏、柳（永）、辛、姜之词，又一时代也；至于元之杂剧传奇，则又一时代矣；凡此诸时代，各因时势风会而变，各有其特长，吾辈以历史进化之眼光观之，决不可谓古人之文学皆胜于今人也。左氏、史公之文奇矣，然施耐庵之《水浒传》视《左传》、《史记》何多让焉？《三都》、《两京》之赋富矣，然以视唐诗，宋词，则糟粕耳。此可见文学因时进化，不能自止。唐人不当作商周之诗，宋人不当作相如、子云之赋，——即令作之，亦必不工。逆天背时，违进化之迹，故不能工也。

既明文学进化之理，然后可言吾所谓"不摹仿古人"之说。今日之中国，当造今日之文学，不必摹仿唐宋，亦不必摹仿周秦也。前见"国会开幕词"，有云："于铄国会，遵晦时休"。此在今日而欲为三代以上之文之一证也。更观今之"文学大家"，文则下规姚曾，上师韩欧；更上则取法秦、汉、魏、晋，以为六朝以下无文学可言，此皆百步与五十步之别而已，而皆为文学下乘。即令神似古人，亦不过为博物院中添几许"逼真赝鼎"而已，文学云乎哉！昨见陈伯严先生一诗云：

涛园抄杜句，半岁秃千毫。所得都成泪，相过问奏刀。

万灵噤不下，此老仰弥高。胸腹回滋味，徐看薄命骚。

此大足代表今日"第一流诗人"摹仿古人之心理也。其病根所在，在于以"半藏秃千毫"之工夫作古人的抄胥奴婢，故有"此老仰弥高"之叹。若能洒脱此种奴性，不作古人的诗，而惟作我自己的诗，则决不致如此失败矣。

吾每谓今日之文学，其足与世界"第一流"文学比较而无愧色者，独有白话小说（我佛山人，南亭亭长，洪都百炼生，三人而已）一项。此无他故，以此种小说皆不事摹仿古人（三人皆得力于《儒林外史》、

《水浒》、《石头记》。然非摹仿之作也），而惟实写今日社会之情状，故能成真正文学。其他学这个，学那个之诗古文家，皆无文学之价值也。今之有志文学者，宜知所从事矣。

三曰须讲文法

今之作文作诗者，每不讲求文法之结构。其例至繁，不便举之，尤以作骈文律诗者为尤甚。夫不讲文法，是谓"不通"。此理至明，无待详论。

四曰不作无病之呻吟

此殊未易言也。今之少年往往作悲观，其取别号则曰"寒灰"，"无生"，"死灰"；其作为诗文，则对落日而思暮年，对秋风而思零落，春来则惟恐其速去，花发又惟惧其早谢；此亡国之哀音也。老年人为之犹不可，况少年乎？其流弊所至，遂养成一种暮气，不思奋发有为，服劳报国，但知发牢骚之音，感喟之文；作者将以促其寿年，读者将亦短其志气：此吾所谓无病之呻吟也。国之多患，吾岂不知之？然病国危时，岂痛哭流涕所能收效乎？吾惟愿今之文学家作费舒特（Fichte），作玛志尼（Mazzini），而不愿其为贾生、王粲、屈原、谢皋羽也。其不能为贾生、王粲、屈原、谢皋羽，而徒为妇人醇酒丧气失意之诗文者，尤卑卑不足道矣！

五曰务去烂调套语

今之学者，胸中记得几个文学的套语，便称诗人。其所为诗文处处是陈言烂调，"蹉跎"，"身世"，"寥落"，"飘零"，"虫沙"，"寒窗"，"斜阳"，"芳草"，"春闺"，"愁魂"，"归梦"，"鹃啼"，"孤影"，"雁字"，"玉楼"，"锦字"，"残更"，……之类，累累不绝，最可憎厌。其流弊所至，遂令国中生出许多似是而非，貌似而实非之诗文。今试举吾友胡先骕先生一词以证之：

> 荧荧夜灯如豆，映幢幢孤影，凌乱无据。翡翠衾寒，鸳
> 鸯瓦冷，禁得秋宵几度？么弦漫语，早丁字帘前，繁霜飞舞。
> 裊裊余音，片时犹绕柱。

此词骤观之，觉字字句句皆词也，其实仅一大堆陈套语耳。"翡翠衾"，"鸳鸯瓦"，用之白香山《长恨歌》则可，以其所言乃帝王之衾之瓦也。"丁字帘"，"么弦"，皆套语也。此词在美国所作，其夜灯决不"荧荧如豆"，其居室尤无"柱"可绕也。至于"繁霜飞舞"，则更不成话矣。谁曾见繁霜之"飞舞"耶？

吾所谓务去烂调套语者，别无他法，惟在人人以其耳目所亲见亲闻所亲身阅历之事物，一一自己铸词以形容描写之；但求其不失真，但求能达其状物写意之目的，即是工夫。其用烂调套语者，皆懒惰不肯自己铸词状物者也。

六曰不用典

吾所主张八事之中，惟此一条最受朋友攻击，盖以此条最易误会也。吾友江亢虎君来书曰：

> 所谓典者，亦有广狭二义。饾饤獭祭，古人早悬为厉禁；若并成语故事而屏之，则非惟文字之品格全失，即文字之作用亦亡。……文字最妙之意味，在用字简而涵义多。此断非用典不为功。不用典不特不可作诗，并不可写信，且不可演说。来函满纸"旧雨"，"虚怀"，"治头治脚"，"舍本逐末"，"洪水猛兽"，"发聋振聩"，"负弩先驱"，"心悦诚服"，"词

坛"，"退避三舍"，"滔天"，"利器"，"铁证"，……皆典也。
试尽抉而去之，代以俚语俚字，将成何说话？其用字之繁简，
犹其细焉。恐一易他词，虽加倍蓰而涵义仍终不能如是恰到
好处，奈何？……

此论甚中肯要。今依江君之言，分典为广狭二义，分论之如下：

（一）广义之典非吾所谓典也。广义之典约有五种：

（甲）古人所设譬喻，其取譬之事物，含有普通意义，不以时代而
失其效用者，今人亦可用之。如古人言"以子之矛，攻子之盾"，今人
虽不读书者，亦知用"自相矛盾"之喻，然不可谓为用典也。上文所
举例中之"治头治脚"，"洪水猛兽"，"发聋振聩"，……皆此类也。盖
设譬取喻，贵能切当；若能切当，固无古今之别也。若"负弩先驱"，
"退避三舍"之类，在今日已非通行之事物，在文人相与之间，或可用
之，然终以不用为上，如言"退避"，千里亦可，百里亦可，不必定用
"三舍"之典也。

（乙）成语　成语者，合字成辞，别为意义。其习见之句，通行已
久，不妨用之。然今日若能另铸"成语"，亦无不可也。"利器"，"虚
怀"，"舍本逐末"，……皆属此类。此非"典"也，乃日用之字耳。

（丙）引史事　引史事与今所论议之事相比较，不可谓为用典也。
如老杜诗云，"未闻殷周衰，中自诛褒妲"，此非用典也。近人诗云，
"所以曹孟德，犹以汉相终"，此亦非用典也。

（丁）引古人作比　此亦非用典也。杜诗云，"清新庾开府，俊逸鲍
参军"，此乃以古人比今人，非用典也。又云，"伯仲之间见伊吕，指
挥若定失萧曹"，此亦非用典也。

（戊）引古人之语　此亦非用典也。吾尝有句云，"我闻古人言，艰
难惟一死。"又云，"尝试成功自古无，放翁此语未必是。"此乃引语，
非用典也。

以上五种为广义之典，其实非吾所谓典也。若此者可用可不用。

（二）狭义之典，吾所主张不用者也。吾所谓用"典"者，谓文
人词客不能自己铸词造句以写眼前之景，胸中之意，故借用或不全切，

或全不切之故事陈言以代之，以图含混过去：是谓"用典"。上所述广义之典，除戊条外，皆为取譬比方之辞。但以彼喻此，而非以彼代此也。狭义之用典，则全为以典代言，自己不能直言之，故用典以言之耳。此吾所谓用典与非用典之别也。狭义之典亦有工拙之别，其工者偶一用之，未为不可，其拙者则当痛绝之。

子、用典之工者　此江君所谓用字简而涵义多者也。客中无书不能多举其例，但杂举一二，以实吾言：

（1）东坡所藏"仇池石"，王晋卿以诗借观，意在于夺。东坡不敢不借，先以诗寄之，有句云，"欲留嗟赵弱，宁许负秦曲。传观慎勿许，间道归应速。"此用蔺相如返璧之典，何其工切也！

（2）东坡又有"章质夫送酒六壶，书至而酒不达。"诗云，"岂意青州六从事，化为乌有一先生。"此虽工已近于纤巧矣。

（3）吾十年前尝有《读〈十字军英雄记〉》一诗云："岂有酖人羊叔子？焉知微服赵主父？十字军真儿戏耳，独此两人可千古。"以两典包尽全书，当时颇沾沾自喜，其实此种诗，尽可不作也。

（4）江亢虎代华侨诔陈英士文有"未悬太白，先坏长城。世无钮鹗，乃戕赵卿"四句，余极喜之。所用赵宣子一典，甚工切也。

（5）王国维咏史诗，有"虎狼在堂室，徙戎复何补？神州遂陆沉，百年委榛莽。寄语桓元子，莫罪王夷甫。"此亦可谓使事之工者矣。

上述诸例，皆以典代言，其妙处，终在不失设譬比方之原意；惟为文体所限，故譬喻变而为称代耳。用典之弊，在于使人失其所欲譬喻之原意。若反客为主，使读者迷于使事用典之繁，而转忘其所为设譬之事物，则为拙矣。古人虽作百韵长诗，其所用典不出一二事而已（《北征》与白香山《悟真寺诗》皆不用一典），今人作长律则非典不能下笔矣。尝见一诗八十四韵，而用典至百余事，宜其不能工也。

五、用典之拙者　用典之拙者，大抵皆懒惰之人，不知造词，故以此为躲懒藏拙之计。惟其不能造词，故亦不能用典也。总计拙典亦有数类：

（1）比例泛而不切，可作几种解释，无确定之根据。今取王渔洋

《秋柳》一章证之：

> 娟娟凉露欲为霜，万缕千条拂玉塘。
>
> 浦里青荷中妇镜，江干黄竹女儿箱。
>
> 空怜板渚隋堤水，不见琅琊大道王。
>
> 若过洛阳风景地，含情重问永丰坊。

此诗中所用诸典无不可作几样说法者。

（2）僻典使人不解。夫文学所以达意抒情也。若必求人人能读五车之书，然后能通其文，则此种文可不作矣。

（3）刻削古典成语，不合文法。"指兄弟以孔怀，称在位以曾是"（章太炎语），是其例也。今人言"为人作嫁"亦不通。

（4）用典而失其原意。如某君写山高与天接之状，而曰"西接杞天倾"是也。

（5）古事之实有所指，不可移用者，今往乱用作普通事实。如古人灞桥折柳，以送行者，本是一种特别土风。阳关渭城亦皆实有所指。今之懒人不能状别离之情，于是虽身在滇越，亦言灞桥；虽不解阳关、渭城为何物，亦皆言"阳关三叠"，"渭城离歌"。又如，张翰因秋风起而思故乡之莼羹鲈脍，今则虽非吴人，不知莼鲈为何味者，亦皆自称有"莼鲈之思"。此则不仅懒不可救，直是自欺欺人耳！

凡此种种，皆文人之下下工夫，一受其毒，便不可救。此吾所以有"不用典"之说也。

七曰不讲对仗

排偶乃人类言语之一种特性，故虽古代文字，如老子、孔子之文，亦间有骈句。如"道可道，非常道；名可名，非常名。无名天地之始，有名万物之母。故常无，欲以观其妙；常有，欲以观其微。"此三排句也。"食无求饱，居无求安。""贫而无谄，富而无骄。""尔爱其羊，我爱其礼。"——此皆排句也。然此皆近于语言之自然，而无牵强刻削之迹；尤未有定其字之多寡，声之平仄，词之虚实者也。至于后世文学末流，言之无物，乃以文胜；文胜之极，而骈文律诗兴焉，而长律兴焉。骈文律诗之中非无佳作，然佳作终鲜。所以然者何？岂不以其束缚人之自由过甚之故耶？（长律之中，上下古今，无一首佳作可言也。）今日而言文学改良，当"先立乎其大者"，不当枉废有用之精力于微细纤巧之末：此吾所以有废骈废律之说也。即不能废此两者，亦但当视为文学末技而已，非讲求之急务也。

今人犹有鄙夷白话小说为文学小道者，不知施耐庵、曹雪芹、吴趼人，皆文学正宗，而骈文律诗乃真小道耳。吾知必有闻此言而却走者矣。

八曰不避俗语俗字

吾惟以施耐庵、曹雪芹、吴趼人，为文学正宗，故有"不避俗字俗语"之论也（参看上文第二条下）。盖吾国言文之背驰久矣。自佛书之输入，译者以文言不足以达意，故以浅近之文译之，其体已近白话。其后佛氏讲义语录尤多用白话为之者，是为语录体之原始。及宋人讲学以白话为语录，此体遂成讲学正体（明人因之）。当是时，白话已久入韵文，观唐宋人白话之诗词可见也。及至元时，中国北部已在异族之下，三百余年矣（辽、金、元）。此三百年中，中国乃发生一种通俗行远之文学。文则有《水浒》、《西游》、《三国》……之类，戏曲则尤不可胜计。（关汉卿诸人，人各著剧数十种之多。吾国文人著作之富，未有过于此时者也。）以今世眼光观之，则中国文学当以元代为最盛；可传世不朽之作，当以元代为最多：此可无疑也。当是时，中国之文学最近言文合一，白话几成文学的语言矣。使此趋势不受阻遏，则中国几有一"活文学出现"，而但丁、路得之伟业（欧洲中古时，各国皆有俚语，而以拉丁文为文言，凡著作书籍皆用之，以吾国之以文言著书也。其后意大利有但丁〔Dante〕诸文豪，始以其国俚语著作。诸国踵兴，国语亦代起。路得〔Luther〕创新教始以德文译《旧约》、《新约》，遂开德文学之先。英法诸国亦复如是。今世通用之英文《新旧约》乃一六一一年译本，距今才三百年耳。故今日欧洲诸国之文学，在当日皆为俚语。迨诸文豪兴，始以"活文学"代拉丁之死文学；有活文学而后有言文合一之国语也。），几发生于神州。不意此趋势骤为明代所阻，政府既以八股取士，而当时文人如何李七子之徒，又争以复古为高，于是此千年难遇言文合一之机会，遂中道夭折矣。然以今世历史进化的眼光观之，则白话文学之为中国文学之正宗，又为将来文学必用之利器，可断言也。（此"断言"乃自作者言之，赞成此说者今日未必甚多也。）以此之故，吾主张今日作文作诗，宜采用俗语俗字。与其用三千年前之死字，（如"于铄国会，遵晦时休"之类）不如用二十世纪之活字；与其作不能行远不能普及之秦、汉、六朝文字，不如作家喻户晓之《水浒》、《西游》文字也。

结论

上述八事，乃吾年来研思此一大问题之结果。远在异国，既无读书之暇暑，又不得就国中先生长者质疑问难，其所主张容有矫枉过正之处。然此八事皆文学上根本问题，一一有研究之价值。故草成此论，以为海内外留心此问题者作一草案。谓之刍议，犹云未定草也，伏惟国人同志有以匡纠是正之。

民国六年一月

（1917 年 1 月）

建设的文学革命论
国语的文学——文学的国语

（一）

我的《文学改良刍议》发表以来，已有一年多了。这十几个月之中，这个问题居然引起了许多很有价值的讨论，居然受了许多很可使人乐观的响应。我想我们提倡文学革命的人，固然不能不从破坏一方面下手。但是我们仔细看来，现在的旧派文学实在不值得一驳。什么桐城派的古文哪，《文选》派的文学哪，江西派的诗哪，梦窗派的词哪，《聊斋志异》派的小说哪：——都没有破坏的价值。他们所以还能存在国中，正因为现在还没有一种真有价值，真有生气，真可算作文学的新文学起来代他们的位置。有了这种"真文学"和"活文学"，那些"假文学"和"死文学"，自然会消灭了。所以我望我们提倡文学革命的人，对于那些腐败文学，个个都该存一个"彼可取而代也"的心理，个个都该从建设一方面用力，要在三五十年内替中国创造出一派新中国的活文学。

我现在做这篇文章的宗旨，在于贡献我对于建设新文学的意见。我且先把我从前所主张破坏的八事引来做参考的资料：

一、不做"言之无物"的文字。

二、不做"无病呻吟"的文字。

三、不用典。

四、不用套语烂调。

五、不重对偶——文须废骈，诗须废律。

六、不做不合文法的文字。

七、不摹仿古人。

八、不避俗话俗字。

这是我的"八不主义"，是单从消极的，破坏的一方面着想的。

自从去年归国以后，我在各处演说文学革命，便把这"八不主义"都改作了肯定的口气，又总括作四条，如下：

一、要有话说，方才说话。这是"不做言之无物的文字"一条的变相。

二、有什么话，说什么话；话怎么说，就怎么说。这是（二）（三）（四）（五）（六）诸条的变相。

三、要说我自己的话，别说别人的话。这是"不摹仿古人"一条的变相。

四、是什么时代的人，说什么时代的话。这是"不避俗话俗字"的变相。

这是一半消极，一半积极的主张。一笔表过，且说正文。

（二）

我的"建设新文学论"的唯一宗旨只有十个大字："国语的文学，文学的国语。"我们所提倡的文学革命，只是要替中国创造一种国语的文学。有了国语的文学，方才可有文学的国语。有了文学的国语，我们的国语才可算得真正国语。国语没有文学，便没有生命，便没有价值，便不能成立，便不能发达。这是我这一篇文字的大旨。

我曾仔细研究：中国这二千年何以没有真有价值真有生命的"文言的文学"？我自己回答道："这都因为这二千年的文人所做的文学都是死的，都是用已经死了的语言文字做的。死文字决不能产出活文学。所以中国这二千年只有些死文学，只有些没有价值的死文学。"

我们为什么爱读《木兰辞》和《孔雀东南飞》呢？因为这两首诗是用白话做的。为什么爱读陶渊明的诗和李后主的词呢？因为他们的诗词是用白话做的。为什么爱杜甫的《石壕吏》、《兵车行》诸诗呢？因为他们都是用白话做的。为什么不爱韩愈的《南山》呢？因为他用的是死字死话。……简单说来，自从《三百篇》到于今，中国的文学凡是有一些价值有一些儿生命的，都是白话的，或是近于白话的。其余的都是没有生气的古董，都是博物院中的陈列品！

再看近世的文学：何以《水浒传》、《西游记》、《儒林外史》、《红楼梦》，可以称为"活文学"呢？因为他们都是用一种活文字做的。若是施耐庵、邱长春、吴敬梓、曹雪芹，都用了文言做书，他们的小说一定不会有这样生命，一定不会有这样价值。

读者不要误会：我并不曾说凡是用白话做的书都是有价值有生命的。我说的是：用死了的文言决不能做出有生命有价值的文学来。这一千多年的文学，凡是有真正文学价值的，没有一种不带有白话的性质，没有一种不靠这个"白话性质"的帮助。换言之：白话能产出有价值的文学，也能产出没有价值的文学；可以产出《儒林外史》，也可以产出《肉蒲团》。但是，那已死的文言，只能产出没有价值没有生命的文学，决不能产出有价值有生命的文学；只能做几篇《拟韩退之〈原道〉》或《拟陆士衡〈拟古〉》，决不能做出一部《儒林外史》。若有人不信这话，可先读明朝古文大家宋濂的《王冕传》，再读《儒林外史》第一回的《王冕传》，便可知道死文学和活文学的分别了。

为什么死文字不能产生活文学呢？这都由于文学的性质。一切语言文字的作用在于达意表情；达意达得妙，表情表得好，便是文学。

那些用死文言的人，有了意思，却须把这意思翻成几千年前的典故；有了感情，却须把这感情译为几千年前的文言。明明是客子思家，他们须说"王粲登楼"，"仲宣作赋"；明明是送别，他们却须说《阳关》三叠"，"一曲《渭城》"；明明是贺陈宝琛七十岁生日，他们却须说是贺伊尹、周公、傅说。更可笑的：明明是乡下老太婆说话，他们却要他打起唐宋八家的古文腔儿；明明是极下流的妓女说话，他们却要他打起胡天游、洪亮吉的骈文调子！……请问这样做文章如何能达意表情呢？既不能达意，既不能表情，那里还有文学呢？即如那《儒林外史》里的王冕，是一个有感情，有血气，能生动，能谈笑的活人。这都因为做书的人能用活言语活文字来描写他的生活神情。那宋濂集子里的王冕，便成了一个没有生气，不能动人的死人。为什么呢？因为宋濂用了二千年前的死文字来写二千年后的活人；所以不能不把这个活人变作二千年前的木偶，才可合那古文家法。古文家法是合了，那王冕也真"作古"了！

因此我说，"死文言决不能产出活文学"。中国若想有活文学，必须用白话，必须用国语，必须做国语的文学。

（三）

上节所说，是从文学一方面着想，若要活文学，必须用国语。如今且说从国语一方面着想，国语的文学有何等重要。

有些人说："若要用国语做文学，总须先有国语。如今没有标准的国语，如何能有国语的文学呢？"我说这话似乎有理，其实不然。国语不是单靠几位言语学的专门家就能造得成的；也不是单靠几本国语教科书和几部国语字典就能造成的。若要造国语，先须造国语的文学。有了国语的文学，自然有国语。这话初听了似乎不通。但是列位仔细想想便可明白了。天下的人谁肯从国语教科书和国语字典里面学习国语？所以国语教科书和国语字典，虽是很要紧，决不是造国语的利器。真正有功效有势力的国语教科书，便是国语的文学；便是国语的小说，诗文，戏本。国语的小说，诗文，戏本通行之日，便是中国国语成立之时。试问我们今日居然能拿起笔来做几篇白话文章，居然能写得出好几百个白话的字，可是从什么白话教科书上学来的吗？可不是从《水浒传》、《西游记》、《红楼梦》、《儒林外史》，……等书学来的吗？这些白话文学的势力，比什么字典教科书都还大几百倍。《字典》说"这"字该读"鱼彦反"，我们偏读他做"者个"的者字。《字典》说"么"字是"细小"，我们偏把他用作"什么"，"那么"的么字。《字典》说"没"字是"沉也"，"尽也"，我们偏用他做"无有"的无字解。《字典》说"的"字有许多意义，我们偏把他用来代文言的"之"字，"者"字，"所"字和"徐徐尔，纵纵尔"的"尔"字。……总而言之，我们今日所用的"标准白话"，都是这几部白话的文学定下来的。我们今日要想重新规定一种"标准国语"，还须先造无数国语的《水浒传》、《西游记》、《儒林外史》、《红楼梦》。

所以我以为我们提倡新文学的人，尽可不必问今日中国有无标准国语。我们尽可努力去做白话的文学。我们可尽量采用《水浒》、《西游》、《儒林外史》、《红楼梦》的白话；有不合今日的用的，便不用他；有不够用的，便用今日的白话来补助；有不得不用文言的，便文言来补助。这样做去，决不愁语言文字不够用，也决不用愁没有标准白话。中国将来的新文学用的白话，就是将来中国的标准国语。造中国将来白话文学的人，就是制定标准国语的人。

我这种议论并不是"向壁虚造"的。我这几年来研究欧洲各国国语的历史，没有一种国语不是这样造成的。没有一种国语是教育部的老爷们造成的。没有一种是言语学专门家造成的。没有一种不是文学家造成的。我且举几条例为证：

一、意大利。五百年前，欧洲各国但有方言，没有"国语"。欧洲最早的国语是意大利文。那时欧洲各国的人多用拉丁文著书通信。到了十四世纪的初年，意大利的大文学家但丁（Dante）极力主张用意大利话来代拉丁文。他说拉丁文是已死了的文字，不如他本国俗话的优美。所以他自己的杰作"喜剧"，全用脱斯堪尼（Tuscany）（意大利北部的一邦）的俗语。这部"喜剧"风行一世，人都称他做"神圣喜剧"。那"神圣喜剧"的白话后来便成了意大利的标准国语。后来的文学家包卡嘉（Boccacio，1313—1375）和洛伦查（Lorenzo de Medici）诸人也都用白话作文学。所以不到一百年，意大利的国语便完全成立了。

二、英国。英伦虽只是一个小岛国，却有无数方言。现在通行全世界的"英文"在五百年前还只是伦敦附近一带的方言，叫做"中部土话"。当十四世纪时，各处的方言都有些人用来做书。后来到了十四世纪的末年，出了两位大文学家，一个是赵叟（Chaucer，1340—1400）一个是威克列夫（Wycliff，1320—1384）。赵叟做了许多诗歌，散文都用这"中部土话"。威克列夫把耶教的《旧约》、《新约》也都译成"中部土话"。有了这两个人的文学，便把这"中部土话"变成英国的标准国语。后来到了十五世纪，印刷术输进英国，所印的书多用这"中部土话"，国语的标准更确定了。到十六、十七两世纪，萧士比亚和"伊里沙白时代"的无数文学大家，都用国语创造文学。从此以后，这一部分的"中部土话"，不但成了英国的标准国语，几乎竟成了全地球的世界语了！

此外，法国、德国及其他各国的国语，大都是这样发生的，大都是靠着文学的力量才能变成标准的国语的。我也不去一一的细说了。

意大利国语成立的历史，最可供我们中国人的研究。为什么呢？因为欧洲西部北部的新国，如英吉利、法兰西、德意志，他们的方言和拉丁文相差太远了，所以他们渐渐的用国语著作文学，还不算希奇。只有意大利是当年罗马帝国的京畿近地，在拉丁文的故乡；各处的方言又和拉丁文最近。在意大利提倡用白话代拉丁文，真正和在中国提倡用白话代汉文，有同样的艰难。所以英、法、德各国语，一经文学发达以后，便不知不觉的成为国语了。在意大利却不然。当时反对的人很多，所以那时的新文学家，一方面努力创造国语的文学，一方面还要做文章鼓吹何以当废古文，何以不可不用白话。有了这种有意的主张（最有力的是但丁〔Dante〕和阿儿白狄〔Alberti〕两个人），又有了那些有价值的文学，才可造出意大利的"文学的国语"。

我常问我自己道："自从施耐庵以来，很有了些极风行的白话文学，何以中国至今还不曾有一种标准的国语呢？"我想来想去，只有一个答案。这一千年来，中国固然有了一些有价值的白话文学，但是没有一个人出来明目张胆的主张用白话为中国的"文学的国语"。有时陆放翁高兴了，便做一首白话诗；有时柳耆卿高兴了，便做一首白话词；有时朱晦庵高兴了，便写几封白话信，做几条白话札记；有时施耐庵、吴敬梓高兴了，便做一两部白话的小说。这都是不知不觉的自然出产品，并非是有意的主张。因为没有"有意的主张"，所以做白话的只管做白话，做古文的只管做古文，做八股的只管做八股。因为没有"有意的主张"，所以白话文学从不曾和那些"死文学"争那"文学正宗"的位置。白话文学不成为文学正宗，故白话不曾成为标准国语。

我们今日提倡国语的文学，是有意的主张。要使国语成为"文学的国语"。有了文学的国语，方有标准的国语。

（四）

上文所说，"国语的文学，文学的国语"，乃是我们的根本主张。如今且说要实行做到这个根本主张，应该怎样进行。

我以为创造新文学的进行次序，约有三步：（一）工具，（二）方法，（三）创造。前两步是预备，第三步才是实行创造新文学。

（一）工具　古人说得好："工欲善其事，必先利其器"，写字的要笔好，杀猪的要刀快。我们要创造新文学，也须先预备下创造新文学的"工具"。我们的工具就是白话。我们有志造国语文学的人，应该赶紧筹备这个万不可少的工具。预备的方法，约有两种：

（甲）多读模范的白话文学　例如，《水浒传》、《西游记》、《儒林外史》、《红楼梦》，宋儒语录；白话信札；元人戏曲，明清传奇的说白；唐、宋的白话诗词，也该选读。

（乙）用白话作各种文学　我们有志造新文学的人，都该发誓不用文言作文：无论通信，做诗，译书，做笔记，做报馆文章，编学堂讲义，替死人作墓志，替活人上条陈，……都该用白话来做。我们从小到如今，都是用文言作文，养成了一种文言的习惯，所以虽是活人，只会作死人的文字。若不下一些狠劲，若不用点苦工夫，决不能使用白话圆转如意。若单在《新青年》里面做白话文字，此外还依旧做文言的文字，那真是"一日暴之，十日寒之"的政策，决不能磨练成白话的文学家。

不但我们提倡白话文学的人应该如此做去。就是那些反对白话文学的人，我也奉劝他们用白话来做文字。为什么呢？因为他们若不能做白话文字，便不配反对白话文学。譬如那些不认得中国字的中国人，若主张废汉文，我一定骂他们不配开口。若是我的朋友钱玄同要主张废汉文，我决不敢说他不配开口了。那些不会做白话文字的人来反对白话文学，便和那些不懂汉文的人要废汉文，是一样的荒谬。所以我劝他们多做些白话文字，多做些白话诗歌，试试白话是否有文学的价值。如果试了几年，还觉得白话不如文言，那时再来攻击我们，也还不迟。

还有一层。有些人说："做白话很不容易，不如做文言的省力。"这是因为中毒太深之过。受病深了，更宜赶紧医治。否则真不可救了。其实做白话并不难。我有一个侄儿，今年才十五岁，一向在徽州不曾出过门，今年他用白话写信来，居然写得极好。我们徽州话和官话差得很远，我的侄儿不过看了一些白话小说，便会做白话文字了。这可见做白话并不是难事，不过人性懒惰的居多数，舍不得抛"高文典册"的死文字罢了。

（二）方法　我以为中国近来文学所以这样腐败，大半虽由于没有适用的"工具"，但是单有"工具"，没有方法，也还不能造新文学。做木匠的人，单有锯凿钻刨，没有规矩师法，决不能造成木器。文学也是如此。若单靠白话便可造新文学，难道把郑孝胥、陈三立的诗翻成了白话，就可算得新文学了吗？难道那些用白话做的《新华春梦记》、《九尾龟》，也可算作新文学吗？我以为现在国内新起的一班"文人"，受病最深的所在，只在没有高明的文学方法。我且举小说一门为例。现在的小说（单指中国人自己著的），看来看去，只有两派。一派最下流的，是那些学《聊斋志异》的札记小说。篇篇都是"某生，某处人，生有异禀，下笔千言，……一日于某地遇一女郎，……好事多磨，……遂为情死"；或是"某地某生，游某地，眷某妓，情好綦笃，遂订白头之约，……而大妇妒甚，不能相容，女抑郁以死，……生抚尸一恸几绝"；……此类文字，只可抹桌子，固不值一驳。还有那第二派是那些学《儒林外史》或是学《官场现形记》的白话小说。上等的如《广陵潮》，下等的如《九尾龟》。这一派小说，只学了《儒林外史》的坏处，却不曾学得他的好处。《儒林外史》的坏处在于体裁结构太不紧严，全篇是杂凑起来的。例如，娄府一群人，自成一段；杜府两公子自成一段；马二先生又成一段，虞博士又成一段；萧云仙、郭孝子，又各自成一段。分出来，可成无数札记小说；接下去，可长至无穷无极。《官场现形记》便是这样。如今的章回小说，大都是犯这个没有结构，没有布局的懒病。却不知道《儒林外史》所以能有文学价值者，全靠一副写人物的画工本领。我十年不曾读这书了，但是我闭了眼睛，还觉得书中的人物，如严贡生，如马二先生，如杜少卿，如权勿用，……个个都是活的人物。正如读《水浒》的人，过了二三十年，还不会忘记鲁智深、李逵、武松、石秀，……一班人。请问列位读过《广陵潮》和《九尾龟》的人，过了两三个月，心目中除了一个"文武全才"的章秋谷之外，还记得几个活灵活现的书中人物？——所以我说，现在的"新小说"，全是不懂得文学方法的：既不知布局，又不知结构，又不知描写人物，只做成了许多又长又臭的文字；只配与报纸的第二张充篇幅，却不配在新文学上占一个位置。——小说在中国近年，比较的说来，要算文学中最发达的一门了。小说尚且如此，别种文学如诗歌、戏曲，更不用说了。

如今且说什么叫做"文学的方法"呢？这个问题不容易回答，况且又不是这篇文章的本题，我且约略说几句。

大凡文学的方法可分三类：

（1）集收材料的方法　中国的"文学"，大病在于缺少材料。那些古文家，除了墓志，寿序，家传之外，几乎没有一毫材料。因此，他们不得不做那些极无聊的"汉高帝斩丁公论"、"汉文帝、唐太宗优劣论"。至于近人的诗词，更没有什么材料可说了。近人的小说材料，只有三种：一种是官场，一种是妓女，一种是不官而官，非妓而妓的中等社会（留学生，女学生之可作小说材料者，亦附此类），除此以外，别无材料。最下流的，竟至登告白征求这种材料。做小说竟须登告白征求材料，便是宣告文学家破产的铁证。我以为将来的文学家收集材料的方法，约如下：

（甲）推广材料的区域　官场妓院与龌龊社会三个区域，决不够采用。即如今日的贫民社会，如工厂之男女工人，人力车夫，内地农家，各处大负贩及小店铺，一切痛苦情形，都不曾在文学上占一个位置。并且今日新旧文明相接触，一切家庭惨变，婚姻苦痛，女子之位置，教育之不适宜，……种种问题，都可供文学的材料。

（乙）注意实地的观察和个人的经验　现今文人的材料大都是关了门虚造出来的，或是间接又间接的得来的，因此我们读这种小说，总觉得浮泛敷衍，不痛不痒的，没有一毫精采。真正文学家的材料大概都有"实地的观察和个人自己的经验"做个根底。不能作实地的观察，便不能做文学家；全没有个人的经验，也不能做文学家。

（丙）要用周密的理想作观察经验的补助　实地的观察和个人的经验，固是极重要，但是也不能全靠这两件。例如，施耐庵若单靠观察和经验，决不能做出一部《水浒传》。个人所经验的，所观察的，究竟有限。所以必须有活泼精细的理想（Imagination），把观察经验的材料，一一的体会出来，一一的整理如式，一一的组织完全：从已知的推想到未知的，从经验过的推想到不曾经验过的，从可观察的推想到不可观察的。这才是文学家的本领。

（2）结构的方法　有了材料，第二步须要讲究结构。结构是个总名词，内中所包甚广，简单说来，可分剪裁和布局两步：

（甲）剪裁　有了材料，先要剪裁。譬如做衣服，先要看那块料可做袍子，那块料可做背心。估计定了，方可下剪。文学家的材料也要如此办理。先须看这些材料该用做小诗呢？还是做长歌呢？该用做章回小说呢？还是做短篇小说呢？该用做小说呢？还是做戏本呢？筹画定了，方才可以剪下那些可用的材料，去掉那些不中用的材料；方才可以决定做什么体裁的文字。

（乙）布局　体裁定了，再可讲布局。有剪裁，方可决定"做什么"；有布局，方才可以决定"怎样做"。材料剪定了，须要筹算怎样做去始能把这材料用得最得当又最有效力。例如，唐朝天宝时代的兵祸，百姓的痛苦，都是材料。这些材料，到了杜甫的手里，便成了诗料。如今且举他的《石壕吏》一篇，作布局的例。这首诗只写一个过路的客人一晚上在一个人家内偷听得的事情；只用一百二十个字，却不但把那一家祖孙三代的历史都写出来，并且把那时代兵祸之惨，壮丁死亡之多，差役之横行，小民之苦痛，都写得逼真活现，使人读了生无限的感慨。这是上品的布局工夫。又如，古诗"上山采蘼芜，下山逢故夫"一篇，写一家夫妇的惨剧，却不从"某人娶妻甚贤，后别有所欢，遂出妻再娶"说起，只挑出那前妻山上下来遇着故夫的时候下笔，却也能把那一家的家庭情形写得充分满意。这也是上品的布局工夫。——近来的文人全不讲求布局：只顾凑足多少字可卖几块钱；全不问材料用的得当不得当，动人不动人。他们今日做上回的文章，还不知道下一回的材料在何处！这样的文人怎样造得出有价值的新文学呢！

（3）描写的方法　局已布定了，方才可讲描写的方法。描写的方法，千头万绪，大要不出四条：

写人；

写境；

写事；

写情。

写人要举动，口气，身分，才性，……都要有个性的区别：件件都是林黛玉，决不是薛宝钗；件件都是武松，决不是李逵。写境要一喧，一静，一石，一山，一云，一鸟，……也都要有个性的区别：《老残游记》的大明湖，决不是西湖，也决不是洞庭湖；《红楼梦》里的家庭，决不是《金瓶梅》里的家庭。写事要线索分明，头绪清楚，近情近理，亦正亦奇。写情要真，要精，要细腻婉转，要淋漓尽致。——有时须用境写人，用情写人，用事写人；有时须用人写境，用事写境，用情写境；……这里面的千变万化，一言难尽。

如今且回到本文。我上文说的：创造新文学的第一步是工具，第二步是方法。方法的大致，我刚才说了。如今且问，怎样预备方才可得着一些高明的文学方法？我仔细想来，只有一条法子：就是赶紧多多的翻译西洋的文学名著做我们的模范。我这个主张，有两层理由：

第一，中国文学的方法实在不完备，不够作我们的模范。即以体裁而论，散文只有短篇，没有布置周密，论理精严，首尾不懈的长篇；韵文只有抒情诗，绝少纪事诗，长篇诗更不曾有过；戏本更在幼稚时代，但略能纪事掉文，全不懂结构；小说好的，只不过三四部，这三四部之中，还有许多疵病；至于最精采的"短篇小说"、"独幕戏"，更没有了。若从材料一方面看来，中国文学更没有做模范的价值。才子佳人，封王挂帅的小说；风花雪月，涂脂抹粉的诗；不能说理，不能言情的"古文"；学这个，学那个的一切文学：这些文字，简直无一毫材料可说。至于布局一方面，除了几首实在好的诗之外，几乎没有一篇东西当得"布局"两个字！——所以我说，从文学方法一方面看去，中国的文学实在不够给我们作模范。

第二，西洋的文学方法，比我们的文学，实在完备得多，高明得多，不可不取例。即以散文而论，我们的古文家至多比得上英国的倍根（Bacon）和法国的孟太恩（Montaigne），至于像柏拉图（Plato）的"主客体"，赫胥黎（Huxley）等的科学文字，包士威尔（Boswell）和莫烈（Morley）等的长篇传记，弥儿（Mill）、弗林克令（Franklin）、吉朋（Gibbon）等的《自传》，太恩（Taine）和白克儿（Buckle）等的史论；……都是中国从不曾梦见过的体裁。更以戏剧而论，二千五百年前的希腊戏曲，一切结构的工夫，描写的工夫，高出元曲何止十倍。近代的萧士比亚（Shakespeare）和莫逆尔（Molière），更不用说了，最近六十年来，欧洲的散文戏本，千变万化，远胜古代，体裁也更发达了，最重要的，如"问题戏"，专研究社会的种种重要问题；"象征戏"（Symbolic Drama），专以美术的手段作的"意在言外"的戏本；"心理戏"，专描写种种复杂的心境，作极精密的解剖；"讽刺戏"，用嬉笑怒骂的文章，达愤世救世的苦心；——我写到这里，忽然想起今天梅兰芳正在唱新编的《天女散花》，上海的人还正在等着看新排的《多尔衮》呢！我也不往下数了。——更以小说而论，那材料之精确，体裁之完备，命意之高超，描写之工切，心理解剖之细密，社会问题讨论之透切，……真是美不胜收。至于近百年新创的"短篇小说"，真如芥子里面藏着大千世界；真如百炼的精金，曲折委婉，无所不可；真可说是开千古未有的创局，掘百世不竭的宝藏。——以上所说，大旨只在约略表示西洋文学方法的完备，因为西洋文学真有许多可给我们作模范的好处，所以我说：我们如果真要研究文学的方法，不可不赶紧翻译西洋的文学名著，做我们的模范。

现在中国所译的西洋文学书，大概都不得其法，所以收效甚少。我且拟几条翻译西洋文学名著的办法如下：

（一）只译名家著作，不译第二流以下的著作　我以为国内真懂得西洋文学的学者应该开一会议，公共选定若干种不可不译的第一流文学名著：约数如一百种长篇小说，五百篇短篇小说，三百种戏剧，五十家散文，为第一部"西洋文学丛书"，期五年译完，再选第二部。译成之稿，由这几位学者审查，并一一为作长序及著者略传，然后付印；其第二流以下，如哈葛得之流，一概不选。诗歌一类，不易翻译，只可从缓。

（二）全用白话韵文之戏曲，也都译为白话散文　用古文译书，必失原文的好处。如林琴南的"其女珠，其母下之"，早成笑柄，且不必论。前天看见一部侦探小说《圆室案》中，写一位侦探"勃然大怒，拂袖而起"。不知道这位侦探穿的是不是康桥大学的广袖制服！——这样译书，不如不译。又如，林琴南把萧士比亚的戏曲，译成了记叙体的古文！这真是萧士比亚的大罪人，罪在《圆室案》译者之上！

（三）创造　上面所说工具与方法两项，都只是创造新文学的预备。工具用得纯熟自然了，方法也懂了，方才可以创造中国的新文学。至于创造新文学是怎样一回事，我可不配开口了。我以为现在的中国，还没有做到实行预备创造新文学的地步，尽可不必空谈创造的方法和创造的手段，我们现在且先去努力做那第一第二两步预备的工夫罢！

民国七年四月

（1918 年 4 月）

论短篇小说

这一篇乃是三月十五日在北京大学国文研究所小说科讲演的材料。原稿由研究员傅斯年君记出，载于《北京大学日刊》。今就傅君所记，略为更易，作为此文。

一、什么叫做"短篇小说"？

中国今日的文人大概不懂"短篇小说"是什么东西。现在的报纸杂志里面，凡是笔记杂纂，不成长篇的小说，都可叫做"短篇小说"。所以现在那些"某生，某处人，幼负异才，……一日，游某园，遇一女郎，眄之，天人也，……"一派的烂调小说，居然都称为"短篇小说"！其实这是大错的。西方的"短篇小说"（英文叫做 Short story），在文学上有一定的范围，有特别的性质，不是单靠篇幅不长便可称为"短篇小说"的。

我如今且下一个"短篇小说"的界说：

短篇小说是用最经济的文学手段，描写事实中最精采的一段，或一方面，而能使人充分满意的文章。

这条界说中，有两个条件最宜特别注意。今且把这两个条件分说如下：

（一）"事实中最精采的一段或一方面" 譬如把大树的树身锯断，懂植物学的人看了树身的"横截面"，数了树的"年轮"，便可知道这树的年纪。一人的生活，一国的历史，一个社会的变迁，都有一个"纵剖面"和无数"横截面"。纵面看去，须从头看到尾，才可看见全部。横面截开一段，若截在要紧的所在，便可把这个"横截面"代表这个人，或这一国，或这一个社会。这种可以代表全部的部分，便是我所谓"最精采"的部分。又譬如西洋照相术未发明之前，有一种"侧面剪影"（Silhouette），用纸剪下人的侧面，便可知道是某人。（此种剪像曾风行一时。今虽有照相术，尚有人为之。）这种可以代表全形的一面，便是我所谓"最精采"的方面。若不是"最精采"的所在，决不能用一段代表全体，决不能用一面代表全形。

（二）"最经济的文学手段" 形容"经济"两个字，最好是借用宋玉的话："增之一分则太长，减之一分则太短；着粉则太白，施朱则太赤。"须要不可增减，不可涂饰，处处恰到好处，方可当"经济"二字。因此，凡可以拉长演作章回小说的短篇，不是真正"短篇小说"；凡叙事不能畅尽，写情不能饱满的短篇，也不是真正的"短篇小说"。

能合我所下的界说的，便是理想上完全的"短篇小说"。世间所称"短篇小说"，虽未能处处都与这界说相合，但是那些可传世不朽的"短篇小说"，决没有不具上文所说两个条件的。

如今且举几个例。西历一八七〇年，法兰西和普鲁士开战，后来法国大败，巴黎被攻破，出了极大的赔款，还割了两省地，才能讲和。这一次战争，在历史上，就叫做普法之战，是一件极大的事。若是历史家记载这事，必定要上溯两国开衅的远因，中记战争的详情，下寻战与和的影响：这样记去，可满几十本大册子。这种大事到了"短篇小说家"的手里，便用最经济的手腕去写这件大事的最精采的一段或一面。我且不举别人，单举 Daudet 和 Maupassant 两个人为例。Daudet 所做普法之战的小说，有许多种。我曾译出一种叫做《最后一课》（*La derniére classe*）（初译名《割地》，登上海《大共和日报》，后改用今名，登《留美学生季报》第三年）。全篇用法国割给普国两省中一省的一个小学生的口气，写割地之后，普国政府下令，不许再教法文法语。所写的乃是一个小学教师教法文的《最后一课》。一切割地的惨状，都从这个小学生眼中看出，口中写出。还有一种，叫做《柏林之围》（*Le siege de Berlin*，曾载《甲寅》第四号），写的是法皇拿破仑第三出兵攻普鲁士时，有一个曾在拿破仑第一麾下的老兵官，以为这一次法兵一定要大胜了，所以特地搬到巴黎，住在凯旋门边，准备着看法兵"凯旋"的大典。后来这老兵官病了，他的孙女儿天天假造法兵得胜的新闻去哄他。那时普国的兵已打破巴黎。普兵进城之日，他老人家听见军乐声，还以为是法兵打破了柏林奏凯班师呢！这是借一个法国极强时代的的老兵来反照当日法国大败的大耻，两两相形，真可动人。

Maupassant 所做普法之战的小说也有多种。我曾译他的《二渔夫》（*Deuxamis*），写巴黎被围的情形，却都从两个酒鬼身上着想。还有许多篇，如 "Mlle. Fifi" 之类（皆未译出），或写一个妓女被普国兵士掳去的情形，或写法国内地村乡里面的光棍，乘着国乱，设立"军政分府"，作威作福的怪状，……都可使人因此推想那时法国兵败以后的种种状态。这都是我所说的"用最经济的手腕，描写事实中最精采的片段，而能使人充分满意"的短篇小说。

二、中国短篇小说的略史

"短篇小说"的定义既已说明了，如今且略述中国短篇小说的小史。

中国最早的短篇小说，自然要数先秦诸子的寓言了。《庄子》、《列子》、《韩非子》、《吕览》诸书所载的"寓言"，往往有用心结构可当

"短篇小说"之称的。今举二例。第一例见于《列子·汤问篇》：

> 太形、王屋二山，方七百里，高万仞，本在冀州之南，河阳之北。
>
> 北山愚公者，年且九十，面山而居，惩山之塞，出入之迂也，聚室而谋曰，"吾与汝毕力平险，指通豫南，达于汉阴，可乎？"杂然相许。
>
> 其妻献疑曰，"以君之力，曾不能损魁父之丘。如太形、王屋何？且焉置土石？"杂曰，"投诸渤海之尾，隐土之北！"
>
> 遂率子孙荷担者三夫，叩石垦壤，箕畚运于渤海之尾。邻人京城氏之孀妻，有遗男，始龀，跳往助之。寒暑易节，始一返焉。
>
> 河曲智叟笑而止之曰，"甚矣，汝之不慧！以残年余力，曾不能毁山之一毛，其如土石何？"
>
> 北山愚公长息曰，"汝心之固，固不可彻，曾不若孀妻弱子！虽我之死，有子存焉。子又生孙，孙又生子，子又有子，子又有孙。子子孙孙，无穷匮也，而山不加增。何若而不平！"
>
> 河曲智叟亡以应。
>
> "操蛇之神"闻之，惧其不已也，告之于帝。帝感其诚，命夸娥氏二子负二山，一厝朔东，一厝雍南。自此，冀之南，汉之阴，无陇断焉。

这篇大有小说风味。第一，因为他要说"至诚可动天地"，却平空假造一段太形、王屋两山的历史。第二，这段历史之中，处处用人名，地名，用直接会话，写细事小物，即写天神也用"操蛇之神"，"夸娥氏二子"等私名，所以看来好像真有此事。这两层都是小说家的家数。现在的人一开口便是"某生""某甲"，真是不曾懂得做小说的ＡＢＣ。

第二例见于《庄子·无鬼篇》：

> 庄子送葬，过惠子之墓，顾谓从者曰：
>
> 郢人垩漫其鼻端，若蝇翼，使匠石斫之。匠石运斤成风，

听而斫之，尽垩而鼻不伤。郢人立不失容。

宋元君闻之，召匠石曰，"尝试为寡人为之！"

匠石曰，"臣则尝能斫之。虽然，臣之质死久矣！"

自夫子（谓惠子）之死也，吾无以为质矣！吾无与言之矣！"

这一篇写"知己之感"，从古至今，无人能及。看他写"垩漫其鼻端，若蝇翼"，写"匠石运斤成风"，都好像真有此事，所以有文学的价值。看他寥寥七十个字，写尽无限感慨，是何等"经济的"手腕！

自汉到唐这几百年中，出了许多"杂记"体的书，却都不配称做"短篇小说"。最下流的如《神仙传》和《搜神记》之类，不用说了。最高的如《世说新语》，其中所记，有许多很有"短篇小说"的意味，却没有"短篇小说"的体裁。如下举的例：

（1）桓公（温）北征，经金城，见前为琅琊时种柳，皆已十围，慨然曰，"木犹如此，人可以堪！"攀枝执条，泫然流泪。

（2）王子猷（徽之）居山阴，夜大雪，眠觉开室，命酌酒，四望皎然。因起彷徨，咏左思《招隐》诗，忽忆戴安道。时戴在剡，即便夜乘小船就之。经宿方至，造门不前而返。人问其故。王曰，"吾本乘兴而来，兴尽而返，何必见戴！"

此等记载，都是拣取人生极精采的一小段，用来代表那人的性情品格，所以我说《世说》很有"短篇小说"的意味。只是《世说》所记都是事实，或是传闻的事实，虽有剪裁，却无结构，故不能称做"短篇小说"。

比较说来，这个时代的散文短篇小说还该数到陶潜的《桃花源记》。这篇文字，命意也好，布局也好，可以算得一篇用心结构的"短篇小说"。此外，便须到韵文中去找短篇小说了。韵文中《孔雀东南飞》一篇是很好的短篇小说，记事言情，事事都到。但是比较起来，还不如《木兰辞》更为"经济"。

《木兰辞》记木兰的战功，只用"将军百战死，壮士十年归"十个字；记木兰归家的那一天，却用了一百多字。十个字记十年的事，不为少。一百多字记一天的事，不为多。这便是文学的"经济"。但是比较起来，《木兰辞》还不如古诗《上山采蘼芜》更为神妙。那诗道：

> 上山采蘼芜，下山逢故夫。长跪问故夫："新人复何
> 如？""新人虽言好，未若故人姝。颜色类相似，手爪不相
> 如。新人从门入，故人从阁去。新人工织缣，故人工织素。织
> 缣日一匹，织素五丈余。将缣来比素，新人不如故。"

这首诗有许多妙处。第一，他用八十个字，写出那家夫妇三口的情形，使人可怜被逐的"故人"，又使人痛恨那没有心肝，想靠着老婆发财的"故夫"。第二，他写那人弃妻娶妻的事，却不用从头说起：不用说"某某，某处人，娶妻某氏，甚贤；已而别有所爱，遂弃前妻而娶新欢……。"他只从这三个人的历史中挑出那日从山上采野菜回来遇着故夫的几分钟，是何等"经济的手腕"！是何等"精采的片段"！第三，他只用"上山采蘼芜，下山逢故夫"十个字，便可写出这妇人是一个弃妇，被弃之后，非常贫苦，只得挑野菜度日。这是何等神妙手段！懂得这首诗的好处，方才可谈"短篇小说"的好处。

到了唐朝，韵文散文中都有很妙的短篇小说。韵文中，杜甫的《石壕吏》是绝妙的例。那诗道：

> 暮投石壕村，有吏夜捉人，老翁逾墙走，老妇出门看。
> 吏呼一何怒！妇啼一何苦！听妇前致词："三男邺城戍。一男
> 附书至，二男新战死。生者且偷生，死者长已矣！室中更无
> 人，惟有乳下孙，有孙母未去，出入无完裙。老妪力虽衰，
> 请从吏夜归，急应河阳役，犹得备晨炊。"夜久语声绝，如闻
> 泣幽咽。……天明登前途，独与老翁别！

这首诗写天宝之乱，只写一个过路投宿的客人夜里偷听得的事，不插一句议论，能使人觉得那时代征兵之制的大害，百姓的痛苦，丁壮死亡的多，差役捉人的横行：——都在眼前。捉人捉到生了孙儿的祖老太太，别的更可想而知了。

白居易的《新乐府》五十首中，尽有很好的短篇小说。最妙的是《新丰折臂翁》一首。看他写"是时翁年二十四，兵部牒中有名字，夜深不敢使人知，偷将大石捶折臂"，使人不得不发生"苛政猛于虎"的

思想。白居易的《琵琶行》也算得一篇很好的短篇小说。白居易的短处，只因为他有点迂腐气，所以处处要把做诗的"本意"来做结尾；即如《新丰折臂翁》篇末加上"君不见开元宰相宋开府"一段，便没有趣味了。又如《长恨歌》一篇，本用道士见杨贵妃，带来信物一件事作主体。白居易虽做了这诗，心中却不信道士见杨妃的神话；所以他不但说杨妃所在的仙山"在虚无缥缈中"；还要先说杨妃死时"金钿委地无人收，翠翘金雀玉搔头"，竟直说后来"天上"带来的"钿合金钗"是马嵬坡拾起的了！自己不信，所以说来便不能叫人深信。人说赵子昂画马，先要伏地作种种马相。做小说的人，也要如此，也要用全副精神替书中人物设身处地，体贴入微。做"短篇小说"的人，格外应该如此。为什么呢？因为"短篇小说"要把所挑出的"最精采的一段"作主体，才可有全神贯注的妙处。若带点迂气，处处把"本意"点破，便是把书中事实作一种假设的附属品，便没有趣味了。

唐朝的散文短篇小说很多，好的却实在不多。我看来看去，只有张说的《虬髯客传》可算得上品的"短篇小说"。《虬髯客传》的本旨只是要说"真人之兴，非英雄所冀"。他却平空造出虬髯客一段故事，插入李靖、红拂一段情史，写到正热闹处，忽然写"太原公子褐裘而来"，遂使那位野心豪杰绝心于事国，另去海外开辟新国。这种立意布局，都是小说家的上等工夫。这是第一层长处。这篇是"历史小说"。凡做"历史小说"，不可全用历史上的事实，却又不可违背历史上的事实。全用历史的事实，便成了"演义"体，如《三国演义》和《东周列国志》，没有真正"小说"的价值。（《三国》所以稍有小说价值者，全靠其能于历史事实之外，加入许多小说材料耳。）若违背了历史的事实，如《说岳传》使岳飞的儿子挂帅印打平金国，虽可使一班愚人快意，却又不成"历史的"小说了。最好是能于历史事实之外，造成一些"似历史又非历史"的事实，写到结果却又不违背历史的事实。如法国的大仲马的《侠隐记》（商务出版，译者君朔，不知是何人。我以为近年译西洋小说当以君朔所译诸书为第一。君朔所用白话，全非抄袭旧小说的白话，乃是一种特创的白话，最能传达原书的神气。其价值高出林纾百倍。可惜世人不会赏识），写英国暴君查尔第一世为克林威尔所因时，有几个侠士出了死力百计想把他救出来，每次都到将成功时忽又失败；写来极热闹动人，令人急煞，却终不能救免查尔第一世断头之刑，故不违背历史的事实。又如《水浒传》所记宋江等三十六人是正史所有的事实。《水浒传》所写宋江在浔阳江上吟反诗，写武松打虎杀嫂，写鲁智深大闹和尚寺，……等事，处处热闹煞，却终不违历史的事实（《荡寇志》便违背历史的事实了）。《虬髯客传》的长处正在他写了许多动人的人物事实，把"历史的"人物（如李靖、刘文静、唐太宗之类）和"非历史的"人物（如虬髯客，红拂是）穿插夹混，叫人看了竟像那时真有这些人物事实。但写到后来，虬髯客飘然去了，依旧是唐太宗得了天下，一毫不违背历史的事实。这是"历史小说"的方法，便是《虬髯客传》的第二层长处。此外还有一层好处。唐以前的小说，无论散文韵文，都只能叙事，不能用全副气力描写人物。《虬髯客传》写虬髯客极有神气，自不用说了。就是写红拂、李靖等"配角"，也都有自性的神情风度。这种"写生"手段，便是这篇的第三层长处。有这三层长处，所以我敢断定这篇《虬髯客传》是唐代第一篇"短篇小说"。宋朝是"章回小说"发生的时代。如《宣和遗事》和《五代史平话》等书，都是后世"章回小说"的始祖。《宣和遗事》中记杨志卖刀杀人，晁盖等八人路劫生辰纲，宋江杀阎婆惜诸段，便是施耐庵《水浒传》的稿本。从《宣和遗事》变成《水浒传》，是中国文学史上一大进步。但宋朝是"杂记小说"极盛的时代，故《宣和遗事》等书，总脱不了"杂记体"的性质，都是上段不接下段，没有结构布局的。宋朝的"杂记小说"颇多好的，但都不配称做"短篇小说"。"短篇小说"是有结构局势的；是用全副精神气力贯注到一段最精采的事实上的。"杂记小说"是东记一段，西记一段，如一盘散沙，如一篇零用账，全无局势结构的。这个区别，不可忘记。

明清两朝的"短篇小说"，可分白话与文言两种。白话的"短篇小说"可用《今古奇观》作代表。《今古奇观》是明末的书，大概不全是一人的手笔。（如《杜十娘》一篇，用文言极多，远不如"卖油郎"，似出两人手笔。）书中共有四十篇小说，大要可分两派：一是演述旧作的，一是自己创作的。如《吴保安弃家赎友》一篇，全是演唐人的《吴保安传》，不过添了一些琐屑节目罢了。但是这些加添的琐屑节目，便是文学的进步。《水浒》所以比《史记》更好，只在多了许多琐屑细节。《水浒》所以比《宣和遗事》更好，也只在多了许多琐屑细节。从唐人的吴保安，变成《今古奇观》的吴保安；从唐人的李汧公，变成《今古奇观》的李汧公；从汉人的伯牙、子期，变成《今古奇观》的伯牙、子期：——这都是文学由略而详，由粗枝大叶而琐屑细节的进步。此外那些明人自己创造的小说，如《卖油郎》，如《洞庭红》，如《乔太守》，如《念亲恩孝女藏儿》，都可称很好的"短篇小说"。依我看来，《今古奇观》的四十篇之中，布局以《乔太守》为最工，写生以《卖油郎》为最工。《乔太守》一篇，用一个李都管做全篇的线索，是有意安排的结构。《卖油郎》一篇写秦重、花魁娘子、九妈、四妈，各到好处。《今古奇观》中虽有很平常的小说，（如《三孝廉》、《吴保安》、《羊角哀》诸篇。）比起唐人的散文小说，已大有进步了。唐人的小说，最好的莫如《虬髯客传》。但《虬髯客传》写的是英雄豪杰，容易见长。《今古奇观》中大多数的小说，写的都是些琐细的人情世故，不容易写得好。唐人的小说大都属于理想主义。（如《虬髯客传》、《红线》、《聂隐娘》诸篇。）《今古奇观》中如《卖油郎》、《徐老仆》、《乔太守》、《孝女藏儿》，便近于写实主义了。至于由文言的唐人小说，变成白话的《今古奇观》，写物写情，都更能曲折详尽，那更是一大进步了。

只可惜白话的短篇小说，发达不久，便中止了。中止的原因，约有两层。第一，因为白话的"章回小说"发达了，做小说的人往往把许多短篇略加组织，合成长篇。如《儒林外史》和《品花宝鉴》名为长篇的"章回小说"，其实都是许多短篇凑拢来的。这种杂凑的长篇小说的结果，反阻碍了白话短篇小说的发达了。第二，是因为明末清初的文人，很做了一些中上的文言短篇小说。如《虞初新志》、《虞初续志》、《聊斋志异》等书里面，很有几篇可读的小说。比较看来，还该把《聊斋志异》来代表这两朝的文言小说。《聊斋》里面，如《续黄粱》、《胡四相公》、《青梅》、《促织》、《细柳》，……诸篇，都可称为"短篇小说"。《聊斋》的小说，平心而论，实在高出唐人的小说。蒲松龄虽喜说鬼狐，但他写鬼狐却都是人情世故，于理想主义之中，却带几分写实的性质。这实在是他的长处。只可惜文言不是能写人情世故的利器。到了后来，那些学《聊斋》的小说，更不值得提起了。

三、结论

最近世界文学的趋势，都是由长趋短，由繁多趋简要。——"简"与"略"不同，故这句话与上文说"由略而详"的进步，并无冲突。——诗的一方面，所重的在于"写情短诗"（Lyrical Poetry）（或译"抒情诗"），像 Homer，Milton，Dante 那些几十万字的长篇，几乎没有人做了；就有人做（十九世纪尚多此种），也很少人读了。戏剧一方面，萧士比亚的戏，有时竟长到五出二十幕（此所指乃 Hamlet 也），后来变到五出五幕；又渐渐变成三出三幕；如今最注重的是"独幕戏"了。小说一方面，自十九世纪中段以来，最通行的是"短篇小说"。长篇小说如 Tolstoy 的《战争与和平》，竟是绝无而仅有的了。所以我们简直可以说，"写情短诗"，"独幕戏"，"短篇小说"三项，代表世界文学最近的趋向。这种趋向的原因，不止一种。（一）世界的生活竞争一天忙似一天，时间越宝贵了，文学也不能不讲究"经济"；若不经济，只配给那些吃了饭没事做的老爷太太们看，不配给那些在社会上做事的人看了。（二）文学自身的进步，与文学的"经济"有密切关系。斯宾塞说，论文章的方法，千言万语，只是"经济"一件事。文学越进步，自然越讲求"经济"的方法。有此两种原因，所以世界的文学都趋向这三种"最经济的"体裁。今日中国的文学，最不讲"经济"。那些古文家和那《聊斋》滥调"的小说家，只会记"某时到某地，遇某人，作某事"的死账，毫不懂状物写情是全靠琐屑节目的。那些长篇小说家又只会做那无穷无极，《九尾龟》一类的小说，连体裁布局都不知道，不要说文学的经济了。若要救这两种大错，不可不提倡那最经济的体裁，——不可不提倡真正的"短篇小说"。

民国七年

（1918 年）

谈新诗
——八年来一件大事

一

民国六年（一九一七）一月一日，《新青年》第二卷第五号出版，里面有我的朋友高一涵的一篇文章，题目是《一九一七年预想之革命》。他预想从那一年起中国应该有两种革命：（一）于政治上应揭破贤人政治之真相，（二）于教育上应打消孔教为修身大本之宪条。高君的预言，不幸到今日还不曾实现。"贤人政治"的迷梦总算打破了一点，但是打破他的，并不是高君所希望的"立于万民之后，破除自由的阻力，鼓舞自动之机能"的民治国家，乃是一种更坏更腐败更黑暗的武人政治。至于孔教为修身大本的宪法，依现今的思想趋势看来，这个当然不能成立；但是安福部的参议院已通过这种议案了，今年双十节的前八日北京还要演出一出徐世昌亲自祀孔的好戏！

但是同一号的《新青年》里，还有一篇文章，叫做《文学改良刍议》，是新文学运动的第一次宣言书。《新青年》的第二卷第六号接着发表了陈独秀君的《文学革命论》。后来七年四月里又有一篇《建设的文学革命论》。这一种文学革命的运动，在我的朋友高君做那篇《一九一七年预想之革命》时虽然还没有响动，但是自从一九一七年一月以来，这种革命——多谢反对党送登广告的影响——居然可算是传播得很广很远了。文学革命的目的是要替中国创造一种"国语的文学"——活的文学。这两年来的成绩，国语的散文是已过了辩论的时期，到了多数人实行的时期了。只有国语的韵文——所谓"新诗"——还脱不了许多人的怀疑。但是现在做新诗的人也就不少了。报纸上所载的，自北京到广州，自上海到成都，多有新诗出现。

这种文学革命预算是辛亥大革命以来的一件大事。现在《星期评论》出这个双十节的纪念号，要我做一万字的文章。我想，与其枉费笔墨去谈这八年来的无谓政治，倒不如让我来谈谈这些比较有趣味的新诗罢。

二

我常说，文学革命的运动，不论古今中外，大概都是从"文的形式"一方面下手，大概都是先要求语言文字文体等方面的大解放。欧洲三百年前各国国语的文学起来代替拉丁文学时，是语言文字的大解放；十八、十九世纪法国嚣俄、英国华次活（Wordsworth）等人所提倡的文学改革，是诗的语言文字的解放；近几十年来西洋诗界的革命，是语言文字和文体的解放。这一次中国文学的革命运动，也是先要求语言文字和文体的解放。新文学的语言是白话的，新文学的文体是自由的，是不拘格律的。初看起来，这都是"文的形式"一方面的问题，算不得重要。却不知道形式和内容有密切的关系。形式上的束缚，使精神不能自由发展，使良好的内容不能充分表现。若想有一种新内容和新精神，不能不先打破那些束缚精神的枷锁镣铐。因此，中国近年的新诗运动可算得是一种"诗体的大解放"。因为有了这一层诗体的解放，所以丰富的材料，精密的观察，高深的理想，复杂的感情，方才能跑到诗里去。五七言八句的律诗决不能容丰富的材料，二十八字的绝句决不能写精密的观察，长短一定的七言五言决不能委婉达出高深的理想与复杂的感情。

最明显的例就是周作人君的《小河》长诗（《新青年》六卷二号）。这首诗是新诗中的第一首杰作，但是那样细密的观察，那样曲折的理想，决不是那旧式的诗体词调所能达得出的。周君的诗太长了，不便引证，我且举我自己的一首诗作例：

　　　　应该

　　他也许爱我，——也许还爱我，——

　　但他总劝我莫再爱他。

　　他常常怪我；

　　这一天他眼泪汪汪的望着我，

　　说道："你如何还想着我？

　　想着我你又如何能对他？

　　你要是当真爱我，

　　你应该把爱我的心爱他，

　　你应该把待我的情待他。"

　　……

　　他的话句句都不错，——

　　上帝帮我！

　　我"应该"这样做。

（《尝试集》二，四九。）

这首诗的意思神情都是旧体诗所达不出的。别的不消说，单说"他也许爱我，——也许还爱我"这十个字的几层意思，可是旧体诗能表得出的吗？

再举康白情君的《窗外》：

　　窗外的闲月，

紧恋着窗内蜜也似的相思。

　　相思都恼了，

　　他还涎着脸儿在墙上相窥。

　　回头月也恼了，

　　一抽身儿就没了，

　　月倒没了，

　　相思倒觉着舍不得了。

（《新潮》一，四。）

这个意思，若用旧诗体，一定不能说得如此细腻。

　　就是写景的诗，也必须有解放了的诗体，方才可以有写实的描画。例如杜甫诗"江天漠漠鸟飞去"，何尝不好？但他为律诗所限，必须对上一句"风雨时时龙一吟"，就坏了。简单的风景，如"高台芳树，飞燕蹴红英，舞困榆钱自落"之类，还可用旧诗体描写。稍微复杂细密一点，旧诗就不够用了。如傅斯年君的《深秋永定门晚景》中的一段：

　　……

　　那树边，地边，天边，

　　如云，如水，如烟，

　　望不断，——一线。

　　忽地里扑喇喇一响，

　　一个野鸭飞去水塘，

　　仿佛像大车音浪，漫漫的工——东——当。

　　又有种说不出的声息，若续若不响。

（《新潮》一，二。）

这一段的第六行，若不用有标点符号的新体，决做不到这种完全写实的地步。又如俞平伯君的《春水船》中的一段：

　　……

　　对面来了个纤人，

　　拉着个单桡的船徐徐移去。

　　双橹挂在船唇，

皴面开纹，

活活水流不住。

船头晒着破网。

渔人坐在板上，

把刀劈竹拍拍的响。

船口立个小孩，又憨又蠢，

不知为什么？

笑迷迷痴看那黄波浪。

……

（《新潮》一，四。）

这种朴素真实的写景诗乃是诗体解放后最足使人乐观的一种现象。

以上举的几个例，都可以表示诗体解放后诗的内容之进步。我们若用历史进化的眼光来看中国诗的变迁，便可看出自《三百篇》到现在，诗的进化没有一回不是跟着诗体的进化来的。《三百篇》中虽然也有几篇组织很好的诗如"氓之蚩蚩"、"七月流火"之类；又有几篇很妙的长短句，如"坎坎伐檀兮""园有桃"之类；但是《三百篇》究竟还不曾完全脱去"风谣体"（Ballad）的简单组织。直到南方的骚赋文学发生，方才有伟大的长篇韵文。这是一次解放。但是骚赋体用兮些等字煞尾，停顿太多又太长，太不自然了。故汉以后的五七言古诗删除没有意思的煞尾字，变成贯串篇章，便更自然了。若不经过这一变，决不能产生《焦仲卿妻》、《木兰辞》一类的诗。这是二次解放。五七言成为正宗诗体以后，最大的解放莫如从诗变为词。五七言诗是不合语言之自然的，因为我们说话决不能句句是五字或七字。诗变为词，只是从整齐句法变为比较自然的参差句法。唐五代的小词虽然格调很严格，已比五七言诗自然的多了。如李后主的"剪不断，理还乱，是离愁。别有一般滋味在心头。"这已不是诗体所能做得到的了。试看晁补之的《蓦山溪》：

……愁来不醉，不醉奈愁何？

汝南周，东阳沈，

劝我如何醉？

这种曲折的神气，决不是五七言诗能写得出的。又如辛稼轩的《水龙吟》：

　　　……落日楼头，断鸿声里，江南游子，

　　　把吴钩看了，阑干拍遍，

　　　无人会，登临意。

这种语气也决不是五七言的诗体能做得出的。这是三次解放。宋以后，词变为曲，曲又经过几多变化，根本上看来，只是逐渐删除词体里所剩下的许多束缚自由的限制，又加上词体所缺少的一些东西如衬字套数之类。但是词曲无论如何解放，终究有一个根本的大拘束；词曲的发生是和音乐合并的，后来虽有可歌的词，不必歌的曲，但是始终不能脱离"调子"而独立，始终不能完全打破词调曲谱的限制。直到近来的新诗发生，不但打破五言七言的诗体，并且推翻词调曲谱的种种束缚；不拘格律，不拘平仄，不拘长短；有什么题目，做什么诗；诗该怎样做，就怎样做。这是第四次的诗体大解放。这种解放，初看去似乎很激烈，其实只是《三百篇》以来的自然趋势。自然趋势逐渐实现，不用有意的鼓吹去促进他，那便是自然进化。自然趋势有时被人类的习惯性守旧性所阻碍，到了该实现的时候均不实现，必须用有意的鼓吹去促进他的实现，那便是革命了。一切文物制度的变化，都是如此的。

三

　　上文我说新体诗是中国诗自然趋势所必至的，不过加上了一种有意的鼓吹，使他于短时期内猝然实现，故表面上有诗界革命的神气。这种议论很可以从现有的新体诗里寻出许多证据。我所知道的"新诗人"，除了会稽周氏弟兄之外，大都是从旧式诗，词，曲里脱胎出来的。沈尹默君初作的新诗是从古乐府化出来的。例如他的《人力车夫》：

日光淡淡，白云悠悠，

风吹薄冰，河水不流。

出门去，雇人力车。街上行人，往来很多；车马纷纷，

不知干些什么。

人力车上人，个个穿棉衣，个个袖手坐，还觉风吹来，

身上冷不过，

车夫单衣已破，他却汗珠儿颗颗往下堕。

（《新青年》四，一。）

稍读古诗的人都能看出这首诗是得力于"孤儿行"一类的古乐府的。
我自己的新诗，词调很多，这是不用讳饰的。例如前年做的《鸽子》：

云淡天高，好一片晚秋天气！

有一群鸽子，在空中游戏。

看他们三三两两，

回环来往，

夷犹如意，

忽地里，翻身映日，白羽衬青天，鲜明无比！

（《尝试集》二，二六。）

就是今年做诗，也还有带着词调的。例如《送任叔永回四川》的第二段：

你还记得，我们暂别又相逢，正是赫贞春好？

记得江楼同远眺，云影渡江来，惊起江头鸥鸟？

记得江边石上，同坐看潮回，浪声遮断人笑？

记得那回同访友，日暗风横，林里陪他听松啸？

（《尝试集》二，五一。）

懂得词的人，一定可以看出这四长句用的是四种词调里的句法。这首
诗的第三段便不同了：

这回久别再相逢，便又送你归去，未免太匆匆！

多亏得天意多留你两日，使我做得诗成相送。

万一这首诗赶得上远行人，

多替我说声"老任珍重珍重！"

这一段便是纯粹新体诗。此外新潮社的几个新诗人，——傅斯年、俞平伯、康白情，——也都是从词曲里变化出来的，故他们初做的新诗都带着词或曲的意味音节。此外各报所载的新诗，也很多带着词调的。例太多了，我不能遍举，且引最近一期的《少年中国》（第二期）里周无君的《过印度洋》：

> 圆天盖着大海，黑水托着孤舟。
>
> 也看不见山，那天边只有云头。
>
> 也看不见树，那水上只有海鸥。
>
> 那里是非洲？那里是欧洲？
>
> 我美丽亲爱的故乡却在脑后！
>
> 怕回头，怕回头，
>
> 一阵大风，雪浪上船头，
>
> 飕飕，吹散一天云雾一天愁。

这首诗很可表示这一半词一半曲的过渡时代了。

四

我现在且谈新体诗的音节。

现在攻击新诗的人，多说新诗没有音节。不幸有一些做新诗的人也以为新诗可以不注意音节。这都是错的。攻击新诗的人，他们自己不懂得"音节"是什么，以为句脚有韵，句里有"平平仄仄""仄仄平平"的调子，就是有音节了。中国字的收声不是韵母（所谓阴声），便是鼻音（所谓阳声），除了广州入声之外，从没有用他种声母收声的。因此，中国的韵最宽。句尾用韵真是极容易的事，所以古人有"押韵便是"的挖苦话。押韵乃是音节上最不重要的一件事。至于句中的平仄，也不重要。古诗"相去日已远。衣带日已缓。浮云蔽白日，游子不顾返"，音节何等响亮？但是用平仄写出来便不能读：

> 平仄仄仄仄，平仄仄仄仄。
>
> 平平仄仄仄，平仄仄仄仄。

又如陆放翁：

　　我生不逢柏梁建章之宫殿，安得峨冠侍游宴？

头上十一个字是"仄平仄平仄平仄平平平仄"，读起来何以觉得音节很好呢？这是因为一来这一句的自然语气是一气贯注下来的；二来呢，因为这十一个字里面，逢宫叠韵，梁章叠韵，不柏双声，建宫双声，故更觉得音节和谐了。

　　诗的音节全靠两个重要分子：一是语气的自然节奏，二是每句内部所用字的自然和谐。至于句末的韵脚，句中的平仄，都是不重要的事。语气自然，用字和谐，就是句末无韵也不要紧。例如上文引晁补之的词："愁来不醉，不醉奈愁何？汝南周，东阳沈，劝我如何醉？"这二十个字，语气又曲折，又贯串，故虽隔开五个"小顿"方才用韵，读的人毫不觉得。

　　新体诗中也有用旧体诗词的音节方法来做的。最有功效的例是沈尹默君的《三弦》：

　　中午时候，火一样的太阳，没法去遮拦，让他直晒长街上。静悄悄少人行路；只有悠悠风来，吹动路旁杨树。

　　谁家破大门里，半院子绿茸茸细草，都浮着闪闪的金光。旁边有一段低低的土墙，挡住了个弹三弦的人，却不能隔断那三弦鼓荡的声浪。

　　门外坐着一个穿破衣裳的老年人，双手抱着头，他不声不响。

（《新青年》五，二）

这首诗从见解意境上和音节上看来，都可算是新诗中一首最完全的诗。看他第二段"旁边"以下一长句中，旁边是双声；有一是双声；段，低，低，的，土，挡，弹，的，断，荡，的，十一个都是双声。这十一个字都是"端透定"（D，T）的字，模写三弦的声响，又把"挡"，"弹"，"断"，"荡"四个阳声的字和七个阴声的双声字（段，低，低，的，土，的，的）参错夹用，更显出三弦的抑扬顿挫。苏东坡把韩退之《听琴诗》改为送弹琵琶的词，开端是"呢呢儿女语，灯火夜微明，恩冤尔汝来去，弹指泪和声"。他头上连用五个极短促的阴声字，接着用一个阳声的"灯"字，下面"恩冤尔汝"之后，又用一个阳声的"弹"字，也是用同样的方法。

吾自己也常用双声叠韵的法子来帮助音节的和谐。例如《一颗星儿》一首：

> 我喜欢你这颗顶大的星儿，
>
> 可惜我叫不出你的名字。
>
> 平日月明时，
>
> 月光遮尽了满天星，总不能遮住你。
>
> 今天风雨后。闷沉沉的天气，
>
> 我望遍天边，寻不见一点半点光明，
>
> 回转头来，
>
> 只有你在那杨柳高头依旧亮晶晶地。

（《尝试集》二，五三。）

这首诗"气"字一韵以后，隔开三十三个字方才有韵，读的时候全靠"遍，天，边，见，点，半，点"，一组叠韵字，（遍，边，半，明，又是双声字）和"有，柳，头，旧"一组叠韵字夹在中间，故不觉得"气"、"地"两韵隔开那么远。

这种音节方法，是旧诗音节的精采（参看清代周春的《杜诗双声叠韵谱》），能够容纳在新诗里，固然也是好事。但是这是新旧过渡时代的一种有趣味的研究，并不是新诗音节的全部。新诗大多数的趋势，依我们看来，是朝着一个公共方向走的。那个方向便是"自然的音节"。

自然的音节是不容易解说明白的。我且分两层说：

第一，先说"节"——就是诗句里面的顿挫段落。旧体的五七言诗是两个字为一"节"的。随便举例如下：

> 风绽——雨肥——梅（两节半）
>
> 江间——波浪——兼天——涌（三节半）
>
> 王郎——酒酣——拔剑——斫地——歌——莫哀（五节半）

　　　　我生——不逢——柏梁——建章——之——宫殿（五节半）

　　　　又——不得——身在——荥阳——京索——间（四节外

　　两个破节）

　　　　终——不似——一朵——钗头——颤袅——向人——欹侧

　（六节半）

新体诗句子的长短，是无定的；就是句里的节奏，也是依着意义的自
然区分与文法的自然区分来分析的。白话里的多音字比文言多得多，
并且不止两个字的联合，故往往有三个字为一节，或四五个字为一节
的。例如：

　　　　万一——这首诗——赶得上——远行人。

　　　　门外——坐着——一个——穿破衣裳的——老年人。

　　　　双手——抱着头——他——不声——不响。

　　　　旁边——有一段——低低的——土墙——挡住了个——

　　弹三弦的人。

　　　　这一天——他——眼泪汪汪的——望着我——说道——

　你如何——还想着我？想着我——你又如何——能对他？

　　第二，再说“音”，　　就是诗的声调。新诗的声调有两个要件：
一是平仄要自然，二是用韵要自然。白话里的平仄，与诗韵里的平仄
有许多大不相同的地方。同一个字，单独用来是仄声，若同别的字
连用，成为别的字的一部分，就成了很轻的平声了。例如“的”字，
“了”字，都是仄声字，在“扫雪的人”和“扫净了东边”里，便不成
仄声了。我们简直可以说，白话诗里只有轻重高下，没有严格的平仄。
例如，周作人君的《两个扫雪的人》的两行：

　　　　祝福你扫雪的人！

　　　　我从清早起，在雪地里行走，不得不谢谢你。

（《新青年》六，三）

“祝福你扫雪的人”上六个字都是仄声，但是读起来自然有个轻重高
下。“不得不谢谢你”六个字又都是仄声，但是读起来也有个轻重高
下。又如同一首诗里有“一面尽扫，一面尽下”八个字都是仄声，但

47

读起来不但不拗口，并且有一种自然的音调。白话诗的声调不在平仄的调剂得宜，全靠这种自然的轻重高下。

至于用韵一层，新诗有三种自由：第一，用现代的韵，不拘古韵，更不拘平仄韵。第二，平仄可以互相押韵，这是词曲通用的例，不单是新诗如此。第三，有韵固然好，没有韵也不妨。新诗的声调既在骨子里，——在自然的轻重高下，在语气的自然区分，——故有无韵脚都不成问题。例如周作人君的《小河》虽然无韵，但是读起来自然有很好的声调，不觉得是一首无韵诗。我且举一段如下：

> ……小河的水是我的好朋友，
>
> 他曾经稳稳的流过我面前，
>
> 我对他点头，他对我微笑，
>
> 我愿他能够放出了石堰，
>
> 仍然稳稳的流着，
>
> 向我们微笑……

又如周君的《两个扫雪的人》中一段：

> ……一面尽扫，一面尽下：
>
> 扫净了东边，又下满了西边；
>
> 扫开了高地，又填平了洼地。

这是用内部词句的组织来帮助音节，故读时不觉得是无韵诗。

内部的组织，——层次，条理，排比，章法，句法，——乃是音节的最重要方法。我的朋友任叔永说，"自然二字也要点研究"。研究并不是叫我们去讲究那些"蜂腰"，"鹤膝"，"合掌"等等玩意儿，乃是要我们研究内部的词句应该如何组织安排，方才可以发生和谐的自然音节。我且举康白情君的《送客黄浦》一章作例：

> 送客黄浦，
>
> 我们都攀着缆，——
>
> 风吹着我们的衣服，——
>
> 站在没遮拦的船边楼上。
>
> 看看凉月丽空，

才显出淡妆的世界。

我想世界上只有光，

只有花，

只有爱！

我们都谈着，

谈到日本二十年来的戏剧，

也谈到"日本的光，的花，的爱"的须磨子。

我们都相互的看着。

只是寿昌有所思，

他不看着我，

他不看着别的那一个。

这中间充满了别意，

但我们只是初次相见。

（《少年中国》二）

五

我这篇随便的诗谈做得太长了，我且略谈"新诗的方法"，作一个总结的收场。

有许多人曾问我做新诗的方法，我说，做新诗的方法根本上就是做一切诗的方法；新诗除了"诗体的解放"一项之外，别无他种特别的做法。

这话说得太笼统了。听的人自然又问，那么做一切诗的方法究竟是怎样呢？

我说，诗须要用具体的做法，不可用抽象的说法。凡是好诗，都是具体的；越偏向具体的，越有诗意诗味。凡是好诗，都能使我们脑子里发生一种——或许多种——明显逼人的影像。这便是诗的具体性。

李义山诗"历览前贤国与家，成由勤俭败由奢"，这不成诗。为什么呢？因为他用的是几个抽象的名词，不能引起什么明了浓丽的影像。

"绿垂红折笋，风绽雨肥梅"是诗。"芹泥垂燕嘴，蕊粉上蜂须"是诗。"四更山吐月，残夜水明楼"是诗。为什么呢？因为他们都能引起鲜明扑人的影像。

"五月榴花照眼明"，是何等具体的写法！

"鸡声茅店月，人迹板桥霜"是何等具体的写法！

"枯藤老树昏鸦，小桥流水人家，古道西风瘦马，夕阳西下，——断肠人在天涯！"这首小曲里有十个影像，连成一串，并作一片萧瑟的空气，这是何等具体的写法！

以上举的例都是眼睛里起的影像。还有引起听官里的明了感觉的。例如，上文引的"呢呢儿女语，灯火夜微明，恩冤尔汝来去，弹指泪和声"，是何等具体的写法！

还有能引起读者浑身的感觉的。例如姜白石词，"暝入西山，渐唤我一叶夷犹乘兴。"这里面"一叶夷犹"四个合口的双声字，读的时候使我们觉得身在小舟里，在镜平的湖水上荡来荡去。这是何等具体的写法。

再进一步说，凡是抽象的材料，格外应该用具体的写法。看《诗经》的《伐檀》：

> 坎坎伐檀兮，置之河之干兮，
>
> 河水清且涟猗，——
>
> 不稼不穑，胡取禾三百廛兮！
>
> 不狩不猎，胡瞻尔庭有悬貆兮！

社会不平等是一个抽象的题目，你看他却用如此具体的写法。

又如，杜甫的《石壕吏》，写一天晚上一个远行客人在一个人家寄宿，偷听得一个捉差的公人同一个老太婆的谈话。寥寥一百二十个字，把那个时代的征兵制度，战祸，民生痛苦，种种抽象的材料，都一齐描写出来了。这是何等具体的写法！

再看白乐天的《新乐府》，那几篇好的——如《折臂翁》、《卖炭翁》、《上阳宫人》，——都是具体的写法。那几篇抽象的议论——如《七德舞》、《司天台》、《采诗官》，——便不成诗了。

旧诗如此，新诗也如此。

现在报上登的许多新体诗，很多不满人意的。我仔细研究起来，那些不满人意的诗，犯的都是一个大毛病，——抽象的题目用抽象的写法。

那些我不认得的诗人做的诗，我不便乱批评。我且举一个朋友的诗做例。傅斯年君在《新潮》四号里做了一篇散文，叫做《一段疯话》，结尾两行说道：

> 我们最当敬重的是疯子，最当亲爱的是孩子。疯子是我
> 们的老师，孩子是我们的朋友。我们带着孩子，跟着疯子走，
> 走向光明去。

有一个人在北京《晨报》里投稿，说傅君最后的十六个字是诗不是文。后来《新潮》五号里傅君有一首《前倨后恭》的诗，——一首很长的诗。我看了说，这是文，不是诗。

何以前面的文是诗，后面的诗反是文呢？因为前面那十六个字是具体的写法，后面的长诗是抽象的题目用抽象的写法。我且抄那诗中的一段，就可明白了：

> 倨也不由他，恭也不由他——
> 你还赧他。
> 向你倨，你也不削一块肉；向你恭，你也不长一块肉。
> 况且终竟他要向你变的，理他呢！

这种抽象的议论是不会成为好诗的。

再举一个例。《新青年》六卷四号里面沈尹默君的两首诗。一首是《赤裸裸》：

> 人到世间来，本来是赤裸裸，
> 本来没污浊，却被衣服重重的裹着，这是为什么？
> 难道清白的身不好见人吗？那污浊的，裹着衣服，就算
> 免了耻辱吗？

他本想用具体的比喻来攻击那些作伪的礼教，不料结果还是一篇抽象的议论，故不成为好诗。还有一首《生机》：

刮了两日风，又下了几阵雪。

山桃虽是开着却冻坏了夹竹桃的叶。

地上的嫩红芽，更僵了发不出。

人人说天气这般冷，

草木的生机恐怕都被摧折；

谁知道那路旁的细柳条，

他们暗地里却一齐换了颜色！

这种乐观，是一个很抽象的题目，他却用最具体的写法，故是一首好诗。

我们徽州俗话说人自己称赞自己的是"戏台里喝采"。我这篇谈新诗里常引我自己的诗做例，也不知犯了多少次"戏台里喝采"的毛病。现在且再犯一次，举我的《老鸦》做一个"抽象的题目用具体的写法"的例罢：

我大清早起，

站在人家屋角上哑哑的啼。

人家讨嫌我，

说我不吉利：

我不能呢呢喃喃讨人家的欢喜！

民国八年十月

（1919 年 10 月）

《中国新文学大系·建设理论集》导言

一

中国新文学运动的历史，我们至今还不能有一种整个的叙述。为什么呢？第一，因为时间太逼近了，我们的记载与论断都免不了带着一点主观情感的成分，不容易得着客观的，严格的史的记录。第二，在这短短二十年里，这个文学运动的各个方面的发展是不很平均的，有些方面发展的很快，有些方面发展的稍迟；如散文和短篇小说就比长篇小说和戏剧发展的早多了。一个文学运动的历史的估价，必须包括它的出产品的估价。单有理论的接受，一般影响的普遍，都不够证实那个文学运动的成功。所以在今日新文学的各方面都还不曾有大数量的作品可以供史家评量的时候，这部历史是写不成的。

良友图书公司的《新文学大系》的计划正是要替这个新文学运动的第一个十年作第一次的史料大结集。这十巨册之中，理论的文学要占两册，文学的作品要占七册。理论的发生，宣传，争执，固然是史料，这七大册的小说，散文，诗，戏剧，也是同样重要的史料。文学革命的目的是要用活的语言来创作新中国的新文学，——来创作活的文学，人的文学。新文学的创作有了一分的成功，即是文学革命有了一分的成功。"人们要用你结的果子来评判你。"正如政治革命的目的是要建立一个新的社会秩序，那个新社会秩序的成败即是那个政治革命的成败。文学革命产生出来的新文学不能满足我们赞成革命者的期望，就如同政治革命不能产生更满意的社会秩序一样，虽有最圆满的革命理论，都只好算作不兑现的纸币了。

所以我是最欢迎这一部大结集的。《新文学大系》的主编者赵家璧先生要我担任"建设理论集"的编纂，我当然不能推辞。这一集的理论文字，代表民国六年到九年之间（一九一七——一九二○）的文学革命的理论，大都是从《新青年》、《新潮》、《每周评论》、《少年中国》几个杂志里选择出来的，因为这几个刊物都是中国新文学运动的急先锋，都是它的最早的主要宣传机关。

这一集所收的文字，分作三组：第一组是一篇序幕，记文学革命在国外怎样发生的历史；这虽然是一种史实的记载，其实后来许多革命理论的纲领都可以在这里看见了。第二组是文学革命最初在国内发难的时候的几篇重要理论，以及他们所引起的响应和讨论。第三组是这个运动的稍后一个时期的一些比较倾向建设方面的理论文章，包括关于新诗、戏剧、小说、散文各个方面的讨论。

我现在要写的序文，当然应该概括的指点出那些理论的中心见解和重要根据。但我想，在那个提要的说明之前，我应该扼要的叙述这个文学革命运动的历史的背景。

这个背景的一个重要方面，是古文在那四五十年中作最后挣扎的一段历史（参看我的《五十年来之中国文学》）。那个时代是桐城派古文的复兴时期。从曾国藩到吴汝纶，桐城派古文得着最有力的提倡，得着很大的响应。曾国藩说的"举天下之美，无以易乎桐城姚氏者也"，最可以代表当时文人对这个有势力的文派的信仰。我们在今日回头看桐城派古文在当日的势力之大，传播之广，也可以看出一点历史的意义。桐城派古文的抬头，就是骈俪文体的衰落。自从韩愈提出"文从字顺各识职"的古文标准以后，一些"古文"大家大都朝着"文从字顺"的方向努力。只有这条路可以使那已死的古文字勉强应用，所以在这一千年之中，古文越做越通顺了，——宋之欧、苏，明之归有光、钱谦益，清之方苞、姚鼐，都比唐之韩、柳更通顺明白了。到曾国藩，这一派的文字可算是到了极盛的时代。他们不高谈秦、汉，甚至于不远慕唐、宋，竟老老实实的承认桐城古文为天下之至美！这不是无意的降格，这是有意的承认古文的仿作越到后来越有进步。所以王先谦《续古文辞类纂》的自序说：

> 学者将欲杜歧趋，遵正轨，姚氏而外，取法梅、曾（梅
> 曾亮、曾国藩），足矣。

姚鼐、曾国藩的古文差不多统一了十九世纪晚期的中国散文。散文体做到了明白通顺的一条路，它的应用的能力当然比那骈俪文和那模仿殷盘周诰的假古文大多了。这也是一个转变时代的新需要。这是桐城古文得势的历史意义。

在那个社会与政治都受绝大震荡的时期，古文应用的方面当然比任何过去时期更多更广了。总计古文在那四五十年中，有这么多的用处：第一是时务策论的文章，如冯桂芬的《校邠庐抗议》，如王韬的报馆文章，如郑观应、邵作舟、汤寿潜诸家的"危言"，都是古文中的"策士"一派。后起的政论文家，如谭嗣同，如梁启超，如章士钊，也都是先从桐城古文入手的。第二是翻译外国的学术著作。最有名的严复，就出于桐城派古文家吴汝纶的门下。吴汝纶赞美严复的《天演论》，说"其书乃骎骎与晚周诸子相上下"，严复自己也说："精理微言，用汉以前字法句法则为达易，用近世利俗文字则求达难。"其实严复的译文全是学桐城古文，有时参用佛经译文的句法；不过他翻译专门术语，往往极力求古雅，所以外貌颇有古气。第三是用古文翻译外国小说。最著名的译人林纾也出于吴汝纶的门下；其他用古文译小说的人，也往往是学桐城古文的，或是间接模仿林纾的古文的。

古文经过桐城派的廓清，变成通顺明白的文体，所以在那几十年中，古文家还能勉强挣扎，要想运用那种文体来供给一个骤变的时代的需要。但时代变的太快了，新的事物太多了，新的知识太复杂了，新的思想太广博了，那种简单的古文体，无论怎样变化，终不能应付这个新时代的要求，终于失败了。失败最大的是严复式的译书。严复自己在《群己权界论》的凡例里曾说：

> 海内读吾译者，往往以不可猝解，訾其艰深。不知原书之难且实过之。理本奥衍，与不佞文字固无涉也。

这是他的译书失败的铁证。今日还有学严复译书的人，如章士钊先生，他们的译书是不会有人读的了。

其次是林纾式的翻译小说的失败。用古文写的小说，最流行的是蒲松龄的《聊斋志异》；《聊斋志异》有圈点详注本，故士大夫阶级多能阅读。古文到了桐城一派，叙事记言多不许用典，比《聊斋》时代的古文干净多了。所以林纾译的小说，没有注释典故的必要，然而用古文译书，不加圈读，懂得的人就很少。林译小说都用圈断句，故能读者较多。但能读这种古文小说的人，实在是很少的。林纾的名声大了，他的小说每部平均能销几百本，在当时要算销行最广的了，但当时一切书籍（除小学教科书外）的销路都是绝可怜的小！后来周树人、周作人两先生合译《域外小说集》，他们都能直接从外国文字译书，他们的古文也比林纾更通畅细密，然而他们的书在十年之中只销了二十一册！这个故事可以使我们明白，用古文译小说，也是一样劳而无功的死路，因为能读古文小说的人实在太少了。至于古文不能翻译外国近代文学的复杂文句和细致描写，这是能读外国原书的人都知道的，更不用说了。

严格说来，谭嗣同、梁启超的议论文已不是桐城派所谓"古文"了。梁启超自己说他亡命到国外以后，做文章即

> 自解放，务为平易畅达，时杂以俚语，韵语，及外国语法；纵笔所至不检束。学者竞效之，号新文体。老辈则痛恨，诋为野狐。然其文条理明晰，笔锋常带情感，对于读者，别有

一种魔力焉。

这种"新文体"是古文的大解放。靠着圈点和分段的帮助，这种解放的文体居然能做长篇的议论文章了；每遇一个抽象的题目，往往列举譬喻，或列举事例，每一譬喻或事例各自成一段，其体势颇像分段写的八股文的长比，而不受骈四俪六的拘束，所以气势汪洋奔放，而条理浅显，容易使读者受感动。在一个感受绝大震荡的过渡社会里，这种解放的新文体曾有很伟大的魔力。但议论的文字不是完全走情感的一条路的。经过了相当时期的教育发展，这种奔放的情感文字渐渐的被逼迫而走上了理智的辩驳文字的路。梁启超中年的文章也渐渐从奔放回到细密，全不像他壮年的文章了。后起的政论家，更不能不注意逻辑的谨严，文法的细密，理论的根据。章士钊生于桐城古文大本营的湖南，他的文章很有桐城气息。他一面受了严复的古文译书的影响，一面又颇受了英国十九世纪政论文章的影响，所以他颇想做出一种严密的说理文章。同时的政论家也颇受他的影响，朝着这个方面做去。这种文章实在是和严复的译书很相像的：严复是用古文翻外国书，章士钊是用古文说外国话。说的人非常费劲，读的人也得非常费劲，才读得懂。章士钊一班人的政论当然也和严复的译书同其命运，同为"不可猝解"。于是这第三个方面的古文应用也失败了。

在那二三十年中，古文家力求应用，想用古文来译学术书，译小说，想用古文来说理论政，然而都失败了。此外如章炳麟先生主张回到魏、晋的文章，"将取千年朽蠹之余，反之正则"，更富有复古的意味，应用的程度更小了，失败更大了。他们的失败，总而言之，都在于难懂难学。文学的功用在于达意，而达意的范围以能达到最大多数人为最成功。在古代社会中，最大多数人是和文字没交涉的。做文章的人，高的只求绝少数的"知音"的欣赏，低的只求能"中试官"的口味。所以他们心目中从来没有"最大多数人"的观念。所以凡最大多数人都能欣赏的文学杰作，如《水浒传》，如《西游记》，都算不得文学！这一个根本的成见到了那个过渡的骤变的时代，还不曾打破，所以严复、林纾、梁启超、章炳麟、章士钊诸人都还不肯抛弃那种完全为绝少数人赏玩的文学工具，都还妄想用那种久已僵死的文字来做一个新时代达意表情说理的工具。他们都有革新国家社会的热心，都想把他们的话说给多数人听。可是他们都不懂得为什么多数人不能读他们的书，听他们的话！严复说的最妙：

  理本奥衍，与不佞文字固无涉也。

在这十三个字里，我们听得了古文学的丧钟，听见了古文家自己宣告死刑。他们仿佛很生气的对多数人说："我费尽气力做文章，说我的道理，你们不懂，是你们自己的罪过，与我的文章无干！"

  在这样的心理之下，古文应用的努力完全失败了。

二

  可是在这个时期，那"最大多数人"也不是完全被忽略了。当时也有一班远见的人，眼见国家危亡，必须唤起那最大多数的民众来共同担负这个救国的责任。他们知道民众不能不教育，而中国的古文古字是不配作教育民众的利器的。这时候，基督教的传教士早已在各地造出各种方言字母来拼读各地的土话，并且用土话字母来翻译《新约》，来传播教义了。日本的骤然强盛，也使中国士大夫注意到日本的小学教育，因此也有人注意到那五十假名的教育功用。西方和东方的两种音标文字的影响，就使中国维新志士渐渐觉悟字母的需要。

  最早创造中国拼音字母的人大都是沿海各省和西洋传教士接触最早的人。如厦门卢戆章造的"切音新法"，如福建龙溪蔡锡勇造的"传音快字"，如广东香山王炳耀造的"拼音字谱"，都是这个字母运动的先锋。卢戆章的字母，在戊戌变法的时期，曾由他的同乡京官林辂存运动都察院奏请颁行天下。蔡锡勇和他的儿子蔡璋继续改良他们的"快字"，演成"蔡氏速记术"，创开了中国的速记术。

  戊戌变法的一个领袖，直隶宁河县人王照（死于一九三三），当新政推翻时亡命到日本，庚子乱后他改装偷回中国，隐居在天津，发愿要创造"官话字母"，共六十余母，用两拼之法，"专拼白话"；因"语言必归一致"，故他主张用北京话作标准（以前卢、蔡诸家的字母都是方言字母，不曾有专拼官话的计划）。王照是一个很有见识的人，他的主张很有许多地方和后来主张白话文学的人相同。他说：

> 余今奉告当道者：富强治理，在各精其业各扩其职各知其分之齐氓，不在少数之英隽也。朝廷所应注意而急图者宜在此也。茫茫九州，芸芸亿兆，呼之不省，唤之不应，劝导禁令毫无把握，而乃舞文弄墨，袭空论以饰高名，心目中不见细民，妄冀富强之效出于策略之转移焉，苟不当其任，不至其时，不知其术之穷也！（《官话合声字母原序》）

这就是说：富强治理的根本在于那最大多数的齐氓，细民。他在戊戌变法时，也曾"妄冀富强之效出于策略之转移"；但他后来觉悟了，知道"其术之穷"了，所以他冒大险回国，要从教育那"芸芸亿兆"下手。他知道各国教育的普及都靠"文言一致，拼音简便"，所以他发愤要造出一种统一中国语言文字的官话字母。他很明白的说，这种字母是"专拼白话"的。他说：

> 吾国古人造字，以便民用，所命之音必与当时语言无异，此一定之理也。而语言代有变迁，文亦随之。……故以孔子之文较夏殷之文，则改变句法，增添新字，显然大异。可知系就当时俗言肖声而出，著之于简，欲妇孺闻而即晓。凡也，已，焉，乎等助词为夏殷之书所无者，实不啻今之白话文增入呀，么，哪，咧等字。孔子不避其鄙俚，因圣人之心专以便民为务，无"文"之见存也。后世文人欲藉文以饰智惊愚，于是以摩古为高，文字不随语言，二者日趋日远。文字既不足当语言之符契，其口音即迁流愈速，……异者不可复同，而同国渐如异域。（同上）

这是最明白的主张"言文一致"，要文字"当语言之符契"，要文字跟着那活的语言变迁。这个主张的逻辑的结论当然是提倡白话文了。

王照很明白一切字母只可以拼白话，决不能拼古文。他的《字母》凡例说：

> 此字母……专拼俗语，肖之即无误矣。今如两人晤谈终
> 日，从未闻有相诘曰："尔所说之晚,为早晚之晚耶？为茶碗之
> 碗耶？尔所说之茶为茶叶之茶耶？为查核之查耶？"可知全
> 句皆适肖白话，即无误会也。若用以拼文词，则使读者在在
> 有混淆误解之弊。故万不可用此字母拼文词。（原第十二条）

音标的文字必须是"适肖白话"的文字。所以王照的字母是要用来拼写白话文的。后来提倡"读音统一"的人，不懂得这个道理，竟把他们制定的字母叫做"注音字母"，用来做"读音统一"之用，那就是根本违背当年创造官话字母的原意了。

王照的字母运动在当年很得着许多有名的人的同情赞助。天津的严修，桐城派的领袖吴汝纶，北洋大臣袁世凯，两江总督周馥，浙江桐乡的劳乃宣，都是王照的同志。袁世凯在北洋，周馥在南京，都曾提倡字母的传授。劳乃宣是一位"等韵学"的专家，他采用了王照的官话字母，又添制了江宁（南京）音谱，苏州音谱和闽广音谱，合成《简字全谱》。他在光绪戊申（一九〇八）有《进呈简字谱录折》，说：

> 今日欲救中国，非教育普及不可；欲教育普及，非有易
> 识之字不可；欲为易识之字，非用拼音之法不可。

他很乐观的计算：

> 此字传习极易，至多不过数月而可成。以一人授
> 五十人计之，一传而五十人，再传而二千五百人，三
> 传而十二万五千人，四传而六百二十五万人，五传而
> 三万一千二百五十万人。中国四万万人，五六传而可遍。果
> 以国家全力行之，数年之内可以通国无不识字之人。将见山
> 陬海澨，田夫野老，妇人孺子，人人能观书，人人能阅报。
> 凡人生当明之道义，当知之世务，皆能通晓。彼此意所欲言，
> 皆能以笔札相往复。官府之命令皆能下达而无所舛误；人民
> 之意见皆能上陈而无所壅蔽。明白洞达，薄海大同。……（《桐
> 乡劳先生遗稿》卷四）

我们看劳乃宣和王照的议论，可以知道那时候一些先见的人确曾很注意那最大多数的民众。他们要想唤醒那无数"各精其业，各扩其职，各知其分之齐氓"，所以想提倡一种字母给他们做识字求知识的利器。

从庚子乱后到辛亥革命的前夕，这个"官话字母"的运动（也叫做"简字"的运动）逐渐推行，虽然不曾得着满清政府的赞助，却得了社会上一些名流的援助。吴汝纶于光绪二十八年（一九〇二）到日本考察教育，看了日本教育普及和语言统一的功效，很受感动，回国后即上书给管学大臣张百熙，极力主张用北京官话"使天下语音一律"。吴汝纶死后（他死在一九〇三年），张百熙、张之洞等的《奏定学堂章程》的《学务纲要》里就有"以官音统一天下之语言，故自师范以及高等小学堂，均于国文一科内附入'官话'一门"的规定。这种规定很有利于官话字母的运动，所以在以后几年之中，官话字母"传习至十三省境，拼音官话书报社……编印之初学修身、伦理、历史、地理、地文、植物、动物、外交等拼音官话书，销至六万余部"（据王照《小航文存》卷一，页三二）。到了宣统二年（一九一〇）资政院成立时，议员中有劳乃宣、严复、江谦，都是提倡拼音文字的。他们在资政院里提出推行官话简字的议案，审查的结果，决议"谋国语教育，则不得不添造音标文字"，"请议长会同学部具奏，请旨饬下迅速筹备施行"。后来学部把这个议案交中央教育会议讨论；主持教育会议的人如张謇、张元济、傅增湘，也都是赞成这个主张的，所以也通过了一个《统一国语办法案》。但不久武昌革命起来了，清朝倒了，民国成立了。在那个政治大变动之中，王照、劳乃宣诸人努力十年造成的音标文字运动就被当前更浓厚的政治斗争的兴趣笼罩下去，暂时衰歇了。（以上的记载，参用黎锦熙的《国语运动小史》，王照的《小航文存》，劳乃宣的《年谱》和《遗稿》。）

民国元年，蔡元培先生建议，请由教育部召集大会，推行拼音字。不久蔡先生辞职走了，董鸿祎代理部务，召集"读音统一会"。民国二年二月十五日，读音统一会开会；吴敬恒先生被选为正会长，王照为副会长。这个会开了三个月，争论很激烈，结果是制定了三十九个字母，——后来称为"注音字母"。字母的形式是采用笔画最简而音读与声母韵母最相近的古字，把王照的官话字母完全推翻了。字母的形式换了，于是前十年流行的拼音白话书报全不适用了。这副新的注音字母，中间又被搁置了六年，直到民国七年年底，教育部才正式颁布。颁布之后，政府和民间至今没有用这字母来编印拼音书报。这十几年之中，提倡音韵文字的人用力的方向全在字母的形式的研究，修正，改造，而不在用那字母来编印拼音的书报。民国十一年，教育部颁布了国语统一筹备会制定的"注音字母书法体式"。民国十五年，国语统一筹备会发表了赵元任、钱玄同、刘复诸先生制定的"国语罗马字"。民国十七年，国民政府的大学院正式公布"国语罗马字拼音法式"，定为"国音字母第二式"。于是国音字母有了两种形式：一为用古字的注音字母，一为国语罗马字。在政府正式决定一种字母定为国音标准字母之前，大规模的编印拼音文字的书籍大概是不会有的事。

我们总括的观察这三十多年的音标文字运动，可以得几条结论。

第一，这三十多年的努力，还不曾得着一种公认为最适用的字母。王照的官话字母确有很多缺点，所以受声韵学者的轻视。注音字母还是承袭了王照的方法的缺点，虽然添了三个介音，可以"三拼"了，然而带鼻音韵尾的字还是沿用王、劳的老法子，没有把音素个别的分析出来。国语罗马字当然是一大进步，因为它在形式上采取了全国中学生都能认识的罗马字母，又在审音方面打破了两拼三拼的限制，使字母之数大减，而标音也更正确。国语罗马字的将来争点也许还在"声调"的标志问题。国语罗马字若抛弃了"声调"的标志，当然是最简易的字母。声调的标志，既然不完全根据于音理的自然，恐怕有"治丝而益棼之"的危险。依我们门外汉的看法，倒不如爽性不标声调，使现在的音标文字做将来废除四声的先锋，岂不更好？——这种评论已是题外的话了。总而言之，标准字母的不曾决定，阻碍了这三十多年的音标文字教育的进行。这是音标文字运动失败的一个根本原因。

第二，音标文字是必须替代汉字的，而那个时期（尤其是那个时期的前半期）主张音标文字的人都还不敢明目张胆的提倡用拼音文字来替代汉字。这完全是时代的关系，我们不能过于责备他们。汉文的权威太大了，太尊严了，那时最大胆的人也还不敢公然主张废汉字，——其实他们就根本没有想到汉字是应该废的。最大胆的王照也得说：

> 今余私制此字母，纯为多数愚稚便利之计，非敢用之于读书临文。（《字母原序》）

劳乃宣说的更明白了：

> 中国六书之旨，广大精微，万古不能磨灭。简字（即字母）仅足为粗浅之用，其精深之义仍非用汉文不可。简字之于汉文，但能并行不悖，断不能稍有所妨。（《进呈简字谱录折》）

又说：

> 今请于简易识字学塾内附设此科。本塾正课仍以用学部课本教授汉字为主。简字仅为附属之科，专为不能识汉字者而设，与汉字正课并行不悖，两不相妨。盖资质不足以识千余汉字之人，本无识字之望，今令识此数十简字以代识字之用，乃增于能识汉字者之外，非分于能识汉字者之中也。
>
> （《请附设简字一科折》）

这样极端推崇汉字的人，他们提倡拼音文字，只是要为汉字添一种辅助工具，不是要革汉字的命。因为如此，所以桐城古文大家如吴汝纶、严复也可以赞成音标文字。吴汝纶游日本时，一面很歆羡日本的五十假名有统一语言的功用，一面却对日本学者说：

> 若文字之学，则中国故特胜，万国莫有能逮及之者！
>
> （《高田忠周古籀篇序》）

劳乃宣最能说明这种"两面心理"，他说：

> 字之为用，所以存其言之迹焉尔。……其体之繁简难易，……各有所宜。欲其高深渊雅，则不厌繁难；取其便利敏捷，则必求简易。（《中国速记字谱序》）

这种心理的基础观念是把社会分作两个阶级，一边是"我们"士大夫，一边是"他们"齐氓细民。"我们"是天生聪明睿智的，所以不妨用二三十年窗下苦功去学那"万国莫有能逮及之"的汉字汉文。"他们"是愚蠢的，是"资质不足以识千余汉字之人"，所以我们必须给他们一种求点知识的简易法门。"我们"不厌繁难，而"他们"必求简易。在这种心理状态之下，汉文汉字的尊严丝毫没有受打击，拼音文字不过是士大夫丢给老百姓的一点恩物，决没有代替汉文的希望。士大夫一面埋头学做那死文字，一面提倡拼音文字，是不会有多大热心的。老百姓也不会甘心学那士大夫不屑学的拼音文字，因为老百姓也曾相信"将相本无种，男儿当自强"的宗教，如果他们要子弟读书识字，当然要他们能做八股，应科举，做状元宰相：他们决不会自居于"资质不足以识千余汉字"的阶级！所以提倡字母文字而没有废汉字的决心，是不会成功的。这是音标文字运动失败的又一个根本原因。

第三，音标文字只可以用来写老百姓的活语言，而不能用来写士大夫的死文字。换句话说，拼音文字必须用"白话"做底子，拼音文字运动必须同时是白话文的运动。提倡拼音文字而不同时提倡白话文，是单有符号而无内容，那是必定失败的。王照最明白这一点，所以他再三说他的字母是"专拼俗话"的，"万不可用此字母拼文词"。王照很明白说，他的字母运动必须是一个"白话教育"的运动。但民国成立以来，政客官僚多从文士阶级出身，他们大都不感觉白话文的好处，也不感觉汉文的难学；至于当权的武人，他们虽然往往不认得几担大字，却因此最迷信汉文汉字，往往喜欢写大字，做歪诗。所以到了革命以后，大家反不重视那最大多数人的教育工具了！这班政客武人的心里好像这样想：我们不靠老百姓的力量，也居然可以革命，可见普及教育并不是必要的了！在革命的前夕，我们还看见教育家江谦在他的《小学教育改良刍议》里说："初等小学前三年，非主用合声简字国语，则教育断无普及之望。"这是很大胆的喊声。"合声简字国语"即是用字母拼音的白话文。但革命之后，这种喊声反销沉了。民国二年的"读音统一会"是一个文人学者的会议，他们大都是舍不得抛弃汉文汉字的；当时政府的领袖也不是重视民众的教育的。据王照的记载：

> 蔡孑民原意专为白话教育计，绝非为读古书注音。……
> 而……开会宗旨规程，……先定会名曰"读音统一"。读音云
> 者，读旧书之音注也。既为读书之音注，自不得违韵学家所
> 命之字音，则多数人通用之语言自然被摒矣。……
>
> 正式开议之日，吴某（吴敬恒先生）登台演说，标出读
> 书注音一大题目，于白话教育之义一字不提。……余（王照）
> 登台演说造新字母原以拼白话为紧要主义，听者漠不为动，
> 盖以其与会名不合，疑为题外之文也。（《书摘录官话字母原
> 书各篇后》）

从拼官话的字母，退缩到读书注音的字母，这是绝大的退步。何况那注音的字母又还被教育部委托的学者搁置到六年之久方才公布呢？在那六年之中，北京有一班学者组织了一个国语研究会，成立于民国五年。他们注意之点是统一国语的问题，比那"读音统一"似乎进一步了；但他们的学者气味太重，他们不知道国语的统一决不是靠一两部读音字典做到的，所以他们的研究工作偏向于字母的形体，六千多汉字的注音，国音字典的编纂等项，这都是音注汉字的工作。他们完全忽略了"国语"是一种活的语言；他们不知道"统一国语"是承认一种活的语言，用它做教育与文学的工具，使全国的人渐渐都能用它说话，读书，作文。他们忽略了那活的语言，所以他们的国语统一工作只是汉字注音的工作，和国语统一无干，和白话教育也无干。这是那个音标文字运动失败的又一个根本原因。

三

以上两大段说的是文学革命的历史背景。这个背景有不相关连的两幕：一幕是士大夫阶级努力想用古文来应付一个新时代的需要，一幕是士大夫之中的明白人想创造一种拼音文字来教育那"芸芸亿兆"的老百姓。这两个潮流始终合不拢来。士大夫始终迷恋着古文字的残骸，

"以为宇宙古今之至美，无可以易吾文者"（用王树枏《故旧文存》自序中语）。但他们又哀怜老百姓无知无识，资质太笨，不配学那"宇宙古今之至美"的古文，所以他们想用一种"便民文字"来教育小孩子，来"开通"老百姓。他们把整个社会分成两个阶级了：上等人认汉字，念八股，做古文；下等人认字母，读拼音文字的书报。当然这两个潮流始终合不拢来了。

他们全不了解，教育工具是彻上彻下，贯通整个社会的。小孩子学一种文字，是为他们长大时用的；他们若知道社会的"上等人"全瞧不起那种文字，全不用那种文字来著书立说，也不用那种文字来求功名富贵，他们决不肯去学，他们学了就永远走不进"上等"社会了！

一个国家的教育工具只可有一种，不可有两种。如果汉文汉字不配做教育工具，我们就应该下决心去废掉汉文汉字。如果教育工具必须是一种拼音文字，那么，全国上上下下必须一律拼用这种拼音文字。如果拼音文字只能拼读白话文，那么，全国上上下下必须一律采用白话文。

那时候的中国智识份子是被困在重重矛盾之中的：

（1）他们明知汉字汉文太繁难，不配作教育的工具，可是他们总不敢说汉字汉文应该废除。

（2）他们明知白话文可以作"开通民智"的工具，可是他们自己总瞧不起白话文，总想白话文只可用于无知百姓，而不可用于上流社会。

（3）他们明白音标文字是最有效的教育工具，可是他们总不信这种音标文字是应该用来替代汉字汉文的。

这重重矛盾都由于缺乏一个自觉的文学革命运动。当时缺乏三种自觉的革命见解：

第一，那种所谓"宇宙古今之至美"的古文学是一种僵死了的残骸，不值得我们的迷恋。

第二，那种所谓"引车卖浆之徒"的俗话是有文学价值的活语言，是能够产生有价值有生命的文学的，并且早已产生出无数人人爱读的文学杰作来了。

第三，因为上面的两层理由，我们必须推倒那僵死的古文学，建立那有生命有价值的白话文学。

只有这些革命的见解可以解决上述的重重矛盾。打破了那"宇宙古今之至美"的迷梦，汉文的尊严和权威自然倒下来了。承认了那"引车卖浆之徒"的文学是中国正宗，白话文自然不会受社会的轻视了。有了活的白话文学的作品做底子，如果我们还要进一步提倡音标文字，那个音标文字运动成功的可能性就大的多多了。

民国五六年起来的中国文学革命运动，正是要供给这个时代所缺乏的几个根本见解。

我在《逼上梁山》一篇自述里，很忠实的记载了这个文学革命运动怎样"偶然"在国外发难的历史。我的朋友陈独秀先生曾说：

> 常有人说，白话文的局面是胡适之、陈独秀一班人闹出来的。其实这是我们的不虞之誉。中国近来产业发达，人口集中，白话文完全是应这个需要而发生而存在的。适之等若在三十年前提倡白话文，只需章行严一篇文章便驳得烟消灰灭。此时章行严的崇论宏议有谁肯听？（《科学与人生观序》）

独秀这番议论是站在他的经济史观立场说的。我的《逼上梁山》一篇，虽然不是答复他的，至少可以说明历史事实的解释不是那么简单的，不是一个"最后之因"就可以解释了的。即如一千一百年前的临济和尚、德山和尚的徒弟们，在他们的禅林里听讲，忽然不用古文，而用一种生辣痛快的白话文来记载他们老师的生辣痛快的说话，就开创了白话散文的"语录体"。这件史实和"产业发达，人口集中"有什么相干！白话文产生了无数的文学杰作之后，忽然出了一个李梦阳，又出了一个何景明，他们提倡文学复古，散文回到秦、汉，诗回到盛唐，居然也可以哄动一世，成为风气。后来出了公安袁氏兄弟三人，大骂何、李的复古运动，主张一种抒写性情的新文学，他们也可以哄动一时，成为风气。后来方苞、姚鼐、曾国藩诸人出来，奠定桐城派古文的权威，也一样的哄动一时，成为风气。这些史实，难道都和产业的发达不发达，人口的集中不集中，有什么因果的关系！文学史上的变迁，"代有升降，而法不相沿，各极其变，各穷其趣"（用袁宏道的话），其中各有多元的，个别的，个人传记的原因，都不能用一个"最后之因"去解释说明。

中国白话文学的运动当然不完全是我们几个人闹出来的，因为这里的因子是很复杂的。我们至少可以指出这些最重要的因子：第一是我们有了一千多年的白话文学作品：禅门语录，理学语录，白话诗调曲子，白话小说。若不靠这一千年的白话文学作品把白话写定了，白话文学的提倡必定和提倡拼音文字一样的困难，决不能几年之内风行全国。第二是我们的老祖宗在两千年之中，渐渐的把一种大同小异的"官话"推行到了全国的绝大部分：从满洲里直到云南，从河套直到桂林，从丹阳直到川边，全是官话区域。若没有这一大块地盘的人民全说官话，我们的"国语"问题就无从下手了。第三是我们的海禁开了，和世界文化接触了，有了参考比较的资料，尤其是欧洲近代国家的国语文学次第产生的历史，使我们明了我们自己的国语文学的历史，使我们放胆主张建立我们自己的文学革命。——这些都是超越个人的根本因素，都不是我们几个人可以操纵的，也不是"产业发达，人口集中"一个公式可以包括的。

此外，还有几十年的政治的原因。第一是科举制度的废除（一九〇五）。八股废了，试帖诗废了，策论又跟着八股试帖废了，那笼罩全国文人心理的科举制度现在不能再替古文学做无敌的保障了。第二是满清帝室的颠覆，专制政治的根本推翻，中华民国的成立（一九一一——一二）。这个政治大革命虽然不算大成功，然而它是后来种种革新事业的总出发点，因为那个顽固腐败势力的大本营若不颠覆，一切新人物与新思想都不容易出头。戊戌（一八九八）的百日维新，当不起一个顽固老太婆的一道谕旨，就全盘推翻了。独秀说：

> 适之等若在三十年前提倡白话文，只需章行严一篇文章便驳得烟消灰灭。

这话是很有理的。我们若在满清时代主张打倒古文，采用白话文，只需一位御史的弹本就可以封报馆捉拿人了。但这全是政治的势力，和

"产业发达，人口集中"无干。当我们在民国时代提倡白话文的时候，林纾的几篇文章并不曾使我们烟消灰灭，然而徐树铮和安福部的政治势力却一样能封报馆捉人。今日的"产业发达，人口集中"岂不远过民国初元了？然而一两个私人的政治势力也往往一样可以阻碍白话文的推行发展。幸而帝制推倒以后，顽固的势力已不能集中作威福了，白话文运动虽然时时受点障害，究竟还不到"烟消灰灭"的地步。这是我们不能不归功到政治革命的先烈的。

至于我们几个发难的人，我们也不用太妄自菲薄，把一切都归到那"最后之因"。陆象山说得最好：

且道天地间有个朱元晦、陆子静，便添得些子。无了后，便减得些子。

白话文的局面，若没有"胡适之、陈独秀一班人"，至少也得迟出现二三十年。这是我们可以自信的。《逼上梁山》一篇是要用我保存的一些史料来记载一个思想产生的历史。这个思想不是"产业发达，人口集中"产生出来的，是许多个别的，个人传记所独有的原因合拢来烘逼出来的。从清华留美学生监督处一位书记先生的一张传单，到凯约嘉湖上一只小船的打翻；从进化论和实验主义的哲学，到一个朋友的一首打油诗；从但丁（Dante）、却叟（Chaucer）、马丁·路得（Martin Luther）诸人的建立意大利、英吉利、德意志的国语文学，到我儿童时代偷读的《水浒传》、《西游记》、《红楼梦》：——这种种因子都是独一的，个别的；他们合拢来，逼出我的"文学革命"的主张来。我想，如果独秀肯写他的自传，他的思想转变的因素也必定有同样的复杂，也必定不是经济史观包括得了的。治历史的人，应该向这种传记材料里去寻求那多元的，个别的因素，而不应该走偷懒的路，妄想用一个"最后之因"来解释一切历史事实。无论你抬出来的"最后之因"是"神"，是"性"，是"心灵"，或是"生产方式"，都可以解释一切历史：但是，正因为个个"最后之因"都可以解释一切历史，所以都不能解释任何历史了！等到你祭起了你那"最后之因"的法宝解决一切历史之后，你还得解释："同在这个'最后之因'之下，陈独秀为什么和林琴南不同？胡适为什么和梅光迪、胡先骕不同？"如果你的"最后之因"可以解释胡适，同时又可以解释胡先骕，那岂不是同因而不同果，你的"因"就不成真因了。所以凡可以解释一切历史的"最后之因"，都是历史学者认为最无用的玩意儿，因为他们其实都不能解释什么具体的历史事实。

四

现在我们可以叙述中国新文学运动的理论了。

简单说来，我们的中心理论只有两个：一个是我们要建立一种"活的文学"，一个是我们要建立一种"人的文学"。前一个理论是文字工具的革新，后一种是文学内容的革新。中国新文学运动的一切理论都可以包括在这两个中心思想的里面。

我最初提出的"八事"，和独秀提出的"三大主义"，都顾到形式和内容的两方面。我提到"言之有物"，"不摹仿古人"，"不作无病之呻吟"，都是文学内容的问题。独秀提出的三大主义——推倒贵族文学，建设国民文学；推倒古典文学，建设写实文学；推倒山林文学，建设社会文学，——也不曾把内容和形式分开。钱玄同先生响应我们的第一封信也不曾把这两方面分开。但我们在国外讨论的结果，早已使我认清这回作战的单纯目标只有一个，就是用白话来作一切文学的工具。我在一九一六年七月，就有了这几条结论：

> 今日之文言乃是一种半死的文字，今日之白话是一种活的语言。白话不但不鄙俗，而且甚优美适用。白话并非文言之退化，乃是文言之进化。白话可以产生第一流文学，已产生小说，戏剧，语录，诗词，此四者皆有史事可证。白话的文学为中国千年来仅有之文学；其非白话的文学，皆不足与于第一流文学之列。

所以我的总结论是：

> 今日所需乃是一种可读，可听，可歌，可讲，可记的言

语。要读书不须口译，演说不须笔译，要施诸讲坛舞台而皆可，诵之村姬妇孺皆可懂。不如此者，非活的言语也，决不能成为吾国之国语也，决不能产生第一流的文学也。（看《逼上梁山》第四节）

所以我的《文学改良刍议》的最后一条就是提出这个主张：

> ……以今世历史进化的眼光观之，则白话文学之为中国文学之正宗，又为将来文学必用之利器，可断言也。

> 以此之故，吾主张今日作文作诗宜采用俗语俗字。与其用三千年前之死字，不如用二十世纪之活字；与其用不能行远不能普及之秦、汉、六朝文字，不如作家喻户晓之《水浒》《西游》文字也。

这个"白话文学工具"的主张，是我们几个青年学生在美洲讨论了一年多的新发明，是向来论文学的人不曾自觉的主张的。凡向来旧文学的一切弊病，——如骈偶，如用典，如烂调套语，如摹仿古人，——都可以用一个新工具扫的干干净净。独秀指出旧文学该推倒的种种毛病，——雕琢，阿谀，陈腐，铺张，迂晦，艰涩，——也都可以用这一把斧头砍的干干净净。例如我们那时谈到"不用典"一项，我自己费了大劲，说来说去总说不圆满；后来玄同指出用白话就可以"驱除用典"了，正是一针见血的话。

所以文学革命的作战方略，简单说来，只有"用白话作文作诗"一条是最基本的。这一条中心理论，有两个方面：一面要推倒旧文学，一面要建立白话为一切文学的工具。在那破坏的方面，我们当时采用的作战方法是"历史进化的文学观"，就是说：

> 文学者，随时代而变迁者也。一时代有一时代之文学，……各因时势风会而变，各有其特长。……唐人不当作商、周之诗，宋人不当作相如、子云之赋，即令作之，亦必不工。逆天背时，故不能工也。……今日之中国，当造今日之文学。
>
> （《文学改良刍议》，二）

后来我在《历史的文学观念论》里，又详细说明这个见解。这种思想固然是达尔文以来进化论的影响，但中国文人也曾有很明白的主张文学随时代变迁的。最早倡此说的是明朝晚期公安袁氏三弟兄（看袁宗道的《论文上下》；袁宏道的《雪涛阁集序》，《小修诗序》；袁中道的《花雪赋行》，《宋元诗序》。诸篇均见沈启无编的《近代散文钞》，北平人文书店出版）。清朝乾隆时代的诗人袁枚、赵翼也都有这种见解，大概都颇受了三袁的思想的影响。我当时不曾读袁中郎弟兄的集子；但很爱读《随园集》中讨论诗的变迁的文章。我总觉得，袁枚虽然明白了每一时代应有那个时代的文学，他的历史眼光还不能使他明白他们那个时代的文学正宗已不是他们做古文古诗的人，而是他们同时代的吴敬梓、曹雪芹了。

我们要用这个历史的文学观来做打倒古文学的武器，所以屡次指出古今文学变迁的趋势，无论在散文或韵文方面，都是走向白话文学的大路。

> 夫白话之文学，不足以取富贵，不足以邀声誉，不列于文学之正宗，而卒不能废绝者，岂无故耶？岂不以此为吾文学趋势自然如此，故不可禁遏而日以昌大耶？愚以深信此理，故又以为今日之文学当以白话文学为正宗。（《历史的文学观念论》）

从文学史的趋势上承认白话文学为"正宗"，这就是正式否认骈文古文律诗古诗是"正宗"。这是推翻向来的正统，重新建立中国文学史上的正统。所以我说：

> 然则吾辈又何必攻古文家乎？吾辈主张"历史的文学观念"，而古文家则反对此观念。吾辈以为今人当造今人之文学，而古文家则以为今人作文必法马、班、韩、柳。其不法马、班、韩、柳者皆非文学之"正宗"也。吾辈之攻古文家，正以其不明文学之趋势而强欲作一千年二千年以上之古文。此说不破，则白话之文学无有列为文学正宗之一日，而世之文人将犹鄙薄之以为小道邪径而不肯以全力经营造作之。如是，则吾国将永无以全副精神实地试验白话文学之日。夫不以全副精

神造文学而望文学之发生，此犹不耕而求获，不食而求饱也，亦终不可得矣。施耐庵、曹雪芹诸人所以能有成者，正赖其有特别胆力，能以全力为之耳。（同上）

我们特别指出白话文学是中国文学史上的"自然趋势"，这是历史的事实。同时我们也曾特别指出：单靠"自然趋势"是不够打倒死文学的权威的，必须还有一种自觉的，有意的主张，方才能够做到文学革命的效果。欧洲近代国语文学的起来，都有这种自觉的主张，所以收效最快。中国有了一千多年的白话文学，只因为无人敢公然主张用白话文等来替代古文学，所以白话文学始终只是民间的"俗文学"，不登大雅之堂，不能取死文学而代之。我们再三指出这个文学史的自然趋势，是要利用这个自然趋势所产生的活文学来正式替代古文学的正统地位。简单说来，这是用谁都不能否认的历史事实来做文学革命的武器。

我特别注重这个历史的看法，这固然是我个人的历史癖，但在当时这种新的文学史见解不但是需要的，并且是最有效的武器。国内一班学者文人并非不熟中国历史上的重要事实，他们所缺乏的只是一种新的看法。譬如孔子，旧看法是把他看作"德侔天地，道冠古今"的大圣人，新看法是把他看作许多哲人里面的一个。把孔子排在老子、墨子一班哲人之中，用百家平等的眼光去评量他们的长短得失，我们就当然不会过分的崇拜迷信孔子了。文学史也是一样的。旧日讲文学史的人，只看见了那死文学的一线相承，全不看见那死文学的同时还有一条"活文学"的路线。他们只看见韩愈、柳宗元，却不知道韩、柳同时还有几个伟大的和尚正在那儿用生辣痛快的白话来讲学。他们只看见许衡、姚燧、虞集、欧阳玄，却不知道许衡、姚燧、虞集、欧阳玄同时还有关汉卿、马东篱、贯酸斋等等无数的天才正在那儿用漂亮朴素的白话来唱小曲，编杂剧。他们只看见了李梦阳、何景明、王世贞，至多只看见了公安、竟陵的偏锋文学，他们却看不见何、李、袁、谭诸人同时还有无数的天才正在那儿用生动美丽的白话来创作《水浒传》、《金瓶梅》、《西游记》，和"三言"、"二拍"的短篇小说，

《擘破玉》，《打枣竿》，《挂枝儿》的小曲子。他们只看见了方苞、姚鼐、恽敬、张惠言、曾国藩、吴汝纶，他们全不看见方、姚、曾、吴同时还有更伟大的天才正在那儿用流丽深刻的白话来创作《醒世姻缘》，《儒林外史》，《红楼梦》，《镜花缘》，《海上花列传》。——我们在那时候所提出的新的文学史观，正是要给全国读文学史的人们戴上一副新的眼镜，使他们忽然看见那平时看不见的琼楼玉宇，奇葩瑶草，使他们忽然惊叹天地之大，历史之全！大家戴了新眼镜去重看中国文学史，拿《水浒传》、《金瓶梅》来比当时的正统文学，当然不但何、李的假古董不值得一笑，就是公安、竟陵也都成了扭扭捏捏的小家数了！拿《儒林外史》、《红楼梦》来比方、姚、曾、吴，也当然再不会发那"举天下之美无以易乎桐城姚氏者也"的伧陋见解了！所以那历史进化的文学观，初看去好像貌不惊人，此实是一种"哥白尼的天文革命"：哥白尼用太阳中心说代替了地中心说，此说一出就使天地易位，宇宙变色；历史进化的文学观用白话正统代替了古文正统，就使那"宇宙古今之至美"从那七层宝座上倒撞下来，变成了"选学妖孽，桐城谬种"（这两个名词是玄同创的）！从"正宗"变成了"谬种"，从"宇宙古今之至美"变成了"妖魔"、"妖孽"，这是我们的"哥白尼革命"。

在建设的方面，我们主张要把白话建立为一切文学的唯一工具。所以我回国之后，决心把一切枝叶的主张全抛开，只认定这一个中心的文学工具革命论是我们作战的"四十二生的大炮"。这时候，蔡元培先生介绍北京国语研究会的一班学者和我们北大的几个文学革命论者会谈。他们都是抱着"统一国语"的弘愿的，所以他们主张要先建立一种"标准国语"。我对他们说：标准国语不是靠国音字母或国音字典定出来的。凡标准国语必须是"文学的国语"，就是那有文学价值的国语。国语的标准是伟大的文学家定出来的，决不是教育部的公文定得出来的。国语有了文学价值，自然受文人学士的欣赏使用，然后可以用来做教育的工具，然后可以用来做统一全国语言的工具。所以我主张，不要管标准的有无，先从白话文学下手，先用白话来努力创造有价值有生命的文学。

所以我在民国七年四月发表《建设的文学革命论》，把文学革命的目标化零为整，归结到"国语的文学，文学的国语"十个大字：

> 我们所提倡的文学革命，只是要替中国创造一种国语的文学。有了国语的文学，方才可以有文学的国语。有了文学的国语，我们的国语才可算得真正国语。国语没有文学，便没有价值，便不能成立，便不能发达。

这是《建设的文学革命论》的大旨。这时候，我们一班朋友聚在一处，独秀、玄同、半农诸人都和我站在一条路线上，我们的自信心更强了，独秀早已宣言：

> 改良中国文学，当以白话为文学正宗之说，其是非甚明，必不容反对者有讨论之余地，必以吾辈所主张者为绝对之是，而不容他人之匡正也。（六年五月）

玄同也极端赞成这几句话。他说：

> 此等论调虽若过悍，然对于迂谬不化之选学妖孽与桐城谬种，实不能不以如此严厉面目加之。（六年七月二日《寄胡适书》）

我受了他们的"悍"化，也更自信了。在那篇文里，我也武断的说：

> 这二千年的文人所做的文学都是死的，都是用已经死了的语言文字做的。死文字决不能产出活文学。所以中国这二千年只有些死文学，只有些没有价值的死文学。……中国若想有活文学，必须用白话，必须用国语，必须做国语的文学。

在下文我提出"文学的国语"的问题：

> 我们提倡新文学的人，尽可不必问今日中国有无标准国语，我们尽可努力去做白话的文学。我们可尽量采用《水浒》，《西游记》，《儒林外史》，《红楼梦》的白话；有不合今日的用的，便不用他；有不够用的，便用今日的白话来补助；有不得不用文言的，便用文言来补助。这样做去，决不愁语言文字不够用，也决不愁没有标准国语。中国将来的新文学用的白话，就是将来中国的标准国语。造中国将来白话文学

的人，就是制定标准国语的人。

我的家乡土话是离官话很远的；我在学校里学得的上海话也不在官话系统之内。我十六七岁时在《竞业旬报》上写了不少的白话文，那时我刚学四川话。我写的白话差不多全是从看小说得来的。我的经验告诉我：《水浒》、《红楼》、《西游》、《儒林外史》一类的小说早已给了我们许多白话教本，我们可以从这些小说里学到写白话文的技能。所以我大胆的劝大家不必迟疑，尽量的采那些小说的白话来写白话文。其实那个时代写白话诗文的许多新作家，没有一个不是用从旧小说里学来的白话做起点的。那些小说是我们的白话老师，是我们的国语模范文，是我们的国语"无师自通"速成学校。

直到《新潮》出版之后，傅斯年先生在他的《怎样做白话文》里，才提出两条最重要的修正案。他主张：第一，白话文必须根据我们说的活语言，必须先讲究说话。话说好了，自然能做好白话文。第二，白话文必不能避免"欧化"，只有欧化的白话方才能够应付新时代的新需要。欧化的白话文就是充分吸收西洋语言的细密的结构，使我们的文字能够传达复杂的思想，曲折的理论。傅先生提出的两点，都是最中肯的修正。旧小说的白话实在太简单了，在实际应用上，大家早已感觉有改变的必要了。初期的白话作家，有些是受过西洋语言文字的训练的，他们的作风早已带有不少的"欧化"成分。虽然欧化的程度有多少的不同，技术也有巧拙的不同，但明眼的人都能看出，凡具有充分吸收西洋文学的法度的技巧的作家，他们的成绩往往特别好，他们的作风往往特别可爱。所以欧化白话文的趋势可以说是在白话文学的初期已开始了。傅先生的另一个主张，——从说话里学作白话文，——在那个时期还不曾引起一般作家的注意。中国文人大都是不讲究说话的，况且有许多作家生在官话区域以外，说官话多不如他们写白话的流利。所以这个主张言之甚易，而实行甚难。直到最近时期，才有一些作家能够忠实的描摹活的语言的腔调神气，有时还得充分采纳各地的土话。近年的小说最能表示这个趋势。近年白话文学的倾向是一面大胆的欧化，一面又大胆的方言化，就使白话文更丰富了。傅先生指出的两个方向，可以说是都开始实现了。

我们当时抬出"国语的文学，文学的国语"的作战口号，做到了两件事：一是把当日那半死不活的国语运动救活了；一是把"白话文学"正名为"国语文学"，也减少了一般人对于"俗语"、"俚语"的厌恶轻视的成见。

我们在前一章已说过，民元以后的音标文字运动变成了读音注音的运动，变成了纸上的读音统一运动。他们虽然也有小学国文教科书改用国语的议论，但古文学的权威未倒，白话文学的价值未得一般文人的承认，他们的议论是和前一期的拼音文字运动同样的无力量的。士大夫自己若不肯用拼音文字，我们就不能用拼音文字教儿童和老百姓；士大夫自己若不肯做白话文，我们也不能用白话教儿童和老百姓。我们深信：若要把国语文变成教育的工具，我们必须先把白话认作最有价值最有生命的文学工具。所以我们不管那班国语先生们的注音工作和字典工作，我们只努力提倡白话的文学，国语的文学。国语先生们到如今还不能决定究竟国语应该用"京音"（北平语）作标准，还是用"国音"（读音统一会公决的国音）作标准。他们争了许久，才决定用"北平曾受中等教育的人的口语"为国语标准。但是我们提倡国语文学的人，从来不发生这种争执。《红楼梦》，《儿女英雄传》的北京话固然是好白话，《儒林外史》和《老残游记》的中部官话也是好白话。甚至于《海上花列传》的用官话叙述，用苏州话对白，我们也承认是很好的白话文学。甚至于欧化的白话，只要有艺术的经营，我们也承认是正当的白话文学。这二十年的白话文学运动的进展，把"国语"变丰富了，变新鲜了，扩大了，加浓了，更深刻了。

我在那时曾提出一个历史的"国语"定义。我说：

> 我们如果考察欧洲近世各国国语的历史，我们应该知道没有一种国语是先定了标准才发生的；没有一国不是先有了国语然后有所谓标准的。

> 凡是国语的发生，必是先有了一种方言比较的通行最远，比较的产生了最多的活文学，可以采用作国语的中坚分子；

> 这个中坚分子的方言，逐渐推行出去，随时吸收各地方言的
> 特别贡献，同时便逐渐变换各地的土话：这便是国语的成立。
> 有了国语，有了国语的文学，然后有些学者起来研究这种国
> 语的文法，发音法等等；然后有字典，词典，文典，言语学
> 等等出来：这才是国语标准的成立。(《国语讲习所同学录序》，
> 九年五月)

国语必须是一种具有双重资格的方言：第一须流行最广，第二已产生了有价值的文学。流行最广，所以了解的人多；已产生了文学，所以有写定的符号可用。一般人似乎不很明白这第二个条件的重要。我们试看古白话的文件，"什么"或作"是没"，或作"是勿"；"这个"或作"者个"，或作"遮个"；"呢"字古人写作"聻"字；"们"字古写作"懑"字"每"字。自从几部大小说出来之后，这些符号才渐渐统一了。文字符号写定之后，语言的教学才容易进行。所以一种方言必须具有那两重条件，方才有候补国语的资格：

> 我们现在提倡的国语，也有一个中坚分子，就是那从东
> 三省到四川、云南、贵州，从长城到长江流域，最通行的一
> 种大同小异的普通话。这种普通话在这七八百年中已产生了
> 一些有价值的文学，已成了通俗文学——从《水浒传》、《西
> 游记》直到《老残游记》——的利器。他的势力，借着小说
> 和戏剧的力量，加上官场和商人的需要，早已侵入那些在国
> 语区域以外的许多的地方了。现在把这种已很通行又已产生
> 文学的普通话认为国语，推行出去，使他成为全国学校教科
> 书的用语，使他成为全国报纸杂志的文字，使他成为现代和
> 将来的文学用语：这是建立国语的唯一方法。(同上)

这是我们在建立国语方面的中心理论。

总而言之，我们所谓"活的文学"的理论，在破坏方面只是说"死文字决不能产生活文学"，只是要用一种新的文学史观来打倒古文学的正统而建立白话文学为中国文学的正宗；在建设方面只是要用那向来被文人轻视的白话来做一切文学的唯一工具，要承认那流行最广

而又产生了许多第一流文学作品的白话是有"文学的国语"的资格的，可以用来创造中国现在和将来的新文学，并且要用那"国语的文学"来做统一全民族的语言的唯一工具。

至今还有一班人信口批评当日的文学革命运动，嘲笑它只是一种"文字形式"的改革。对于这班人的批评，我在十六年前早已给他们留下答复了，那时候我说：

> 近来稍稍明白事理的人，都觉得中国文学有改革的必要。即如我的朋友任叔永也说："乌乎！适之！吾人今日言文学革命，乃诚见今日文学有不可不改革之处，非特文言白话之争而已。"甚至于南社的柳亚子也要高谈文学革命。但是他们的文学革命论只提出一种空荡荡的目的，不能有一种具体进行的计划。他们都说文学革命决不是形式上的革命，决不是文言白话的问题。等到人问他们究竟他们所主张的革命"大道"是什么，他们可回答不出了。这种没有具体计划的革命，——无论是政治的是文学的——决不能发生什么效果。我们认定文字是文学的基础，故文学革命的第一步就是文字问题的解决。我们认定"死文字定不能产生活文学"，故我们主张若要造一种活的文学，必须用白话来做文学的工具。我们也知道单有白话未必就能造出新文学；我们也知道新文学必须要有新思想做里子。但是我们认定文学革命须有先后的程序：先要做到文字体裁的大解放，方才可以用来做新思想新精神的运输品。我们认定白话实在有文学的可能，实在是新文学的唯一利器。（《尝试集自序》，八年八月）

我在十七年前也曾给他们留下更明白的答复：

> 文学革命的运动，不论古今中外，大概都是从"文的形式"一方面下手，大概都是先要求语言文字文体等方面的大解放。欧洲三百年前各国的国语文学起来替代拉丁文学时，是语言文字的大解放；十八十九世纪法国嚣俄、英国华茨活等人所提倡的文学改革，是诗的语言文字的解放。……这一

次中国文学的革命运动，也是先要求语言文字和文体的解放。新文学的语言是白话的，新文学的文体是自由的，是不拘格律的。初看起来，这都是"文的形式"一方面的问题，算不得重要。却不知道形式和内容有密切的关系。形式上的束缚，使精神不能自由发展，使良好的内容不能充分表现。若想有一种新内容和新精神，不能不先打破那些束缚精神的枷锁镣铐。（《谈新诗》，八年十月）

现在那些说俏皮话的"文学革命家"为什么不回到二十年前的骈文古文里去寻求他们的革命"大道"呢？

五

现在要说说中国新文学运动的第二个作战口号："人的文学"。

我在上文已说过，我们开始也曾顾到文学的内容的改革。例如玄同先生和我讨论中国小说的长信，就是文学内容革新的讨论。但当那个时期，我们还没有法子谈到新文学应该有怎样的内容。世界的新文艺都还没有踏进中国的大门里，社会上所有的西洋文学作品不过是林纾翻译的一些十九世纪前期的作品，其中最高的思想不过是迭更司的几部社会小说；至于代表十九世纪后期的革新思想的作品都是国内人士所不曾梦见。所以在那个贫乏的时期，我们实在不配谈文学内容的革新，因为文学内容是不能悬空谈的，悬空谈了也决不会发生有力的影响。例如我在《文学改良刍议》里曾说文学必须有"高远之思想，真挚之情感"，那就是悬空谈文学内容了。

民国七年一月《新青年》复活之后，我们决心做两件事：一是不作古文，专用白话作文；一是翻译西洋近代和现代的文学名著。那一年的六月里，《新青年》出了一本"易卜生专号"，登出我和罗家伦先生合译的《娜拉》全本剧本，和陶履恭先生译的《国民之敌》剧本。这是我们第一次介绍西洋近代一个最有力量的文学家，所以我写了一篇《易卜生主义》。在那篇文章里，我借易卜生的话来介绍当时我们新青年社的一班人公同信仰的"健全的个人主义"。易卜生说：

> 我所最期望于你的是一种真正纯粹的为我主义，要使你有时觉得天下只有关于你的事最要紧，其余的都算不得什么。……你要想有益于社会，最好的法子莫如把你自己这块材料铸造成器。……有时候，我真觉得全世界都像海上撞沉了船，最要紧的还是救出自己。

娜拉抛弃了他的丈夫儿女，深夜出门走了，为的是她相信自己"是一个人"，她有对她自己应尽的神圣责任："无论如何，我务必努力做一个人！"《国民之敌》剧本里的主人翁斯铎曼医生宁可叫全体市民给他上"国民之敌"的徽号，而不肯不说老实话，不肯不宣扬他所认得的真理。他最后宣言道："世上最强有力的人就是那最孤立的人！"这样特立独行的人格就是易卜生要宣传的"真正纯粹的个人主义"。

次年（七年）十二月里，《新青年》（五卷六号）发表周作人先生的《人的文学》。这是当时关于改革文学内容的一篇最重要的宣言。他开篇就说：

> 我们现在应该提倡的新文学，简单的说一句，是"人的文学"。应该排斥的，便是反对的非人的文学。

他解释这个"人"字如下：

> 我所说的人，乃是"从动物进化的人类"。其中有两个要点：（一）"从动物"进化的，（二）从动物"进化"的。

> 我们承认人是一种生物，他的生活现象与别的动物并无不同。所以我们相信人的一切生活本能都是美的善的，应得完全满足。凡有违反人性不自然的习惯制度，都应排斥改正。

> 但我们又相信人是一种从动物进化的生物，他……有能改造生活的力量。所以我们相信人类以动物的生活为生存的基础，而其内面生活却渐与动物相远，终能达到高尚和平的境地。凡兽性的余留，与古代礼法可以阻碍人性向上的发展者，也都应排斥改正。……

> 换一句话说，所谓从动物进化的人，也便是指"灵肉一

致"的人。……

　　人的理想生活……首先便是改良人类的关系，须营一种利己而又利他，利他即是利己的生活。第一，便是各人以心力的劳作换得适当的衣食住与医药，能保持健康的生存。第二，革除一切人道以下或人力以上的因袭的礼法，使人人能享自由真实的幸福生活。

　　我所说的人道主义，并非世间所谓"悲天悯人"或"博施济众"的慈善主义！乃是一种个人主义的人间本位主义。……用这人道主义为本，对于人生诸问题加以记录研究的文字，便谓之"人的文学"。

这是一篇最平实伟大的宣言（他的详细节目，至今还值得细读）。周先生把我们那个时代所要提倡的种种文学内容，都包括在一个中心观念里，这个观念他叫做"人的文学"。他要用这一个观念来排斥中国一切"非人的文学"（他列举了十大类），来提倡"人的文学"。他所谓"人的文学"，说来极平常，只是那些主张"人情以内，人力以内"的"人的道德"的文学。

　　在周作人先生所排斥的十类"非人的文学"之中，有《西游记》、《水浒》、《七侠五义》等等。这是很可注意的。我们一面夸赞这些旧小说的文学工具（白话），一面也不能不承认他们的思想内容实在不高明，够不上"人的文学"。用这个新标准去评估中国古今的文学，真正站得住脚的作品就很少了。所以周先生的结论是："还须介绍译述外国的著作，扩大读者的精神，眼里看见了世界的人类，养成人的道德，实现人的生活。"

　　关于文学内容的主张，本来往往含有个人的嗜好，和时代潮流的影响。《新青年》的一班朋友在当年提倡这种淡薄平实的"个人主义的人间本位"，也颇能引起一班青年男女向上的热情，造成一个可以称为"个人解放"的时代。然而当我们提倡那种思想的时候，人类正从一个"非人的"血战里逃出来，世界正在起一种激烈的变化。在这个激烈的变化里，许多制度与思想又都得经过一种"重新估价"。十几年来，当日我们一班朋友郑重提倡的新文学内容渐渐受一班新的批评家的指摘，而我们一班朋友也渐渐被人唤作落伍的维多利亚时代的最后代表者了！

那些更新颖的文学议论，不在我们编的这一册的范围之中，我们现在不讨论了。

六

我在这篇引论里，只做到了两点；第一是叙述并补充了文学革命的历史背景（音标文字运动的部分是补充的）。第二是简单的指出了文学革命的两个中心理论的涵义，并且指出了这一次的文学革命的主要意义实在只是文学工具的革命。这一册的题目是"建设理论集"，其实也可以叫做"革命理论集"，因为那个文学革命一面是推翻那几千年因袭下来的死工具，一面是建立那一千年来已有不少文学成绩的活工具；用那活的白话文学来替代那死的古文学，可以叫做大破坏，可以叫做大解放，也可以叫做"建设的文学革命"。

在那个文学革命的稍后一个时期，新文学的各个方面（诗，小说，戏剧，散文）都引起了不少的讨论。引起讨论最多的当然第一是诗，第二是戏剧。这是因为新诗和新剧的形式和内容都需要一种根本的革命；诗的完全用白话，甚至于不用韵，戏剧的废唱等等，其革新的成分都比小说和散文大的多，所以他们引起的讨论也特别多。文学革命在海外发难的时候，我们早已看出白话散文和白话小说都不难得着承认，最难的大概是新诗，所以我们当时认定建立新诗的唯一方法是要鼓励大家起来用白话做新诗。后来作新诗的人多了，有些是受中国旧诗和词曲的影响比较多的，有些是受了德国、法国和日本的思想的影响比较多的，有些是受了英、美民族的文学的影响比较多的，于是新诗的理论也就特别多了。中国旧戏虽然已到了末路，但在当时也还有不少迷信唱工台步脸谱的人，所以在那拥护旧戏和主张新戏的争论里，也产出了一些关于戏剧的讨论。

但是，因为这部《新文学大系》有散文、小说、诗、戏剧四类的选本集，每一集各有主编人的长篇序文，所以我现在不用分别讨论这几方面的革命理论和建设理论了。我在本文开篇时说过，"人们要用你结的果子来评判你"。文学革命第一个十年结的果子就是那七巨册所代表的十年努力创作的成绩。我们看了这二十年的新文学创作的成绩，至少可以说，中国文学革命运动不是一个不孕的女人，不是一株不结实的果子树。耶稣在山上很感动的说："收成是好的，可惜做工的人太少了！"中国文学革命的历史的基础全在那一千年中这儿那儿的一些大胆的作家，因为忍不住艺术的引诱，创作出来的一些白话文学。中国文学革命将来的最后胜利，还得靠今后的无数作家，在那点历史的基础之上，在这二十年来的新辟的园地之上，努力建筑起无数的伟大高楼大厦来。

在文学革命的初期提出的那些个别的问题之中，只有一个问题还没有得着充分的注意，也没有多大的进展，——那就是废汉字改用音标文字的问题（看钱玄同先生《中国今后之文字问题》，和傅斯年先生的《汉语改用拼音文字的初步谈》两篇）。我在上文已说过，拼音文字只可以拼活的白话，不能拼古文；在那个古文学权威没有丝毫动摇的时代，大家看不起白话，更没有用拼音文字的决心，所以音标文字的运动不会有成功的希望。如果因为白话文学的奠定和古文学的权威的崩溃，音标文字在那不很辽远的将来能够替代了那方块的汉字做中国四万万人的教育工具和文学工具了，那才可以说是中国文学革命的更大的收获了。

廿四，九，三

（1935 年 9 月 3 日）

2
启蒙思想

新思潮的意义
——研究问题　输入学理
整理国故　再造文明

一

近来报纸上发表过几篇解释"新思潮"的文章。我读了这几篇文章，觉得他们所举出的新思潮的性质，或太琐碎，或太笼统，不能算作新思潮运动的真确解释，也不能指出新思潮的将来趋势。即如包士杰先生的《新思潮是什么》一篇长文，列举新思潮的内容，何尝不详细？但是他究竟不曾使我们明白那种种新思潮的共同意义是什么。比较最简单的解释要算我的朋友陈独秀先生所举出的新青年两大罪案，——其实就是新思潮的两大罪案，——一是拥护德莫克拉西先生（民治主义），一是拥护赛因斯先生（科学）。陈先生说：

　　要拥护那德先生，便不得不反对孔教，礼法，贞节，旧伦理，旧政治。要拥护那赛先生，便不得不反对旧艺术，旧宗教。要拥护德

先生，又要拥护赛先生，便不得不反对国粹和旧文学。（《新青年》六卷一号页一〇）

这话虽然很简明，但是还嫌太笼统了一点。假使有人问："何以要拥护德先生和赛先生便不能不反对国粹和旧文学呢？"答案自然是："因为国粹和旧文学是同德、赛两位先生反对的"。又问："何以凡同德、赛两位先生反对的东西都该反对呢？"这个问题可就不是几句笼统简单的话所能回答的了。

据我个人的观察，新思潮的根本意义只是一种新态度。这种新态度可叫做"评判的态度"。

评判的态度，简单说来，只是凡事要重新分别一个好与不好。仔细说来，评判的态度含有几种特别的要求：

（1）对于习俗相传下来的制度风俗，要问："这种制度现在还有存在的价值吗？"

（2）对于古代遗传下来的圣贤教训，要问："这句话在今日还是不错吗？"

（3）对于社会上糊涂公认的行为与信仰，都要问："大家公认的，就不会错了吗？人家这样做，我也该这样做吗？难道没有别样做法比这个更好，更有理，更有益的吗？"

尼采说现今时代是一个"重新估定一切价值"（Transvaluation of all values）的时代。"重新估定一切价值"八个字便是评判的态度的最好解释。从前的人说妇女的脚越小越美。现在我们不但不认小脚为"美"，简直说这是"惨无人道"了。十年前，人家和店家都用鸦片烟敬客。现在鸦片烟变成犯禁品了。二十年前，康有为是洪水猛兽一般的维新党。现在康有为变成老古董了。康有为并不曾变换，估价的人变了，故他的价值也跟着变了。这叫做"重新估定一切价值"。

我以为现在所谓"新思潮"，无论怎样不一致，根本上同有这公共的一点：——评判的态度。孔教的讨论只是要重新估定孔教的价值。文学的评论只是要重新估定旧文学的价值。贞操的讨论只是要重新估定贞操的道德在现代社会的价值。旧戏的评论只是要重新估定旧戏在今日文学上的价值。礼教的讨论只是要重新估定古代的纲常礼教在今日还有什么价值。女子的问题只是要重新估定女子在社会上的价值。政府与无政府的讨论，财产私有与公有的讨论，也只是要重新估定政府与财产等等制度在今日社会的价值。……我也不必往下数了，这些例很够证明这种评判的态度是新思潮运动的共同精神。

二

这种评判的态度，在实际上表现时，有两种趋势。一方面是讨论社会上，政治上，宗教上，文学上种种问题。一方面是介绍西洋的新思想，新学术，新文学，新信仰。前者是"研究问题"，后者是"输入学理"。这两项是新思潮的手段。

我们随便翻开这两三年以来的新杂志与报纸，便可以看出这两种的趋势。在研究问题一方面，我们可以指出：（1）孔教问题，（2）文学改革问题，（3）国语统一问题，（4）女子解放问题，（5）贞操问题，（6）礼教问题，（7）教育改良问题，（8）婚姻问题，（9）父子问题，（10）戏剧改良问题，等等。在输入学理一方面，我们可以指出《新青年》的"易卜生号"，"马克思号"，《民铎》的"现代思潮号"，《新教育》的"杜威号"，《建设》的"全民政治"的学理，和北京《晨报》、《国民公报》、《每周评论》，上海《星期评论》、《时事新报》、《解放与改造》，广州《民风周刊》等等杂志报纸所介绍的种种西洋新学说。

为什么要研究问题呢？因为我们的社会现在正当根本动摇的时候，有许多风俗制度，向来不发生问题的，现在因为不能适应时势的需要，不能使人满意，都渐渐的变成困难的问题，不能不彻底研究，不能不考问旧日的解决法是否错误；如果错了，错在什么地方；错误寻出了，可有什么更好的解决方法；有什么方法可以适应现时的要求。例如孔教的问题，向来不成什么问题；后来东方文化与西方文化接近，孔教的势力渐渐衰微，于是有一班信仰孔教的人妄想要用政府法令的势力来恢复孔教的尊严；却不知道这种高压的手段恰好挑起一种怀疑的反动。因此，民国四五年的时候，孔教会的活动最大，反对孔教的人也最多。孔教成为问题就在这个时候。现在大多数明白事理的人，已打破了孔教的迷梦，这个问题又渐渐的不成问题了，故安福部的议员通过孔教为修身大本的议案时，国内竟没有人睬他们了！

又如文学革命的问题。向来教育是少数"读书人"的特别权利，于大多数人是无关系的，故文字的艰深不成问题。近来教育成为全国人的公共权利，人人知道普及教育是不可少的，故渐渐的有人知道文言在教育上实在不适用，于是文言白话就成为问题了。后来有人觉得单用白话做教科书是不中用的，因为世间决没有人情愿学一种除了教科书以外便没有用处的文字。这些人主张：古文不但不配做教育的工具，并且不配做文学的利器；若要提倡国语的教育，先须提倡国语的文学。文学革命的问题就是这样发生的。现在全国教育联合会已全体一致通过小学教科书改用国语的议案，况且用国语做文章的人也渐渐的多了，这个问题又渐渐的不成问题了。

为什么要输入学理呢？这个大概有几层解释。一来呢，有些人深信中国不但缺乏炮弹，兵船，电报，铁路，还缺乏新思想与新学术，故他们尽量的输入西洋近世的学说。二来呢，有些人自己深信某种学说，要想他传播发展，故尽力提倡。三来呢，有些人自己不能做具体的研究工夫，觉得翻译现成的学说比较容易些，故乐得做这种稗贩事业。四来呢，研究具体的社会问题或政治问题，一方面做那破坏事业，一方面做对症下药的工夫，不但不容易，并且很遭犯忌讳，很容易惹祸，故不如做介绍学说的事业，借"学理研究"的美名，既可以避"过激派"的罪名，又还可以种下一点革命的种子。五来呢，研究问题的人，势不能专就问题本身讨论，不能不从那问题的意义上着想；但是问题引申到意义上去，便不能不靠许多学理做参考比较的材料，故学理的输入往往可以帮助问题的研究。

这五种动机虽然不同，但是多少总含有一种"评判的态度"，总表示对于旧有学术思想的一种不满意，和对于西方的精神文明的一种新觉悟。

但是这两三年新思潮运动的历史应该给我们一种很有益的教训。什么教训呢？就是：这两三年来新思潮运动的最大成绩差不多全是研究问题的结果。新文学的运动便是一个最明白的例。这个道理很容易解释。凡社会上成为问题的问题，一定是与许多人有密切关系的。这许多人虽然不能提出什么新解决，但是他们平时对于这个问题自然不能不注意。若有人能把这个问题的各方面都细细分析出来，加上评判的研究，指出不满意的所在，提出新鲜的救济方法，自然容易引起许多人的注意。起初自然有许多人反对，但是反对便是注意的证据，便是兴趣的表示。试看近日报纸上登的马克思的《赢余价值论》，可有反对的吗？可有讨论的吗？没有人讨论，没有人反对，便是不能引起人注意的证据。研究问题的文章所以能发生效果，正为所研究的问题一定是社会人生最切要的问题，最能使人注意，也最能使人觉悟。悬空介绍一种专家学说，如《赢余价值论》之类，除了少数专门学者之外，决不会发生什么影响。但是我们可以在研究问题里面做点输入学理的事业，或用学理来解释问题的意义，或从学理上寻求解决问题的方法。用这种方法来输入学理，能使人于不知不觉之中感受学理的影响。不但如此，研究问题最能使读者渐渐的养成一种批评的态度，研究的兴趣，独立思想的习惯。十部《纯粹理性的评判》，不如一点评判的态度；十篇《赢余价值论》，不如一点研究的兴趣；十种"全民政治论"，不如一点独立思想的习惯。

　　总起来说：研究问题所以能于短时期中发生很大的效力，正因为研究问题有这几种好处：（1）研究社会人生切要的问题最容易引起大家的注意；（2）因为问题关切人生，故最容易引起反对，但反对是该欢迎的，因为反对便是兴趣的表示，况且反对的讨论不但给我们许多不要钱的广告，还可使我们得讨论的益处，便真理格外分明；（3）因为问题是逼人的活问题，故容易使人觉悟，容易得人信从；（4）因为从研究问题里面输入的学理，最容易消除平常人对于学理的抗拒力，最容易使人于不知不觉之中受学理的影响；（5）因为研究问题可以不知不觉的养成一班研究的，评判的，独立思想的革新人才。

这是这几年新思潮运动的大教训！我希望新思潮的领袖人物以后能了解这个教训，能把全副精力贯注到研究问题上去；能把一切学理不看作天经地义，但看作研究问题的参考材料；能把一切学理应用到我们自己的种种切要问题上去；能在研究问题上面做输入学理的工夫；能用研究问题的工夫来提倡研究问题的态度，来养成研究问题的人才。

这是我对于新思潮运动的解释。这也是我对于新思潮将来的趋向的希望。

（注）参看：
(1)《多研究些问题，少谈些"主义"》
(2)《问题与主义》
(3)《再论问题与主义》
(4)《三论问题与主义》

三

以上说新思潮的"评判的精神"在实际上的两种表现。现在要问："新思潮的运动对于中国旧有的学术思想，持什么态度呢？"

我的答案是："也是评判的态度。"

分开来说，我们对于旧有的学术思想有三种态度。第一，反对盲从；第二，反对调和；第三，主张整理国故。

盲从是评判的反面，我们既主张"重新估定一切价值"，自然要反对盲从。这是不消说的了。

为什么要反对调和呢？因为评判的态度只认得一个是与不是，一个好与不好，一个适与不适，——不认得什么古今中外的调和。调和是社会的一种天然趋势。人类社会有一种守旧的惰性，少数人只管趋向极端的革新，大多数人至多只能跟你走半程路。这就是调和。调和是人类懒病的天然趋势，用不着我们来提倡。我们走了一百里路，大多数人也许勉强走三四十里。我们若先讲调和，只走五十里，他们就一步都不走了。所以革新家的责任只是认定"是"的一个方向走去，不要回头讲调和。社会上自然有无数懒人懦夫出来调和。

我们对于旧有的学术思想，积极的只有一个主张，——就是"整理国故"。整理就是从乱七八糟里面寻出一个条理脉络来；从无头无脑里面寻出一个前因后果来；从胡说谬解里面寻出一个真意义来；从武断迷信里面寻出一个真价值来。为什么要整理呢？因为古代的学术思想向来没有条理，没有头绪，没有系统，故第一步是条理系统的整理。因为前人研究古书，很少有历史进化的眼光的，故从来不讲究一种学术的渊源，一种思想的前因后果，所以第二步是要寻出每种学术思想怎样发生，发生之后有什么影响效果。因为前人读古书，除极少数学者以外，大都是以讹传讹的谬说，——如太极图，爻辰，先天图，卦气，……之类，——故第三步是要用科学的方法，作精确的考证，把古人的意义弄得明白清楚。因为前人对于古代的学术思想，有种种武断的成见，有种种可笑的迷信，——如骂杨朱、墨翟为禽兽，却尊孔丘为德配天地，道冠古今！——故第四步是综合前三步的研究，各家都还他一个本来真面目，各家都还他一个真价值。

这叫做"整理国故"。现在有许多人自己不懂得国粹是什么东西，却偏要高谈"保存国粹"。林琴南先生做文章论古文之不当废，他说，"吾知其理而不能言其所以然！"现在许多国粹党，有几个不是这样糊涂懵懂的？这种人如何配谈国粹？若要知道什么是国粹，什么是国渣，先须要用评判的态度，科学的精神，去做一番整理国故的工夫。

四

新思潮的精神是一种评判的态度。

新思潮的手段是研究问题与输入学理。

新思潮的将来趋势，依我个人的私见看来，应该是注重研究人生社会的切要问题，应该于研究问题之中做介绍学理的事业。

新思潮对于旧文化的态度，在消极一方面是反对盲从，是反对调和；在积极一方面，是用科学的方法来做整理的工夫。

新思潮的唯一目的是什么呢？是再造文明。

文明不是笼统造成的，是一点一滴的造成的。进化不是一晚上笼统进化的，是一点一滴的进化的。现今的人爱谈"解放与改造"，须知解放不是笼统解放，改造也不是笼统改造。解放是这个那个制度的解放，这种那种思想的解放，这个那个人的解放，是一点一滴的解放。改造是这个那个制度的改造，这种那种思想的改造，这个那个人的改造，是一点一滴的改造。

再造文明的下手工夫，是这个那个问题的研究。再造文明的进行，是这个那个问题的解决。

民国八年十一月一日晨三时
（1919 年 11 月 1 日）

易卜生主义（节录）

四

其次，我们且看易卜生写个人与社会的关系。

易卜生的戏剧中，有一条极显而易见的学说，是说社会与个人互相损害；社会最爱专制，往往用强力摧折个人的个性，压制个人自由独立的精神；等到个人的个性都消灭了，等到自由独立的精神都完了，社会自身也没有生气了，也不会进步了。社会里有许多陈腐的习惯，老朽的思想，极不堪的迷信，个人生在社会中，不能不受这些势力的影响。有时有一两个独立的少年，不甘心受这种陈腐规矩的束缚，于是东冲西突想与社会作对。上文所说的裒匿，当少年时，也曾想和社会反抗。但是社会的权力很大，网罗很密；个人的能力有限，如何是社会的敌手？社会对个人道："你们顺我者生，逆我者死；顺我者有赏，逆我者有罚。"那些和社会反对的少年，一个一个的都受家庭的责备，遭朋友的怨恨，受社会的侮辱驱逐。再看那些奉承社会意旨的人，一个个的都升官发财，安富尊荣了。当此境地，不是顶天立地的好汉，决不能坚持到底。所以像褒匿那般人，做了几时的维新志士，不久也渐渐的受社会同化，仍旧回到旧社会去做"社会的栋梁"了。社会如同一个大火炉，什么金银铜铁锡，进了炉子，都要熔化。易卜生有一本戏叫做《雁》（*The Wild Duck*），写一个人捉到一只雁，把他养在楼上半阁里，每天给他一桶水，让他在水里打滚游戏。那雁本是一个海阔天空逍遥自得的飞鸟，如今在半阁里关久了，也会生活，也会长得胖胖的，后来竟完全忘记了他从前那种海阔天空来去自由的乐处了！个人在社会里，就同这雁在人家半阁上一般，起初未必满意，久而久之，也就惯了，也渐渐的把黑暗世界当作安乐窝了。

社会对于那班服从社会命令，维持陈旧迷信，传播腐败思想的人，一个一个的都有重赏。有的发财了，有的升官了，有的享大名誉了。这些人有了钱，有了势，有了名誉，就像老虎长了翅膀，更可横行无忌了，更可借着"公益"的名义去骗人钱财，害人生命，做种种无法无天的行为。易卜生的《社会栋梁》和《博克曼》（*John Gabriel Borkman*）两本戏的主人翁都是这种人物。他们钱赚得够了，然后掏出几个小钱来，开一个学堂，造一所孤儿院，立一个公共游戏场，"捐二十磅金去买面包给贫人吃"（用《社会的栋梁》二幕中语）。于是社会格外恭维他们，打着旗子，奏着军乐，上他们家来，大喊"社会的栋梁万岁！"

那些不懂事又不安分的理想家，处处和社会的风俗习惯反对，是该受重罚的。执行这种重罚的机关，便是"舆论"，便是大多数的"公论"。世间有一种最通行的迷信，叫做"服从多数的迷信"。人都以为多数人的公论总是不错的。易卜生绝对的不承认这种迷信。他说"多数党总在错的一边，少数党总在不错的一边"（《国民公敌》五幕）。一切维新革命，都是少数人发起的，都是大多数人所极力反对的。大多数人总是守旧麻木不仁的；只有极少数人，有时只有一个人，不满意于社会的现状，要想维新，要想革命。这种理想家是社会所最忌的。

大多数人都骂他是"捣乱分子"，都恨他"扰乱治安"，都说他"大逆不道"；所以他们用大多数的专制威权去压制那"捣乱"的理想志士，不许他开口，不许他行动自由；把他关在监牢里，把他赶出境去，把他杀了，把他钉在十字架上活活的钉死，把他捆在柴草上活活的烧死。过了几十年几百年，那少数的人主张渐渐的变成多数人的主张了，于是社会的多数人又把他们从前杀死钉死烧死的那些"捣乱分子"一个一个的重新推崇起来，替他们修墓，替他们作传，替他们立庙，替他们铸铜像。却不知道从前那种"新"思想，到了这时候，又早已成了"陈腐的"迷信！当他们替从前那些特立独行的人修墓铸铜像的时候，社会里早已发生了几个新派少数人，又要受他们杀死钉死烧死的刑罚了！所以说"多数党总是错的，少数党总是不错的"。

易卜生有一本戏叫做《国民公敌》，里面写的就是这个道理。这本戏的主人翁斯铎曼医生从前发现本地的水可以造成几处卫生浴池。本地的人听了他的话，觉得有利可图，便集了资本造了几处卫生浴池。后来四方人闻了这浴池之名，纷纷来这里避暑养病。来的人多了，本地的商业市面便渐渐发达兴旺。斯铎曼医生便做了浴池的官医。后来洗浴的人之中，忽然发生一种流行病症；经这位医生仔细考察，知道这病症是从浴池的水里来的，他便装了一瓶水寄与大学的化学师请他化验。化验出来，才知道浴池的水管安的太低了，上流的污秽，停积在浴池里，发生一种传染病的微生物，极有害于公众卫生。斯铎曼医生得了这种科学证据，便做了一篇切切实实的报告书，请浴池的董事会把浴池的水管重行改造，以免妨碍卫生。不料改造浴池须要花费许多钱，又要把浴池闭歇一两年；浴池一闭歇，本地的商务便要受许多损失。所以本地的人全体用死力反对斯铎曼医生的提议。他们宁可听那些来避暑养病的人受毒病死，却不情愿受这种金钱的损失，所以他们用大多数的专制威权压制这位说老实话的医生，不许他开口。他做了报告，本地的报馆都不肯登载。他要自己印刷，印刷局也不肯替他印。他要开会演说，全城的人都不把空屋借他做会场。后来好容易找到了一所会场，开了一个公民会议，会场上的人不但不听他的老实话，还把他赶下台去，由全体一致表决，宣告斯铎曼医生从此是国民的公敌。他逃出会场，把裤子都撕破了，还被众人赶到他家，用石头掷他，把窗户都打碎了。到了明天，本地政府革了他的官医；本地商民发了传单不许人请他看病；他的房东请他赶快搬出屋去；他的女儿在学堂教书，也被校长辞退了。这就是"特立独立"的好结果！这就是大多数惩罚少数"捣乱分子"的辣手段！

五

其次，我们且说易卜生的政治主义。易卜生的戏剧不大讨论政治问题，所以我们须要用他的《尺牍》（Letters, ed. by his son, Sigurd Ibsen, English Trans, 1905）做参考的材料。

易卜生起初完全是一个主张无政府主义的人。当普法之战（一八七〇至一八七一年）时，他的无政府主义最为激烈。一八七一年，他有信与一个朋友道：

> ……个人绝无做国民的需要。不但如此，国家简直是个人的大害。请看普鲁士的国力，不是牺牲了个人的个性去买来的吗？国民都成了酒馆里跑堂的了，自然个个是好兵了。再看犹太民族：岂不是最高贵的人类吗？无论受了何种野蛮的待遇，那犹太民族还能保存本来的面目。这都因为他们没有国家的原故。国家总得毁去。这种毁除国家的革命，我也情愿加入。毁去国家观念，单靠个人的情愿和精神上的团结做人类社会的基本，——若能做到这步田地，这可算得有价值的自由起点。那些团体的变迁，换来换去，都不过是弄把戏，——都不过是全无道理的胡闹。（《尺牍》第七九）

易卜生的纯粹无政府主义，后来渐渐的改变了。他亲自看见巴黎"市民政府"（Commune）的完全失败（一八七一），便把他主张无政府主义的热心减了许多（《尺牍》第八一）。到了一八八四年，他写信给他的朋友说，他在本国若有机会，定要把国中无权的人民联合成一个大政党，主张极力推广选举权，提高妇女的地位，改良国家教育，要使脱除一切中古陋习（《尺牍》第一七八）。这就不是无政府的口气了。但是他自己到底不曾加入政党。他以为加入政党是很下流的事（《尺牍》第158）。他最恨那班政客，他以为"那班政客所力争的，全是表面上的权利，全是胡闹。最要紧的是人心的大革命。"（《尺牍》第七七）

易卜生从来不主张狭义的国家主义，从来不是狭义的国家者。一八八八年，他写信给一个朋友说道：

> 知识思想略为发达的人，对于旧式的国家观念，总不满意。我们不能以为有了我们所属的政治团体便足够了。据我看来，国家观念不久就要消灭了，将来定有人种观念起来代他。即以我个人而论，我已经过这种变化。我起初觉得我是那威国人，后来变成斯堪丁纳维亚人（那威与瑞典总名斯堪丁纳维亚），我现在已成了条顿人了。（《尺牍》第二〇六）

这是一八八八年的话。我想易卜生晚年临死的时候（一九〇六），一定已进到世界主义的地步了。

六

我开篇便说过易卜生的人生观只是一个写实主义。易卜生把家庭社会的实在情形都写了出来，叫人看了动心，叫人看了觉得我们的家庭社会原来是如此黑暗腐败，叫人看了觉得家庭社会真正不得不维新革命：——这就是"易卜生主义"。表面上看去，像是破坏的，其实完全是建设的。譬如医生诊了病，开了一个脉案，把病状详细写出，这难道是消极的破坏的手续吗？但是易卜生虽开了许多脉案，却不肯轻易开药方。他知道人类社会是极复杂的组织，有种种绝不相同的境地，有种种绝不相同的情形。社会的病，种类纷繁，决不是什么"包医百病"的药方所能治得好的。因此他只好开了脉案，说出病情，让病人各人自己去寻医病的药方。

虽然如此，但是易卜生生平却也有一种完全积极的主张。他主张个人须要充分发达自己的天才性，须要充分发展自己的个性。他有一封信给他的朋友白兰戴说道：

> 我所最期望于你的是一种真益纯粹的为我主义。要使你有时觉得天下只有关于我的事最要紧，其余的都算不得什么。……你要想有益于社会，最好的法子莫如把你自己这块材料铸造成器。……有的时候我真觉得全世界都像海上撞沉了船，最要紧的还是救出自己。（《尺牍》第八四）

最可笑的是有些人明知世界"陆沉"，却要跟着"陆沉"，跟着堕落，不肯"救出自己"！却不知道社会是个人组成的，多救出一个人便是多备下一个再造新社会的分子。所以孟轲说"穷则独善其身"，这便是易卜生所说"救出自己"的意思。这种"为我主义"，其实是最有价值的利人主义。所以易卜生说，"你要想有益于社会，最妙的法子莫如把你自己这块材料铸造成器。"《娜拉》戏里，写娜拉抛了丈夫儿女飘然而去，也只为要"救出自己"。那戏中说：

> （郝尔茂）……你就是这样抛弃你的最神圣的责任吗？
>
> （娜拉）你以为我的最神圣的责任是什么？
>
> （郝）还等我说吗？可不是你对于你的丈夫和你的儿女的责任吗？
>
> （娜）我还有别的责任同这些一样的神圣。
>
> （郝）没有的。你且说，那些责任是什么？
>
> （娜）是我对于我自己的责任。
>
> （郝）最要紧的，你是一个妻子，又是一个母亲。
>
> （娜）这种话我现在不相信了。我相信第一我是一个人正同你一样。——无论如何，我务必努力做一个人。（三幕）

一八八二年，易卜生有信给朋友道：

> 这样生活，须使各人自己充分发展：——这是人类功业顶高的一层；这是我们大家都应该做的事。（《尺牍》第一六四）

社会最大的罪恶莫过于摧折个人的个性，不使他自由发展。那本《雁》戏所写的只是一件摧残个人才性的惨剧。那戏写一个人少年时本极有高尚的志气，后来被一个恶人害得破家荡产，不能度日；那恶人又把他自己通奸有孕的下等女子配给他做妻子，从此家累日重一日，他的志气便日低一日。到了后来，他堕落深了，竟变成了一个懒人懦夫，天天受那下贱妇人和两个无赖的恭维，他洋洋得意的觉得这种生活很可以终身了。所以那本戏借一个雁做比喻：那雁在半阁上关得久了，他从前那种高飞远举的志气全消灭了。居然把人家的半阁做他的极乐国了！

发展个人的个性，须要有两个条件。第一，须使个人有自由意志。第二，须使个人担干系，负责任。《娜拉》戏中写郝尔茂的最大错处只在他把娜拉当作"玩意儿"看待，既不许他有自由意志，又不许他担负家庭的责任，所以娜拉竟没有发展他自己个性的机会。所以娜拉一旦觉悟时，恨极他的丈夫，决意弃家远去，也正为这个原故。易卜生又有一本戏，叫做《海上夫人》（*The Lady from the Sea*），里面写一个女子哀梨妲少年时嫁给人家做后母，他丈夫和前妻的两个女儿看他年纪轻，不让他管家务，只叫他过安闲日子。哀梨妲在家觉得做这种不自由的妻子，不负责任的后母，是极没趣的事。因此他天天想跟人到海外去过那海阔天空的生活。他丈夫越不许他自由，他偏越想自由。后来他丈夫知道留他不住，只得许他自由出去。他丈夫说道：

> （丈夫）……我现在立刻和你毁约，现在你可以有完全自由拣定你自己的路子。……现在你可以自己决定，你有完全的自由，你自己担干系。

> （哀梨妲）完全自由！还要自己担干系！还担干系咧！有这么一来，样样事都不同了。

哀梨妲有了自由又自己负责任了，忽然大变了，也不想那海上的生活了，决意不跟人走了（《海上夫人》第五幕）。这是为什么呢？因为世间只有奴隶的生活是不能自由选择的，是不用担干系的。个人若没有自由权，又不负责任，便和做奴隶一样，所以无论怎样好玩，无论怎样高兴，到底没有真正乐趣，到底不能发展个人的人格。所以哀梨妲说，有了完全自由，还要自己担干系，有这么一来，样样事都不同了。

　　家庭是如此，社会国家也是如此。自治的社会，共和的国家，只是要个人有自由选择之权，还要个人对于自己所行所为都负责任。若不如此，决不能造出自己独立的人格。社会国家没有自由独立的人格，如同酒里少了酒曲，面包里少了酵，人身上少了脑筋：那种社会国家决没有改良进步的希望。

　　所以易卜生的一生目的只是要社会极力容忍，极力鼓励斯铎曼医生一流的人物（斯铎曼事见上文四节）；要想社会上生出无数永不知足，永不满意，敢说老实话攻击社会腐败情形的"国民公敌"；要想社会上有许多人都能像斯铎曼医生那样宣言道："世上最强有力的人就是那个最孤立的人！"

　　社会国家是时刻变迁的，所以不能指定那一种方法是救世的良药：十年前用补药，十年后或者须用泄药了；十年前用凉药，十年后或者须用热药了。况且各地的社会国家都不相同，适用于日本的药，未必完全适用于中国；适用于德国的药，未必适用于美国。只有康有为那种"圣人"，还想用他们的"戊戌政策"来救戊午的中国；只有辜鸿铭那班怪物，还想用二千年前的"尊王大义"来施行于二十世纪的中国。易卜生是聪明人，他知道世上没有"包医百病"的仙方，也没有"施诸四海而皆准，推之百世而不悖"的真理。因此他对于社会的种种罪恶污秽，只开脉案，只说病状，却不肯下药。但他虽不肯下药，却到处告诉我们一个保卫社会健康的卫生良法。他仿佛说道："人的身体全靠血里面有无量数的白血轮时时刻刻与人身的病菌开战，把一切病菌扑灭干净，方才可使身体健全，精神充足。社会国家的健康也全靠社会中有许多永不知足，永不满意，时刻与罪恶分子龌龊分子宣战的白血轮，方才有改良进步的希望。我们若要保卫社会的健康，须要使社会里时时刻刻有斯铎曼医生一般的白血轮分子。但使社会常有这种白血轮精神，社会决没有不改良进步的道理。"一八八三年，易卜生写信给朋友道：

十年之后，社会的多数人大概也会到了斯铎曼医生开公民大会时的见地了。但是这十年之中，斯铎曼自己也刻刻向前进；所以到了十年之后，他的见地仍旧比社会的多数人还高十年。即以我个人而论，我觉得时时刻刻总有进境。我从前每作一本戏时的主张，如今都已渐渐变成了很多数人的主张，但是等到他们赶到那里时，我久已不在那里了。我又到别处去了。我希望我总是向前去了。(《尺牍》第一七二)

民国七年五月十六日作于北京

民国十年四月二十六日改稿

(1921 年 4 月 26 日)

少年中国的精神

上回太炎先生谈话里面说现在青年的四种弱点，都是很可使我们反省的。他的意思是要我们少年人：（一）不要把事情看得太容易了；（二）不要妄想凭藉已成的势力；（三）不要虚慕文明；（四）不要好高骛远。这四条都是消极的忠告。我现在且从积极一方面提出几个观念，和各位同志商酌商酌。

一、少年中国的逻辑

逻辑即是思想、辩论、办事的方法。一般中国人现在最缺乏的就是一种正当的方法。因为方法缺乏，所以有下列的几种现象：（一）灵异鬼怪的迷信，如上海的盛德坛及各地的各种迷信；（二）谩骂无理的议论；（三）用"诗云子曰"作根据的议论；（四）把西洋古人当作无上真理的议论。还有一种平常人不很注意的怪状，我且称他为"目的热"。"目的热"就是迷信一些空虚的大话，认为高尚的目的，全不问这种观念的意义究竟如何。今天有人说："我主张统一和平"，大家齐声喝彩，就请他做内阁总理；明天又有人说："我主张和平统一"，大家又齐声叫好，就举他做大总统；此外还有什么"爱国"哪，"护法"哪，"孔教"哪，"卫道"哪……许多空虚的名词；意义不曾确定，也都有许多人随声附和，认为天经地义，这便是我所说的"目的热"。以上所说各种现象都是缺乏方法的表示。我们既然自认为"少年中国"不可不有一种新方法，这种新方法应该是科学的方法。科学方法，不是我在这短促时间里所能详细讨论的，我且略说科学方法的要点：

第一，注重事实。科学方法是用事实作起点的，不要问孔子怎么说，柏拉图怎么说，康德怎么说；我们须要先从研究事实下手，凡游历、调查、统计等事都属于此项。

第二，注重假设。单研究事实，算不得科学方法。王阳明对着庭前的竹子做了七天的"格物"工夫，格不出什么道理来，反病倒了，这是笨伯的"格物"方法。科学家最重"假设"（Hypothesis）。观察事物之后，自然有几个假定的意思，我们应该把每一个假设所涵的意义彻底想出，看那些意义是否可以解释所观察的事实？是否可以解决所遇的疑难？所以要博学，正是因为博学方才可以有许多假设，学问只是供给我们种种假设的来源。

第三，注重证实。许多假设之中，我们挑出一个，认为最合用的假设，但是这个假设是否真正合用？必须实地证明。有时候，证实是很容易的；有时候，必须用"试验"方才可以证实。证实了的假设，方可说是"真"的，方才可用。一切古人今人的主张、东哲西哲的学说，若不曾经过这一层证实的工夫，只可作为待证的假设，不配认作真理。

少年的中国，中国的少年，不可不时时刻刻保存这种科学的方法，实验的态度。

二、少年中国的人生观

现在中国有几种人生观都是"少年中国"的仇敌：第一种是醉生梦死的无意识生活，固然不消说了；第二种是退缩的人生观，如静坐会的人，如坐禅学佛的人，都只是消极的缩头主义，这些人没有生活的胆子，不敢冒险，只求平安，所以变成　班退缩懦夫；第三种是野心的投机主义，这种人虽不退缩，但是完全为自己的私利起见，所以他们不惜利用他人，作他们自己的器具，不惜牺牲别人的人格和自己的人格，来满足自己的野心，到了紧要关头，不惜作伪，不惜作恶，不顾社会的公共幸福，以求达他们自己的目的。这三种人生观都是我们该反对的。少年中国的人生观，依我个人看来，该有下列的几种要素：

第一，须有批评的精神。一切习惯、风俗、制度的改良，都起于一点批评的眼光。个人的行为和社会的习俗，都最容易陷入机械的习惯，到了"机械的习惯"的时代，样样事都不知不觉的做去，全不理会何以要这样做，只晓得人家都这样做故我也这样做。这样的个人便成了无意识的两脚机器，这样的社会便成了无生气的守旧社会。我们如果发愿要造成少年的中国，第一步便须有一种批评的精神；批评的精神不是别的，就是随时随地都要问我为什么要这样做？为什么不那样做？

第二，须有冒险进取的精神。我们须要认定这个世界是很多危险的，是不太平的，是须要冒险的。世界的缺点很多，是要我们来补救的；世界的痛苦很多，是要我们来减少的；世界的危险很多，是要我们来冒险进取的。俗语说得好："成人不自在，自在不成人。"我们要做一个人，岂可贪图自在；我们要想造一个"少年的中国"，岂可不冒险。这个世界是给我们活动的大舞台，我们既上了台，便应该老着面皮，拚着头皮，大着胆子，干将起来；那些缩进后台去静坐的人都是懦夫，那些笼着双手只会看戏的人，也都是懦夫。这个世界岂是给我们静坐旁观的吗？那些厌恶这个世界，梦想超生别的世界的人，更是懦夫，不用说了。

第三，须要有社会协进的观念。上条所说的冒险进取，并不是野心的，自私自利的。我们既认定这个世界是给我们活动的，又须认定人类的生活全是社会的生活，社会是有机的组织，全体影响个人，个人影响全体。社会的活动全是互助的，你靠他帮忙，他靠你帮忙，我又靠你同他帮忙，你同他又靠我帮忙；你少说了一句话，我或者不是我现在的样子，我多尽了一分力，你或者也不是你现在这个样子，我和你多尽了一分力，或少做了一点事，社会的全体也许不是现在这个样子，这便是社会协进的观念。有这个观念，我们自然把人人都看作同力合作的伴侣，自然会尊重人人的人格了。有这个观念，我们自然觉得我们的一举一动都和社会有关，自然不肯为社会造恶因，自然要努力为社会种善果，自然不致变成自私自利的野心投机家了。

少年的中国，中国的少年，不可不时时刻刻保存这种批评的、冒险进取的、社会的人生观。

三、少年中国的精神

少年中国的精神并不是别的，就是上文所说的逻辑和人生观。我且说一件故事做我这番谈话的结论：诸君读过英国史的，一定知道英国前世纪有一种宗教革新的运动，历史上称为"牛津运动"（The Oxford Movement），这种运动的几个领袖如客白尔（Keble）、纽曼（Newman）、福鲁德（Froude）诸人，痛恨英国国教的腐败，想大大的改革一番。这个运动未起事之先，这几位领袖做了一些宗教性的诗歌，写在一个册子上，纽曼摘了一句荷马的诗题在册子上，那句诗是"You shall see the difference now that we are back again！"翻译出来即是"如今我们回来了，你们请看便不同了！"

少年的中国，中国的少年，我们也该时时刻刻记着这句话："如今我们回来了，你们请看便不同了！"

这便是少年中国的精神。

八年三月二十二日

（1919 年 3 月 22 日）

多研究些问题，少谈些"主义"！

本报（《每周评论》）第二十八号里，我曾说过：

> 现在舆论界大危险，就是偏向纸上的学说，不去实地考察中国今日的社会需要究竟是什么东西。那些提倡尊孔祀天的人，固然是不懂得现时社会的需要。那些迷信军国民主义或无政府主义的人，就可算是懂得现时社会的需要吗？

> 要知道舆论家的第一天职，就是细心考察社会的实在情形。一切学理，一切"主义"，都是这种考察的工具。有了学理作参考材料，便可使我们容易懂得所考察的情形，容易明白某种情形有什么意义，应该用什么救济的方法。

我这种议论，有许多人一定不愿意听。但是前几天北京《公言报》、《新民国报》、《新民报》（皆安福部的报）和日本文的《新支那报》，都极力恭维安福部首领王揖唐主张民生主义的演说，并且恭维安福部设立"民生主义研究会"的办法。有许多人自然嘲笑这种假充时髦的行为。但是我看了这种消息，发生一种感想。这种感想是："安福部也来高谈民生主义了，这不够给我们这班新舆论家一个教训吗？"什么教训呢？这可分三层说：

第一，空谈好听的"主义"，是极容易的事，是阿猫阿狗都能做的事，是鹦鹉和留声机器都能做的事。

第二，空谈外来进口的"主义"，是没有什么用处的。一切主义都是某时某地的有心人，对于那时那地的社会需要的救济方法。我们不去实地研究我们现在的社会需要，单会高谈某某主义，好比医生单记得许多汤头歌诀，不去研究病人的症候，如何能有用呢？

第三，偏向纸上的"主义"，是很危险的。这种口头禅很容易被无耻政客利用来做种种害人的事。欧洲政客和资本家利用国家主义的流毒，都是人所共知的。现在中国的政客，又要利用某种某种主义来欺人了。罗兰夫人说，"自由！自由！天下多少罪恶都是借你的名做出的！"一切好听的主义，都有这种危险。

这三条合起来看，可以看出"主义"的性质。凡"主义"都是应时势而起的。某种社会，到了某时代，受了某种的影响，呈现某种不满意的现状。于是有一些有心人，观察这种现象，想出某种救济的法子。这是"主义"的原起。主义初起时，大都是一种救时的具体主张。后来这种主张传播出去，传播的人要图简便，便用一两个字来代表这种具体的主张，所以叫他做"某某主义"。主张成了主义，便由具体的计划变成一个抽象的名词。"主义"的弱点和危险，就在这里。因为世间没有一个抽象名词能把某人某派的具体主张都包括在里面。比如"社会主义"一个名词，马克思的社会主义，和王揖唐的社会主义不同；你的社会主义，和我的社会主义不同：决不是这一个抽象名词所能包括。你谈你的社会主义，我谈我的社会主义，王揖唐又谈他的社会主义，同用一个名词，中间也许隔开七八个世纪，也许隔开两三万里路，然而你和我和王揖唐都可自称社会主义家，都可用这一个抽象名词来骗人。这不是"主义"的大缺点和大危险吗？

我再举现在人人嘴里挂着的"过激主义"做一个例。现在中国有几个人知道这一个名词做何意义？但是大家都痛恨痛骂"过激主义"。内务部下令严防"过激主义"，曹锟也行文严禁"过激主义"，卢永祥也出示查禁"过激主义"。前两个月，北京有几个老官僚在酒席上叹气说，"不好了，过激派到了中国了。"前两天有一个小官僚，看见我写的把扇子，大惊异道："这不是过激党胡适吗？"哈哈！这就是"主义"的用处！

我因为深觉得高谈主义的危险，所以我现在奉劝新舆论界的同志道："请你们多提出一些问题，少谈一些纸上的主义。"

更进一步说："请你们多多研究这个问题如何解决，那个问题如何解决，不要高谈这种主义如何新奇，那种主义如何奥妙。"

现在中国应该赶紧解决的问题真多得很！从人力车夫的生计问题到大总统的权限问题；从卖淫问题到卖官卖国问题；从解散安福部问题到加入国际联盟问题；从女子解放问题到男子解放问题；……那一个不是火烧眉毛的紧急问题？

我们不去研究人力车夫的生计，却去高谈……主义！不去研究女子如何解放，家庭制度如何救正，却去高谈公妻主义和自由恋爱！不去研究安福部如何解散，不去研究南北问题如何解决，却去高谈无政府主义！我们还要得意扬扬的夸口道，"我们所谈的是根本解决"。老实说罢，这是自欺欺人的梦话！这是中国思想界破产的铁证！这是中国社会改良的死刑宣告！

为什么谈主义的人那么多？为什么研究问题的人那么少呢？这都由于一个懒字。懒的定义是避难就易。研究问题是极困难的事，高谈主义是极容易的事。比如研究安福部如何解散，研究南北和议如何解决，这都是要费工夫，挖心血，收集材料，征求意见，考察情形，还要冒险吃苦，方才可以得一种解决的意见。又没有成例可援，又没有黄梨洲、柏拉图的话可引，又没有《大英百科全书》可查，全凭研究考察的工夫：这岂不是难事吗？高谈"无政府主义"便不同了。买一两本实社《自由录》，看一两本西文无政府主义的小册子，再翻一翻

《大英百科全书》，便可以高谈无忌了！这岂不是极容易的事吗？

高谈主义，不研究问题的人，只是畏难求易，只是懒。

凡是有价值的思想，都是从这个那个具体的问题下手的。先研究了问题的种种方面的种种事实，看看究竟病在何处，这是思想的第一步工夫。然后根据于一生的经验学问，提出种种解决的方法，提出种种医病的丹方，这是思想的第二步工夫。然后用一生的经验学问，加上想象的能力，推想每一种假定的解决法，该有甚么样的效果，推想这种效果是否真能解决眼前这个困难问题。推想的结果，拣定一种假定的解决，认为我的主张，这是思想的第三步工夫。凡是有价值的主张，都是先经过这三步工夫来的。不如此，不算舆论家，只可算是抄书手。

读者不要误会我的意思。我并不是劝人不研究一切学说和一切"主义"。学理是我们研究问题的一种工具。没有学理做工具，就如同王阳明对着竹子痴坐，妄想"格物"，那是做不到的事。种种学说和主义，我们都应该研究。有了许多学理做材料，见了具体的问题方才能寻出一个解决的方法。但是我希望中国的舆论家，把一切"主义"摆在脑背后，做参考资料，不要挂在嘴上做招牌，不要叫一知半解的人拾了这些半生不熟的主义去做口头禅。

"主义"的大危险，就是能使人心满意足，自以为寻着包医百病的"根本解决"，从此用不着费心力去研究这个那个具体问题的解决法了。

民国八年七月

（1919 年 7 月）

差不多先生传

你知道中国最有名的人是谁？

提起此人，人人皆晓，处处闻名。他姓差，名不多，是各省各县各村人氏。你一定见过他，一定听过别人谈起他。差不多先生的名字天天挂在大家的口头，因为他是中国全国人的代表。

差不多先生的相貌和你和我都差不多。他有一双眼睛，但看的不很清楚；有两只耳朵，但听的不很分明；有鼻子和嘴，但他对于气味和口味都不很讲究。他的脑子也不小，但他的记性却不很精明，他的思想也不很细密。

他常常说："凡事只要差不多，就好了。何必太精明呢？"

他小的时候，他妈叫他去买红糖，他买了白糖回来。他妈骂他，他摇摇头道："红糖、白糖不是差不多吗？"

他在学堂的时候，先生问他："直隶省的西边是哪一省？"他说是陕西。先生说："错了。是山西，不是陕西。"他说："陕西同山西，不是差不多吗？"

后来他在一个钱铺里做伙计；他也会写，也会算，只是总不会精细。十字常常写成千字，千字常常写成十字。掌柜的生气了，常常骂他。他只是笑嘻嘻地赔小心道："千字比十字只多一小撇，不是差不多吗？"

有一天，他为了一件要紧的事，要搭火车到上海去。他从从容容地走到火车站，迟了两分钟，火车已开走了。他白瞪着眼，望着远远的火车上的煤烟，摇摇头道："只好明天再走了，今天走同明天走，也还差不多。可是火车公司未免太认真了。八点三十分开，同八点三十二分开，不是差不多吗？"他一面说，一面慢慢地走回家，心里总不明白，为什么火车不肯等他两分钟。

有一天，他忽然得了急病，赶快叫家人去请东街的汪医生。那家人急急忙忙地跑去，一时寻不着东街的汪大夫，却把西街的牛医王大夫请来了。差不多先生病在床上，知道寻错了人；但病急了，身上痛苦，心里焦急，等不得了，心里想道："好在王大夫同汪大夫也差不多，让他试试看罢。"于是这位牛医王大夫走近床前，用医牛的法子给差不多先生治病。不上一点钟，差不多先生就一命呜呼了。

差不多先生差不多要死的时候，一口气断断续续地说道："活人同死人也差……差……差不多，……凡事只要……差……差……不多……就……好了，……何……何……必……太……太认真呢？"他说完了这句格言，方才绝气了。

他死后，大家都很称赞差不多先生样样事情看得破，想得通；大家都说他一生不肯认真，不肯算帐，不肯计较，真是一位有德行的人。于是大家给他取个死后的法号，叫他做圆通大师。

他的名誉越传越远，越久越大。无数无数的人都学他的榜样。于是人人都成了一个差不多先生。——然而中国从此就成为一个懒人国了。

（1924年6月28日《申报·平民周刊》第1期）

人权与约法

四月二十日国民政府下了一道保障人权的命令，全文是：

> 世界各国人权均受法律之保障。当此训政开始，法治基础亟宜确立。凡在中华民国法权管辖之内，无论个人或团体均不得以非法行为侵害他人身体，自由，及财产。违者即依法严行惩办不贷。着行政司法各院通饬一体遵照。此令。

在这个人权被剥夺几乎没有丝毫馀剩的时候，忽然有明令保障人权的盛举，我们老百姓自然是喜出望外。但我们欢喜一阵之后，揩揩眼镜，仔细重读这道命令，便不能不感觉大失望。失望之点是：

第一，这道命令认"人权"为"身体，自由，财产"三项，但这三项都没有明确规定。就如"自由"究竟是那几种自由？又如"财产"究竟受怎样的保障？这都是很重要的缺点。

113

第二，命令所禁止的只是"个人或团体"，而并不曾提及政府机关。个人或团体固然不得以非法行为侵害他人身体自由及财产，但今日我们最感觉痛苦的是种种政府机关或假借政府与党部的机关侵害人民的身体自由及财产。如今日言论出版自由之受干涉，如各地私人财产之被没收，如近日各地电气工业之被没收，都是以政府机关的名义执行的。四月二十日的命令对于这一方面完全没有给人民什么保障。这岂不是"只许州官放火，不许百姓点灯"吗？

第三，命令中说，"违者即依法严行惩办不贷，"所谓"依法"是依什么法？我们就不知道今日有何种法律可以保障人民的人权。中华民国刑法固然有"妨害自由罪"等章，但种种妨害若以政府或党部名义行之，人民便完全没保障了。

果然，这道命令颁布不久，上海各报上便发现"反日会的活动是否在此命令范围之内"的讨论。日本文的报纸以为这命令可以包括反日会（改名救国会）的行动；而中文报纸如《时事新报》畏垒先生的社论则以为反日会的行动不受此命令的制裁。

岂但反日会的问题吗？无论什么人，只须贴上"反动分子"、"土豪劣绅"、"反革命"、"共党嫌疑"等等招牌，便都没有人权的保障。身体可以受侮辱，自由可以完全被剥夺，财产可以任意宰制，都不是"非法行为"了。无论什么书报，只须贴上"反动刊物"的字样，都在禁止之列，都不算侵害自由了。无论什么学校，外国人办的只须贴上"文化侵略"字样，中国人办的只须贴上"学阀""反动势力"等等字样，也就都可以封禁没收，都不算非法侵害了。

我们在这种种方面，有什么保障呢？

我且说一件最近的小事，事体虽小，其中含着的意义却很重要。

三月廿六日上海各报登出一个专电，说上海特别市党部代表陈德征先生在三全大会提出了一个"严厉处置反革命分子案"。此案的大意是责备现有的法院太拘泥证据了，往往使反革命分子容易漏网。陈德征先生提案的办法是：

> 凡经省党部及特别市党部书面证明为反革命分子者，法

> 院或其他法定之受理机关应以反革命罪处分之。如不服，得
> 上诉。惟上级法院或其他上级法定之受理机关，如得中央党
> 部之书面证明，即当驳斥之。

这就是说，法院对于这种案子，不须审问，只凭党部的一纸证明，便须定罪处刑。这岂不是根本否认法治了吗？

我那天看了这个提案，有点忍不住，便写了一封信给司法院长王宠惠博士，大意是问他"对于此种提议作何感想"，并且问他"在世界法制史上，不知在那一世纪那一个文明民族曾经有这样一种办法，笔之于书，立为制度的吗？"

我认为这个问题是值得大家注意的，故把信稿送给国闻通信社发表。过了几天，我们接得国闻通信社的来信，说：

> 昨稿已为转送各报，未见刊出，闻已被检查者扣去。兹
> 将原稿奉还。

我不知道我这封信有什么军事上的重要而竟被检查新闻的人扣去。这封信是我亲自负责署名的。我不知道一个公民为什么不可以负责发表对于国家问题的讨论。

但我们对于这种无理的干涉，有什么保障呢？

又如安徽大学的一个学长，因为语言上挺撞了蒋主席，遂被拘禁了多少天。他的家人朋友只能到处奔走求情，决不能到任何法院去控告蒋主席。只能求情而不能控诉，这是人治，不是法治。

又如最近唐山罢市的案子，其起原是因为两益成商号的经理杨润普被当地驻军指为收买枪枝，拘去拷打监禁。据四月二十八日《大公报》的电讯，唐山总商会的代表十二人到一百五十二旅去请求释放，军法官不肯释放。代表等辞出时，正遇兵士提杨润普入内，"时杨之两腿已甚臃肿，并有血迹，周身动转不灵，见代表等则欲哭无泪，语不成声，其凄惨情形，实难尽述"。但总商会及唐山商店八十八家打电报给唐生智，也只能求情而已；求情而无效，也只能相率罢市而已。人权在那里？法治在那里？

我写到这里，又看见五月二日的《大公报》，唐山全市罢市的结

果，杨润普被释放了。"但因受刑过重，已不能行走，遂以门板抬出，未回两益成，直赴中华医院医治。"《大公报》记者亲自去访问，他的记载中说：

> ……见杨润普前后身衣短褂，血迹模糊。衣服均粘于身上，经医生施以手术，始脱下。记者当问被捕后情形，杨答，苦不堪言，曾用旧时惩罚盗匪之压杠子，余实不堪其苦。正在疼痛难忍时，压于腿上之木杠忽然折断。旋又易以竹板，周身抽打，移时亦断。时刘连长在旁，主以铁棍代木棍。郑法官恐生意外，未果。此后每讯必打，至今周身是伤。据医生言，杨伤过重，非调养三个月不能复原。

这是人权保障的命令公布后十一日的实事。国民政府诸公对于此事不知作何感想？

我在上文随便举的几件实事，都可以指出人权的保障和法治的确定决不是一纸模糊命令所能办到的。

法治只是要政府官吏的一切行为都不得逾越法律规定的权限。法治只认得法律，不认得人。在法治之下，国民政府的主席与唐山一百五十二旅的军官都同样的不得逾越法律规定的权限，国民政府主席可以随意拘禁公民，一百五十二旅的军官自然也可以随意拘禁拷打商人了。

但是现在中国的政治行为根本上从没有法律规定的权限，人民的权利自由也从没有法律规定的保障。在这种状态之下，说什么保障人权！说什么确立法治基础！

在今日如果真要保障人权，如果真要确立法治基础，第一件应该制定一个中华民国的宪法。至少，至少，也应该制定所谓训政府时期的约法。

孙中山先生当日制定《革命方略》时，他把革命建国事业的措施程序分作三个时期；

第一期为军法之治（三年）。

第二期为约法之治（六年）……"凡军政府对于人民之权利义务，

116

及人民对于军政府之权利义务，悉规定于约法。军政府与地方议会及人民各循守之。有法者，负其责任。……"

第三期为宪法之治。

《革命方略》成于丙午年（一九〇六），其后续有修订。至民国八年中山先生作孙文学说时，他在第六章里再三申说"过渡时期"的重要，很明白地说"在此时期，行约法之治，以训导人民，实行地方自治。"至民国十二年一月，中山先生作《中国革命史》时，第二时期仍名为"过渡时期"，他对于这个时期特别注意。他说：

第二为过渡时期。在此时期内，施行约法（非现行者），建设地方自治，促进民权发达。以一县为自治单位，每县于散兵驱除战事停止之日，立颁约法，以规定人民之权利义务，与革命政府之统治权。以三年为限，三年期满。则由人民选举其县官。……革命政府之对于此自治团体只能照约法所规定而行其训政之权。

又过了一年之后，当民国十三年四月中山先生起草《建国大纲》时，建设的程序也分作三个时期，第二期为"训政时期"。但他在建国大纲里不曾提起训政时期的"约法"，又不曾提起训政时期的年限，不幸一年之后他就死了，后来的人只读他的建国大纲，而不研究这"三期"说的历史，遂以为训政时期可以无限地延长，又可以不用约法之治，这是大错的。

中山先生的建国大纲虽没有明说"约法"，但我们研究他民国十三年以前的言论，可以知道他决不会相信统治这样一个大国可以不用一个根本大法的。况且《建国大纲》里遗漏的东西多着哩。如廿一条说"宪法未颁布以前，各院长皆归总统任免"，是训政时期有"总统"，而全篇中不说总统如何产生。又如民国十三年一月国民党第一次代表大会宣言已有"以党为掌握政权之中枢"的话，而是年四月十二日中山先生草定《建国大纲》全文廿五条中没有一句话提到一党专政的。这都可见《建国大纲》不过是中山先生一时想到的一个方案，并不是应有尽有的，也不是应无尽无的。大纲所有，早已因时势而改动了。（如十九条五院之设立在宪政开始时期，而去年已设立五院了。）大纲所无，又何妨因时势的需要而设立呢？

我们今日需要一个约法，需要中山先生说的"规定人民之权利义务与革命政府之统治权"的一个约法。我们要一个约法来规定政府的权限：过此权限，便是"非法行为"。我们要一个约法来规定人民的"身体、自由，及财产"的保障：有侵犯这法定的人权的，无论是一百五十二旅的连长或国民政府的主席，人民都可以控告，都得受法律的制裁。

我们的口号是：

快快制定约法以确定法治基础！

快快制定约法以保障人权！

十八，五，六

（1929 年 5 月 6 日）

民权的保障

前几天在中国民权保障同盟北平分会的席上，杨杏佛先生说了一句很沉痛的话："争民权的保障是十八世纪的事；不幸我们中国人活在二十世纪里还不能不做这种十八世纪的工作。"

先进的民族得着的民权，不是君主钦赐的，也不是法律授予的；是无数的先知先觉奋斗力争来的，是用血写在法律条文上去的，是时时刻刻靠着无数人的监督才保障得住的。没有长期的自觉的奋斗，决不会有法律规定的权利；有了法律授予的权利，若没有养成严重监护自己的权利的习惯，那些权利还不过是法律上的空文。法律只能规定我们的权利，决不能保障我们的权利。权利的保障全靠个人自己养成不肯放弃权利的好习惯。

"权利"一个名词是近三十多年来渐渐通用的一个新名词。当这个名词初输入的时代，梁任公先生等屡作论文，指出中国人向来缺乏权利思想，指出中国人必须提倡这种权利思想。其实"权利"的本义只是一个人所应有，其正确的翻译应该是"义权"，后来才变成法律给予个人所应享有的"权利"，中国古代思想也未尝没有这种"义权"的观念。孟子说的最明白：

> 非其义也，非其道也，一介不以与人，一介不以取诸人。

这正是"权利"的意义。"一介不以与人"是尊重自己所应有；"一介不以取诸人"是尊重他人所应有。推而广之，孟子所谓"富贵不能淫，贫贱不能移，威武不能屈"也正是个人自尊其所应有，自行其所谓是。孔墨两家都还有这种气概。但柔道之教训，以随顺不争"犯而不校"为处世之道，以"吃亏"为积德之基，风气既成，就无人肯自卫其所应有，亦无人肯与强有力者争持其所谓是。梁先生们所谓中国人无权利思想，只是这种不争不校的风气造成的习惯。在这种习惯支配之下，就有了法律规定的人权民权，人民也不会享用，不会爱护的。

然而普通人的知识和能力究竟有限，我们不能期望人人都懂得自己的权利是些什么，也不能期望人人都能够监护自己的权利。中国人所以不爱护权利，不但是长久受了不争与吃亏的宗教与思想的影响，其中还有一个更重要的原因，就是中国的法制演进史上缺乏了一个法律辩护士的职业。我们的老祖宗只知道崇拜包龙图式的清官，却不曾提倡一个律师职业出来做人民权利的保护者。除了王安石一流远见的政治家之外，多数儒生都不肯承认法律是应该列为学校科目的。士大夫不学法律，所以法律刑名的专家学识都落在一种受社会轻视的阶级的手里，至高的不过为刑名师爷，下流的便成了讼棍状师。刑名师爷是帮助官府断案的；人民的辩护还得倚赖自己，状师讼棍都不能出面辩护，至多不过替人民写状子，在黑影子里"把案"而已。我们看《四进士》戏里讼师宋士杰替他的干女儿打官司，状子是按院大人代写的，是宋士杰出庭代诉的，还几乎完全败诉了，我们看这戏的用意，可以想见我们的老祖宗到了近代也未尝不感觉到法律辩护士的需要。但《四进士》的编著者是个无名的天才，他的见解完全不能代表中国的一般社会。普通人民都只知道讼棍是惹不得的，宋士杰是人间少有的，同包龙图一样的不易得。所以他们只希望终身不入公门，不上公堂；上了公堂，他们只准备遭殃，丝毫没有抵挡，没有保障。好胜是天性，而肯吃亏是反人情。中国人的肯吃亏、不好讼，未必是宗教与哲学造成的，绝大的造因是因为几千年来没有保护人民权利的律师阶级。

西洋人的权利思想的发达同他们的宗教信条正相反。基督教的教主也是教人不抵抗强权的："有人打你的左脸，你把右脸也给他打。"然而基教的信条终久不能埋没罗马人提倡法律的精神。罗马不但遗留下了《罗马法典》，更重要的是她遗留下的法学与辩护制度。士大夫肯终身研究法律，肯出力替人民打官司；肯承认法律辩护是高尚的职业，而替人伸冤昭枉是光荣的功绩，——有了这种风气和制度，然后人民有权利可说。我们不要忘了：中古欧洲遗留下的最古的大学，第一个（Salerno）是医科大学，第二个（Bologna）就是法科大学，第三个（巴黎）才是神科大学。我们的士大夫是"读书万卷不读律"的，不读律，所以没有辩护士，只能有讼棍；讼棍是不能保障人民权利的。

中国人提倡权利思想的日子太浅，中国有法律教育的日子更浅，中国有律师公开辩护的日子又更浅了，所以什么约法和宪法里规定的人民权利都还是一些空文，军人官吏固然不知道尊重民权，人民自己也不知道怎样享用保护自己的权利。到了权利受损害的时候，人民只知道手忙脚乱的去走门路，托人情，行贿赂；却不肯走那条正当的法律的大路。直到近几年中，政治的冲突到了很紧张的地步，一面是当国的政党用权力制裁全国的舆论，不容许异党异派的存在，一面是不满意于现政权的各种政治势力，从善意的批评家到武装反抗的革命党派。在这个多方面的政治冲突里，现政权为维护自身的权力计，自然不恤用种种高压方法来制裁反对势力，其间确有许多过当的行为，如秘密军法审判的滥用，如死刑之滥用，如拘捕之众多与监狱生活之黑暗，都足以造成一种恐怖的心理。在这种政治势力的冲突之下，尤其在现政权用全力制裁武装反抗的政治势力的情形之下，一切情面门路友谊种种老法子在这里都行不通了。直到这个时候，才有人渐渐感觉到民权保障的需要。民权保障的运动发生于今日，正是因为今日是中国政治的分野最分明，冲突最利害的时候。我们看上海发起这个运动的宣言特别注重"国内政治犯之释放与非法的拘禁酷刑及杀戮之废除"，就可以明白这个历史背景了。

我是赞成这个民权保障运动的。我承认这是我们中国人从实际生活里感觉到保障权利的需要的起点。从这个幼稚的起点，也许可以渐渐训练我们养成一点爱护自己权利并且尊重别人权利的习惯，渐渐训练我们自己做成一个爱护自己所应有又敢抗争自己所谓是的民族。要做到这种目的，中国的民权保障运动必须要建筑在法律的基础之上，一面要监督政府尊重法律，一面要训练我们自己运用法律来保障我们自己和别人的法定权利。

但我们观察今日参加这个民权保障运动的人的言论，不能不感觉他们似乎犯了一个大毛病，就是把民权保障的问题完全看作政治的问题，而不肯看作法律的问题。这是错的。只有站在法律的立场上来谋民权的保障，才可以把政治引上法治的路。只有法治是永久而普遍的民权保障。离开了法律来谈民权的保障，就成了"公有公的道理，婆有婆的道理"，永远成了个缠夹二先生，永远没有出路。前日报载同盟的总会宣言有要求"立即无条件的释放一切政治犯"的话，这正是一个好例子。这不是保障民权，这是对一个政府要求革命的自由权。一个政府要存在，自然不能不制裁一切推翻政府或反抗政府的行动。向政府要求革命的自由权，岂不是与虎谋皮？谋虎皮的人，应该准备被虎咬，这是作政治运动的人自身应该的责任。

我们以为这条路是错的。我们赞成民权应有保障，但是我们以为民权的唯一保障是法治。我们只可以主张，在现行法律之下，政治犯也应该受正当的法律保障。我们对于这一点，可以提出四个工作的原则：

第一，我们可以要求，无论何种政治犯，必须有充分证据，方可由合法机关出拘捕状拘捕。诬告的人，证实之后，必须反坐。

第二，我们可以要求，无论何种政治犯，拘捕之后，必须依照约法第八条，于二十四小时之内送交正式法庭。

第三，我们可以要求，法庭受理时，凡有证据足以起诉者，应即予起诉，由法庭公开审判；凡无犯罪证据者，应即予开释。

第四，我们可以要求，政治犯由法庭判决之后，应与他种犯人同受在可能范围之内最人道的待遇。

这都是关于政治犯的法律立场。离开了这个立场，我们只可以去革命，但不算是做民权保障运动。

以上所说，不过是举政治犯一个问题做个例，表示我个人对于这个运动的见解。除了政治犯之外，民权保障同盟可以做的事情多着哩。如现行法律的研究，司法行政的调查，一切障碍民权的法令的废止或修改，一切监狱生活的调查与改良，义务的法律辩护的便利，言论出版学术思想以及集会结社的自由的提倡，……这都是我们可以努力的方向。

二二，二，七
（1933 年 2 月 7 日）

再论建国与专制

上一期我讨论蒋廷黻先生的《革命与专制》，曾提出一个主张，说建国固然要统一政权，但统一政权不一定要靠独裁专制。我们现在要讨论一个比较更迫切的问题：中国的旧式专制既然没有做到建国的大业，我们今日的建国事业是不是还得经过一度的新式专制呢？

这个问题，并不算是新问题，只是二十多年前《新民丛报》和《民报》讨论的"开明专制"问题的旧事重提而已。在那时候，梁任公先生曾下定义如下：

> 发表其权力于形式，以束缚人一部分之自由，谓之制。专制者，一国中有制者，有被制者，制者全立于被制者之外，而专断以规定国家机关之行动者也。由专断而以不良的形式发表其权力，谓之野蛮专制。由专断而以良的形式发表其权力，谓之开明专制。凡专制者以能专制之主体的利益为标准，谓之野蛮专制；

以所专制之客体的利益为标准，谓之开明专制。(《饮冰室文集》，乙丑重编本，卷二十九，页三五——四一)。

现时有些人心目中所悬想的新式专制，大概不过是当年梁任公先生所悬想的那种以国家人民的利益为标准的开明专制而已。当时梁先生又引日本法学者笕克彦的话，说"开明专制，以发达人民为目的者也"，这和现仕一部分人所号召的"训政"更相近了。所以当时《民报》社中，有署名"思黄"的，也主张革命之后须先行开明专制。当时孙中山先生还不曾提出"军政，训政，宪政"三时期的主张，那时他的三期论的第二期还叫做"约法"时期，是立宪期的准备。"思黄"所说，似是指那"约法"时期的开明专制。汪精卫先生在当时虽声明"与思黄所见稍异"，但他也承认"政权生大变动之后，权力散漫，于是有以立宪为目的，而以开明专制为达此目的之手段者"。这正是后来的"训政"论。

平心而论，二十多年前，民党与非民党都承认开明专制是立宪政治的过渡办法。梁任公说：

> 若普通国家则必经过开明专制时代，而此时代不必太长，且不能太长；经过之后，即进于立宪：此国家进步之顺序也。若经过之后而复退于野蛮专制，则必生革命。革命之后，再经一度开明专制，乃进于立宪。故开明专制者，实立宪之过渡也，立宪之预备也。(同上书，页五四)

《民报》里的"思黄"说：

> 吾侪以为欲救中国，惟有与民权，改民主。而入手之方则先以开明专制，以为兴民权改民主之预备。最初之手段则革命也。(同上书，页八一引)

《民报》与《新民丛报》走上一条路线去了。他们所争的，其实不在开明专制，而在"最初之手段"是不是革命。梁氏希望当日的中国能行开明专制，逐渐过渡到立宪，可以避免种族革命与政治革命。而革命党人根本上就不承认当日的中国政府有行开明专制的资格，所以他们要先革命。汪精卫说：

> 论者须知行开明专制者必有二条件：第一则其人必须有

非常英杰之才，第二则其人必须为众所推戴。如法之拿破仑
第一，普之腓力特列第二，是其例也。（汪氏全文引见同上
书，卷三十，页三五——五八。此语在页四七。）

当日的政府确然没有这些条件，所以辛亥革命起来之后，梁任公作文
论"新中国建设问题"，也不能不承认：吾盖误矣！……民之所厌，虽
与之天下，岂能一朝居！（同上书，卷三四，页十五）

这一段二十多年前的政论之争，是值得我们今日的回忆的。二十
多年以来，种族革命是过去了，政治革命也闹了二十二年，国民党的
训政也训了五六年了。当年反对革命而主张开明专制的人，早已放弃
他的主张了。现在梦想一种新式专制的人，多数是在早一个时期曾经
赞成革命，或者竟是实行革命的人。这个政治思想的分野的骤变，也
是时代变迁的一种结果。在二十多年前，民主立宪是最令人歆羡的政
治制度。十几年来，人心大变了：议会政治成了资本主义的副产，专
政与独裁忽然大时髦了。有些学者，虽然不全是羡慕苏俄与意大利的
专制政治的成绩，至少也是感觉到中国过去二十年的空名共和的滑稽，
和中国将来试行民主宪政的无望，所以也不免对于那不曾试过的开明
专制抱着无穷的期望。还有些人，更是明白的要想模仿苏俄的一阶级
专政，或者意大利的一党专政。他们心目中的开明专制已不像二十多
年前《新民丛报》时代那样的简单了。现在人所谓专制，至少有三个
方式：一是领袖的独裁，二是一党的专政，三是一阶级的专政。（最近
美国总统的独裁，是由国会暂时授予总统特权，其期限有定，其权力
也有限制，那是吾国今日主张专制者所不屑采取的。）其间也有混合的
方式：如国民党的民主集权的口号是第二式；如蓝衣社的拥戴社长制
则是领袖独裁而不废一党专政……

我个人是反对这种种专制的。我所以反对的理由，约有这几项：

第一，我不信中国今日有能专制的人，或能专制的党，或能专制
的阶级。二十多年前，《民报》驳《新民丛报》说：

开明专制者，待其人而后行。

虽然过了二十多年，这句老话还有时效。一般人只知道做共和国

民需要较高的知识程度，他们不知道专制训政更需要特别高明的天才与知识。孔子在二千四百多年前曾告诉他的国君说："为君难，为臣不易。如知为君之难也，不几乎一言而兴邦乎？"今日梦想开明专制的人，都只是不知道为君之难，不知道专制训政是人世最复杂繁难的事业。拿破仑与腓力特列固然是非常杰出的人才，列宁与斯塔林也是富有学问经验的天才。俄国共产党的成功不是一朝一夕的偶然事件，是百余年中整个欧洲文明教育训练出来的。就是意大利的专制也不是偶然发生的；我们不要忘了那个小小的半岛上有几十个世间最古的大学，其中有几个大学是有近千年的光荣历史的。专擅一个偌大的中国，领导四万万个阿斗，建设一个新的国家起来，这是非同小可的事，决不是一班没有严格训练的武人政客所能梦想成功的。今日的领袖，无论是哪一党哪一派的健者，都可以说是我们的"眼中人物"；而我们无论如何宽恕，总看不出何处有一个够资格的"诸葛亮"，也看不出何处有十万五万受过现代教育与训练的人才可做我们专政的"诸葛亮"。所以我们可以说：今日梦想一种新式专制为建国的方法的人，好有一比，比五代时后唐明宗的每夜焚香告天，愿天早生圣人以安中国！

第二，我不信中国今日有什么有大魔力的活问题可以号召全国人的情绪与理智，使全国能站在某个领袖或某党某阶级的领导之下，造成一个新式专制的局面。我们试看苏俄、土耳其、意大利、德意志的专政历史，人才之外，还须有一个富于麻醉性的热烈问题，可以煽动全国人心，可以抓住全国少年人的热血与忠心，才可以有一个强有力的政权基础。中国这几十年中，排满的口号过去了，护法的问题过去了。打倒帝国主义的口号过去了，甚至于"抗日救国"的口号也还只够引起一年多的热心。那一个最真切，最明白的救国问题还不能团结一个当国的政党，还不能团结一个分裂的国家，这是最可痛心的教训。这两年的绝大的国难与国耻还不够号召全国的团结，难道我们还能妄想抬出一个蒋介石，或者别个蒋介石来做一个新的全国大结合的中心吗？近年也有人时时提到一个"共同信仰"的必要，但是在这个老于世故的民族里，什么口号都看得破，什么魔力都魔不动，虽有莫索里尼，虽有希忒拉，虽有列宁、杜洛司基，又有什么幻术可施呢？

第三，我有一个很狂妄的僻见：我观察近几十年的世界政治，感觉到民主宪政只是一种幼稚的政治制度，最适宜于训练一个缺乏政治经验的民族。向来崇拜议会式的民主政治的人，说那是人类政治天才的最高发明；向来攻击议会政治的人，又说他是私有资本制度的附属品：这都是不合历史事实的评判。我们看惯了英美国会与地方议会里的人物，都不能不承认那种制度是很幼稚的，那种人才也大都是很平凡的。至于说议会政治是资本主义的政治制度，那更是笑话。照资本主义的自然趋势，资本主义的社会应该有第一流人才集中的政治，应该有效率最高的"智囊团"政治，不应该让第一流的聪明才智都走到科学工业的路上去，而剩下一班庸人去统治国家。（柏来士 Bryce 的"美洲民主国"曾历数美国大总统之中很少第一流英才，但他不曾想到英国的政治领袖也不能比同时别种职业里的人才；即如名震一世的格兰斯顿如何可比他同时的流辈如赫胥黎等人！）有许多幼稚民族很早就有民主政治，正不足奇怪。民主政治的好处在于不甚需要出类拔萃的人才；在于可以逐渐推广政权，有伸缩的馀地；在于"集思广益"，使许多阿斗把他们的平凡常识凑起来也可以勉强对付；在于给多数平庸的人有个参加政治的机会，可以训练他们爱护自己的权利。总而言之，民主政治是常识的政治，而开明专制是特别英杰的政治。特别英杰不可必得，而常识比较容易训练。在我们这样缺乏人才的国家，最好的政治是一种可以逐渐推广政权的民主宪政。中国的阿斗固然应该受训练，中国的诸葛亮也应该多受一点训练。而我们看看世界的政治制度，只有民主宪政是最幼稚的政治学校，最适宜于收容我们这种幼稚阿斗。我们小心翼翼的经过三五十年的民主宪政的训练之后，将来也许可以有发愤实行一种开明专制的机会。这种僻见，好像是戏言，其实是慎重考虑的结果，我认为值得研究政治思想的学者们的思考的。

二十二，十二，十八夜

（1933 年 12 月 18 日）

信心与反省

这一期（《独立》一○三期）里有寿生先生的一篇文章，题为《我们要有信心》，在这文里，他提出一个大问题：中华民族真不行吗？他自己的答案是：我们是还有生存权的。

我很高兴我们的青年在这种恶劣空气里还能保持他们对于国家民族前途的绝大信心。这种信心是一个民族生存的基础，我们当然是完全同情的。

可是我们要补充一点：这种信心本身要建筑在稳固的基础之上，不可站在散沙之上。如果信仰的根据不稳固，一朝根基动摇了，信仰也就完了。

寿生先生不赞成那些旧人"拿什么五千年的古国哟，精神文明哟，地大物博哟，来遮丑"。这是不错的。然而他自己提出的民族信心的根据，依我看来，文字上虽然和他们不同，实质上还是和他们同样的站在散沙之上，同样的挡不住风吹雨打。例如他说：

我们今日之改进不如日本之速者，就是因为我们的固有
文化太丰富了。富于创造性的人，个性必强，接受性就较缓。
这种思想在实质上和那五千年古国精神文明的迷梦是同样的无稽的夸
大。第一，他的原则"富于创造性的人，个性必强，接受性就较缓"，
这个大前提就是完全无稽之谈，就是懒惰的中国士大夫捏造出来替自
己遮丑的胡说。事实上恰是相反的：凡富于创造性的人必敏于模仿，
凡不善模仿的人决不能创造。创造是一个最误人的名词，其实创造只
是模仿到十足时的一点点新花样。古人说的最好："太阳之下，没有新
的东西。"一切所谓创造都从模仿出来。我们不要被新名词骗了。新名
词的模仿就是旧名词的"学"字；"学之为言效也"是一句不磨的老话。
例如学琴，必须先模仿琴师弹琴；学画，必须先模仿画师作画；就是
画自然界的景物，也是模仿。模仿熟了，就是学会了，工具用的熟了，
方法练的细密了，有天才的人自然会"熟能生巧"，这一点工夫到时的
奇巧新花样就叫做创造。凡不肯模仿，就是不肯学人的长处。不肯学
如何能创造？葛理略（Galileo）听说荷兰有个磨镜匠人做成了一座望远
镜，他就依他听说的造法，自己制造了一座望远镜。这就是模仿，也
就是创造。从十七世纪初年到如今，望远镜和显微镜都年年有进步，
可是这三百年的进步，步步是模仿，也步步是创造。一切进步都是如
此：没有一件创造不是先从模仿下手的。孔子说的好：

　　三人行，必有我师焉：择其善者而从之，其不善者而改之。

这就是一个圣人的模仿。懒人不肯模仿，所以决不会创造。一个民族
也和个人一样，最肯学人的时代就是那个民族最伟大的时代；等到他不
肯学人的时候，他的盛世已过去了，他已走上衰老僵化的时期了，我
们中国民族最伟大的时代，正是我们最肯模仿四邻的时代：从汉到唐
宋，一切建筑、绘画、雕刻、音乐、宗教、思想、算学、天文、工艺，
那一件里没有模仿外国的重要成分？佛教和他带来的美术建筑，不用
说了。从汉朝到今日，我们的历法改革，无一次不是采用外国的新法；
最近三百年的历法是完全学西洋的，更不用说了。到了我们不肯学人
家的好处的时候，我们的文化也就不进步了。我们到了民族中衰的时

代，只有懒劲学印度人的吸食鸦片，却没有精力学满洲人的不缠脚，那就是我们自杀的法门了。

第二，我们不可轻视日本人的模仿。寿生先生也犯了一般人轻视日本的恶习惯，抹杀日本人善于模仿的绝大长处。日本的成功，正可以证明我在上文说的"一切创造都从模仿出来"的原则。寿生说：

从唐以至日本明治维新，个数百年间，日本有一件事足为中国取镜者吗？中国的学术思想在她手里去发展改进过吗？我们实无法说有。

这又是无稽的诬告了。三百年前，朱舜水到日本，他居留久了，能了解那个岛国民族的优点，所以他写信给中国的朋友说，日本的政治虽不能上比唐、虞，可以说比得上三代盛世。这一个中国大学者在长期寄居之后下的考语，是值得我们的注意的。日本民族的长处全在他们肯一心一意的学别人的好处。他们学了中国的无数好处，但始终不曾学我们的小脚，八股文，鸦片烟。这不够"为中国取镜"吗？他们学别国的文化，无论在那一方面，凡是学到家的，都能有创造的贡献。这是必然的道理。浅见的人都说日本的山水人物画是模仿中国的；其实日本画自有他的特点，在人物方面的成绩远胜过中国画，在山水方面也没有走上四王的笨路。在文学方面，他们也有很大的创造。近年已有人赏识日本的小诗了。我且举一个大家不甚留意的例子。文学史家往往说日本的《源氏物语》等作品是模仿中国唐人的小说《游仙窟》等书的。现今《游仙窟》已从日本翻印回中国来了，《源氏物语》也有了英国人卫来先生（Arthur Waley）的五巨册的译本。我们若比较这两部书，就不能不惊叹日本人创造力的伟大。如果"源氏"真是从模仿《游仙窟》出来的，那真是徒弟胜过师傅千万倍了！寿生先生原文里批评日本的工商业，也是中了成见的毒。日本今日工商业的长脚发展，虽然也受了生活程度比人低和货币低落的恩惠，但他的根基实在是全靠科学与工商业的进步。今日大阪与兰肯歇的竞争，骨子里还是新式工业与旧式工业的竞争。日本今日自造的纺织器是世界各国公认为最新最良的。今日英国纺织业也不能不购买日本的新机器了。这是从模仿到创造的最好的例子。不然，我们工人的工资比日本更低，货币平常也比日本钱更贱，为什么我们不能"与他国资本家抢商场"呢？我们到了今日，若还要抹煞事实，笑人模仿，而自居了"富于创造性者"的不屑模仿，那真是盲目的夸大狂了。

第三，再看看"我们的固有文化"是不是真的"太丰富了"。寿生和其他夸大本国固有文化的人们，如果真肯平心想想，必然也会明白这句话也是无根的乱谈。这个问题太大，不是这篇短文里所能详细讨论的，我只能指出这个比较重要之点，使人明白我们的固有文化实在是很贫乏的，谈不到"太丰富"的梦话。近代的科学文化，工业文化，我们可以撇开不谈，因为在那些方面，我们的贫乏未免太丢人了。我们且谈谈老远的过去时代罢。我们的周秦时代当然可以和希腊、罗马相提比论，然而我们如果平心研究希腊、罗马的文学，雕刻，科学，政治，单是这四项就不能不使我们感觉我们的文化的贫乏了。尤其是造形美术与算学的两方面，我们真不能不低头愧汗。我们试想想，《几何原本》的作者欧几里得（Euclid）正和孟子先后同时；在那么早的时代，在二千多年前，我们在科学上早已太落后了！（少年爱国的人何不试拿《墨子·经上篇》里的三五条几何学界说来比较《几何原本》？）从此以后，我们所有的，欧洲也都有；我们所没有的，人家所独有的，人家都比我们强。试举一个例子：欧洲有三个一千年的大学，有许多个五百年以上的大学，至今继续存在，继续发展：我们有没有？至于我们所独有的宝贝，骈文，律诗，八股，小脚，太监，姨太太，五世同居的大家庭，贞节牌坊，地狱活现的监狱，廷杖，板子夹棍的法庭，……虽然"丰富"，虽然"在这世界无不足以单独成一系"，究竟都是使我们抬不起头来的文物制度。即如寿生先生指出的"那更光辉万丈"的宋明理学，说起来也真正可怜！讲了七八百年的理学，没有一个理学圣贤起来指出裹小脚是不人道的野蛮行为，只见大家崇信"饿死事极小，失节事极大"的吃人礼教：请问那万丈光辉究竟照耀到那里去了？

以上说的，都只是略略指出寿生先生代表的民族信心是建筑在散沙上面，禁不起风吹草动，就会倒塌下来的。信心是我们需要的，但无根据的信心是没有力量的。

可靠的民族信心，必须建筑在一个坚固的基础之上，祖宗的光荣自是祖宗之光荣，不能救我们的痛苦羞辱。何况祖宗所建的基业不全是光荣呢？我们要指出：我们的民族信心必须站在"反省"的唯一基础之上。反省就是要闭门思过，要诚心诚意的想，我们祖宗的罪孽深重，我们自己的罪孽深重；要认清了罪孽所在，然后我们可以用全副精力去消灾灭罪。寿生先生引了一句"中国不亡是无天理"的悲叹词句，他也许不知道这句伤心的话是我十三四年前在中央公园后面柏树下对孙伏园先生说的，第二天被他记在《晨报》上，就流传至今。我说出那句话的目的，不是要人消极，是要人反省：不是要人灰心，是要人起信心，发下大弘誓来忏悔，来替祖宗忏悔，替我们自己忏悔；要发愿造新因来替代旧日种下的恶因。

今日的大患在于全国人不知耻。所以不知耻者，只是因为不曾反省。一个国家兵力不如人，被人打败了，被人抢夺了一大块土地去，这不算是最大的耻辱。一个国家在今日还容许整个的省分遍种鸦片烟，一个政府在今日还要依靠鸦片烟的税收——公卖税，吸户税，烟苗税，过境税——来做政府的收入的一部分，这是最大的耻辱。一个现代民族在今日还容许他们的最高官吏公然提倡什么"时轮金刚法会"，"息灾利民法会"，这是最大的耻辱。一个国家有五千年的历史，而没有一个四十年的大学，甚至于没有一个真正完备的大学，这是最大的耻辱。一个国家能养三百万不能捍卫国家的兵，而至今不肯计划任何区域的国民义务教育，这是最大的耻辱。

真诚的反省自然发生真诚的愧耻。孟子说的好："不耻不若人，何若人有？"真诚的愧耻自然引起向上的努力，要发弘愿努力学人家的好处，划除自家的罪恶。经过这种反省与忏悔之后，然后可以起新的信心：要信仰我们自己正是拨乱反正的人，这个担子必须我们自己来挑起。三四十年的天足运动已经差不多完全划除了小脚的风气：从前大脚的女人要装小脚，现在小脚的女人要装大脚了。风气转移的这样快，这不够坚定我们的自信心吗？

历史的反省自然使我们明了今日的失败都因为过去的不努力，同时也可以使我们格外明了"种瓜得瓜，种豆得豆"的因果铁律。划除过去的罪孽只是割断已往种下的果。我们要收新果，必须努力造新因。祖宗生在过去的时代，他们没有我们今日的新工具，也居然能给我们留下了不少的遗产。我们今日有了祖宗不曾梦见的种种新工具，当然应该有比祖宗高明千百倍的成绩，才对得起这个新鲜的世界。日本一个小岛国，那么贫瘠的土地，那么少的人民，只因为伊藤博文，大久保利通，西乡隆盛等几十个人的努力，只因为他们肯拼命的学人家，肯拼命的用这个世界的新工具，居然在半个世纪之内一跃而为世界三五大强国之一。这不够鼓舞我们的信心吗？

反省的结果应该使我们明白那五千年的精神文明，那"光辉万丈"的宋、明理学，那并不太丰富的固有文化，都是无济于事的银样蜡枪头。我们的前途在我们自己的手里。我们的信心应该望在我们的将来。我们的将来全靠我们下什么种，出多少力。"播了种一定会有收获，用了力决不至于白费"：这是翁文灏先生要我们有的信心。

二十三，五，二十八

（1934 年 5 月 28 日）

写在孔子诞辰纪念之后

我们家乡有句俗话说："做戏无法，出个菩萨。"编戏的人遇到了无法转变的情节，往往请出一个观音菩萨来解围救急。这两年来，中国人受了外患的刺激，颇有点手忙脚乱的情形，也就不免走上了"做戏无法，出个菩萨"的一条路。这本是人之常情。西洋文学批评史也有 deus ex machina 的话，译出来也可说，"解围无计，出个上帝"。本年五月里美国奇旱，报纸上也曾登出旱区妇女孩子跪着祈祷求雨的照片。这都是穷愁呼天的常情，其可怜可恕，和今年我们国内许多请张天师求雨或请班禅喇嘛消灾的人，是一样的。

这种心理，在一般愚夫愚妇的行为上表现出来，是可怜而可恕的；但在一个现代政府的政令上表现出来，是可怜而不可恕的。现代政府的责任在于充分运用现代科学的正确智识，消极的防患除弊，积极的兴利惠民。这都是一点一滴的工作，一尺一步的旅程，这里面绝没有一条捷径可以偷渡。然而我们观察近年我们当政的领袖，好像都不免有一种"做戏无法，出个菩萨"的心理，想寻求一条救国的捷径，想用最简易的方法做到一种复兴的灵迹。最近政府忽然手忙脚乱的恢复了纪念孔子诞辰的典礼，很匆遽的颁布了礼节的规定。八月二十七日，全国都奉命举行了这个孔诞纪念的大典。在每年许多个先烈纪念日之中加上一个孔子诞辰的纪念日，本来不值得我们的诧异。然而政府中人说这是"倡导国民培养精神上之人格"的方法；舆论界的一位领袖也说："有此一举，诚足以奋起国民之精神，恢复民族的自信。"难道世间真有这样简便的捷径吗？

我们当然赞成"培养精神上之人格"，"奋起国民之精神，恢复民族的自信"。但是古人也曾说过："礼乐所由起，百年积德而后可兴也。"国民的精神，民族的信心，也是这样的；他的颓废不是一朝一夕之故，他的复兴也不是虚文口号所能做到的。"洙水桥前，大成殿上，多士济济，肃穆趋跄"（用八月二十七日《大公报》社论中语）；四方城市里，政客军人也都率领着官吏士民，济济跄跄的行礼，堂堂皇皇的演说，——礼成祭毕，纷纷而散，假期是添了一日，口号是添了二十句，演讲词是多出了几篇，官吏学生是多跑了一趟，然在精神的人格与民族的自信上，究竟有丝毫的影响吗？

那一天《大公报》的社论曾有这样一段议论：

> 最近二十年，世变弥烈，人欲横流，功利思想如水趋壑，不特仁义之说为俗诽笑，即人禽之判亦几以不明，民族的自尊心与自信力既已荡然无存，不待外侮之来，国家固早已濒于精神幻灭之域。

如果这种诊断是对的，那么，我们的民族病不过起于"最近二十年"，这样浅的病根，应该是很容易医治的了。可惜我们平日敬重的这位天津同业先生未免错读历史了。《官场现形记》和《二十年目睹之怪现状》描写的社会政治情形，不是中国的实情吗？是不是我们得把病情移前三十年呢？《品花宝鉴》以至《金瓶梅》描写的也不是中国的社会政治吗？这样一来，又得挪上三五百年了。那些时代，孔子是年年祭的，《论语》、《孝经》、《大学》是村学儿童人人读的，还有士大夫讲理学的风气哩！究竟那每年"洙水桥前，大成殿上，多士济济，肃穆趋跄"，曾何补于当时的惨酷的社会，贪污的政治？

我们回想到我们三十年前在村学堂读书的时候，每年开学是要向孔夫子叩头礼拜的；每天放学，拿了先生批点过的习字，是要向中堂（不一定有孔子像）拜揖然后回家的。至今回想起来，那个时代的人情风尚也未见得比现在高多少。在许多方面，我们还可以确定的说："最近二十年"比那个拜孔夫子的时代高明的多多了。这二三十年中，我们废除了三千年的太监，一千年的小脚，六百年的八股，四五百年的男娼，五千年的酷刑，这都没有借重孔子的力量。八月二十七那一天汪精卫先生在中央党部演说，也指出"孔子没有反对纳妾，没有反对蓄奴婢；如今呢，纳妾蓄奴婢，虐待之固是罪恶，善待之亦是罪恶，根本纳妾蓄奴婢便是罪恶。"汪先生的解说是："仁是万古不易的，而仁的内容与条件是与时俱进的。"这样的解说毕竟不能抹煞历史的事实。事实是"最近"几年中，丝毫没有借重孔夫子，而我们的道德观念已进化到承认"根本纳妾蓄奴婢便是罪恶"了。

平心说来，"最近二十年"是中国进步最速的时代；无论在智识上，道德上，国民精神上，国民人格上，社会风俗上，政治组织上，民族自信力上，这二十年的进步都可以说是超过以前的任何时代。这时期中自然也有不少的怪现状的暴露，劣根性的表现，然而种种缺陷都不能减损这二十年的总进步的净赢余。这里不是我们专论这个大问题的地方。但我们可以指出这个总进步的几个大项目：

第一，帝制的推翻，而几千年托庇在专制帝王之下的城狐社鼠，——一切妃嫔，太监，贵胄，吏胥，捐纳，——都跟着倒了。

第二，教育的革新。浅见的人在今日还攻击新教育的失败，但他们若平心想想旧教育是些什么东西，有些什么东西，就可以明白这二三十年的新教育，无论在量上或质上都比三十年前进步至少千百倍了。在消极方面，因旧教育的推倒，八股，骈文，律诗等等谬制都逐渐跟着倒了；在积极方面，新教育虽然还肤浅，然而常识的增加，技能的增加，文字的改革，体育的进步，国家观念的比较普遍，这都是旧教育万不能做到的成绩。（汪精卫先生前天曾说："中国号称以孝治天下，而一开口便侮辱人的母亲，甚至祖宗妹子等。"试问今日受过小学教育的学生还有这种开口骂人妈妈妹子的国粹习惯吗？）

第三，家庭的变化。城市工商业与教育的发展使人口趋向都会，受影响最大的是旧式家庭的崩溃，家庭变小了，父母公婆与族长的专制威风减削了，儿女宣告独立了。在这变化的家庭中，妇女的地位的抬高与婚姻制度的改革是五千年来最重大的变化。

第四，社会风俗的改革。小脚，男娼，酷刑等等，我已屡次说过了。在积极方面，如女子的解放，如婚丧礼俗的新试验，如青年对于体育运动的热心，如新医学及公共卫生的逐渐推行，这都是古代圣哲所不曾梦见的大进步。

第五，政治组织的新试验。这是帝制推翻的积极方面的结果。二十多年的试验虽然还没有做到满意的效果，但在许多方面（如新式的司法，如警察，如军事，如胥吏政治之变为士人政治。）都已明白的显出几千年来所未曾有的成绩。不过我们生在这个时代，往往为成见所蔽，不肯承认罢了。单就最近几年来颁行的新民法一项而论，其中含有无数超越古昔的优点，已可说是一个不流血的绝大社会革命了。这些都是毫无可疑的历史事实，都是"最近二十年"中不曾借重孔夫子而居然做到的伟大的进步。革命的成功就是这些，维新的成绩也就是这些。可怜无数维新志士，革命仁人，他们出了大力，冒了大险，替国家民族在二三十年中做到了这样超越前圣，凌驾百王的大进步，到头来，被几句死书迷了眼睛，见了黑旋风不认得是李逵，反倒唉声叹气，发思古之幽情，痛惜今之不如古，梦想从那"荆棘丛生，檐角倾斜"的大成殿里抬出孔圣人来"卫我宗邦，保我族类！"这岂不是天下古今最可怪笑的愚笨吗？

文章写到这里，有人打岔道："喂，你别跑野马了。他们要的是'国民精神上之人格，民族的自信。'在这'最近二十年'里，这些项目也有进步吗？不借重孔夫子，行吗？"

什么是人格？人格只是已养成的行为习惯的总和。什么是信心？信心只是敢于肯定一个不可知的将来的勇气。在这个时代，新旧势力，中西思潮，四方八面的交攻，都自然会影响到我们这一辈人的行为习惯，所以我们很难指出某种人格是某一种势力单独造成的。但我们可以毫不迟疑的说：这二三十年中的领袖人才，正因为生活在一个新世界的新潮流里，他们的人格往往比旧时代的人物更伟大：思想更透辟，知识更丰富，气象更开阔，行为更豪放，人格更崇高。试把孙中山来比曾国藩，我们就可以明白这两个世界的代表人物的不同了。在古典文学的成就上，在世故的磨炼上，在小心谨慎的行为上，中山先生当然比不上曾文正。然而在见解的大胆，气象的雄伟，行为的勇敢上，那一位理学名臣就远不如这一位革命领袖了。照我这十几年来的观察，凡受这个新世界的新文化的震撼最大的人物，他们的人格都可以上比一切时代的圣贤，不但没有愧色，往往超越前人。老辈中，如高梦旦先生，如张元济先生，如蔡元培先生，如吴稚晖先生，如张伯苓先生；朋辈中，如周诒春先生，如李四光先生，如翁文灏先生，如姜蒋佐先生：他们的人格的崇高可爱敬，在中国古人中真寻不出相当的伦比。这种人格只有这个新时代才能产生，同时又都是能够给这个时代增加光耀的。

我们谈到古人的人格，往往想到岳飞、文天祥和晚明那些死在廷杖下或天牢里的东林忠臣。我们何不想想这二三十年中为了各种革命慷慨杀身的无数志士！那些年年有特别纪念日追悼的人们，我们姑且不论。我们试想想那些为排满革命而死的许多志士，那些为民十五六年的国民革命而死的无数青年，那些前两年中在上海在长城一带为抗日卫国而死的无数青年，那些为民十三以来的共产革命而死的无数青年，——他们慷慨献身去经营的目标比起东林诸君子的目标来，其伟大真不可比例了。东林诸君子慷慨抗争的是"红丸"，"移宫"，"妖书"等等米米小的问题；而这无数的革命青年慷慨献身去工作的是全民族的解放，整个国家的自由平等，或他们所梦想的全人类社会的自由平等。我们想到了这二十年中为一个主义而从容杀身的无数青年，我们想起了这无数个"杀身成仁"中国青年，我们不能不低下头来向他们致最深的敬礼；我们不能不颂赞这"最近二十年"是中国史上一个精神人格最崇高，民族自信心最坚强的时代。他们把他们的生命都献给了他们的国家和他们的主义，天下还有比这更大的信心吗？

凡是咒诅这个时代为"人欲横流，人禽无别"的人，都是不曾认识这个新时代的人；他们不认识这二十年中国的空前大进步，也不认识这二十年中整千整万的中国少年流的血究竟为的是什么。

可怜的没有信心的老革命党呵！你们要革命，现在革命做到了这二十年的空前大进步，你们反不认得它了。这二十年的一点进步不是孔夫子之赐，是大家努力革命的结果，是大家接受了一个新世界的新文明的结果。只有向前走是有希望的。开倒车是不会有成功的。

你们心眼里最不满意的现状，——你们所咒诅的"人欲横流，人禽无别"，——只是任何革命时代所不能避免的一点附产物而已。这种现状的存在，只够证明革命还没有成功，进步还不够。孔圣人是无法帮忙的；开倒车也决不能引你们回到那个本来不存在的"美德造成的黄金世界"的！养个孩子还免不了肚痛，何况改造一个国家，何况改造一个文化？别灰心了，向前走罢！

二十三，九，三夜

（1934 年 9 月 3 日）

汪蒋通电里提起的自由

十一月二十七日汪蒋两先生联名通电全国，说明他们所要想向五中全会"建议以期采纳而见实行"的主张，其中共有两大原则：一是明定中央与地方的权限，一是声明"国内问题取决于政治，不取决于武力"。

关于第一项，原电文内列举了五项子目，这五项如果能实行，应该可以做到"中央与地方之扦格必日臻消融"的希望。

关于第二项，原电文内没有具体的方案，只提出了一条很重要的原则：

> 人民及社会团体间，依法享有言论结社之自由。但使不以武力及暴动为背景，则政府必当予以保障而不加以防制，

又加上了一句说明：

> 盖以党治国固为我人不易之主张，然其道当在以主义为准绳，纳全国国民于整个国策之

下，为救国建国而努力，决不愿徒袭一党专政之虚名，强为形式上之整齐划一，而限制国民思想之发展，至反失训政保育之精神。

又加上了一句总说明：

盖中国今日之环境与时代，实无产生意俄政制之必要与可能也。

我们对于这个原则，当然是完全赞成的。因为原电文设有详述施行的办法，所以我们把我们想得到的办法写几条出来，供汪蒋两先生的考虑：

第一，政府应该明令全国，凡"不以武力及暴动为背景"的结社与言论，均当予以保障而不加以防制。原电文用"不以武力及暴动为背景"一语，比宪法草案里用的"依法"和"非依法律"一类字样，清楚多了。但"背景"二字也颇含混，也需要一种更明确的解释。试举个极端的例：假如十来个青年学生组织一个社会主义研究会，或者组织一个青年团来试行他们"各尽所能，各取所需"的理想生活，这都应该可以享受法律的保障的，都不应该让热心过度的警察侦探曲解为"以几千里外某地的红军为背景"！最好是索性不用"背景"一类容易误解的字样，而用"方法"或"手段"来替代，那就更合理了。

第二，政府应该明令中央与各省的司法机关从速组织委员会来清理全国的政治犯，结束一切证据不充分的案件，释放一切因思想或言论犯罪的拘囚；并且应该明令一切党政军机关不得因思想言论逮捕拘禁人民。肯思想的青年，不满意于政治社会的现状，容易受一个时代的激烈思潮的诱惑，这都是很自然的现状。不如此，就算不得有血气的青年了。法国的"老虎"政治家克利蒙梭曾说："一个少年人到了二十岁不做无政府党，是个没出息的东西。可是若到了三十岁还是无政府党，那就更没出息了！"他那时代的激烈思想是无政府主义；若在今日，也许他要换上马克思主义了。少年人应该东冲西撞，四面摸索，自己寻出他安身立命的思想。偶然跌一两跤，落到某种陷坑里去，也算不得大不幸的事。撞了壁，他可以走回头；落了坑，他可以增长见识与经验。这样自由摸索出来的思想信仰，才够得上安身立命的资格。最靠不住的是重重保护之下长大起来的青年人，好比从没出过绣房的千金小姐，一旦到了大世界里，见个白脸小伙子对她一笑，就失魂落魄的害起单相思来了。今日许多因思想言论，（可怜呵！小孩子的思想，小孩子的言论！）而受逮捕拘禁的青年人，实在太多了。当局的人实在不明白脚镣手铐和牢狱生活决不是改善青年思想的工具。青年人嫌政治不好，你却拿脚镣手铐等等证明政治实在不好。青年人嫌法律不好，你却拿军法审判糊涂证据等等来证明法律的确不好。青年人爱充好汉，你却真叫他们做好汉！我们参观过北平好几处的监狱和反省院，不能不感觉今日有澈底大清理全国政治犯的迫切需要。这件事不可以再缓了。

第三，政府应该即日禁止公安与司法机关以外的一切机关随意逮捕拘押人民。以我们所见所闻，我们简直数不清中国今日究竟有多少机关可以行使搜查，逮捕，拘押，审讯的权力！汪蒋两先生通电发出的前后几天，北平一处就发生了无制服无公文的人员到北京大学东斋搜查并在路上拘捕学生的事，和清华大学文学院长在办公室里被无公文的人员拿出手枪来逮捕，并用手铐押送到保定行营的事。这种办法也许可以多捉几个人，可是同时也是努力替政府结怨于人民，使人民怨恨政府，怨恨党部。

第四，政府应该明令取消一切箝制报纸言论与新闻的机关。报纸与杂志既须正式登记立案，取得了出版发行的权利了，政府至少应该相信他们自己能负责任。他们的新闻有错误，政府可以命令他们更正；言论有失当，政府与党部可以驳正。今日种种检查审查的制度实在是琐碎而不必要的。至于因为一条两条新闻或一篇两篇社评的不合某人的脾胃而就执行停止邮寄，或拘捕记者，或封禁报馆，——这种事件实在是把一个现代政府自己降低到和旧日张宗昌一辈人的政府做同辈，即使真能做到人人敢怒而不敢言的快意境界，快意则快意矣，于国家人民的福利，于政府的声望，究竟有一丝一毫的裨补吗？今日政府领袖既揭起言论自由的新旗帜来了，我们盼望第一件实行的就是一切言论统制的取消。

第五，领袖诸公应该早日停止一切"统制文化"的迷梦。汪蒋两先生已宣言不愿"限制国民思想之发展"了。但今日有一些人还在高唱"统制文化"的口号。可怜今日的中国有多少文化可以统制？又有多少专家配做"统制文化"的事？在这个文化落后的国家，应该努力鼓励一切聪明才智之士依他们的天才和学力创造种种方面的文化，千万不要把有限的精力误用到消极的制裁压抑上去。试举文学艺术做个例。有人说："凡挑动阶级斗争的感情的文学艺术都应该禁止"；并且有许多小说和某些电影片已因此被禁止或被删削了。如果这个见解是对的，那么，杜甫的名句"朱门酒肉臭，路有冻死骨"也该挖板焚毁了！《诗经》里"不稼不穑，胡取禾三百廛兮"一类的名句也该禁止发行了！亚圣孟夫子的"庖有肥肉，厩有肥马，野有饿莩"也该毁板禁止了！举此一例，可见"文化统制"不是可以轻易谈或做的事。我们此时还不曾梦见现代文化是个什么样子；拼命的多方面的发展，还怕赶不出什么文化来。若再容许一些无知妄人去挑剔压抑，文化就许真不上咱们门上来了！

　　以上五事，不过是随便想出的几种具体事项，来充实汪蒋两先生的大原则。可是这些具体事项若不能做到，他们的原则就难叫我们信仰了。

（1934 年 12 月 9 日《大公报·星期论文》）

从民主与独裁的讨论里
求得一个共同政治信仰

出游了五个星期，回家又得了流行感冒，在床上睡了五六天。在病榻上得着《大公报》催促"星期论文"的通告，只好把这一个多月的报纸杂志寻出米翻看一遍，看看有什么材料和"灵感"。一大堆旧报里，最使感觉兴趣的是一班朋友在三四十天里发表的讨论"民主与独裁"的许多文章。其中我读到的有吴景超先生的《中国的政制问题》（十二月三十日《大公报》星期论文，《独立评论》一三四号转载）、张熙若先生的《独裁与国难》（一月十三日《大公报》星期论文）、陶孟和先生的《民治与独裁》（《国闻周报》新年号）、陈之迈先生和陶希圣先生的两篇《民主与独裁》（《独立评论》一三六号）、丁文江先生的《再论民治与独裁》（一月二十日《大公报》星期论文，《独立评论》一三七号转载）。我现在把我读了这些文字以后的几点感想写出来，虽然是旧事重提，但在我个人看来，这个讨论了一年多的老题目，这回经过了这几位学者的分析，——尤其是吴景超、陈之迈两先生的清楚明锐的分析，——已可算是得着了一点新的意义了。

吴景超先生把这个问题分成三方面：（一）中国现在行的是什么政制？这是一个事实问题。（二）我们愿意要有一种什么政制？这是一个价值问题。（三）怎样可以做到我们愿望的政制？这是一个技术问题。他的结论是：在事实上，"中国现在的政治是一党独裁的政治，而在这一党独裁的政治中，少数的领袖占有很大的势力"。在价值问题上，"中国的智识阶级多数是偏向民主政治的，就是国民党在理论上，也是赞成民主政治的"。在技术问题上，他以为实行民主政治的条件还未完备，但"大部分是可以教育的方式完成的。"

陈之迈先生的六千多字的长文，他的主要论点是："被治者用和平的方法来产生及推倒（更换）统治者，这是民主政治的神髓，抓住了这层便有了民主政治"。所以他指出汪蒋感电说的，"国内问题取决于政治，不取决于武力"正是民主政治的根本。所以他的结论是：

> 我个人则以为中国目前的现状，理论上，实际上都应该把"国内问题取决于政治而不取决于武力"，因此绝对没有瞎着眼去学人家独裁的道理。……同时我们对于民主政治，不可陈义太高，太重理想，而着眼于把它的根本一把抓住；对于现存的带民主色彩的制度，如目前的国民党全代会，能代表一部分应有选权的人民，并能产生稍为类似内阁制的政府，应认为是一种进步。对……宪草里规定的国民大会，则应努力使它成功。

我对于陈之迈先生的主张，可以说是完全同意。他颇嫌我把民主政治看的太容易，太幼稚。其实我的本意正是和他一样，要人"对于民主政治不可陈义太高，太重理想"，所以我说民主宪政只是一种幼稚的政治，最适宜于训练一个缺乏政治经验的民族。许多太崇尚民主政治的人，只因为把民主宪政看作太高不可攀的"理智的政治"了，所以不承认我们能试行民治，所以主张必须有一个过渡的时期，或是训政，或是开明专制，或是独裁，这真是王荆公的诗说的"扰扰堕轮回，只缘疑这个"了！

　　陈之迈先生劝我们对于现有的一切稍带民主色彩的制度应该认为一种进步，都应该努力使它成功。这个意见最可以补充吴景超先生所谓"技术问题"一项。民主政治的好处正在于教人人都进幼稚园，从幼稚园里淘炼到进中学大学。陈之迈先生虽然不赞成我的民治幼稚观，他的劝告却止是劝人进幼稚园的办法。这个看法是富有历史眼光的，是很正确的历史看法。陶希圣先生也说："现行的党治，在党外的人已经看着是独裁，在党内还有人以为算不得独裁。"陈之迈先生从历史演变的立场去看，老实承认国民党的现行制度还是一种"带民主色彩的制度"；固然（如陶希圣先生说的）"即令按照《建国大纲》召开国民大会，那个誓行三民主义的县民代表会议也与多党议会不同"，虽然如此，陈之迈先生也愿意承认这是一种进步，一种收获，我们应该努力使它成功，为什么呢？因为这都是走民主政治的路线：这都是"国内问题取决于政治而不取于武力"的途径。

　　陶希圣先生说："胡适之先生主张的民主政治，很显然的是议会政治。"关于这一点，我在这里要声明：我所主张的议会是很有伸缩的馀地的：从民元的临时参议院，到将来普选产生的国会，——凡是代表全国的各个区域，象征一个统一国家，做全国的各个部分与中央政府的合法维系，而有权可以用和平的方法来转移政权的，都不违反我想像中的议会。我们有历史眼光的人，当然不妄想"把在英美实行而有成效的民主政治硬搬到中国来"，但是我们当然也不轻视一切逐渐走向民主政治的尝试与练习。

　　陶希圣先生又说："如果以议会政治论和国民党相争，国民党内没有人能够同意。"我们现在也可以很明白的告诉陶先生和国民党的朋友：我们现在并不愿意"以议会政治论和国民党相争"，因为依我们的看法，国民党的"法源"，《建国大纲》的第十四条和二十四条都是一种议会政治论。所以新宪草规定的国民大会，立法院，监察院，省参议会，县议会等，都是议会政治的几种方式。国民党如果不推翻孙中山先生的遗教，迟早总得走上民主宪政的路。而在这样走上民主宪政的过程上，国民党是可以得着党外关心国事的人的好意的赞助的。

反过来说，我们恐怕，今日有许多求治过急的人的梦想领袖独裁，是不但不能得着党外的同情，还可以引起党内的破裂与内讧的。宪政有中山先生的遗教作根据，是无法隐讳的；独裁的政制如果实现，将来必有人抬出中山遗教来做"护法""救党"的运动。求统一而反致分裂，求救国难而反增加国家的危机，古人说的"欲速则不达"的名言是不可不使我们三思熟虑的。

所以我们为国家民族的前途计，无论党内或党外的人，都应该平心静气考虑一条最低限度的共同信仰，大略如陈之迈先生指出的路线，即是汪蒋两先生感电提出的"国内问题取决于政治而不取决于武力"的坦坦大路。党内的人应该尊重孙中山先生的遗教，尊重党内重要领袖的公开宣言，大家努力促进宪政的成功；党外的人也应该明白中山先生手创的政党是以民主宪政为最高理想的，大家都应该承认眼前一切"带民主色彩的制度"（如新宪法草案之类，）都是实现民主宪政的历史步骤，都是一种进步的努力，都值得我们的诚意的赞助使它早日实现的。

我们深信，只有这样的一个最低限度的共同信仰可以号召全国人民的感情与理智，使这个飘摇的国家散漫的民族联合起来做一致向上的努力！

（1935 年 2 月 17 日《大公报·星期论文》）

个人自由与社会进步
——再谈五四运动

五月五日《大公报》的星期论文是张熙若先生的《国民人格之修养》。这篇文字也是纪念"五四"的，我读了很受感动，所以转载在这一期。我读了张先生的文章，也有一些感想，写在这里作今年五四纪念的尾声。

这年头是"五四运动"最不时髦的年头。前天五四，除了北京大学依惯例还承认这个北大纪念日之外，全国的人都不注意这个日子了。张熙若先生"雪中送炭"的文章使人颇吃一惊。他是政治哲学的教授，说话不离本行，他指出五四运动的意义是思想解放，思想解放使得个人解放，个人解放产出的政治哲学是所谓个人主义的政治哲学。他充分承认个人主义在理论上和事实上都有缺点和流弊，尤其在经济方面。但他指出个人主义自有它的优点：最基本的是它承认个人是一切社会组织的来源。他又指出个人主义的政治理论的神髓是承认个人的思想自由和言论自由。他说：

个人主义在理论上及事实上都有许多缺陷和流弊，但以个人的良心为判断政治上是非之最终标准，却毫无疑义是它的最大优点，是它的最高价值。……至少，他还有养成忠诚勇敢的人格的用处。此种人格在任何政制下（除过与此种人格根本冲突的政制）都是有无上价值的，都应该大量的培养的。……今日若能多多培养此种人材，国事不怕没有人担负。救国是一种伟大的事业，伟大的事业惟有有伟大人格者才能胜任。

　　张先生的这段议论，我大致赞同。他把"五四运动"一个名词包括"五四"（民国八年）前后的新思潮运动，所以他的文章里有"民国六七年的五四运动"一句话。这是五四运动的广义，我们也不妨沿用这个广义的说法。张先生所谓"个人主义"，其实就是"自由主义"（Liberalism）。我们在民国八九年之间，就感觉到当时的"新思潮"、"新文化"、"新生活"有仔细说明意义的必要。无疑的，民国六七年北京大学所提倡的新运动，无论形式上如何五花八门，意义上只是思想的解放与个人的解放。蔡元培先生在民国元年就提出"循思想自由言论自由之公例，不以一流派之哲学一宗门之教义梏其心"的原则了。他后来办北京大学，主张思想自由、学术独立、百家平等。在北京大学里，辜鸿铭、刘师培、黄侃和陈独秀、钱玄同等同时教书讲学。别人颇以为奇怪，蔡先生只说："此思想自由之通则，而大学之所以为大也。"（《言行录》页二二九）这样百家平等，最可以引起青年人的思想解放。我们在当时提倡的思想，当然很显出个人主义的色彩。但我们当时曾引杜威先生的话，指出个人主义有两种：

　　（1）假的个人主义就是为我主义（Egoism），他的性质是只顾自己的利益，不管群众的利益。

　　（2）真的个人主义就是个性主义（Individuality），他的特性有两种：一是独立思想，不肯把别人的耳朵当耳朵，不肯把别人的眼睛当眼睛，不肯把别人的脑力当自己的脑力。二是个人对于自己思想信仰的结果要负完全责任，不怕权威，不怕监禁杀身，只认得真理，不认得个人的利害。

这后一种就是我们当时提倡的"健全的个人主义"。我们当日介绍易卜生（Ibsen）的著作，也正是因为易卜生的思想最可以代表那种健全的个人主义。这种思想有两个中心见解：第一是充分发展个人的才能，就是易卜生说的："你要想有益于社会，最好的法子莫如把你自己这块材料铸造成器。"第二是要造成自由独立的人格，像易卜生的《国民公敌》戏剧里的斯铎曼医生那样"贫贱不能移，富贵不能淫，威武不能屈"。这就是张熙若先生说的"养成忠诚勇敢的人格"。

近几年来，五四运动颇受一班论者的批评，也正是为了这种个人主义的人生观。平心说来，这种批评是不公道的，是根据于一种误解的。他们说个人主义的人生观是资本主义社会的人生观。这是滥用名词的大笑话。难道在社会主义的国家里就可以不用充分发展个人的才能了吗？难道社会主义的国家里就用不着有独立自由思想的个人了吗？难道当时辛苦奋斗创立社会主义共产主义的志士仁人都是资本主义社会的奴才吗？我们试看苏俄现在怎样用种种方法来提倡个人的努力（参看《独立》第一二九号西滢的《苏俄的青年》，和蒋廷黻的《苏俄的英雄》），就可以明白这种人生观不是资本主义社会所独有的了。

还有一些人嘲笑这种个人主义，笑它是十九世纪维多利亚时代的过时思想。这种人根本就不懂得维多利亚时代是多么光华灿烂的一个伟大时代。马克斯、恩格尔，都生死在这个时代里，都是这个时代的自由思想独立精神的产儿。他们都是终身为自由奋斗的人。我们去维多利亚时代还老远哩。我们如何配嘲笑维多利亚时代呢！

所以我完全赞同张熙若先生说的"这种忠诚勇敢的人格在任何政制下都是有无上价值的，都应该大量的培养的"。因为这种人格是社会进步的最大动力。欧洲十八九世纪的个人主义造出了无数爱自由过于面包，爱真理过于生命的特立独行之士，方才有今日的文明世界。我们现在看见苏俄的压迫个人自由思想，但我们应该想想，当日在西伯利亚冰天雪地里受监禁拘囚的十万革命志士，是不是新俄国的先锋？我们到莫斯科去看了那个很感动人的"革命博物馆"，尤其是其中展览列宁一生革命历史的部分，我们不能不深信：一个新社会、新国家，总是一些爱自由爱真理的人造成的，决不是一班奴才造成的。

张熙若先生很大胆的把五四运动和民国十五六年的国民革命运动相提并论，并且很大胆的说这两个运动走的方向是相同的。这种议论在今日必定要受不少的批评，因为有许多人决不肯承认这个看法。平心说来，张先生的看法也不能说是完全正确。……

五四运动虽然是一个很纯粹的爱国运动，但当时的文艺思想运动却不是狭义的民族主义运动。蔡元培先生的教育主张是显然带有"世界观"的色彩（《言行录》一九七页）。《新青年》的同人也都很严厉的批评指斥中国旧文化。其实孙中山先生也是抱着大同主义的，他是信仰"天下为公"的理想的。但中山先生晚年屡次说起鲍洛庭同志劝他特别注重民族主义的策略，而民国十四五年的远东局势，又逼我们中国人不得不走上民族主义的路。十四年到十六年的国民革命的大胜利，不能不说是民族主义的旗帜的大成功。可是民族主义有三个方面：最浅的是排外，其次是拥护本国固有的文化，最高又最艰难的是努力建立一个民族的国家。因为最后一步是最艰难的，所以一切民族主义运动往往最容易先走上前面的两步。济南惨案以后，九一八以后，极端的叫嚣的排外主义稍稍减低了，然而拥护旧文化的喊声又四面八方的热闹起来了。这里面容易包藏守旧开倒车的趋势，所以也是很不幸的。

在这两点上，我们可以说，民国十五六年的国民革命运动，是不完全和五四运动同一个方向的。但就大体上说，张熙若先生的看法也有不小的正确性。孙中山先生是受了很深的安格鲁撒克逊民族的自由主义的影响的，他无疑的是民治主义的信徒，又是大同主义的信徒。他一生奋斗的历史都可以证明他是一个爱自由，爱独立的理想主义者。我们看他在民国九年一月《与海外同志书》（引见上期《独立》）里那样赞扬五四运动，那样承认"思想之转变"为革命成功的条件；我们更看他在民国十三年改组国民党时那样容纳异己思想的宽大精神，——我们不能不承认，至少孙中山先生理想中的国民革命是和五四运动走同一方向的。因为中山先生相信"革命之成功必有赖于思想之转变"，所以他能承认五四运动前后的"新文化运动实为最有价值的事"。思想的转变是在思想自由言论自由的条件之下个人不断的努力的产儿。个人没有自由，思想又何从转变，社会又何从进步，革命又何从成功？

二十四，五，六

（1935 年 5 月 6 日）

容忍与自由

雷先生！《自由中国》社的各位朋友！我感觉到刚才有位来宾说的话最为恰当。夏涛声先生一进门就对我说："恭喜恭喜！这个年头能活到十年，是不容易的。"我觉得夏先生这话，很值得作为《自由中国》半月刊创刊十周年的颂词。这个年头能活上十年，的确是不容易的。《自由中国》社所以能够维持到今天，可说是雷儆寰先生以及他的一班朋友继续不断努力奋斗的结果。今天十周年的纪念会，我们的朋友，如果是来道喜，应该向雷先生道喜；我只是担任了头几年发行人的虚名。雷先生刚才说：他口袋里有几个文件，没有发表。我想过去的事情，雷先生可以把它写出来。他所提到的两封信，也可以公开的。记得民国三十八年三四月间，我们几个人在上海……我想，可能那时我们几个人是最早用"自由中国"这个名字的。后来几位朋友想到成立一个"自由中国出版社"。当初并没有想要办杂志，只想出一点小册子。所以"自由中国出版社"刚成立时，只出了一些小册子性质的刊物。我于四月六日离开上海，搭威尔逊总统轮到美国。在将要离开上海时，他们要我写一篇《自由中国社的宣言》。后来我就在到檀香山途中，凭我想到的写了四条宗旨，寄回来请大家修改。但雷先生他们都很客气，就用当初我在船上所拟的稿子，没有修改一字；《自由中国》半月刊出版以后，每期都登载这四条宗旨。《自由中国》半月刊创刊到现在已十年了。回想这十年来，我们所希望做到的事情没有能够完全做到；所以在这十周年纪念会中，我们不免有点失望。不过我们居然能够有这十年的生命，居然能在这样困难中生存到今天，这不能不归功于雷先生同他的一班朋友的努力；同时我们也很感谢海内外所有爱护《自由中国》的作者和读者。

原来我曾想到今天应该说些什么话；后来没有写好。不过我今天也带来了一点预备说话的资料。在今年三四月间，我写了一封信给《自由中国》编辑委员会同仁；同时我也写了一篇文章，文章登在《自由中国》第二十卷第六期，信登在第七期。那篇文章的题目是《容忍与自由》。后来由毛子水先生写了一篇《〈容忍与自由〉书后》；殷海光先生也写了一篇《胡适论〈容忍与自由〉读后》：都登在《自由中国》二十卷七期上。前几天出版的《自由中国》创刊十周年纪念特刊，有二十几位朋友写文章。毛子水先生也写了一篇《〈自由中国〉十周年感言》，内容同我们在几个月之前所讲的话意思差不多。同时雷先生也有一篇文章，讲我们说话的态度。记得雷先生在五年前已有一篇文章讲到关于舆论的态度。所以这个问题很值得我们想一想。今天我想说的话，也是从几篇文章中的意思，择几点出来说一说。

我在《容忍与自由》一文中提出一点；我总以为容忍的态度比自由更重要，比自由更根本。我们也可说，容忍是自由的根本。社会上没有容忍，就不会有自由。无论古今中外都是这样：没有容忍，就不会有自由。人们自己往往都相信他们的想法是不错的，他们的思想是不错的，他们的信仰也是不错的：这是一切不容忍的本源。如果社会上有权有势的人都感觉到他们的信仰不会错，他们的思想不会错，他们就不许人家信仰自由，思想自由，言论自由，出版自由。所以我在那个时候提出这个问题来，一方面实在是为了对我们自己说话，一方面也是为了对政府、对社会上有力量的人说话，总希望大家懂得容忍是双方面的事。一方面我们运用思想自由、言论自由的权利时，应该有一种容忍的态度；同时政府或社会上有势力的人，也应该有一种容忍的态度。大家都应该觉得我们的想法不一定是对的，是难免有错的。因为难免有错，便应该容忍逆耳之言；这些听不进去的话，也许有道理在里面。这是我写《容忍与自由》那篇文章主要的意思。后来毛子水先生写了一篇《书后》。他在那篇文章中指出：胡适之先生这篇文章的背后有一个哲学的基础。他引述我于民国三十五年在北京大学校长任内作开学典礼演讲时所说的话。在那次演说里，我引用了宋朝的大学问家吕伯恭先生的两句话，就是："善未易明，理未易察。"宋朝的理学家，都是讲"明善、察理"的。所谓"善未易明，理未易察"，就是说善与理是不容易明白的。……所谓"理未易明"，就是说真理是不容易弄明白的。这不但是我写《容忍与自由》这篇文章的哲学背景，所有一切保障自由的法律和制度，都可以说建立在"理未易明"这句话上面。

最近出版的《自由中国》创刊十周年纪念的特刊中，毛子水先生写了一篇《〈自由中国〉十周年感言》。他在那篇文章中又提到一部世界上最有名的书，就是出版了一百年的穆勒的《自由论》（*On Liberty*）；从前严又陵先生翻译为《群己权界论》。毛先生说：这本书，到现在还没有一本白话文的中译本。严又陵先生翻译的《群己权界论》，到现在已有五六十年；可惜当时国人很少喜欢"真学问"的，所以并没有什么大影响。毛先生认为主持政治的人和主持言论的人，都不可以不读这部书。穆勒在该书中指出，言论自由为一切自由的根本。同时穆勒又以为，我们大家都得承认我们认为"真理"的，我们认为"是"的，我们认为"最好"的，不一定就是那样的。这是穆勒在那本书的第二章中最精采的意思。凡宗教所提倡的教条，社会上所崇尚的道德，政府所谓对的东西，可能是错的，是没有价值的。你要去压迫和毁灭的东西，可能是真理。假如是真理，你把它毁灭掉，不许它发表，不许它出现，岂不可惜！万一你要打倒的东西，不是真理，而是错误：但在错误当中，也许有百分之几的真理，你把它完全毁灭掉，不许它发表，那几分真理也一同被毁灭掉了。这不也是可惜的吗？再有一点：主持政府的人，主持宗教的人总以为他们的信仰，他们的主张完全是对的，批评他们或反对他们的人是错的。尽管他们所想的是对的，他们也不应该不允许人家自由发表言论。为什么呢？因为如果教会或政府所相信的是真理，但不让人家来讨论或批评它，结果这个真理就变成了一种成见，一种教条。久而久之，因为大家都不知道当初立法或倡教的精神和用意所在，这种教条，这种成见，便慢慢趋于腐烂。总而言之，言论所以必须有自由，最基本的理由是：可能我们自己的信仰是错误的；我们所认为真理的，可能不完全是真理，可能是错的。这就是刚才我说的，在七八百年以前，我们的一位大学者吕伯恭先生所提出来的观念；就是"理未易明"。"理"不是这样容易弄得明白的！毛子水先生说，这是胡适之所讲"容忍"的哲学背景。现在我公开的说，毛先生的解释是很对的。同时我受到穆勒大著《自由论》的影响很大。我颇希望在座有研究有兴趣的朋友，把这部大书译成白话的、加注解的中文本，以飨我们主持政治和主持言论的人士。

在殷海光先生对我的《容忍与自由》一文所写的一篇《读后》里，他也赞成我的意见。他说如果没有"容忍"，如果说我的主张都是对的，不会错的，结果就不会允许别人有言论自由。我曾在《容忍与自由》一文中举一个例子；殷先生也举了一个例子。我的例子，讲到欧洲的宗教革命。欧洲的宗教革命完全是为了争取宗教信仰自由。但我在那篇文章中指出，等到主持宗教革命的那些志士获得胜利以后，他们就慢慢的走到不容忍的路上去。从前他们争取自由；现在他们自由争取到了，就不允许别人争取自由。我举例说，当时领导宗教革命的约翰高尔文（John Calvin）掌握了宗教大权，就压迫新的批评宗教的言论。后来甚至于把一个提倡新的宗教思想的学者塞维图斯（Servetus）用铁链锁在木桩上，堆起柴来慢慢烧死。这是一个很惨的故事。因为约翰高尔文他相信自己思想不会错，他的思想是代表上帝；他把反对他的人拿来活活的烧死是替天行道。殷海光先生所举的例也很惨。在法国革命之初，大家都主张自由；凡思想自由，信仰自由，宗教自由，言论出版自由，都明定在人权宣言中。但革命还没有完全成功，那时就起来了一位罗伯斯比尔（Robespierre）。他在争到政权以后，就完全用不容忍的态度对付反对他的人，尤其是对许多旧日的皇族。他把他们送到断头台上处死。仅巴黎一地，上断头台的即有二千五百人之多，形成法国大革命期间的恐怖统治。这一班当年主张自由的人，一朝当权，就反过来摧残自由，把主张自由的人烧死了，杀死了。推究其根源，还是因为没有"容忍"。他认为我不会错；你的主张和我的不一样，当然是你错了。我才是代表真理的。你反对我，便是反对真理：当然该死。这就是不容忍。

不过殷先生在那篇文章中又讲了一段话。他说：同是容忍，无权无势的人容忍容易，有权有势的人容忍很难。所以他好像说，胡适之先生应该多向有权有势的人说说容忍的意思，不要来向我们这班拿笔杆的穷书生来说容忍。我们已是容忍惯了。殷先生这番话，我也仔细想过。我今天想提出一个问题来，就是：究竟谁是有权有势的人？还是有兵力、有政权的人才可以算有权有势呢？或者我们这班穷书生、拿笔杆的人也有一点权，也有一点势呢？这个问题也值得我们想一想。我想有许多有权有势的人，所以要反对言论自由，反对思想自由，反对出版自由，他们心里恐怕觉得他们有一点危险。他们心里也许觉得那一班穷书生拿了笔杆在白纸上写黑字而印出来的话，可以得到社会上一部分人的好感，得到一部分人的同情，得到一部分人的支持。这个就是力量。这个力量就是使有权有势的人感到危险的原因。所以他们要想种种法子，大部分是习惯上的，来反对别人的自由。诚如殷海光先生说的，用权用惯了，颐指气使惯了。不过他们背后这个观念倒是准确的；这一班穷书生在白纸上写黑字而印出来的，是一种力量，而且是一种可怕的力量，是一种危险的力量。所以今天我要请殷先生和在座的各位先生想一想，究竟谁是有权有势？今天在座的大概都是拿笔杆写文章的朋友。我认为我们这种拿笔杆发表思想的人，不要太看轻自己。我们要承认，我们也是有权有势的人。因为我们有权有势，所以才受到种种我们认为不合理的压迫，甚至于像"围剿"等。人家为什么要"围剿"？还不是对我们力量的一种承认吗？所以我们这一班主持言论的人，不要太自卑。我们不是弱者；我们也是有权有势的人。不过我们的势力，不是那种幼稚的势力，也不是暴力。我们的力量，是凭人类的良知而存在的。所以我要奉告今天在座的一百多位朋友，不要把我们自己看得太弱小；我们也是强者。但我们虽然也是强者，我们必须有容忍的态度。所以毛子水先生指出我在《容忍与自由》那篇文章里说的话。不仅是对压迫言论自由的人说的，也是对我们主持言论的人自己说的。这就是说，我们自己要存有一种容忍的态度。我在那篇文章中又特别指出我的一位死去的朋友陈独秀先生的主张：他说中国文学一定要拿白话文做正宗；我们的主张绝对的是，不许任何人有讨论的余地。我对于"我们的主张绝对的是"这个态度，认为要不得。我也是那时主张提倡白话文的一个人；但我觉得他这种不能容忍的态度，容易引起反感。

所以我现在要说的就是两句话：第一，不要把我们自己看成是弱者。有权有势的人当中，也包括我们这一班拿笔杆的穷书生；我们也是强者。第二，因为我们也是强者，我们也是有权有势的人，我们绝对不可以滥用我们的权力。我们的权力要善用之，要用得恰当：这就是毛先生主张的，我们说话要说得巧。毛先生在《〈自由中国〉十周年感言》中最后一段说：要使说话有力量，当使说话顺耳，当使说出的话让人家听得进去。不但要使第三者觉得我们的话正直公平，并且要使受批评的人听到亦觉得心服。毛先生引用了《礼记》上的两句话，就是："情欲信，辞欲巧。"内心固然要忠实，但是说话亦要巧。从前有人因为孔子看不起"巧言令色"，所以要把这个"巧"字改成了"考"（诚实的意思）字。毛先生认为可以不必改；这个巧字的意思很好。我觉得毛先生的解释很对。所谓"辞欲巧"，就是说的话令人听得进去。怎么样叫做巧呢？我想在许多在座的学者面前背一段书做例子。有一次我为《中国古代文学史选例》选几篇文章，就在《论语》中选了几篇文章作代表。其中有一段，就文字而论，我觉得在《论语》中可以说是最美的。拿今天所说的说话态度讲，可以说是最巧的。现在我把这段书背出来：——定公问："一言而可以兴邦，有诸？"孔子对曰："言不可以若是；其'几'也！人之言曰：'为君难，为臣不易。'如知为君之难也，不'几'乎一言而兴邦乎？"曰："一言而丧邦，有诸？"孔子对曰："言不可以若是；其'几'也！人之言曰：'予无乐乎为君；唯其言而莫予违也。'如其善而莫之违也，不亦善乎！如不善而莫之违也，不'几'乎一言而丧邦乎？"《论语》中这一段对话，不但文字美妙，而且说话的人态度非常坚定，而说话又非常客气，非常婉转，够得上毛子水先生所引用的"情欲信，辞欲巧"中的"巧"字。所以我选了这一段作为《论语》中第一等的文字。

现在我再讲一点。譬如雷先生：他是最努力的一个人；他是《自由中国》半月刊的主持人。最近他写了一篇文章，也讲到说话的态度。他用了十个字，就是："对人无成见；对事有是非。"底下他说："对任何人没有成见。……就事论事。由分析事实去讨论问题；由讨论问题去发掘真理。"我现在说话，并不是要驳雷先生；不过我要借这个机会问问雷先生：你是否对人没有成见呢？譬如你这一次特刊上请了二十几个人做文章：你为什么不请代表官方言论的陶希圣先生和胡健中先生做文章？可见雷先生对人并不是没有一点成见的。尤其是今天请客，为什么不请平常想反对我们言论的人，想压迫我们言论的人呢？所以，要做到一点没有成见，的确不是容易的事情。至于"对事有是非"，也是这样。这个是与非，真理与非真理，是很难讲的。我们总认为我们所说的是对的；真理在我们这一边。所以我觉得要想做到毛先生所说"克己"的态度，做到殷海光先生所说"自我训练"的态度，做到雷先生所说"对人无成见，对事有是非"十个字，是很不容易的。如要想达到这个自由，恐怕要时时刻刻记取穆勒《自由论》第二章的说话。我颇希望殷海光先生能把它翻译出来载在《自由中国》这个杂志上，使大家能明白言论自由的真谛，使大家知道从前哲人为什么抱着"善未易明，理未易察"的态度。

雷先生在那篇文章中又说："我们要用负责的态度，来说有分际的话。"这就是说，我们说话要负责；如果说错了，我愿意坐监牢，罚款，甚至于封闭报馆。讲到说有分际的话，这也不是容易做到的。不过我们总希望雷先生同我们的朋友一起来做。怎么样叫做"说有分际的话"呢？就是说话要有分量。我常对青年学生说：我们有一分的证据，只能说一分的话；我有七分证据，不能说八分的话；有了九分证据，不能说十分的话，也只能说九分的话。我们常听人说到"讨论事实"。什么叫"事实"，很难认清。公公有公公的事实；婆婆有婆婆的事实；儿媳有儿媳的事实；公公有公公的理；婆婆有婆婆的理；儿媳有儿媳的理。我们只应该用负责任的态度，说有分际的话。所谓"有分际"，就是"有几分证据，说几分话"。如果我们大家都能自己勉励自己，做到我们几个朋友在困难中想出来的话，如"容忍"、"克己"、"自我训练"等；我们自己来管束自己，再加上朋友的诚勉；我相信我们可以做到"说话有分际"的地步。同时我相信，今后十年的《自由中国》，一定比前十年的《自由中国》更可以做到这个地步。

（1959 年 11 月 20 日在台北《自由中国》十周年纪念会上的演说词）

3
哲学与方法

《中国哲学史大纲》导言

哲学的定义　哲学的定义从来没有一定的。我如今也暂下一个定义："凡研究人生切要的问题，从根本上着想，要寻一个根本的解决：这种学问，叫做哲学。"例如，行为的善恶，乃是人生一个切要问题。平常人对着这问题，或劝人行善去恶，或实行赏善罚恶，这都算不得根本的解决。哲学家遇着这问题，便去研究什么叫做善，什么叫做恶；人的善恶还是天生的呢，还是学得来的呢；我们何以能知道善恶的分别，还是生来有这种观念，还是从阅历经验上学得来的呢；善何以当为，恶何以不当为；还是因为善事有利所以当为，恶事有害所以不当为呢；还是只论善恶，不论利害呢；这些都是善恶问题的根本方面。必须从这些方面着想，方可希望有一个根本的解决。

因为人生切要的问题不止一个，所以哲学的门类也有许多种。例如：

一、天地万物怎样来的。（宇宙论）

二、知识思想的范围、作用及方法。（名学及知识论）

三、人生在世应该如何行为。（人生哲学旧称"伦理学"）

四、怎样才可使人有知识，能思想，行善去恶呢。（教育哲学）

五、社会国家应该如何组织，如何管理。（政治哲学）

六、人生究竟有何归宿。（宗教哲学）

哲学史　这种种人生切要问题，自古以来，经过了许多哲学家的研究。往往有一个问题发生以后，各人有各人的见解，各人有各人的解决方法，遂致互相辩论。有时一种问题过了几千百年，还没有一定的解决法。例如，孟子说人性是善的，告子说性无善无不善，荀子说性是恶的。到了后世，又有人说性有上、中、下三品，又有人说性是无善无恶可善可恶的。若有人把种种哲学问题的种种研究法和种种解决方法，都依着年代的先后和学派的系统，一一记叙下来，便成了哲学史。

哲学史的种类也有许多：

一、通史。例如，《中国哲学史》、《西洋哲学史》之类。

二、专史。

（一）专治一个时代的。例如，《希腊哲学史》、《明儒学案》。

（二）专治一个学派的。例如，《禅学史》、《斯多亚派哲学史》。

（三）专讲一人的学说的。例如，《王阳明的哲学》、《康德的哲学》。

（四）专讲哲学的一部分的历史。例如，《名学史》、《人生哲学史》、《心理学史》。

哲学史有三个目的：

一、**明变**。哲学史第一要务，在于使学者知道古今思想沿革变迁的线索。例如，孟子、荀子同是儒家，但是孟子、荀子的学说和孔子不同，孟子又和荀子不同。又如，宋儒、明儒也都自称孔氏，但是宋明的儒学，并不是孔子的儒学，也不是孟子、荀子的儒学。但是这个不同之中，却也有个相同的所在，又有个一线相承的所在。这种同异沿革的线索，非有哲学史，不能明白写出。

二、**求因**。哲学史目的，不但要指出哲学思想沿革变迁的线索，还须要寻出这些沿革变迁的原因。例如，程子、朱子的哲学，何以不同于孔子、孟子的哲学？陆象山、王阳明的哲学，又何以不同于程子、朱子呢？这些原因，约有三种：

（甲）个人才性不同。

（乙）所处的时势不同。

（丙）所受的思想学术不同。

三、**评判**。既知思想的变迁和所以变迁的原因了，哲学史的责任还没有完，还须要使学者知道各家学说的价值：这便叫做评判。但是我说的评判，并不是把做哲学史的人自己的眼光，来批评古人的是非得失。那种"主观的"评判，没有什么大用处。如今所说，乃是"客观的"评判。这种评判法，要把每一家学说所发生的效果表示出来。这些效果的价值，便是那种学说的价值。这些效果，大概可分为三种：

（甲）要看一家学说在同时的思想，和后来的思想上发生何种影响。

（乙）要看一家学说在风俗政治上，发生何种影响。

（丙）要看一家学说的结果，可造出什么样的人格来。

例如，古代的"命定主义"，说得最痛切的，莫如庄子。庄子把天道看作无所不在，无所不包，故说："庸讵知吾所谓天之非人乎？所谓人之非天乎？"因此他有"乘化以待尽"的学说。这种学说，在当时遇着荀子，便发生一种反动力。荀子说"庄子蔽于天而不知人"，所以荀子的《天论》极力主张征服天行，以利人事。但是后来庄子这种学说的影响，养成一种乐天安命的思想，牢不可破。在社会上，好的效果，便是一种达观主义；不好的效果，便是懒惰不肯进取的心理。造成的人才，好的便是陶渊明、苏东坡；不好的便是刘伶一类达观的废物了。

中国哲学在世界哲学史上的位置　世界上的哲学大概可分为东西两支。东支又分印度、中国两系。西支也分希腊、犹太两系。初起的时候，这四系都可算作独立发生的。到了汉以后，犹太系加入希腊系，成了欧洲中古的哲学。印度系加入中国系，成了中国中古的哲学。到了近代，印度系的势力渐衰，儒家复起，遂产生了中国近世的哲学，历宋、元、明、清直到于今。欧洲的思想，渐渐脱离了犹太系的势力，遂产生欧洲的近世哲学。到了今日，这两大支的哲学互相接触，互相影响。五十年后，一百年后，或竟能发生一种世界的哲学，也未可知。

附　世界哲学统系图

東 ｛ 中国（古代）——六朝唐——近世（宋元明清） ｝
　　 印度
　　　　　　　　　　　　　　　　　　　　　　　　　 世界将来的
西 ｛ 犹太
　　 希腊——罗马—（欧洲中古）——近世 ｝　　哲学

中国哲学史的区分　中国哲学史可分三个时代：

一、**古代哲学**。自老子至韩非，为古代哲学。这个时代，又名"诸子哲学"。

二、**中世哲学**。自汉至北宋，为中世哲学。这个时代，大略又可分作两个时期：

（甲）中世第一时期。自汉至晋，为中世第一时期。这一时期的学派，无论如何不同，都还是以古代诸子的哲学作起点的。例如，《淮南子》是折衷古代各家的；董仲舒是儒家的一支；王充的"天论"得力于道家，"性论"折衷于各家；魏晋的老庄之学，更不用说了。

（乙）中世第二时期。自东晋以后，直到北宋，这几百年中间，是印度哲学在中国最盛的时代。印度的经典，次第输入中国。印度的宇宙论、人生观、知识论、名学、宗教哲学，都能于诸子哲学之外，别开生面，别放光彩。此时凡是第一流的中国思想家，如智顗、玄奘、宗密、窥基，多用全副精力，发挥印度哲学。那时的中国系的学者，如王通、韩愈、李翱诸人，全是第二流以下的人物。他们所有的学说，浮泛浅陋，全无精辟独到的见解。故这个时期的哲学，完全以印度系为主体。

三、**近世哲学**。唐以后，印度哲学已渐渐成为中国思想文明的一部分。譬如吃美味，中古第二时期是仔细咀嚼的时候，唐以后便是胃里消化的时候了。吃的东西消化时，与人身本有的种种质料结合，别成一些新质料。印度哲学在中国，到了消化的时代，与中国固有的思想结合，所发生的新质料，便是中国近世的哲学。我这话初听了好像近于武断。平心而论，宋明的哲学，或是程朱，或是陆王，表面上虽都不承认和佛家禅宗有何关系，其实没有一派不曾受印度学说的影响的。这种影响，约有两方面：一面是直接的。如由佛家的观心，回到孔子的"操心"，到孟子的"尽心"、"养心"，到《大学》的"正心"：是直接的影响。一面是反动的。佛家见解尽管玄妙，终究是出世的，是"非伦理的"。宋明的儒家，攻击佛家的出世主义，故极力提倡"伦理的"入世主义。明心见性，以成佛果，终是自私自利；正心诚意，以至于齐家、治国、平天下，便是伦理的人生哲学了。这是反动的影响。

明代以后，中国近世哲学完全成立。佛家已衰，儒家成为一尊。于是又生反动力，遂有汉学、宋学之分。清初的汉学家，嫌宋儒用主观的见解，来解古代经典，有"望文生义"、"增字解经"种种流弊。故汉学的方法，只是用古训、古音、古本等等客观的根据，来求经典的原意。故嘉庆以前的汉学、宋学之争，还只是儒家的内讧。但是汉学家既重古训古义，不得不研究与古代儒家同时的子书，用来作参考互证的材料。故清初的诸子学，不过是经学的一种附属品，一种参考书。不料后来的学者，越研究子书，越觉得子书有价值。故孙星衍、王念孙、王引之、顾广圻、俞樾诸人，对于经书与子书，简直没有上下轻重和正道异端的分别了。到了最近世，如孙诒让、章炳麟诸君，竟都用全副精力，发明诸子学。于是从前作经学附属品的诸子学，到此时代，竟成专门学。一般普通学者，崇拜子书，也往往过于儒书。岂但是"附庸蔚为大国"，简直是"婢作夫人"了。

综观清代学术变迁的大势，可称为古学昌明的时代。自从有了那些汉学家考据、校勘、训诂的功夫，那些经书子书，方才勉强可以读得。这个时代，有点像欧洲的"再生时代"。（再生时代西名Renaissance，旧译文艺复兴时代。）欧洲到了"再生时代"，昌明古希腊的文学哲学，故能推翻中古"经院哲学"（旧译烦琐哲学，极不通。

原文为 Scholasticism，今译原义。）的势力，产出近世的欧洲文化。我们中国到了这个古学昌明的时代，不但有古书可读，又恰当西洋学术思想输入的时代，有西洋的新旧学说可供我们的参考研究。我们今日的学术思想，有这两个大源头：一方面是汉学家传给我们的古书；一方面是西洋的新旧学说。这两大潮流汇合以后，中国若不能产生一种中国的新哲学，那就真是辜负了这个好机会了。

哲学史的史料 上文说哲学史有三个目的：一是明变，二是求因，三是评判。但是哲学史先须做了一番根本功夫，方才可望达到这三个目的。这个根本功夫，叫做述学。述学是用正确的手段，科学的方法，精密的心思，从所有的史料里面，求出各位哲学家的一生行事、思想渊源沿革和学说的真面目。为什么说"学说的真面目"呢？因为古人读书编书最不细心，往往把不相干的人的学说并入某人的学说（例如，《韩非子》的第一篇是张仪说秦王的书。又如《墨子》：《经·上下》、《经说·上下》、《大取》、《小取》诸篇，决不是墨翟的书）；或把假书作为真书（如《管子》、《关尹子》、《晏子春秋》之类）；或把后人加入的篇章，作为原有的篇章（此弊诸子书皆不能免。试举《庄子》为例，《庄子》书中伪篇最多。世人竟有认《说剑》、《渔父》诸篇为真者。其他诸篇，更无论矣）；或不懂得古人的学说，遂致埋没了（如《墨子·经上》诸篇）；或把古书解错了，遂失原意（如汉人用分野、爻辰、卦气说《易经》，宋人用太极图、先天卦位图说《易经》。又如汉人附会《春秋》，来说灾异，宋人颠倒《大学》，任意补增，皆是其例）；或各用己意解古书，闹得后来众说纷纷，糊涂混乱（如《大学》中"格物"两字，解者多至七十余家。又如老庄之书，说者纷纷，无两家相同者）。有此种种障碍，遂把各家学说的真面目大半失掉了。至于哲学家的一生行事和所居的时代，古人也最不留意。老子可见杨朱；庄周可见鲁哀公；管子能说毛嫱、西施；墨子能见吴起之死和中山之灭；商鞅能知长平之战；韩非能说荆、齐、燕、魏之亡。此类笑柄，不可胜数。《史记》说老子活了一百六十多岁，或言二百余岁，又说孔子死后一百二十九年，老子还不曾死。那种神话，更不足论了。哲学家的时代，既不分明，如何能知道他们思想的传授沿革？最荒谬的是汉朝的刘歆、班固说诸子的学说都出于王官；又说"合其要归，亦六经之支与流裔"（《汉书·艺文志》。看胡适"诸子不出于王官论"，《太平洋》杂志第一卷第七号）。诸子既都出于王官与六经，还有什么别的渊源传授可说？

以上所说，可见"述学"之难。述学的所以难，正为史料或不完备，或不可靠。哲学史的史料，大概可分为两种：一为原料，一为副料。今分说于下：

一、**原料**。哲学史的原料，即是各哲学家的著作。近世哲学史对于这一层，大概没有什么大困难。因为近世哲学发生在印书术通行以后，重要的哲学家的著作，都有刻板流传；偶有散失埋没的书，终究不多。但近世哲学史的史料，也不能完全没有疑窦。如谢良佐的《上蔡语录》里，是否有江民表的书？如朱熹的《家礼》是否可信为他自己的主张？这都是可疑的问题。又宋儒以来，各家都有语录，都是门弟子笔记的。这些语录，是否无误记误解之处，也是一个疑问。但是大致看来，近世哲学史料还不至有大困难。到了中世哲学史，便有大困难了。汉代的书，如贾谊的《新书》，董仲舒的《春秋繁露》，都有后人增加的痕迹。又如王充的《论衡》，是汉代一部奇书，但其中如《乱龙篇》极力为董仲舒作土龙求雨一事辩护，与全书的宗旨恰相反。篇末又有"《论衡》终之，故曰'乱龙'。乱者，终也"的话，全无道理。明是后人假造的。此外重复的话极多。伪造的书定不止这一篇。又如仲长统的《昌言》，乃是中国政治哲学史上有数的书，如今已失，仅存三篇。魏晋人的书，散失更多。《三国志》、《晋书》、《世说新语》所称各书，今所存的，不过几部书。如《世说新语》说魏晋注《庄子》的有几十家，今但有郭象注完全存在。《晋书》说鲁胜有《墨辩注》，今看其序，可见那注定极有价值，可惜现在不传了。后人所编的汉魏六朝人的集子，大抵多系东抄西摘而成的，那原本的集子大半都散失了。故中古哲学史料最不完全。我们不能完全恢复魏晋人的哲学著作，是中国哲学史最不幸的事。到了古代哲学史，这个史料问题更困难了。

表面上看来，古代哲学史的重要材料，如孔、老、墨、庄、孟、荀、韩非的书，都还存在。仔细研究起来，这些书差不多没有一部是完全可靠的。大概《老子》里假的最少。《孟子》或是全真，或是全假（宋人疑《孟子》者甚多）。依我看来，大约是真的。称"子曰"或"孔子曰"的书极多，但是真可靠的实在不多。《墨子》、《荀子》两部书里，很多后人杂凑伪造的文字。《庄子》一书，大概十分之八九是假造的。《韩非子》也只有十分之一二可靠。此外，如《管子》、《列子》、《晏子春秋》诸书，是后人杂凑成的。《关尹子》、《鹖冠子》、《商君书》，是后人伪造的。《邓析子》也是假书。《尹文子》似乎是真书，但不无后人加入的材料。《公孙龙子》有真有假，又多错误。这是我们所有的原料。更想到《庄子·天下篇》和《荀子·非十二子篇》、《天论篇》、《解蔽篇》，所举它嚣、魏牟、陈仲（即《孟子》之陈仲子）、宋钘（即《孟子》之宋牼）、彭蒙、田骈、慎到（今所传《慎子》五篇是佚文）、惠施、申不害；和王充《论衡》所举的世硕、漆雕开、宓子贱、公孙尼子，都没有著作遗传下来。更想到孔门一脉的儒家，所著书籍，何止大小戴《礼记》里所采的几篇？如此一想，可知中国古代哲学的史料于今所存不过十分之一二，其余的十分之八九，都不曾保存下来。古人称"惠施多方，其书五车"。于今惠施的学说，只剩得一百多个字。若依此比例，恐怕现存的古代史料，还没有十分之一二呢！原著的书既散失了这许多，于今又无发现古书的希望，于是有一班学者，把古书所记各人的残章断句，一一搜集成书。如，汪继培或孙星衍的《尸子》，如马国翰的《玉函山房辑佚书》。这种书可名为"史料钩沉"，在哲学史上也极为重要。如惠施的五车书都失掉了，幸亏有《庄子·天下篇》所记的十事，还可以考见他的学说的性质。又如，告子与宋钘的书，都不传了，今幸亏有《孟子》的《告子篇》和《荀子》的《正论篇》，还可以考见他们的学说的大概。又如，各代历史的列传里，也往往保存了许多中古和近世的学说。例如，《后汉书》的《仲长统传》保存了三篇《昌言》；《梁书》的《范缜传》保存了他的《神灭论》。这都是哲学史的原料的一部分。

二、**副料**。原料之外，还有一些副料，也极重要。凡古人所作关于哲学家的传记、轶事、评论、学案、书目，都是哲学史的副料。例如，《礼记》中的《檀弓》，《论语》中的十八、十九两篇，《庄子》中的《天下篇》，《荀子》中的《正论篇》、《吕氏春秋》，《韩非子》的《显学篇》，《史记》中各哲学家的列传，皆属于此类。近世文集里有许多传状序跋，也往往可供参考。至于黄宗羲的《明儒学案》及黄宗羲、黄百家、全祖望的《宋元学案》更为重要的哲学史副料。若古代中世的哲学都有这一类的学案，我们今日编哲学史便不至如此困难了。副料的重要，约有三端：第一，各哲学家的年代、家世、事迹，未必在各家著作之中，往往须靠这种副料，方才可以考见。第二，各家哲学的学派系统、传授源流，几乎全靠这种副料作根据。例如，《庄子·天下篇》与《韩非子·显学篇》论墨家派别，为他书所无。《天下篇》说墨家的后人，"以坚白同异之辩相訾，以觭偶不仵之辞相应"，可考证后世俗儒所分别的"名家"，原不过是墨家的一派。不但"名家出于礼官之说"不能成立，还可证明古代本无所谓"名家"（说详见本书第八篇）。第三，有许多学派的原著已失，全靠这种副料里面，论及这种散佚的学派，借此可以考见他们的学说大旨。如，《庄子·天下篇》所论宋钘、彭蒙、田骈、慎到、惠施、公孙龙、桓团及其他辩者的学说；如《荀子·正论篇》所称宋钘的学说，都是此例。上节所说的"史料钩沉"，也都全靠这些副料里所引的各家学说。

以上论哲学史料是什么。

史料的审定　中国人作史，最不讲究史料。神话官书，都可作史料，全不问这些材料是否可靠。却不知道史料若不可靠，所作的历史便无信史的价值。孟子说："尽信书则不如无书。"何况我们生在今日，去古已远，岂可一味迷信古书，甘心受古代作伪之人的欺骗？哲学史最重学说的真相，先后的次序和沿革的线索。若把那些不可靠的材料信为真书，必致（一）失了各家学说的真相；（二）乱了学说先后的次序；（三）乱了学派相承的系统。我且举《管子》一部书为例。《管子》这书，定非管仲所作，乃是后人把战国末年一些法家的议论和一些儒家的议论（如《内业篇》，如《弟子职篇》）。和一些道家的议论（如《白心》、《心术》等篇），还有许多夹七夹八的话，并作一书；又伪造了一些桓公与管仲问答诸篇，又杂凑了一些记管仲功业的几篇；遂附会为管仲所作。今定此书为假造的，证据甚多，单举三条：

一、《小称篇》记管仲将死之言，又记桓公之死。管仲死于西历前六四三年。《小称篇》又称毛嫱、西施。西施当吴亡时尚在。吴亡在西历前四七二年，管仲已死百七十年了。此外如《形势解》说"五伯"，《七臣七主》说"吴王好剑，楚王好细腰"，皆可见此书为后人伪作。

二、《立政篇》说："寝兵之说胜，则险阻不守；兼爱之说胜，则士卒不战。"《立政九败解》说"兼爱"道："视天下之民如其民，视人国如吾国。如是则无并兼攘夺之心。"这明指墨子的学说，远在管仲以后了（《法法篇》亦有求废兵之语）。

三、《左传》记子产铸刑书（西历前五三六），叔向极力反对。过了二十九年，晋国也作刑鼎、铸刑书，孔子也极不赞成（西历前五一三）。这都在管仲死后一百多年。若管仲生时已有了那样完备的法治学说，何以百余年后，贤如叔向、孔子，竟无一毫法治观念？（或言孔子论晋铸刑鼎一段，不很可靠。但叔向"谏子产书"，决不是后人能假造的。）何以子产答叔向书，也只能说"吾以救世而已"？为什么不能利用百余年前已发挥尽致的法治学说？这可见《管子》书中的法治学说，乃是战国末年的出产物，决不是管仲时代所能突然发生的。全书的文法笔势也都不是老子、孔子以前能产生的。即以论法治诸篇看来，如《法法篇》两次说"《春秋》之记，臣有弑其君，子有弑其父者矣"。可见是后人伪作的了。

《管子》一书既不是真书，若用作管仲时代的哲学史料，便生出上文所说的三弊：（一）管仲本无这些学说，今说他有，便是张冠李戴，便是无中生有。（二）老子之前，忽然有《心术》、《白心》诸篇那样详细的道家学说；孟子、荀子之前数百年，忽然有《内业》那样深密的儒家心理学；法家之前数百年，忽然有《法法》、《明法》、《禁藏》诸篇那样发达的法治主义。若果然如此，哲学史便无学说先后演进的次序，竟变成了灵异记、神秘记了！（三）管仲生当老子、孔子之前一百多年，已有那样规模广大的哲学。这与老子以后一步一步、循序渐进的思想发达史，完全不合。故认《管子》为真书，便把诸子学直接间接的渊源系统一齐推翻。

以上用《管子》作例，表示史料的不可不审定。读古书的人，须知古书有种种作伪的理由。第一，有一种人实有一种主张，却恐怕自己的人微言轻，不见信用，故往往借用古人的名字。《庄子》所说的"重言"，即是这一种借重古人的主张。康有为称这一种为"托古改制"，极有道理。古人言必称尧舜，只因为尧舜年代久远，可以由我们任意把我们理想中的制度一概推到尧舜的时代。即如《黄帝内经》假托黄帝，《周髀算经》假托周公，都是这个道理。韩非说得好：

> 孔子、墨子俱道尧舜，而取舍不同，皆自谓真尧舜。尧舜不复生，将谁使定儒墨之诚乎？（《显学篇》）

正为古人死无对证，故人多可随意托古改制。这是作伪书的第一类。第二，有一种人为了钱财，有意伪作古书。试看汉代求遗书的令和诸王贵族求遗书的竞争心，便知作假书在当时定可发财。这一类造假书的，与造假古董的同一样心理。他们为的是钱，故东拉西扯，篇幅越多，越可多卖钱。故《管子》、《晏子春秋》诸书，篇幅都极长。有时得了真本古书，因为篇幅太短，不能多得钱，故又东拉西扯，增加许多卷数。如《庄子》、《韩非子》都属于此类。但他们的买主，大半是一些假充内行的收藏家，没有真正的赏鉴本领。故这一类的假书，于书中年代事实，往往不曾考校正确。因此庄子可以见鲁哀公，管子可以说西施。这是第二类的伪书。大概这两类之中，第一类"托古改制"的书，往往有第一流的思想家在内。第二类"托古发财"的书，全是下流人才，思想既不高尚，心思又不精密，故最容易露出马脚来。如《周礼》一书，是一种托古改制的国家组织法。我们虽可断定他不是"周公致太平"之书，却不容易定他是什么时代的人假造的。至于《管子》一类的书，说了作者死后的许多史事，便容易断定了。

审定史料之法　审定史料乃是史学家第一步根本功夫。西洋近百年来史学大进步，大半都由于审定史料的方法更严密了。凡审定史料的真伪，须要有证据，方能使人心服。这种证据，大概可分五种（此专指哲学史料）：

一、**史事**。书中的史事，是否与作书的人的年代相符。如不相符，即可证那一书或那一篇是假的。如庄子见鲁哀公，便太前了；如管仲说西施，便太后了。这都是作伪之证。

二、**文字**。一时代有一时代的文字，不致乱用。作伪书的人，多不懂这个道理，故往往露出作伪的形迹来。如《关尹子》中所用字："术咒"、"诵咒"、"役神"、"豆中摄鬼、杯中钓鱼、画门可开、土鬼可语"，"婴儿蕊女、金楼绛宫、青蛟白虎、宝鼎红炉"，是道士的话。"石火"、"想"、"识"、"五识并驰"、"尚自不见我，将何为我所"，是佛家的话。这都是作伪之证。

三、**文体**。不但文字可作证，文体也可作证。如《管子》那种长篇大论的文体，决不是孔子前一百多年所能作的。后人尽管仿古，古人决不仿今。如《关尹子》中"譬犀望月，月影入角，特因识生，始有月形，而彼真月，初不在角"；又譬如"水中之影，有去有来，所谓水者，实无去来"：这决不是佛经输入以前的文体。不但一个时代有一个时代的文体，一个人也有一个人的文体。如《庄子》中《说剑》、《让王》、《渔父》、《盗跖》等篇，决不是庄周的文体。《韩非子》中《主道》、《扬搉》（今作扬权）等篇和《五蠹》、《显学》等篇，明是两个人的文体。

四、**思想**。凡能著书立说成一家言的人，他的思想学说，总有一个系统可寻，决不致有大相矛盾冲突之处。故看一部书里的学说是否能连络贯串，也可帮助证明那书是否真的。最浅近的例，如《韩非子》的第一篇，劝秦王攻韩，第二篇，劝秦王存韩。这是绝对不相容的。司马光不仔细考察，便骂韩非请人灭他自己的祖国，死有余辜，岂不是冤煞韩非了！大凡思想进化有一定的次序，一个时代有一个时代的问题，即有那个时代的思想。如《墨子》里《经·上下》、《经说·上下》、《大取》、《小取》等篇，所讨论的问题，乃是墨翟死后百余年才发生的，决非墨翟时代所能提出。因此，可知这六篇书决不是墨子自己做的。不但如此，大凡一种重要的新学说发生以后，决不会完全没有影响。若管仲时代已有《管子》书中的法治学说，决不会二三百年中没有法治观念的影响。又如，《关尹子》说，"即吾心中，可作万物"；又说，"风雨雷电，皆缘气而生。而气缘心生，犹如内想大火，久之觉热；内想大水，久之觉寒"。这是极端的万物唯心论。若老子、关尹子时代已有这种唯心论，决无毫不发生影响之理。周秦诸子竟无人受这种学说的影响，可见《关尹子》完全是佛学输入以后的书，决不是周秦的书。这都是用思想来考证古书的方法。

五、旁证。 以上所说四种证据，史事、文字、文体、思想，皆可叫做内证。因这四种都是从本书里寻出来的。还有一些证据，是从别书里寻出的，故名为旁证。旁证的重要，有时竟与内证等。如西洋哲学史家，考定柏拉图（Plato）的著作，凡是他的弟子亚里士多德（Aristotle）书中所曾称引的书，都定为真是柏拉图的书。又如，清代惠栋、阎若璩诸人考证梅氏《古文尚书》之伪，所用方法，几乎全是旁证（看阎若璩《古文尚书疏证》及惠栋《古文尚书考》）。又如，《荀子·正论篇》引宋子曰："明见侮之不辱，使人不斗。"又曰："人之情欲寡（欲是动词），而皆以己之情为欲多，是过也。"《尹文子》说："见侮不辱，见推不矜，禁暴息兵，救世之斗。"《庄子·天下篇》合论宋钘、尹文的学说道："见侮不辱，救民之斗；禁攻寝兵，救世之战。"又说："以禁攻寝兵为外，以情欲寡小为内。"又孟子记宋钘听见秦楚交战，便要去劝他们息兵。以上四条，互相印证，即互为旁证，证明宋钘、尹文实有这种学说。

以上说审定史料方法的大概。今人谈古代哲学，不但根据《管子》、《列子》、《鹖子》、《晏子春秋》、《鹖冠子》等书，认为史料，甚至于高谈"邃古哲学"、"唐虞哲学"，全不问用何史料。最可怪的是竟有人引《列子·天瑞篇》"有太易，有太初，有太始"一段，及《淮南子》"有始者，有未始有有始者"一段，用作"邃古哲学"的材料，说这都是"古说而诸子述之。吾国哲学思想初萌之时，大抵其说即如此！”（谢无量《中国哲学史》第一编第一章，六页）。这种办法，似乎不合作史的方法。韩非说得好：

> 无参验而必之者，愚也。弗能必而据之者，诬也。故明据先王必定尧舜者，非愚即诬也。（《显学篇》）

参验即是我所说的证据。以现在中国考古学的程度看来，我们对于东周以前的中国古史，只可存一个怀疑的态度。至于“邃古”的哲学，更难凭信了。唐、虞、夏、商的事实，今所根据，止有一部《尚书》。但《尚书》是否可作史料，正难决定。梅赜伪古文，固不用说。即二十八篇之“真古文”，依我看来，也没有信史的价值。如《皋陶谟》的“凤皇来仪”，“百兽率舞”，如《金縢》的“天大雷电以风，禾尽偃，大木斯拔。……王出郊，天乃雨，反风。禾则尽起。二公命邦人，凡大木所偃，尽起而筑之，岁则大孰”。这岂可用作史料？我以为《尚书》或是儒家造出的“托古改制”的书，或是古代歌功颂德的官书。无论如何，没有史料的价值。古代的书，只有一部《诗经》可算是中国最古的史料。《诗经·小雅》说：

> “十月之交，朔日辛卯，日有食之。”

后来的历学家，如梁虞冢，隋张胄元，唐傅仁均、僧一行，元郭守敬，都推定此次日食在周幽王六年，十月，辛卯朔，日入食限。清朝阎若璩、阮元推算此日食，也在幽王六年。近来西洋学者，也说《诗经》所记月日（西历纪元前七七六年八月二十九日），中国北部可见日蚀。这不是偶然相合的事，乃是科学上的铁证。《诗经》有此一种铁证，便使《诗经》中所说的国政、民情、风俗、思想，一一都有史料的价值了。至于《易经》更不能用作上古哲学史料。《易经》除去《十翼》，止剩得六十四个卦，六十四条卦辞，三百八十四条爻辞，乃是一部卜筮之书，全无哲学史料可说。故我以为我们现在作哲学史，只可从老子、孔子说起。用《诗经》作当日时势的参考资料。其余一切“无征则不信”的材料，一概缺疑。这个办法，虽比不上别的史家的淹博，或可免“非愚即诬”的讥评了。

整理史料之法 哲学史料既经审定，还须整理。无论古今哲学史料，都有须整理之处。但古代哲学书籍，更不能不加整理的工夫。今说整理史料的方法，约有三端：

一、**校勘**。古书经了多少次传写，遭了多少兵火虫鱼之劫，往往有脱误、损坏种种缺点。校勘之学，便是补救这些缺点的方法。这种学问，从古以来，多有人研究，但总不如清朝王念孙、王引之、卢文弨、孙星衍、顾广圻、俞樾、孙诒让诸人的完密谨严，合科学的方法。孙诒让论诸家校书的方法道：

> 综论厥善，大抵以旧刊精校为据依，而究其微旨，通其大例，精研博考，不参成见。其諟正文字讹舛，或求之于本书，或旁证之他籍，及援引之类书，而以声类通转为之锢键。
> （《札迻·序》）

大抵校书有三种根据：一是旧刊精校的古本。例如，《荀子·解蔽篇》："不以己所臧害所将受。"宋钱佃本，元刻本，明世德堂本，皆作"所已臧"，可据以改正。二是他书或类书所援引。例如，《荀子·天论篇》"脩道而不贰"。王念孙校曰："脩当为循。贰当为贰字之误也。贰与忒同。……《群书治要》作循道而不忒。"三是本书通用的义例。例如，《墨子·小取篇》："辟也者，举也物而以明之也。"毕沅删第二"也"字，便无意思。王念孙说："也与他同。举他物以明此物，谓之譬。……《墨子》书通以也为他。说见《备城门篇》。"这是以本书的通例作根据。又如《小取篇》说："此与彼同类，世有彼而不自非也。墨者有此而非之，无故也焉。"王引之曰："无故也焉，当作无也故焉。也故即他故。下文云，此与彼同类，世有彼而不自非也。墨者有此而罪非之，无也故焉。文正与此同。"这是先用本篇构造相同的文句，来证"故也"当作"也故"；又用全书以也为他的通例，来证"也故"即"他故"。

二、**训诂**。古书年代久远，书中的字义，古今不同。宋儒解书，往往妄用己意，故常失古义。清代的训诂学，所以超过前代，正因为戴震以下的汉学家，注释古书，都有法度，都用客观的佐证，不用主观的猜测。三百年来，周、秦、两汉的古书所以可读，不单靠校勘的精细，还靠训诂的谨严。今述训诂学的大要，约有三端：（1）根据古义或用古代的字典（如《尔雅》、《说文》、《广雅》之类），或用古代笺注（如《诗》的毛、郑，如《淮南子》的许、高）作根据，或用古书中相同的字句作印证。今引王念孙《读书杂志·余篇上》一条为例：

> 《老子》五十三章："行于大道，唯施是畏。"王弼曰："唯施为之是畏也。"河上公注略同。念孙按二家以"施为"释施字，非也。施读为迤。迤，邪也。言行于大道之中，唯惧其入于邪道也。……《说文》："迤，邪行也。"引《禹贡》："东迤北会于汇。"《孟子·离娄篇》："施从良人之所之。"赵注："施者，邪施而行。"丁公著音迤。《淮南·齐俗篇》："去非者，非批邪施也。"高注曰："施，微曲也。"《要略篇》："接径直施。"高注曰："施，邪也。"是施与迤通。《史记·贾生传》："庚子日施兮。"《汉书》施作斜。斜亦邪也。《韩子·解老篇》释此章之义曰："所谓大道也者，端道也。所谓貌施也者，邪道也。"此尤其明证矣。

这一则中引古字典一条，古书类似之例五条，古注四条。这都是根据古义的注书法。（2）根据文字假借、声类通转的道理。古字通用，全由声音。但古今声韵有异，若不懂音韵变迁的道理，便不能领会古字的意义。自顾炎武、江永、钱大昕、孔广森诸人以来，音韵学大兴。应用于训诂学，收效更大。今举二例。《易·系辞传》："旁行而不流。"又《乾·文言》："旁通情也。"旧注多解旁为边旁。王引之说："旁之言溥也，遍也。《说文》：'旁，溥也。'旁、溥、遍一声之转。《周官》男巫曰：'旁招以茅'，谓遍招于四方也。《月令》曰：'命有司大难、旁磔'，亦谓遍磔于四方也。……《楚语》曰：武丁使以梦象'旁求四方之贤'，谓遍求四方之贤也。"又《书·尧典》："汤汤洪水方割"，《微子》："小民方兴，相为敌仇"；《立政》："方行天下，至于海表"；《吕刑》："方告无辜于上。"旧说方字都作四方解。王念孙说："方皆读为旁。旁之言溥也，遍也。《说文》曰：'旁，溥也。'旁与方古字通。（《尧典》："共工方鸠僝功"，《史记》引作旁，《皋陶谟》"方施象刑惟明",新序引作旁。)《商颂》:'方命厥后',郑笺曰:'谓遍告诸侯'。是方为遍也。……'方告无辜于上',《论衡·变动篇》引此,方作旁,旁亦遍也。"以上两例,说"方旁"两字皆作溥、遍解。今音读万为轻唇音,旁为重唇音。不知古无轻唇音,故两字同音,相通。与溥字遍字,皆为同纽之字。这是音韵学帮助训诂学的例。(3)根据文法的研究。古人讲书最不讲究文法上的构造,往往把助字、介字、连字、状字等,都解作名字、代字等等的实字。清朝训诂学家最讲究文法的,是王念孙、王引之父子两人。他们的《经传释词》用归纳的方法,比较同类的例句,寻出各字的文法上的作用,可算得《马氏文通》之前的一部文法学要书。这种研究法,在训诂学上,另开一新天地。今举一条例如下:

> 《老子》三十一章:"夫佳兵者不祥之器。"《释文》:"佳,善也。"河上云:"饰也"。念孙案,善饰二训,皆于义未安。……今案佳字当作隹,字之误也。隹,古唯字也。唯兵为不祥之器,故有道者不处。上言"夫唯",下言"故",文义正相承也。八章云:"夫唯不争,故无尤。"十五章云:"夫唯不可识,故强为之容。"又云:"夫唯不盈,故能蔽不新成。"二十二章云:"夫唯不争,故天下莫能与之争。"皆其证也。古钟鼎文,唯字作隹。石鼓文亦然。又夏竦《古文四声韵》载《道德经》唯字作雐。据此则今本作唯者,皆后人所改。此隹字若不误为佳,则后人亦必改为唯矣。(王念孙《读书杂志·余篇上》)

以上所述三种根据,乃是训诂学的根本方法。

三、**贯通**。上文说整理哲学史料之法,已说两种。校勘是书的本子上的整理,训诂是书的字义上的整理。没有校勘,我们定读误书;没有训诂,我们便不能懂得书的真意义。这两层虽极重要,但是作哲学史还须有第三层整理的方法。这第三层,可叫做"贯通"。贯通便是把每一部书的内容要旨融会贯串,寻出一个脉络条理,演成一家有头绪有条理的学说。宋儒注重贯通,汉学家注重校勘训诂。但是宋儒不明校勘训诂之学（朱子稍知之而不甚精），故流于空疏，流于臆说。清代的汉学家，最精校勘训诂，但多不肯做贯通的功夫，故流于支离碎琐。校勘训诂的功夫，到了孙诒让的《墨子间诂》，可谓最完备了（此书尚多缺点，此所云最完备，乃比较之辞耳。）。但终不能贯通全书，述墨学的大旨。到章太炎方才于校勘训诂的诸子学之外，别出一种有条理系统的诸子学。太炎的《原道》、《原名》、《明见》、《原墨》、《订孔》、《原法》、《齐物论释》，都属于贯通的一类。《原名》、《明见》、《齐物论释》三篇，更为空前的著作。今细看这三篇，所以能如此精到，正因太炎精于佛学，先有佛家的因明学、心理学、纯粹哲学，作为比较印证的材料，故能融会贯通，于墨翟、庄周、惠施、荀卿的学说里面，寻出一个条理系统。于此可见整理哲学史料的第三步，必须于校勘训诂之外，还要有比较参考的哲学资料。为什么呢？因为古代哲学去今太远，久成了绝学。当时发生那些学说的特别时势，特别原因，现在都没有了。当时讨论最激烈的问题，现在都不成问题了。当时通行的学术名词，现在也都失了原意了。但是别国的哲学史上，有时也曾发生那些问题，也曾用过那些名词，也曾产出大同小异或小同大异的学说。我们有了这种比较参考的材料，往往能互相印证，互相发明。今举一个极显明的例。《墨子》的《经·上下》、《经说·上下》、《大取》、《小取》六篇，从鲁胜以后，几乎无人研究。到了近几十年之中，有些人懂得几何算学了，方才知道那几篇里有几何算学的道理。后来有些人懂得光学力学了，方才知道那几篇里又有光学力学的道理。后来有些人懂得印度的名学心理学了，方才知道这几篇里又有名学知识论的道理。到了今日，这几篇二千年没有过问的书，竟成中国古代的第一部奇书了！我做这部哲学史的最大奢望，在于把各家的哲学融会贯通，要使他们各成有头绪条理的学说，我所用的比较参证的材料，便是西洋的哲学。但是我虽用西洋哲学作参考资料，并不以为中国古代也有某种学说，便可以自夸自喜。做历史的人，千万不可存一毫主观的成见。须知东西的学术思想的互相印证，互相发明，至多不过可以见得人类的官能心理大概相同，故遇着大同小异的境地时势，便会产出大同小异的思想学派。东家所有，西家所无，只因为时势境地不同，西家未必不如东家，东家也不配夸炫于西家。何况东西所同有，谁也不配夸张自豪。故本书的主张，但以为我们若想贯通整理中国哲学史的史料，不可不借用别系的哲学，作一种解释演述的工具。此外，别无他种穿凿附会、发扬国光、自己夸耀的心。

史料结论　以上论哲学史料：先论史料为何，次论史料所以必须审定，次论审定的方法，次论整理史料的方法。前后差不多说了一万字。我的理想中，以为要做一部可靠的中国哲学史，必须要用这几条方法。第一步须搜集史料。第二步须审定史料的真假。第三步须把一切不可信的史料全行除去不用。第四步须把可靠的史料仔细整理一番：先把本子校勘完好，次把字句解释明白，最后又把各家的书贯串领会，使一家一家的学说，都成有条理有统系的哲学。做到这个地位，方才做到"述学"两个字。然后还须把各家的学说，笼统研究一番，依时代的先后，看他们传授的渊源，交互的影响，变迁的次序：这便叫做"明变"。然后研究各家学派兴废沿革变迁的原故：这便叫做"求因"。然后用完全中立的眼光，历史的观念，一一寻求各家学说的效果影响，再用这种种影响效果来批评各家学说的价值：这便叫做"评判"。

这是我理想中的《中国哲学史》，我自己深知道当此初次尝试的时代，我这部书定有许多未能做到这个目的，和未能谨守这些方法之处。所以，我特地把这些做哲学史的方法详细写出。一来呢，我希望国中学者用这些方法来评判我的书；二来呢，我更希望将来的学者用这些方法来做一部更完备更精确的《中国哲学史》。

[参考书举要]

①《论哲学史》，看 Windelband's *A History of Philosopy*（页八至一八）。

②《论哲学史料》，参看同书（页五至一七注语）。

③《论史料审定及整理之法》，看 C. V. Langlois and Seignobos's *Introduction to the Study of History*.

④《论校勘学》，看王念孙《读淮南子杂志叙》（《读书杂志》九之二十二）及俞樾《古书疑义举例》。

⑤《论西洋校勘学》，看 *Encyclopaedia Britannica* 中论 *Textual Criticism* 一篇。

⑥《论训诂学》，看王引之《经义述闻》卷三十一及三十二。

（《中国哲学史大纲》上卷，1919 年）

实验主义（节录）

一、引论

现今欧美很有势力的一派哲学，英文叫做Pragmatism，日本人译为"实际主义"。这个名称本来也还可用。但这一派哲学里面，还有许多大同小异的区别，"实际主义"一个名目不能包括一切支派。英文原名 Pragmatism 本来是皮耳士（C. S. Peirce）提出的。后来詹姆士（William James）把这个主义应用到宗教经验上去，皮耳士觉得这种用法不很妥当，所以他想把他原来的主义改称为 Pragmaticism 以别于詹姆士的 Pragmatism。英国失勒（F. C. Schiller）一派，把这个主义的范围更扩充了，本来不过是一种辩论的方法，竟变成一种真理论和实在论了（看詹姆士的 *Meaning of Truth*，页五一），所以失勒提议改用"人本主义"（Humanism）的名称。美国杜威（John Dewey）一派，仍旧回到皮耳士所用的原意，注重方法论一方面；他又嫌詹姆士和失勒一般人太偏重个体事物和"意志"（Will）的方面，所以他也不愿用Pragmatism 的名称，他这一派自称为"工具主义"（Instrumentalism）又可译为"应用主义"或"器用主义"。

因为这一派里面有许多区别，所以不能不用一个涵义最广的总名称。"实际主义"四个字可让给詹姆士独占。我们另用"实验主义"的名目来做这一派哲学的总名。就这两个名词的本义看来，"实际主义"（Pragmatism）注重实际的效果；"实验主义"（Experimentalism）虽然也注重实际的效果，但他更能点出这种哲学所最注意的是实验的方法。实验的方法就是科学家在试验室里用的方法。这一派哲学的始祖皮耳士常说他的新哲学不是别的，就是"科学试验室的态度"（The Laboratory attitude of mind）。这种态度是这种哲学的各派所公认的，所以我们可用来做一个"类名"。

以上论实验主义的名目，也可表现实验主义和科学的关系。这种新哲学完全是近代科学发达的结果。十九世纪乃是科学史上最光荣的时代，不但科学的范围更扩大了，器械更完备了，方法更精密了；最重要的是科学的基本观念都经过了一番自觉的评判，受了一番根本的大变迁。这些科学基本观念之中，有两个重要的变迁，都同实验主义有绝大的关系。第一，是科学家对于科学律例的态度的变迁。从前崇拜科学的人，大概有一种迷信，以为科学的律例都是一定不变的天经地义。他们以为天地万物都有永久不变的"天理"，这些天理发现之后，便成了科学的律例。但是这种"天经地义"的态度，近几十年来渐渐的更变了。科学家渐渐的觉得这种天经地义的迷信态度很可以阻碍科学的进步；况且他们研究科学的历史，知道科学上许多发明都是运用"假设"的效果；因此他们渐渐的觉悟，知道现在所有的科学律例不过是一些最适用的假设，不过是现在公认为解释自然现象最方便的假设。譬如行星的运行，古人天天看见日出于东，落于西，并不觉得什么可怪。后来有人问日落之后到什么地方去了呢？有人说日并不落下，日挂在天上，跟着天旋转，转到西方又转向北方，离开远了，我们看不见他，便说日落了，其实不曾落（看王充《论衡·说日篇》）。这是第一种假设的解释。后来有人说地不是平坦的，日月都从地下绕出；更进一步，说地是宇宙的中心，日月星辰都绕地行动；再进一步，说日月绕地成圆圈的轨道，一切星辰也依着圆圈运行。这是第二种假设的解释，在当时都推为科学的律例。后来天文学格外进步了，于是有哥白尼出来说日球是中心，地球和别种行星都绕日而行，并不是日月星辰绕地而行。这是第三个假设的解释。后来的科学家，如恺柏勒（Keppler），如牛敦（Newton），把哥白尼的假设说得格外周密。自此以后，人都觉得这种假设把行星的运行说的最圆满，没有别种假设比得上他，因此他便成了科学的律例了。即此一条律例看来，便可见这种律例原不过是人造的假设用来解释事物现象的，解释的满意，就是真的；解释的不满人意，便不是真的，便该寻别种假设来代他了。不但物理学、化学的律例是这样的。就是平常人最信仰，最推崇为永永不磨的数学定理，也不过是一些最适用的假设。我们学过平常的几何学的，都知道一个三角形内的三只角之和等于两只直角；又知道一条直线外的一点上只可作一条线与那条直线平行。这不是几何学上的天经地义吗？但是近来有两派新几何学出现，一派是罗贝邱司基（Lobatschwsky）的几何，说三角形内的三只角加起来小于两直角，又说在一点上可作无数线和一条直线平行；还有一派是利曼（Riemann）的几何，说三角形内的三角之和大于两直角，又说一点上所作的线没有一条和点外的直线平行。这两派新几何学（我现在不能细说）都不是疯子说疯话，都有可成立的理由。于是平常人和古代哲学家所同声尊为天经地义的几何学定理，也不能不看作一些人造的最方便的假设了。（看 Poincare, '*Science and Hypothesis*', Chapters III, V, And IX）

　　这一段说从前认作天经地义的科学律例如今都变成了人造的最方便最适用的假设。这种态度的变迁涵有三种意义：（一）科学律例是人造的，（二）是假定的，——是全靠他解释事实能不能满意，方才可定他是不是适用的，（三）并不是永永不变的天理，——天地间也许有这种永永不变的天理，但我们不能说我们所拟的律例就是天理：

我们所假设的律例不过是记载我们所知知道的一切自然变化的"速记法"。这种对于科学律例的新态度，是实验主义的一个最重要的根本学理。实验主义绝不承认我们所谓"真理"就是永永不变的天理；他只承认一切"真理"都是应用的假设；假设的真不真，全靠他能不能发生他所应该发生的效果。这就是"科学试验室的态度"。

此外，十九世纪还有第二种大变迁，也是和实验主义有极重要的关系的。这就是达尔文的进化论。达尔文的最重要的书名为《物种的由来》。从古以来，讲进化的人本不少，但总不曾明白主张"物种"是变迁进化的结果。哲学家大概把一切"物种"（Species）认作最初同时发生的，发生以来，永永不变，古今如一。中国古代的荀子说，"古今一度也，类不悖，虽久同理。"杨倞注说，"类，种类，谓若牛马也。言种类不乖悖，虽久而理同。今之牛马与古不殊，何至于人而独异哉？"（看我的《中国哲学史大纲》页三一〇至三一三。）这是说物的种类是一成不变的。古代的西洋学者如亚里士多德一辈人也是主张物种不变的。这种物类不变的观念，在哲学史上很有大影响。荀子主张物类不悖，虽久同理，故他说那些主张"古今异情，其所以治乱者异道"的人都是"妄人"。西洋古代哲学因为主张物类不变，故也把真理看作一成不变：个体的人物尽管有生老死灭的变化，但"人"、"牛"、"马"等等种类是不变化的；个体的事实尽管变来变去，但那些全称的普遍的"真理"是永久不变的。到了达尔文方才敢大胆宣言物的种类也不是一成不变的，都有一个"由来"，都经过了许多变化，方才到今日的种类；到了今日，仍旧可使种类变迁，如种树的可以接树，养鸡的可以接鸡，都可得到特别的种类。不但种类变化，真理也变化。种类的变化是适应环境的结果，真理不过是对付环境的一种工具；环境变了，真理也随时改变。宣统年间的忠君观念已不是雍正、乾隆年间的忠君观念了；民国成立以来，这个观念竟完全丢了，用不着了。知道天下没有永久不变的真理，没有绝对的真理，方才可以起一种知识上的责任心：我们人类所要的知识，并不是那绝对存立的"道"哪，"理"哪，乃是这个时间，这个境地，这个我的这个真理。那绝对的真理是悬空的，是抽象的，是笼统的，是没有凭据的，是不能证实的。因此古来的哲学家可以随便乱说：这个人说是"道"，那个人说是"理"，第三人说是"气"，第四人说是"无"，第五人说是"上帝"，第六人说是"太极"，第七人说是"无极"。你和我都不能断定那一个说的是，那一个说的不是，只好由他们乱说罢了。我们现在且莫问那绝对究竟的真理，只须问我们在这个时候，遇着这个境地，应该怎样对付他：这种对付这个境地的方法，便是"这个真理"。这一类"这个真理"是实在的，是具体的，是特别的，是有凭据的，是可以证实的。因为这个真理是对付这个境地的方法，所以他若不能对付，便不是真理；他能对付，便是真理：所以说他是可以证实的。

这种进化的观念，自从达尔文以来，各种学问都受了他的影响。但是哲学是最守旧的东西，这六十年来，哲学家所用的"进化"观念仍旧是海智尔（Hegel）的进化观念，不是达尔文的《物种由来》的进化观念（这话说来很长，将来再说罢）。到了实验主义一派的哲学家，方才把达尔文一派的进化观念拿到哲学上来应用；拿来批评哲学上的问题，拿来讨论真理，拿来研究道德。进化观念在哲学上应用的结果，便发生了一种"历史的态度"（The Genetic Method）。怎么叫做"历史的态度"呢？这就是要研究事务如何发生，怎样来的，怎样变到现在的样子：这就是"历史的态度"。譬如研究"真理"，就该问，这个意思何以受人恭维，尊为"真理"？又如研究哲学上的问题，就该问，为什么哲学史上发生这个问题呢？又如研究道德习惯，就该问，这种道德观念（例如"爱国"心）何以应该尊崇呢？这种风俗（例如"纳妾"）何以能成为公认的风俗呢？这种历史的态度便是实验主义的一个重要的元素。

以上泛论实验主义的两个根本观念：第一是科学试验室的态度，第二是历史的态度。这两个基本观念都是十九世纪科学的影响。所以我们可以说：实验主义不过是科学方法在哲学上的应用。

四、詹姆士论实验主义

本章的题目是"詹姆士论实验主义"。这个标题的意思是说，本章所说虽是用他的《实验主义》一部书做根据，却不全是他一个人的学说，乃是他综合皮耳士、失勒、杜威、倭斯袜（Ostwald）、马赫（Mach）等人的学说，做成一种实验主义的总论。他这个人是富有宗教性的，有时不免有点偏见，所以我又引了旁人的（以杜威为最多）批评他的话来纠正他的议论。

詹姆士讲实验主义有三种意义。第一，实验主义是一种方法论；第二，是一种真理论（Theory of Truth）；第三，是一种实在论（Theory of Reality）。

（1）方法论。詹姆士总论实验主义的方法是"要把注意之点从最先的物事移到最后的物事；从通则移到事实，从范畴（Categories）移到效果。"（*Pragmatism*, PP. 54～55）。这些通则哪，定理哪，范畴哪，都是"最先的物事"。亚里士多德所说在"天然顺序中比较容易知道的"，就是这些东西。古来的学派大抵都是注重这些抽象的东西的。詹姆士说："我们大家都知道人类向来喜欢玩种种不正当的魔术。魔术上最重要的东西就是名字。你如果知道某种妖魔鬼怪的名字，或是可以镇服他们的符咒，你就可以管住他们了。所以初民的心里觉得宇宙竟是一种不可解的谜；若要解这个哑谜，总须请教那些开通心窍神通广大的名字。宇宙的道理即在名字里面；有了名字便有了宇宙了（参看中国儒家所论正名的重要，如孔丘、董仲舒所说）。'上帝'，'物质'，'理'，'太极'，'力'，都是万能的名字。你认得他们，就算完事了。玄学的研究，到了认得这些神通广大的名字可算到了极处了。"（P. 52）他这段说话挖苦那班理性派的哲学家，可算得利害了。他的意思只是要表示实验主义根本上和从前的哲学不同。实验主义要把种种全称名字一个一个的"现兑"做人生经验，再看这些名字究竟有无意义。所以说"要把注意之点从最先的物事移到最后的物事；从通则移到事实，从范畴移到效果。"

这便是实验主义的根本方法。这个方法有三种应用。（甲）用来规定事物（Objects）的意义，（乙）用来规定观念（Ideas）的意义，（丙）用来规定一切信仰（定理圣教量之类）的意义。

（甲）事物的意义。詹姆士引德国化学大家倭斯袜（Ostwald）的话"一切实物都能影响人生行为；那种影响便是那些事物的意义。"他自己也说，"若要使我们心中所起事物的感想明白清楚，只须问这个物事能生何种实际的影响，——只须问他发生什么感觉，我们对他起何种反动。"（PP. 46～47）譬如上文所说的"闷空气"，他的意义在于他对于呼吸的关系和我们开窗换空气的反动。

（乙）观念的意义。他说，我们如要规定一个观念的意义，只须使这观念在我们经验以内发生作用。把这个观念当作一种工具用，看他在自然界能发生什么变化，什么影响。一个观念（意思）就像一张支票，上面写明可支若干效果；如果这个自然银行见了这张支票即刻如数现兑，那支票便是真的，——那观念便是真的。

（丙）信仰的意义。信仰包括事物与观念两种，不过信仰所包事物观念的意义是平常公认为已经确定了的。若要决定这种观念或学说的意义，只须问，"如果这种学说是真的，那种学说是假的，于人生实际上可有什么分别吗？"如果无论那一种是真是假都没有实际上的区别，那就可证明这两种表面不同的学说其实是一样的，一切争执都是废话。（P. 45）譬如我上文所引"人类未曾运思以前，一切哲理有无物观的存在？"一个问题，两方面都可信，都不发生实际上的区别，所以就不成问题了。

以上说方法论的实验主义。

（2）真理论。什么是"真理"（Truth）？这个问题在西洋哲学史上是一个顶重要的问题。那些旧派的哲学家说真理就是同"实在"相符合的意象。这个意象和"实在"相符合，便是真的；那个意象和"实在"不相符合，便是假的。这话很宽泛，我们须要问，什么叫做"和实在相符合？"旧派的哲学家说"真的意象就是实在的摹本（Copy）"。詹姆士问道，"譬如墙上的钟，我们闭了眼睛可以想象钟的模样，那还可以说是一种摹本。但是我们心里起的钟的用处的观念，也是摹本吗？摹的是什么呢？又如我们说钟的法条有弹性，这个观念摹的又是什么呢？这就可见一切不能有摹本的意象，那'和实在相符合'一句话又怎么解说呢？"（*Pragmatism*, P. 199）

詹姆士和旁的实验哲学家都攻击这种真理论，以为这学说是一种静止的，惰性的真理论。旧派的意思好像是只要把实在直抄卜来就完了事；只要得到了实在的摹本，就够了，思想的功用就算圆满了。好像我们中国在前清时代奏折上批了"知道了，钦此"五个大字，就完了。这些实验哲学家是不甘心的。他们要问，"假定这个观念是真的，这可于人生实际上有什么影响吗？这个真理可以实现吗？这个道理是真是假，可影响那几部分的经验吗？总而言之，这个真理现兑成人生经验，值得多少呢？"

詹姆士因此下一个界说道，"凡真理都是我们能消化受用的；能考验的，能用旁证证明的，能稽核查实的。凡假的观念都是不能如此的。"（P. 201）他说，"真理的证实在能有一种满意摆渡的作用。"（P. 202）怎么叫作摆渡的作用呢？他说"如果一个观念能把我们一部分的经验引渡到别一部分的经验，连贯的满意，办理的妥贴，把复杂的变简单了，把烦难的变容易了，——如果这个观念能做到这步田地，他便'真'到这步田地，便含有那么多的真理。"（P. 58）譬如我走到一个大森林里，迷了路，饿了几日走不出来，忽然看见地上有几个牛蹄的印子，我心里便想：若跟着牛蹄印子走，一定可寻到有人烟的地方。这个意思在这个时候非常有用，我依了做去，果然出险了。这个意思便是真的，因为他能把我从一部分的经验引渡到别部分的经验，因此便自己证实了。

据这种见解看来，上文所说"和实在相符合"一句话便有了一种新意义。真理"和实在相符合"并不是静止的符合，乃是作用的符合：从此岸渡到彼岸，把困难化为容易，这就是"和实在相符合"了。符合不是临摹实在，乃是应付实在，乃是适应实在。

这种"摆渡"的作用，又叫做"做媒"的本事。詹姆士常说一个新的观念就是一个媒婆，他的用处就在能把本来未有的旧思想和新发现的事实拉拢来做夫妻，使他们不要吵闹，使他们和睦过日子。譬如我们从前糊糊涂涂的过太平日子，以为物体从空中掉下来是很自然的事，不算希奇。不料后来人类知识进步了，知道我们这个地球是悬空吊在空中，于是便发生疑问：这个地球何以能够不掉下去呢？地球既是圆的，圆球那一面的人物屋宇何以不掉到太空中去呢？这个时候，旧思想和新事实不能相容，正如人家儿女长大了，男的吵着要娶媳妇了，女的吵着要嫁人了。正在吵闹的时候，来了一个媒婆，叫做"吸力说"，他从男家到女家，又从女家到男家，不知怎样一说，女家男家，都答应了，于是遂成了夫妇，重新过太平的日子。所以詹姆士说，观念成为真理全靠他有这做媒的本事。一切科学的定理，一切真理，新的旧的，都是会做媒的，或是现任的媒婆，或是已退职的媒婆。纯粹物观的真理，不曾替人做过媒，不会帮人摆过渡，这种真理是从来没有的。

这种真理论叫做"历史的真理论"（Genetic Theory of Truth）。为什么叫做"历史的"呢？因为这种真理论注重的点在于真理如何发生，如何得来，如何成为公认的真理，真理并不是天上掉下来的，也不是人胎里带来的。真理原来是人造的，是为了人造的，是人造出来供人用的，是因为他们大有用处所以才给他们"真理"的美名的。我们所谓真理，原不过是人的一种工具，真理和我手里这张纸，这条粉笔，这块黑板，这把茶壶，是一样的东西；都是我们的工具。因为从前这种观念曾经发生功效，故从前的人叫他做"真理"；因为他的用处至今还在，所以我们还叫他做"真理"。万一明天发生他种事实，从前的观念不适用了，他就不是"真理"了，我们就该去找别的真理来代他了。譬如"三纲五伦"的话，古人认为真理，因为这种话在古时宗法的社会很有点用处。但是现在时势变了，国体变了，"三纲"便少了君臣一纲，"五伦"便少了君臣一伦。还有"父为子纲"、"夫为妻纲"两条，也不能成立。古时的"天经地义"现在变成废语了。有许多守旧的人觉得这是很可痛惜的。其实这有什么可惜？衣服破了，该换新的；这支粉笔写完了，该换一支；这个道理不适用了，该换一个。这是平常的道理，有什么可惜？"天圆地方"说不适用了，我们换上一个"地圆说"，有谁替"天圆地方"说开追悼会吗？

真理所以成为公认的真理，正因为他替我们摆过渡，做过媒。摆渡的船破了，再造一个。帆船太慢了，换上一只汽船。这个媒婆不行，打他一顿媒拳，赶他出去，另外请一位靠得住的朋友做大媒。

这便是实验主义的真理论。

但是人各有所蔽，就是哲学家也不能免。詹姆士是一个宗教家的儿子，受了宗教的训练，所以对于宗教的问题，总不免有点偏见，不能老老实实的用实验主义的标准来批评那些宗教的观念是否真的。譬如他说，"依实验主义的道理看来，如果'上帝'那个假设有满意的功用（此所谓'满意'乃广义的），那假设便是真的。"（P. 299）又说，"上帝的观念，……在实际上至少有一点胜过旁的观念的地方：这个观念许给我们一种理想的宇宙，永久保存，不致毁灭。……世界有个上帝在里面作主，我们便觉得一切悲剧都不过是暂时的，都不过是局部的，一切灾难毁坏都不是绝对没有翻身的。"（P. 106）最妙的是他的"信仰的心愿"论（The Will to Believe）。这篇议论太长了，不能引在这里，但是那篇议论中最重要又最有趣味的一个意思，他曾在别处常常提起，我且引来给大家看看。"我自己硬不信我们的人世经验就是宇宙里最高的经验了。我宁可相信我们人类对于全宇宙的关系就和我们的猫儿狗儿对于人世生活的关系一般。猫儿狗儿常在我们的客厅上书房里玩，他们也加入我们的生活，但他们全不懂得我们的生活的意义。我们的人世生活好比一个圆圈，他们就住在这个圆圈的正切线（Tangent）上，全不知道这个圆圈起于何处终于何处。我们也是如此。我们也住在这个全宇宙圆圈的正切线上。但是猫儿狗儿每日的生活可以证明他们有许多理想和我们相同，所以我们照宗教经验的证据看来，也很可相信比人类更高的神力是实有的，并且这些神力也朝着人类理想中的方向努力拯救这个世界。"（P. 300）

这就是他的宗教的成见。他以为这个上帝的观念，——这个有意志，和我们人类的最高理想同一方向进行的上帝观念，——能使我们人类安心满意，能使我们发生乐观，这就可以算他是真的了！这种理论，仔细看来，是很有害的。他在这种地方未免把他的实验主义的方法用错了。为什么呢？因为我们上文说过实验主义的方法须分作三层使用。第一，是用来定事物的意义。第二，定观念的意义。第三，定信仰的意义。须是事物和观念的意义已经明白确定了，方才可以用第三步方法。如今假定一个有意志的上帝，这个假设还只是一个观念，他的意义还不曾明白确定，所以不能用第三步方法，只可先用第二步方法，把这个观念当作一种工具，当作一张支票，看他在这自然大银行里是否有兑现的效力。这个"有意志的神力"的观念是一个宇宙论的假设，这张支票上写的是宇宙论的现款，不是宗教经验上的现款。我们拿了支票，该应先看他是否能解决宇宙论的问题。一切宇宙间的现状，如生存竞争的残忍，如罪恶痛苦的存在，都可以用这个假设来解决吗？如不能解决，这张支票便不能兑现。这个观念的意义便不曾确定。一个观念不曾经过第二步的经验，便不配算作信仰，便不配问他的真假在实际上发生什么区别。为什么呢？因为一张假支票在本银行里虽然支不出钱来，也许在不相干的小钱店里押一笔钱。那小钱店不曾把支票上的图章表记认明白，只顾贪一点小利，就胡乱押一笔钱出去。这不叫做"兑现"，这叫"外快"，这是骗来的钱。詹姆士不先把上帝这个观念的意义弄明白，却先用到宗教经验上去，回头又把宗教经验上所得的"外快"利益来冒充这个观念本身的价值。这就是他不忠于实验主义的所在了。（参看 Dewey, *Essays in Experimental Logic*, PP. 312 ～ 325）

（3）实在论。我们所谓"实在"（Reality）含有三大部分：（A）感觉，（B）感觉与感觉之间及意象与意象之间的种种关系，（C）旧有的真理。从前的旧派哲学都说实在是永远不变的。詹姆士一派人说实在是常常变的，是常常加添的，常常由我们自己改造的。上文所说实在的三部分之中，我们且先说感觉。感觉之来，就同大水汹涌，是不由我们自主的。但是我们各有特别的兴趣，兴趣不同，所留意的感觉也不同。因为我们所注意的部分不同，所以各人心目中的实在也就不同。一个诗人和一个植物学者同走出门游玩，那诗人眼里只见得日朗风轻，花明鸟媚；那植物学者只见得道旁长的是什么草，篱上开的是什么花，河边栽的是什么树。这两个人的宇宙是大不相同的。

再说感觉的关系和意象的关系。一样的满天星斗，在诗人的眼里和在天文学者的眼里，便有种种不同的关系。一样的两件事，你只见得时间的先后，我却见得因果的关系。一样的一篇演说，你觉得这人声调高低得宜，我觉得这人论理完密。一百个大钱，你可以摆成两座五十的，也可以摆成四座二十五的，也可以摆成十座十个的。

那旧有的真理更不用说了。总而言之，实在是我们自己改造过的实在。这个实在里面含有无数人造的分子。实在是一个很服从的女孩子，他百依百顺的由我们替他涂抹起来，装扮起来。"实在好比一块大理石到了我们手里，由我们雕成什么像。"宇宙是经过我们自己创造的工夫的。"无论知识的生活或行为的生活，我们都是创造的。实在的名的一部分，和实的一部分，都有我们增加的分子。"

这种实在论和理性派的见解大不相同。"理性主义以为实在是现成的，永远完全的；实验主义以为实在还正在制造之中，将来造到什么样子便是什么样子。"（P. 257）实验主义（人本主义）的宇宙是一篇未完的草稿，正在修改之中，将来改成怎样便怎样，但是永永没有完篇的时期。理性主义的宇宙是绝对平安无事的，实验主义的宇宙是还在冒险进行的。

这种实在论和实验主义的人生哲学和宗教观念都有关系。总而言之，这种创造的实在论发生一种创造的人生观。这种人生观詹姆士称为"改良主义"（Meliorism）。这种人生观也不是悲观的厌世主义，也不是乐观的乐天主义，乃是一种创造的"淑世主义"。世界的拯拔不是不可能的，也不是我们笼着手，抬起头来就可以望得到的。世界的拯救是可以做得到的，但是须要我们各人尽力做去。我们尽一分的力，世界的拯拔就赶早一分。世界是一点一滴一分一毫的长成的，但是这一点一滴一分一毫全靠着你和我和他的努力贡献。他说，

195

"假如那造化的上帝对你说：'我要造一个世界，保不定可以救拔的。这个世界要想做到完全无缺的地位，须靠各个分子各尽他的能力。我给你一个机会，请你加入这个世界。你知道我不担保这世界平安无事的。这个世界是一种真正冒险事业，危险很多，但是也许有最后的胜利。这是真正的社会互助的工作。你愿意跟来吗？你对你自己，和那些旁的工人，有那么多的信心来冒这个险吗？'

假如上帝这样问你，这样邀请你，你当真怕这世界不安稳竟不敢去吗？你当真宁愿躲在睡梦里不肯出头吗？"

这就是淑世主义的挑战书。詹姆士自己是要我们大着胆子接受这个哀的米敦书的。他很嘲笑那些退缩的懦夫，那些静坐派的懦夫。他说，"我晓得有些人是不愿意去的。他们觉得在那个世界里须要用奋斗去换平安，这是很没有道理的事。……他们不敢相信机会。他们想寻一个世界，要可以歇肩，可以抱住爸爸的头颈，就此被吸到那无穷极的生命里面，好像一滴水滴在大海里。这种平安清福，不过只是免去了人世经验的种种烦恼。佛家的涅槃其实只不过免过去了尘世的无穷冒险。那些印度人，那些佛教徒，其实只是一班懦夫，他们怕经验，怕生活。……他们听见了多元的淑世主义，牙齿都打战了，胸口的心也骇得冰冷了。"（PP. 291～293）詹姆士自己说，"我吗？我是愿意承认这个世界是真正危险的，是须要冒险的；我决不退缩，我决不说'我不干了！'"（P. 296）

这便是他的宗教。这便是他的实在论所发生的效果。

五、杜威哲学的根本观念

杜威（生于一八五九）是现在实验主义的领袖。他的著作很多，最重要的是 *The School and Society*，1899；*Studies in Logical Theory*，1903；*Influence of Darwin on Philosophy, and other Essays*，

1910；*How We Think*，1910；*Ethics*，（with Tufts），1909；*Essays in Experimental Logic*，1916；*Democracy and Education*，1916；*Creative Intelligence*，（with others），1917。他做的书都不很容易读，不像詹姆士的书有通俗的能力。但是在思想界里面，杜威的影响实在比詹姆士还大。有许多反对詹姆士的实验主义的哲学家，对于杜威都不能不表敬意。他的教育学说影响更大，所以有人称他做"教师的教师"（The Teacher of Teachers）。

杜威在哲学史上是一个大革命家。为什么呢？因为他把欧洲近世哲学从休谟（Hume）和康德（Kant）以来的哲学根本问题一齐抹煞，一齐认为没有讨论的价值。一切理性派与经验派的争论，一切唯心论和唯物论的争论，一切从康德以来的知识论，在杜威的眼里，都是不成问题的争论，都可"以不了了之"。杜威说，"智识上的进步有两条道路。有的时候，旧的观念范围扩大了，研究得更精密了，更细腻了，智识因此就增加了。有的时候，人心觉得有些老问题实在不值得讨论了，从前火一般热的意思现在变冷了，从前很关切的现在觉得不关紧要了。在这种时候，知识的进步不在于增添，在于减少；不在分量的增加，在于性质的变换。那些老问题未必就解决了，但是他们可以不用解决了。"（*Creative Intelligence*，P. 3）这就是我们中国人所讲的"以不了了之"。

杜威说近代哲学的根本大错误就是不曾懂得"经验"（Experience）究竟是个什么东西。一切理性派和经验派的争论，唯心唯实的争论，都只是由于不曾懂得什么叫做经验。他说旧派哲学对于"经验"的见解有五种错误：

（1）旧派人说经验完全是知识。其实依现在的眼光看来，经验确是一个活人对于自然的环境和社会的环境所起的一切交涉。

（2）旧说以为经验是心境的，里面全是"主观性"。其实经验只是一个物观的世界，走进人类的行为遭遇里面，受了人类的反动发生种种变迁。

（3）旧说于现状之外只是承认一个过去，以为经验的元素只是记

197

着经过了的事。其实活的经验是试验的，是要变换现有的物事；他的特性在于一种"投影"的作用，伸向那不知道的前途；他的主要性质在于连络未来。

（4）旧式的经验是专向个体的分子的。一切联络的关系都当作从经验外面侵入的，究竟可靠不可靠还不可知。但是我们若把经验当作应付环境和约束环境的事，那么经验里面便含有无数联络，无数贯串的关系。

（5）旧派的人把经验和思想看作绝相反的东西。他们以为一切推理的作用都是跳出经验以外的事。但是我们所谓经验里面含有无数推论。没有一种有意识的经验没有推论的作用。（PP. 7 ～ 8）

这五种区别，很是重要，因为这就是杜威的哲学革命的根本理由。既不承认经验就是知识，那么三百多年以来把哲学几乎完全变成认识论，便是大错了；那么哲学的性质，范围，方法，都要改变过了。既不承认经验是主观的，反过来既承认经验是人应付环境的事业，那么一切唯心唯实的争论都不成问题了。既不承认经验完全是细碎不联络的分子（如印象，意象，感情之类），反过来既承认联络贯串是经验本分内的事。那么一切经验派和理性派的纷争，连带休谟的怀疑哲学和康德那些支离繁碎的心法范畴，都可以丢在脑背后了。

最要紧的是第三第五两种区别。杜威把经验看作对付未来，预料未来，连络未来的事，又把经验和思想看作一件事。这是极重要的观念。照这种说法，经验是向前的，不是回想的；是推理的，不是完全堆积的；是主动的不是静止的，也不是被动的；是创造的思想活动，不是细碎的记忆账簿。

杜威受了近世生物进化论的影响最大，所以他的哲学完全带着生物进化学说的意义。他说"经验就是生活；生活不是在虚空里面的，乃是在一个环境里面的，乃是由于这个环境的。"（P. 8）"我们人手里的大问题，是：怎样对付外面的变迁才可使这些变迁朝着能于我们将来的活动有益的一个方向走。外境的势力虽然也有帮助我们的地方，但是人的生活决不是笼着手太太平平的坐享环境的供养。人不能不奋斗；不能不利用环境直接供给我们的助力，把来间接造成别种变迁。生活的进行全在能管理环境。生活的活动必须把周围的变迁一一变换过；必须使有害的势力变成无害的势力；必须使无害的势力变成帮助我们的势力。"（P. 9）

这就是杜威所说的"经验"。经验不是一本老账簿；经验乃是一个有孕的妇人；经验乃是现在的里面怀着将来的活动。简单一句话，"经验不光是知识，经验乃我对付物，物对付我的法子。"（P. 37）知识自然是重要的，因为知识乃是应付将来的工具。因为知识是重要的，所以古人竟把经验完全看作知识的事，还有更荒谬的人竟把知识当作看戏一样，把知识的心当作一个看戏的人对着戏台上穿红的进去穿绿的出来，毫没有关系，完全处于旁观的地位。这就错了。要知道知识所以重要，正因为他是一种应用的工具，是用来推测将来的经验的。人类的经验全是一种"应付的行为"（Responsive behavior）。凡是有意识的应付的行为都有一种特别性质与旁的应付不同；这种特性就是先见和推测的作用。这种先见之明引起选择去取的动作，这便是知识的意义。这种动作的成绩便可拿来评定那种先见的高下。

如此看来，可见思想的重要。杜威常引弥儿的话道，"推论乃是人生一大事。……只有这件事是人的心思无时无刻不做的。"他常说思想能使经验脱离无意识的性欲行为；能使人用已知的事物推测未知的事物；能使人利用现在预料将来；能使人悬想新鲜的目的，繁复丰富的效果；能使经验永远增加意义，扩张范围，开辟新天地。所以杜威一系的人把思想尊为"创造的智慧"（Creative Intelligence）。思想是人类应付环境的唯一工具，是人类创造未来新天地的工具，所以当得起"创造的智慧"这个尊号。

杜威说，"知识乃是一件人的事业，人人都该做的，并不是几个上流人或几个专门哲学家科学家所能独享的美术赏鉴力。"（P. 64）从前哲学的大病就是把知识思想当作了一种上等人的美术赏鉴力，与人生行为毫无关系；所以从前的哲学钻来钻去总跳不出"本体"、"现象"、"主观"、"外物"等等不成问题的争论。现在我们受了生物学的教训，就该老实承认经验就是生活，生活就是人与环境的交互行为，就是思想的作用指挥一切能力，利用环境，征服他，约束他，支配他，使生活的内容外域永远增加，使生活的能力格外自由，使生活的意味格外浓厚。因此，我们就该承认哲学的范围，万法，性质，都该有一场根本的大改革。这种改革，杜威不叫做哲学革命，他说这是"哲学的光复"（A Recovery of Philosophy）。他说，"哲学如果不弄那些'哲学家的问题'了，如果变成对付'人的问题'的哲学方法了，那时候便是哲学光复的日子到了。"（P. 65）

以上所说是杜威的哲学的根本观念。这些根本观念，总括起来，是（1）经验就是生活，生活就是对付人类周围的环境；（2）在这种应付环境的行为之中，思想的作用最为重要；一切有意识的行为都含有思想的作用；思想乃是应付环境的工具；（3）真正的哲学必须抛弃从前种种玩意儿的"哲学家的问题"，必须变成解决"人的问题"的方法。

这个"解决人的问题的哲学方法"又是什么呢？这个不消说得，自然是怎样使人能有那种"创造的智慧"，自然是怎样使人能根据现有的需要，悬想一个新鲜的将来，还要能创造方法工具，好使那个悬想的将来真能实现。

六、杜威论思想

杜威先生的哲学的基本观念是："经验即是生活，生活即是应付环境"；但是应付环境有高下的程度不同。许多蛆在粪窖里滚来滚去，滚上滚下；滚到墙壁，也会转弯子。这也是对付环境。一个蜜蜂飞进屋里打几个回旋，嗤的一声直飞向玻璃窗上，头碰玻璃，跌倒在地；他挣扎起来，还向玻璃窗上飞，这一回小心了，不致碰破头；他飞到玻璃上，爬来爬去，想寻一条出路：他的"指南针"只是光线，他不懂这光明的玻璃何以不同那光明的空气一样，何以飞不出去！这也是应付环境。一个人出去探险，走进一个无边无际的大树林里，迷了路，走不出来了。他爬上树顶，用千里镜四面观望，也看不出一条出路。他坐下来仔细一想，忽听得远远的有流水的声音；他忽然想起水流必定出山，人跟着水走，必定可以走出去。主意已定，他先寻到水边，跟着水走，果然走出了危险。这也是应付环境。以上三种应付环境，所以高下不同，正为智识的程度不同。蛆的应付环境，完全是无意识的作用；蜜蜂能用光线的指导去寻出路，已可算是有意识的作用了，但他不懂得光线有时未必就是出路的记号，所以他碰着玻璃就要窘了；人是有知识能思想的动物，所以他迷路时，不慌不忙的爬上树顶，取出千里镜，或是寻着溪流，跟着水路出去。人的生活所以尊贵，正为人有这种高等的应付环境的思想能力。故杜威的哲学基本观念是："知识思想是人生应付环境的工具。"知识思想是一种人生日用必不可少的工具，并不是哲学家的玩意儿和奢侈品。

总括一句话，杜威哲学的最大目的，只是怎样能使人类养成那种"创造的智慧"（Creative Intelligence），使人应付种种环境充分满意。换句话说，杜威的哲学的最大目的是怎样能使人有创造的思想力。

因为思想在杜威的哲学系统里占如此重要的地位，所以我现在介绍杜威的思想论。

思想究竟是什么呢？第一，戏台上说的"思想起来，好不伤惨人也"，那个"思想"是回想，是追想，不是杜威所说的"思想"。第二，平常人说的"你不要胡思乱想"，那种"思想"是"妄想"，也不是杜威所说的"思想"。杜威说的思想是用已知的事物作根据，由此推测出别种事物或真理的作用。这种作用，在论理学书上叫做"推论的作用"（Inference）。推论的作用只是从已知的物事推到未知的物事，有前者作根据，使人对于后者发生信用。这种作用，是有根据有条理的思想作用。这才是杜威所指的"思想"。这种思想有两大特性：（1）须先有一种疑惑困难的情境做起点。（2）须有寻思搜索的作用，要寻出新事物或新知识来解决这种疑惑困难。譬如上文所举那个在树林中迷了路的人，他在树林里东行西走，迷了方向寻不出路子：这便是一种疑惑困难的情境。这是第一个条件。那迷路的人爬上树顶远望，或取出千里镜四望，或寻到流水，跟水出山：这都是寻思搜索的作用。这是第二个条件。这两个条件都很重要。人都知"寻思搜索"是很重要的，但是很少人知道疑难的境地也是一个不可少的条件。因为我们平常的动作，如吃饭呼吸之类，多是不用思想的动作；有时偶有思想，也不过是东鳞西爪的胡思乱想。直到疑难发生时，方才发生思想推考的作用。有了疑难的问题，便定了思想的目的；这个目的便是如何解决这个困难。有了这个目的，此时的寻思搜索便都向着这个目的上去，便不是无目的的胡思乱想了。所以杜威说："疑难的问题，定思想的目的；思想的目的，定思想的进行。"

杜威论思想，分作五步说：（一）疑难的境地；（二）指定疑难之点究竟在什么地方；（三）假定种种解决疑难的方法；（四）把每种假定所涵的结果，一一想出来，看那一个假定能够解决这个困难；（五）证实这种解决使人信用；或证明这种解决的谬误，使人不信用。

（一）思想的起点是一种疑难的境地。——上文说过，杜威一派的学者认定思想为人类应付环境的工具。人类的生活若是处处没有障碍，时时方便如意，那就用不着思想了。但是人生的环境，常有更换，常有不测的变迁。到了新奇的局面，遇着不曾经惯的物事，从前那种习惯的生活方法都不中用了。譬如看中国白话小说的人，看到正高兴的时候，忽然碰着一段极难懂的话，自然发生一种疑难。又譬如上文那个迷了路的人，走来走去，走不出去：平时的走路本事，都不中用了。到了这种境地，我们便寻思："这句书怎么解呢？""这个大树林的出路怎么寻得出呢？""这件事怎么办呢？""这便如何是好呢？"这些疑问便是思想的起点。一切有用的思想，都起于一个疑问符号。一切科学的发明，都起于实际上或思想界里的疑惑困难。宋朝的程颐说，"学原于思"。这话固然不错，但是悬空讲"思"，是没有用的。他应该说，"学原于思，思起于疑。"疑难是思想的第一步。

（二）指定疑难之点究竟在何处。——有些疑难是很容易指定的，例如上文那个人迷了路，他的问题是怎么寻一条出险的路子，这是很容易指定的。但是有许多疑难，我们虽然觉得是疑难，但一时不容易指定究竟那一点是疑难的真问题。我且举一个例。《墨子·小取篇》有一句话："辟（譬）也者，举也物而以明之也。"初读的时候，我们觉得"举也物"三个字不可解，是一种疑难。毕沅注《墨子》径说这个"也"字是衍文，删了便是了。王念孙读到这里，觉得毕沅看错疑难的所在了。因为这句话里的真疑难不在一个"也"字的多少，乃在研究这个地方既然跑出一个"也"字来，究竟这个字可以有解说没有解说。如果先断定这个"也"字是衍文，那就近了武断，不是科学的思想了。这一步的工夫，平常人往往忽略过去，以为可以不必特别提出。（看《新潮》杂志第一卷第四号汪敬熙君的《什么是思想》。）杜威以为这一步是很重要的。这一步就同医生的"脉案"，西医的"诊断"，一般重要。你请一个医生来看病，你先告诉他，说你有点头痛，发热，肚痛，……你昨天吃了两只螃蟹，又喝了一杯冰忌令，大概是伤了食。这是你胡乱猜想的话，不大靠得住。那位医生如果是一位好医生，他一定不睬你说的什么。他先看你的舌苔，把你的脉，看你的气色，问你肚子那一块作痛，大便如何，看你的热度如何，……然后下一个"诊断"，断定你的病究竟在什么地方。若不如此，他便是犯了武断不细心的大毛病了。

（三）提出种种假定的解决方法。——既经认定疑难在什么地方了，稍有经验的人，自然会从所有的经验，知识，学问里面，提出种种的解决方法。例如上文那个迷路的人要有一条出路，他的经验告诉他爬上树顶去望望看，这是第一个解决法。这个法子不行，他又取出千里镜，四面远望，这是第二个解决法。这个法子又不行，他的经验告诉他远远的花郎花郎的声音是流水的声音；他的学问又告诉他说，水流必有出路，人跟着水行必定可以寻一条出路。这是第三个解决法。这都是假定的解决。又如上文所说《墨子》"辟也者，举也物而以明之也"一句。毕沅说"也物"的也是衍文，这是第一个解决。王念孙说"也"字当作"他"字解；"举也物"即是"举他物"：这是第二个解决。——这些假定的解决，是思想的最要紧的一部分，可以算是思想的骨干。我们说某人能思想，其实只是说某人能随时提出种种假定的意思来解决所遇着的困难。但是我们不可忘记，这些假设的解决，都是从经验学问上生出来的。没有经验学问，决没有这些假定的解决。

有了学问，若不能随时发生解决疑难的假设，那便成了吃饭的书橱，有学问等于无学问。经验学问所以可贵，正为他们可以供给这些假设的解决的材料。

（四）决定那一种假设是适用的解决。——有时候，一个疑难的问题能引起好几个假设的解决法。即如上文迷路的例，有三种假设；一句《墨子》有两种解法。思想的人，遇着几种解决法发生时，应该把每种假设所涵的意义，一一的演出来：如果用这一种假设，应该有什么结果呢？这种结果是否能解决所遇的疑难？如果某种假设，比较起来最能解决困难，我们便可采用这种解决？例如《墨子》的"举也物"一句，毕沅的假设是删去"也"字，如果用这个假设，有两层结果：第一，删去这个字，成了"举物而以明之也"，虽可以勉强讲得通，但是牵强得很；第二，校勘学的方法，最忌"无故衍字"，凡衍一字必须问当初写书的人，何以多写了一个字；我们虽可以说抄《墨子》的人因上下文都有"也"字，所以无心中多写了一个"也"字，但是这个"也"字是一个煞尾的字，何以在句中多出这个字来？如此看来，毕沅的假设虽可勉强解说，但是总不能充分满意。再看王念孙的解说，把"也"字当作"他"字，这也有两层结果：第一，"举他物而以明之也"，举他物来说明此物，正是"譬"字的意义；第二，他字本作它，古写像也字，故容易互混；既可互混，古书中当不止这一处；再看《墨子》书中，如《备城门》篇，如《小取》篇的"无也故焉"，"也者同也"，都是他字写作也字。如此看来，这个假定解决的涵义果然能解决本文的疑难，所以应该采用这个假设。

（五）证明。——第四步所采用的解决法，还只是假定的，究竟是否真实可靠，还不能十分确定，必须有实地的证明，方才可以使人信仰；若不能证实，便不能使人信用，至多不过是一个假定罢了。已证实的假设，能使人信用，便成了"真理"。例如上文所举《墨子》书中，"举也物"一句，王念孙能寻出"无也故焉"和许多同类的例，来证明《墨子》书中"他"字常写作"也"字，这个假设的解决便成了可信的真理了。又如那个迷路的人，跟着水流，果然出了险，他那个假设便成了真正适用的解决法了。这种证明比较是很容易的。有时候，一种假设的意思，不容易证明，因为这种假设的证明所需要的情形平常不容易遇着，必须特地造出这种情形，方才可以试验那种假设的是非。凡科学上的证明，大概都是这一种，我们叫做"实验"。譬如科学家葛理赖（Galileo）观察抽气筒能使水升高至三十四尺，但是不能再上去了。他心想这个大概是因为空气有重量，有压力，所以水不能上去了。这是一个假设，不曾证实。他的弟子佗里杰利（Torricelli）心想如果水的升至三十四英尺是空气压力所致，那么，水银比水重十三又十分之六倍，只能升高到三十英寸。他试验起来，果然不错。那时葛理赖已死了。后来又有一位哲学家柏斯嘉（Pascal）心想如果佗里杰利的气压说不错，那么，山顶上的空气比山脚下的空气稀得多，拿了水银管子上山，水银应该下降。所以他叫他的亲戚拿了一管水银走上劈得东山，水银果然逐渐低下，到山顶时水银比平地要低三寸。于是从前的假设，真成了科学的真理了。思想的结果到了这个地步，不但可以解决面前的疑难，简直是发明真理，供以后的人大家受用，功用更大了。

以上说杜威分析思想的五步。这种说法，有几点很可特别注意。（1）思想的起点是实际上的困难，因为要解决这种困难，所以要思想；思想的结果，疑难解决了，实际上的活动照常进行；有了这一番思想作用，经验更丰富一些，以后应付疑难境地的本领就更增长一些。思想起于应用，终于应用；思想是运用从前的经验，来帮助现在的生活，更预备将来的生活。（2）思想的作用，不单是演绎法，也不单是归纳法；不单是从普通的定理里面演出个体的断案，也不单是从个体的事物里面抽出一个普遍的通则。看这五步，从第一步到第三步，是偏向归纳法的，是先考察眼前的特别事实和情形，然后发生一些假定的通则；但是从第三步到第五步，是偏向演绎法的，是先有了通则，再把这些通则所涵的意义一一演出来，有了某种前提，必然要有某种结果；更用直接或间接的方法，证明某种前提是否真能发生某种效果。懂得这个道理，便知道两千年来西洋的"法式的论理学"（Formal Logic）单教人牢记 AEIO 等等法式和求同求异等等细则，都不是训练思想力的正当方法。思想的真正训练，是要使人有真切的经验来作假设的来源；使人有批评判断种种假设的能力；使人能造出方法来证明假设的是非真假。

杜威一系的哲学家论思想的作用，最注意"假设"。试看上文所说的五步之中，最重要的就是第三步。第一步和第二步的工夫只是要引起这第三步的种种假设；以下第四第五两步只是把第三步的假设演绎出来，加上评判，加上证验，以定那种假设是否适用的解决法。这第三步的假设是承上启下的关键，是归纳法和演绎法的关头。我们研究这第三步，应该知道这一步在临时思想的时候是不可强求的；是自然涌上来，如潮水一样，压制不住的；他若不来时，随你怎样搔头抓耳，挖尽心血，都不中用。假使你在大树林里迷了路，你脑子里熟读的一部穆勒《名学》或陈文《名学讲义》，都无济于事，都不能供给你"寻着流水，跟着水走出去"的一个假设的解决。所以思想训练的着手工夫在于使人有许多活的学问知识。活的学问知识的最大来源在于人生有意识的活动。使活动事业得来的经验，是真实可靠的学问知识。这种有意识的活动，不但能增加我们假设意思的来源，还可训练我们时时刻刻拿当前的问题来限制假设的范围，不至于上天下地的胡思乱想。还有一层，人生实际的事业，处处是实用的，处处用效果来证实理论，可以养成我们用效果来评判假设的能力，可以养成我们的实验的态度。养成了实验的习惯，每起一个假设，自然会推想到他所涵的效果，自然会来用这种推想出来的效果来评判原有的假设的价值。这才是思想训练的效果，这才是思想能力的养成。

[参考书]

Dewey: *How We Think*, Chapters Ⅰ, Ⅱ, Ⅲ, Ⅵ, Ⅶ, Ⅻ.

又 *Democracy and Education*, Chapter XXV.

民国八年春间演稿，七月一日改定稿

（1919 年 7 月 1 日）

从历史上看哲学是什么

这个题目很重要。从人类历史上看哲学是什么，一方面要修正我在《中国哲学史》上卷里所下哲学的定义，一方面要指示给学哲学的人一条大的方向，引起大家研究的兴味。

我在今年一二月《晨报副刊》上发表杜威先生哲学改造的论文，今天所讲，大部分是根据杜威先生的学说。他的学说原是用来解释西洋哲学的，但杜威先生是一个实验主义者，他的学说要能够解释中国或印度的哲学思想，才能算是成立。

杜威先生的意思，以为哲学的来源，是人类最初的历史传说、跳舞、诗歌、迷信等等幻想的材料，经过两个时期才成为哲学。

（一）整齐统一的时期　传说、神话变成了历史，跳舞、诗歌变成了艺术，迷信变成了宗教，个人的想象与暗示，跟了一定法式走，无意识的习惯与有意识的褒

207

贬，合成一种共同的风尚，造成了种种制度仪节。

（二）冲突调和的时期　人类渐渐进步，经验多了，事实的知识分量增加范围扩大，于是幻想的礼俗及迷信传统的学说，与实证的人生日用的常识，起了冲突，因而批评的调和的哲学发生。例如希腊哲人（Sophist）之勃兴，便是西洋哲学的起原。Sophist 对于一切怀疑，一切破坏，当时一般人颇发生反感，斥哲人为诡辩，为似是而非。Sophist 一字，至今成了恶名。有人觉得哲人过于激烈，应将传统的东西保存一部分，如 Socrates 辈。但社会仍嫌他过激，法庭宣告他的死刑。后来经过拍拉图、亚里士多德等的调和变化，将旧信仰洗刷一番。加上些论理学、心理学等等，如卫道护法的工具，于是成了西洋的正统哲学。

归纳起来说，正统哲学有三大特点：

（1）调和新旧思想，替旧思想旧信仰辩护。带一点不老实的样子。

（2）产生辨证的方法，造成论理的系统，其目的在护法卫道。

（3）主张二元的世界观，一个是经验世界，一个是超经验的世界。在现实世界里不能活动的，尽可以在理想世界里玩把戏。

现在要拿杜威先生关于正统哲学的解释，来看是否适用于中国。我研究的结果，觉得中国哲学完全可以适用杜威的学说。

中国古代的正统哲学是儒墨两大派，中古时代是儒教，近世自北宋至今是宋明理学，尤其是程朱的理学。

现在分论古代、中古、近世三期。

中国古代的哲学原料，诗歌载在《诗经》，卜筮迷信载在《易经》，礼俗仪容载在《礼记》，历史传说载在《尚书》。在西历纪元前二千五百年，初民思想已经过一番整齐统一。一切旧迷信的旧习惯传说已成了经典。

纪元前五六百年老子、孔子等出，正当新旧思潮冲突调和的时期，古代正统哲学才算成立。老子是旧思想的革命家，过激党，攻击旧文化，攻击当时政治制度。古代以天为有意志有赏罚，而老子说天地不仁，将有意志的天变为无往而不在，无为而无不为的天，是一个自然主义的天道观。老子这样激烈的态度，自然为当世所不容，他很高明，所以自行隐遁。邓析比老子更激烈，致招杀身之祸，没有书籍流传后世，可见当时两种思想冲突的厉害。

于是调和论出来了。孔子一方面承认自然主义的天道观，他说："天何言哉？四时行焉，百物生焉，天何言哉？"一方面又承认有鬼神。他说："敬鬼神而远之"，"祭如在，祭神如神在。""洋洋乎如在其上，如在其左右。"他总舍不得完全去掉旧信仰，舍不得完全去掉传统的宗教态度，但在一般人看来，他仍然是偏向革命党。偏向革命党的苏格拉底不免于死刑，偏向革命党的孔子不免厄于陈蔡，终身栖栖皇皇。这是第一派的调和论。

第二派的调和论是墨子。墨子明白提倡有鬼，有意志的天，非命，完全容纳旧迷信，完全是民间宗教的原形。但究竟旧思想经过动摇，不容易辩护，于是不得不发明辨证的方法，以逻辑为武器。我们看他用逻辑最多的地方，是《明鬼》和《非命》两篇。他提出论辨的三个标准：

甲、我们曾经耳闻目见否

乙、古人说过没有

丙、有用没有用

譬如说有鬼，第一，曾经有人看见过鬼，或听见鬼叫的；第二，古书上载鬼的地方很不少，故古人是相信有鬼的；第三，我们相信有鬼，则我们敬爱的人死了，我们尚可得到安慰，且而可以少作坏事，信鬼有利无弊是有用的。因此墨子是当时的正统哲学。

中古时代之整齐统一期分两个步骤：第一步是秦时，李斯别黑白，定一尊；第二步是汉初，宗教迷信统一于长安，秦巫晋巫各代表一个民间宗教。汉武封泰山，禅梁文，一般方士术士都来了。这是道教与古供迷信冲突时期。

带上儒家帽子的墨教出来调和，便是董仲舒所创之新儒教。以天人感应为基本观念，替民间宗教作辩护，可谓古代迷信传说之复活。故中古期的正统哲学是新儒教。

从东汉到北宋，儒释道三教都来了，没有十分冲突。唐时以老子姓李，道教几乎成为国教，到了北宋真宗，崇道教，拜天书，封禅老子庙。道教之盛，达于极点，以至仁宗神宗时代，产生了许多怀疑派。如欧阳修、苏轼、王安石、李觏等，对于思想制度古书都怀疑，对于迷信的道教是一种反动，对于极端个人主义的禅宗是一种调和。于是在古代诸大思想系统中找出儒家，以五经为旧经典，四书为新经典。《大学》里找出方法论，《中庸》里找出心理学。静坐不是学佛，是求敬，是注意，是为自己的修养，故自北宋以来，正统哲学是理学。理学调和的分子极多，以儒家为根据，容纳道家佛家一部分思想，且兼容古代的宗教，为涵养须用敬之"敬"，完全是宗教的态度。

结论　我所以讲这个题目，是要使大家知道，无论以中国历史或西洋历史上看，哲学是新旧思想冲突的结果。而我们研究哲学，是要教哲学当成应付冲突的机关。现在梁漱溟、梁任公、张君劢诸人所提倡的哲学，完全迁就历史的事实，是中古时代八百年所遗留的传统思想，宗教态度，以为这便是东方文明。殊不知西洋中古时代也有与中国同样的情形，注重内心生活，并非中国特有的，所以我们要认清楚哲学是什么，研究哲学的职务在那里，才能寻出一条大道。这是我们研究哲学的人应有的觉悟。

（1925 年，《国闻周报》第 2 卷 20 期）

中国哲学的线索

我平日喜欢做历史的研究，所以今天讲演的题目，是《中国哲学的线索》。这个线索可分两层讲。一时代政治社会状态变迁之后，发生了种种弊端，则哲学思想也就自然发生，自然变迁，以求改良社会上、政治上种种弊端。所谓时势生思潮，这是外的线索。外的线索是很不容易找出来的。内的线索，是一种方法——哲学方法，外国名叫逻辑 Logic（吾国原把逻辑翻作论理学或名学。逻辑原意不是名学和论理学所能包含的，故不如直译原字的音为逻辑）。外的线索只管变，而内的线索变来变去，终是逃不出一定的径路的。今天要讲的，就专在这内的方法。

中国哲学到了老子和孔子时候，才可当得"哲学"两个字。老子以前，不是没有思想，没有系统的思想；大概多是对于社会上不安宁的情形，发些牢骚语罢了。如《诗经》上说："苕之华，其叶青青。知我如此，不如无生。"这种话是表示对于时势不满意的意思。到了西历前第六世纪时，思想家才对于社会上和政治上，求根本弊端所在。而他们的学说议论终是带有破坏的、批评的、革命的性质。老子根本上不满意当时的社会、政治、伦理、道德。原来人人多信"天"是仁的，而他偏说："天地不仁，以万物为刍狗。"天是没有意思的，不为人类做好事的。他又主张废弃仁义，入于"无为而无不为"的境界。这种极破坏的思想，自然要引起许多反抗。孔子是老子的门徒或是朋友。他虽不满意于当时风俗制度以及事事物物，可是不取破坏的手段，不主张革命。他对于第一派是调和的、修正的、保守的。老子一派对于社会上无论什么政治、法律、宗教、道德，都不要了，都要推翻他，取消他。孔子一派和平一点，只求修正当时的制度。中国哲学的起点，有了这两个系统出来之后，内的线索——就是方法——继续变迁，却逃不出这两种。

老子的方法是无名的方法。《老子》第一句话就说："名可名，非常名；道可道，非常道。"他知道"名"的重要，亦知道"名"的坏处，所以主张"无名"。名实二字在东西各国哲学史上都很重要。"名"是共相（Universal），亦就是普通性。"实"是"自相"，亦就是个性。名实两观念代表两大问题。从思想上研究社会的人，一定研究先从社会下手呢，还从个人下手？换句话讲，是先决个性，还是先决普遍之问题？"名"的重要可举例明之。譬如诸君现在听讲，忽然门房跑来说——张先生，你的哥哥来了。这些代表思想的语言文字就是"名"。——倘使没有这些"名"，他不能传达他的意思，诸君也无从领会他的意思，彼此就很觉困难了。简单的知识，非"名"无从表他，复杂的格外要藉"名"来表示他。"名"是知识上的问题，没有"名"便没有"共相"。而老子反对知识，便反对"名"，反对言语文字，都要一个个的毁灭他。毁灭之后，一切人都无知无识，没有思想。没有思想，则没有欲望。没欲望，则不"为非作恶"，返于太古时代浑朴状态了。这第一派的思想，注重个性而毁弃普遍。所以他说："天下皆知美之为美，斯恶矣；皆知善之为善，斯不善矣。"美和不美都是相对的，有了这个，便有那个。这个那个都不要，都取消，便是最好。这叫做"无名"的方法。

孔子出世之后，亦看得"名"很重要。不过他以为与其"无名"，不如"正名"。《论语·子路篇》说：

> 子路曰：卫君待子而为政，子将奚先？子曰：必也正名乎。子路曰：有是哉！子之迂也！奚其正？子曰：野哉由也！君子于其所不知，盖阙如也。名不正，则言不顺。言不顺，则事不成。事不成，则礼乐不兴。礼乐不兴，则刑罚不中。刑罚不中，则民无所措手足。

孔子以为"名"——语言文字——是不可少的，只要把一切文字、制度，都回复到他本来的理想标准，例如："政者，正也。""仁者，人也。"他的理想的社会，便是"君君、臣臣、父父、子子"。做父亲的要做到父亲的理想标准，做儿子的亦要做到儿子的理想标准。社会上事事物物，都要做到这一步境地。倘使君不君、臣不臣、父不父、子不子，则君、臣、父、子都失掉本来的意义了。怎样说"名不正，则言不顺"呢？"言"是"名"组成的，名字的意义，没有正当的标准，便连话都说不通了。孔子说："觚不觚，觚哉觚哉！"觚是有角的形，故有角的酒器，叫做"觚"。后来把觚字用泛了，没有角的酒器亦叫做"觚"。所以孔子说："现在觚没有角了，这还是觚吗？这还是觚吗？"不是觚的都叫做觚，这就是"言不顺"。现在通用的小洋角子，明明是圆的，偏叫他"角"，也是同样的道理。语言文字（名）是代表思想的符号。语言文字没有正确的意义，便没有公认的是非真假的标准。要建设一种公认的是非真假的标准，所以他主张"正名"。老子主"无名"，孔子主"正名"。此后思想，凡属老子一派的，便要推翻一切制度，注重个人的发展。属孔子一派的，便要讲究制度文物，压抑个人。

第三派的墨子，见于前两派太趋于极端了，一个注重"名"，一个不注重"名"，都在"名"上面用功夫。"名"是实用的，不是空虚的，口头的。他说：

> 今瞽者曰："钜者，白也。黔者，黑也。"虽明目者无以易

之。兼白黑，使瞽取焉，不能知也。故我曰："瞽者不知白黑
者，非以其名也，以其取也。"

"取"，就是实际上的去取，辨别。瞎子虽不曾见过白黑，小会说
白黑的界说。要到了实际上应用的时候，才知道口头的界说，是没有
用的。许多高谈仁义道德的人也是如此。分别义利，辨入毫末，及事
到临头，则便手足无措。所以墨子不主张空虚的"名"，而汪重实际的
应用。墨子这一派，不久就灭了。而他的思想和主义则影响及于各家。
遗存下来的，却算孔子一派是正宗。老子一派亦是继续不断。如杨朱
有"名无实，实无名。名者伪而已"等话，亦很重要。到了三国魏晋
时代，便有嵇康那一般人，提倡个人，推翻礼法，宋明陆象山和王阳
明那班人，无形中都要取消"名"。就是清朝的谭嗣同等思想，亦是这
样，亦都有无名的趋向。正统派的孔子重"名"，重礼制，所以后来的
孟子、荀子和董仲舒这一班人，亦是要讲礼法、制度。内部的线索有
这两大系统。

还有一派近代的思想。九百多年前，宋朝的儒家，想把历代儒家
相传的学说，加上了佛家、禅宗和道家的思想，另成一种哲学。他们
表面上要挂孔子的招牌，不得不在儒家的书里头找些方法出来。他们
就找出来一本《大学》。《大学》是本简单的书，但讲的是方法。他上
面说："致知在格物"。格物二字就变为中国近世思想的大问题。程朱
一派解"格物"是到物上去研究物理。物必有理，要明物理，须得亲
自到物的本身上去研究。今天格一物，明天格一物，今天格一事，明
天格一事，天下的事物，都要一个个的去格他。等到后米，知识多了，
物的理积得多了，便一旦豁然贯通。陆象山一派反对这种办法，以为
这种办法很笨。只要把自己弄好了，就是"格物"。所以他主张："吾心
即是万物，万物即是吾心。"物的理都在吾的心中，能明吾心，就是明
万物。吾心是万物的权衡，不必要像朱子那么样支支离离的格物。这
种重视个性发展自我的思想，到王阳明格外的明了。阳明说：他自己本
来信格物是到物上去格的。他有一位朋友去格一枝竹，格了五天，病
起来了。他就对这位朋友讲：你不能格，我自己去格。格了七天，也

214

病了。因此，他不信格物是到物上去格。物的理在心中，所以他特别地揭出"良知"二字来教人。把良知弄好了，弄明白了，善的就是善，恶的就是恶，是的还他是，非的还他非，天下事物都自然明白了。程朱和陆王这两派支配九百余年的思想，中间"格物"的解说有七八十种；而实际上还是"名"和"实"的嫡派，不过改变他们的方向罢了。格物还是从内起呢，还是从外起？

　　思想必依环境而发生，环境变迁了，思想一定亦要变迁。无论什么方法，倘不能适应新的要求，便有一种新方法发生，或是调和以前的种种方法，来适应新的要求。找出方法的变迁，则可得思想的线索。思想是承前启后，有一定线索，不是东奔西走，全无纪律的。

（1921 年在商务印书馆开办的国语讲习所的讲演）

《科学与人生观》序

亚东图书馆主人汪孟邹先生，近来把散见国内各种杂志上的讨论科学与人生观的文章搜集印行，总名为《科学与人生观》。我从烟霞洞回到上海时，这部书已印了一大半了。孟邹要我做一篇序。我觉得，在这回空前的思想界大笔战的战场上，我要算一个逃兵了。我在本年三四月间，因为病体未复原，曾想把《努力周报》停刊，当时丁在君先生极不赞成停刊之议，他自己做了几篇长文，使我好往南方休息一会。我看了他的《玄学与科学》，心里很高兴，曾对他说，假使《努力》以后向这个新方向去谋发展，——假使我们以后为科学作战，——《努力》便有了新生命，我们也有了新兴趣，我从南方回来，一定也要加入战斗的。然而我来南方以后，一病就费去了六个多月的时间，在病中我只做了一篇很不庄重的《孙行者与张君劢》，此外竟不曾加入一拳一脚，岂不成了一个逃兵了？我如何敢以逃兵的资格来议论战场上各位武士的成绩呢？

但我下山以后，得遍读这次论战的各方面的文章，究竟忍不住心痒手痒，究竟不能不说几句话。一来呢，因为论战的材料太多，看这部大书的人不免有"目迷五色"的感觉，多作一篇综合的序论也许可以帮助读者对于论点的了解。二来呢，有几个重要的争点，或者不曾允分友挥，或者被埋没在这二十五万字的大海里，不容易引起读者的注意，似乎都有特别点出的需要。因此，我就大胆地作这篇序了。

（一）

这三十年来，有一个名词在国内几乎做到了无上尊严的地位；无论懂与不懂的人，无论守旧和维新的人，都不敢公然对他表示轻视或戏侮的态度。那个名词就是"科学"。这样几乎全国一致的崇信，究竟有无价值，那是另一问题。我们至少可以说，自从中国讲变法维新以来，没有一个自命为新人物的人敢公然毁谤"科学"的，直到民国八九年间梁任公先生发表他的《欧游心影录》，科学方才在中国文字里正式受了"破产"的宣告。梁先生说：

> ……要而言之，近代人因科学发达，生出工业革命，外部生活变迁急剧，内部生活随而动摇，这是很容易看得出的。……依着科学家的新心理学，所谓人类心灵这件东西，就不过物质运动现象之一种。……这些唯物派的哲学家，托庇科学宇下建立一种纯物质的纯机械的人生观。把一切内部生活外部生活都归到物质运动的"必然法则"之下。……不惟如此，他们把心理和精神看成一物，根据实验心理学，硬说人类精神也不过一种物质，一样受"必然法则"所支配。于是人类的自由意志不得不否认了。意志既不能自由，还有什么善恶的责任？……现今思想界最大的危机就在这一点。宗教和旧哲学既已被科学打得个旗靡帜乱，这位"科学先生"便自当仁不让起来，要凭他的试验发明个宇宙新大原理。却

是那大原理且不消说，敢是各科的小原理也是日新月异，今日认为真理，明日已成谬见。新权威到底树立不来，旧权威却是不可恢复了。所以全社会人心，都陷入怀疑沉闷畏惧之中，好像失了罗针的海船遇着风雾，不知前途怎生是好。既然如此，所以那些什么乐利主义、强权主义愈发得势。死后既没有天堂，只好尽这几十年尽情地快活，善恶既没有责任，何妨尽我的手段来充满我个人的欲望。然而享用的物质增加速率，总不能和欲望的升腾同一比例，而且没有法子令他均衡。怎么好呢？只有凭自己的力量自由竞争起来，质而言之，就是弱肉强食。近年来什么军阀，什么财阀，都是从这条路产生出来。这回大战争，便是一个报应。……

总之，在这种人生观底下，那么千千万万人前脚接后脚的来这世界走一趟住几十年，干什么呢？独一无二的目的就是抢面包吃。不然就是怕那宇宙间物质运动的大轮子缺了发动力，特自来供给他燃料。果真这样，人生还有一毫意味，人类还有一毫价值吗？无奈当科学全盛时代，那主要的思潮，却是偏在这方面，当时讴歌科学万能的人，满望着科学成功，黄金世界便指日出现。如今功总算成了，一百年物质的进步，比从前三千年所得还加几倍。我们人类不惟没有得着幸福，倒反带来许多灾难。好像沙漠中失路的旅人，远远望见个大黑影，拼命往前赶，以为可以靠他向导，那知赶上几程，影子却不见了，因此无限凄惶失望。影子是谁，就是这位"科学先生"。欧洲人做了一场科学万能的大梦，到如今却叫起科学破产来。（《梁任公近著》第一辑上卷，页一九——二三。）

梁先生在这段文章里很动情感地指出科学家的人生观的流毒：他很明显地控告那"纯物质的纯机械的人生观"把欧洲全社会"都陷入怀疑沉闷畏惧之中"，养成"弱肉强食"的现状，——"这回大战争，便是一个报应"。他很明白地控告这种科学家的人生观造成"抢面包吃"的社会，使人生没有一毫意味，使人类没有一毫价值，没有给人类带来幸福，"倒反带来许多灾难"，叫人类"无限凄惶失望"。梁先生要说的是欧洲"科学破产"的喊声，而他举出的却是科学家的人生观的罪状；梁先生撷拾了一些玄学家诬蔑科学人生观的话头，却便加上了"科学破产"的恶名。

梁先生后来在这一段之后，加上两行自注道：

读者切勿误会，因此菲薄科学，我绝不承认科学破产，不过也不承认科学万能罢了。

然而谣言这件东西，就同野火一样，是易放而难收的。自从《欧游心影录》发表之后，科学在中国的尊严就远不如前了。一般不曾出国门的老先生很高兴地喊着，"欧洲科学破产了！梁任公这样说的。"我们不能说梁先生的话和近年同善社、悟善社的风行有什么直接的关系；但我们不能不说梁先生的话在国内确曾替反科学的势力助长不少的威风。梁先生的声望，梁先生那枝"笔锋常带情感"的健笔，都能使他的读者容易感受他的言论的影响。何况国中还有张君劢先生一流人，打着柏格森、倭铿、欧立克……的旗号，继续起来替梁先生推波助澜呢？

我们要知道，欧洲的科学已到了根深蒂固的地位，不怕玄学鬼来攻击了。几个反动的哲学家，平素饱餍了科学的滋味，偶尔对科学发几句牢骚话，就像富贵人家吃厌了鱼肉，常想尝尝咸菜豆腐的风味：这种反动并没有什么大危险。那光焰万丈的科学，决不是这几个玄学鬼摇撼得动的。一到中国，便不同了。中国此时还不曾享着科学的赐福，更谈不到科学带来的"灾难"。我们试睁开眼看看：这遍地的乩坛道院，这遍地的仙方鬼照相，这样不发达的交通，这样不发达的实业，——我们那里配排斥科学？至于"人生观"，我们只有做官发财的人生观，只有靠天吃饭的人生观，只有求神问卜的人生观，只有《安士全书》的人生观，只有《太上感应篇》的人生观——中国人的人生观还不曾和科学行见面礼呢！我们当这个时候，正苦科学的提倡不够，正苦科学的教育不发达，正苦科学的势力还不能扫除那迷漫全国的乌烟瘴气，——不料还有名流学者出来高唱"欧洲科学破产"的喊声，出来把欧洲文化破产的罪名归到科学身上，出来菲薄科学，历数科学家的人生观的罪状，不要科学在人生观上发生影响！信仰科学的人看了这种现状，能不发愁吗？能不大声疾呼出来替科学辩护吗？

这便是这一次"科学与人生观"的大论战所以发生的动机。明白了这个动机，我们方才可以明白这次大论战在中国思想史上占的地位。

<h1 style="text-align:center">（二）</h1>

张君劢的《人生观》原文的大旨是：

> 人生观之特点所在，曰主观的，曰直觉的，曰综合的，曰自由意志的，曰单一性的。惟其有此五点，故科学无论如何发达，而人生观问题之解决，决非科学所能为力，惟赖诸人类之自身而已。

君劢叙述那五个特点时，处处排斥科学，处处用一种不可捉摸的语言——"是非各执，绝能施以一种试验""无所谓定义，无所谓方法，皆其身良心之所命起而主张之""若强为分析，则必失其真义""皆出于良心之自动，而决非有使之然者"。这样一个大论战，却用一篇处处不可捉摸的论文作起点，这是一件大不幸的事。因为原文处处不可捉摸，故驳论与反驳都容易跳出本题。战线延长之后，战争的本意反不很明白了。（我常想，假如当日我们用了梁任公先生的《科学万能之梦》一篇作讨论的基础，我们定可以使这次论争的旗帜格外鲜明，——至少可以免去许多无谓的纷争。）我们为读者计，不能不把这回论战的主要问题重说一遍。

君劢的要点是"人生观问题之解决，决非科学所能为力"。我们要答覆他，似乎应该先说明科学应用到人生观问题上去，会产生什么样子的人生观；这就是说，我们应该先叙述"科学的人生观"是什么，然后讨论这种人生观是否可以成立，是否可以解决人生观的问题，是否像梁先生说的那样贻祸欧洲，流毒人类。我总观这二十五万字的讨论，终觉得这一次为科学作战的人——除了吴稚晖先生——都有一个共同的错误，就是不曾具体地说明科学的人生观是什么，却去抽象地力争科学可以解决人生观的问题。这个共同错误的原因，约有两种：第一，张君劢的导火线的文章内并不曾像梁任公那样明白指斥科学家的人生观，只是笼统地说科学对于人生观问题不能为力。因此，驳论与反驳论的文章也都走上那"可能与不可能"的笼统讨论上去了。例如丁在君的《玄学与科学》的主要部分只是要证明：

> 凡是心理的内容，真的概念推论，无一不是科学的材料。

然而他却始终没有说出什么是"科学的人生观"。从此以后，许多参战的学者都错在这一点上。如张君劢《再论人生观与科学》只主张：

> "人生观超于科学以上"，"科学决不能支配人生"。

如梁任公的《人生观与科学》只说：

> 人生关涉理智方面的事项，绝对要用科学方法来解决；
> 关于情感方面的事项，绝对的超科学。

如林宰平的《读丁在君先生的玄学与科学》只是一面承认"科学的方法有益于人生观"，一面又反对科学包办或管理"这个最古怪的东西"——人类。如丁在君《答张君劢》也只是说明：

> 这种（科学）方法，无论用在知识界的那一部分，都有
> 相当的成绩，所以我们对于知识的信用，比对于没有方法的
> 情感要好；凡有情感的冲动都要想用知识来指导他，使他发
> 展的程度提高，发展的方向得当。

如唐擘黄《心理现象与因果律》只证明：

> 一切心理现象都是有因的。

他的《一个痴人的说梦》只证明：

> 关于情感的事项，要就我们的知识所及，尽量用科学方
> 法来解决的。

王抚五的《科学与人生观》也只是说：

> 科学是凭藉"因果"和"齐一"两个原理而构造起来的；
> 人生问题无论为生命之观念，或生活之态度，都不能逃出
> 两个原理的金刚圈，所以科学可以解决人生问题。

直到最后范寿康的《评所谓科学与玄学之争》，也只是说：

伦理规范——人生观——一部分是先天的，一部分是后天的。先天的形式是由主观的直觉而得，决不是科学所能干涉。后天的内容应由科学的方法探讨而定，决不是主观所应妄定。

综观以上各位的讨论，人人都在那里笼统地讨论科学能不能解决人生问题或人生观问题。几乎没有一个人明白指出，假使我们把科学适用到人生观上去，应该产生什么样子的人生观，然而这个共同的错误大都是因为君劢的原文不曾明白攻击科学家的人生观，却只悬空武断科学决不能解决人生观问题。殊不知，我们若不先明白科学应用到人生观上去时发生的结果，我们如何能悬空评判科学能不能解决人生观呢？

这个共同的错误——大家规避"科学的人生观是什么"的问题——怕还有第二个原因，就是一班拥护科学的人虽然抽象地承认科学可以解决人生问题，却终不愿公然承认那具体的"纯物质，纯机械的人生观"为科学的人生观。我说他们"不愿"，并不是说他们怯懦不敢，只是说他们对于那科学家的人生观还不能像吴稚晖先生那样明显坚决的信仰，所以还不能公然出来主张。这一点确是这一次大论争的一个绝大的弱点。若没有吴老先生把他的"漆黑一团"的宇宙观和"人欲横流"的人生观提出来做个押阵大将，这一场大战争真成了一场混战，只闹得个一哄散场！

关于这一点，陈独秀先生的序里也有一段话，对于作战的先锋大将丁在君先生表示不满意。独秀说：

> 他（丁先生）自号存疑的唯心论，这是沿袭赫胥黎、斯宾塞诸人的谬误；你既承认宇宙间有不可知的部分而存疑，科学家站开，且让玄学家来解疑。此所以张君劢说"既已存疑，则研究形而上界之玄学，不应有丑诋之词。"其实我们对于未发见的物质固然可以存疑，而对于超物质而独立存在并且可以支配物质的什么心（心即是物之一种表现），什么神灵与上帝，我们已无疑可存了。说我们武断也好，说我们专制也好，若无证据给我们看，我们断然不能抛弃我们的信仰。

关于存疑主义的积极的精神，在君自己也曾有明白的声明（《答张君劢》，页二一——二三）。"拿证据来！"一句话确然是有积极精神的。但赫胥黎等在当用这种武器时，究竟还只是消极的防御居多。在十九世纪的英国，在那宗教的权威不曾打破的时代，明明是无神论者也不得不挂一个"存疑"的招牌。但在今日的中国，在宗教信仰向来比较自由的中国，我们如果深信现有的科学证据只能叫我们否认上帝的存在和灵魂的不灭，那么，我们正不妨老实自居为"无神论者"。这样的自称并不算是武断；因为我们的信仰是根据于证据的：等到有神论的证据充足时，我们再改信有神论，也还不迟。我们在这个时候，既不能相信那没有充分证据的有神论，心灵不灭论，天人感应论，……又不肯积极地主张那自然主义的宇宙观，唯物的人生观，……怪不得独秀要说"科学家站开！且让玄学家来解疑"了。吴稚晖先生便不然。他老先生宁可冒"玄学鬼"的恶名，偏要冲到那"不可知的区域"里去打一阵，他希望"那不可知区域里的假设，责成玄学鬼也带着论理色彩去假设着"（《宇宙观及人生观》，页九）。这个态度是对的。我们信仰科学的人，正不妨做一番大规模的假设。只要我们的假设处处建筑在已知的事实之上，只要我们认我们的建筑不过是一种最满意的假设，可以跟着新证据修正的，——我们带着这种科学的态度，不妨冲进那不可知的区域里，正如姜子牙展开了杏黄旗，也不妨冲进十绝阵里去试试。

（三）

我在上文说的，并不是有意挑剔这一次论战场上的各位武士。我的意思只是要说，这一篇论战的文章只做了一个"破题"，还不曾做到"起讲"。至于"余兴"与"尾声"，更谈不到了。破题的工夫，自然是很重要的。丁在君先生的发难，唐擘黄先生等的响应，六个月的时间，二十五万字的煌煌大文，大吹大播地把这个大问题捧了出来，叫乌烟瘴气的中国知道这个大问题的重要，——这件功劳真不在小处！

可是现在真有做"起讲"的必要了。吴稚晖先生的《一个新信仰的宇宙观及人生观》已给我们做下一个好榜样。在这篇《科学与人生观》的"起讲"里，我们应该枳极地提出什么叫做"科学的人生观"，应该提出我们所谓"科学的人生观"，好教将来的讨论有个具体的争点。否则你单说科学能解决人生观，他单说不能，势必至于吴稚晖先生说的"张丁之战，便延长了一百年，也不会得到究竟"。因为若不先有一种具体的科学人生观作讨论的底子，今日泛泛地承认科学有解决人生观的可能，是没有用的。等到那"科学的人生观"的具体内容拿出来时，战线上的组合也许要起一个大大的变化。我的朋友朱经农先生是信仰科学"前程不可限量"的，然而他定不能承认无神论是科学的人生观。我的朋友林宰平先生是反对科学包办人生观的，然而我想他一定可以很明白地否认上帝的存在。到了那个具体讨论的时期，我们才可以说是真正开战。那时的反对，才是真反对。那时的赞成，才是真赞成。那时的胜利，才是真胜利。

我还要再进一步说：拥护科学的先生们，你们虽要想规避那"科学的人生观是什么"的讨论，你们终于免不了的。因为他们早已正式对科学的人生观宣战了。梁任公先生的"科学万能之梦"，早已明白攻击那"纯物质的，纯机械的人生观"了。他早已把欧洲大战祸的责任加到那"科学家的新心理学"上去了。张君劢先生在《再论人生观与科学》里，也很笼统地攻击"机械主义"了。他早已说"关于人生之解释与内心之修养，当然以唯心派之言为长"了。科学家究竟何去何从？这时候正是科学家表明态度的时候了。

因此，我们十分诚恳地对吴稚晖先生表示敬意，因为他老先生在这个时候很大胆地把他信仰的宇宙观和人生观提出来，很老实地宣布他的"漆黑一团"的宇宙观和"人欲横流"的人生观。他在那篇大文章里，很明白地宣言：

> 那种骇得煞人的显赫的名词，上帝呀，神呀，还是取销了好。（页十二）

很明白地

> 开除了上帝的名额，放逐了精神元素的灵魂。（页二九）

很大胆地宣言：

> 我以为动植物且本无感觉，皆止有其质力交推，有其辐射反应，如是而已。譬之于人，其质构而为如是之神经系，即其力生如是之反应。所谓情感，思想，意志等等，就种种反应而强为之名，美其名曰心理，神其事曰灵魂，质直言之曰感觉，其实统不过质力之相应。（页二二——二三）

他在《人生观》里，很"恭敬地又好像滑稽地"说：

> 人便是外面止剩两只脚，却得到了两只手，内面有三斤二两脑髓，五千零四十八根脑筋，比较占有多额神经系质的动物。（页三九）

> 生者，演之谓也，如是云尔。（页四十）

> 所谓人生，便是用手用脑的一种动物，轮到'宇宙大剧场'的第亿垓八京六兆五万七千幕，正在那里出台演唱。（页四七）

他老先生五年的思想和讨论的结果，给我们这样一个"新信仰的宇宙观及人生观"。他老先生很谦逊地避去"科学的"的尊号，只叫他做"柴积上，日黄中的老头儿"的新信仰。他这个新信仰正是张君劢先生所谓"机械主义"，正是梁任公先生所谓"纯物质的纯机械的人生观"。他一笔勾销了上帝，抹煞了灵魂，戳穿了"人为万物之灵"的玄秘。这才是真正的挑战。我们要看那些信仰上帝的人们出来替上帝向吴老先生作战。我们要看那些信仰灵魂的人们出来替灵魂向吴老先生作战。我们要看那些信仰人生的神秘的人们出来向这"两手动物演戏"的人生观作战。我们要看那些认爱情为玄秘的人们出来向这"全是生理作用，并无丝毫微妙"的爱情观作战。这样的讨论，才是切题的，具体的讨论。这才是真正开火。这样战争的结果，不是科学能不能解决人生的问题了，乃是上帝的有无，鬼神的有无，灵魂的有无，……等等人生切要问题的解答。

只有这种具体的人生切要问题的讨论才可以发生我们所希望的效

果，——才可以促进思想上的刷新。

反对科学的先生们！你们以后的作战，请向吴稚晖的"新信仰的宇宙观及人生观"作战。

拥护科学的先生们！你们以后的作战，请先研究吴稚晖的"新信仰的宇宙观及人生观"：完全赞成他的，请准备替他辩护，像赫胥黎替达尔文辩护一样；不能完全赞成他的，请提出修正案，像后来的生物学者修正达尔文主义一样。

从此以后，科学与人生观的战线上的押阵老将吴老先生要倒转来做先锋了！

（四）

说到这里，我可以回到张丁之战的第一个"回合"了。张君劢说：

天下古今之最不统一者，莫若人生观。（《人生观》页一）

丁在君说：

人生观现在没有统一是一件事，永久不能统一又是一件事，除非你能提出事实理由来证明他是永远不能统一的，我们总有求他统一的义务。（《玄学与科学》页三）

玄学家先存了一个成见，说科学方法不适用于人生观；世界上的玄学家一天没有死完，自然一天人生观不能统一。

（页四）

"统一"一个字，后来很引起一些人的抗议。例如林宰平先生就控告丁在君，说他"要把科学来统一一切"，说他"想用科学的武器来包办宇宙"。这种控诉，未免过于张大其词了。在君用的"统一"一个字，不过是沿用君劢文章里的话；他们两位的意思大概都不过是大同小异的一致罢了。依我个人想起来，人类的人生观总应该有一个最低限度的一致的可能。唐擘黄先生说的最好：

人生观不过是一个人对于世界万物同人类的态度，这种态度是随着一个人的神经构造，经验，知识等而变的。神经构造等就是人生观之因。我举一二例来看。

无因论者以为叔本华（Schopenhauer）、哈德门（Hartmann）的人生观是直觉的，其实他们自己并不承认这事。他们都说根据经验阅历而来的。叔本华是引许多经验作证的，哈德门还要说他的哲学是从归纳法得来的。

人生观是因知识而变的。例如，柯白尼"太阳中心说"，同后来的达尔文的"人猿同祖说"发明以后，世界人类的人生观起绝大变动，这是无可疑的历史事实。若人生观是直觉的，无因的，何以随自然界的知识而变更呢？

我们因为深信人生观是因知识经验而变换的，所以深信宣传与教育的效果可以使人类的人生观得着一个最低限度的一致。

最重要的问题是：拿什么东西来做人生观的"最低限度的一致"呢？

我的答案是：拿今日科学家平心静气地，破除成见地，公同承认的"科学的人生观"来做人类人生观的最低限度的一致。

宗教的功效已曾使有神论和灵魂不灭论统一欧洲（其实何止欧洲？）的人生观至千余年之久。假使我们信仰的"科学的人生观"将来靠教育与宣传的功效，也能有"有神论"和"灵魂不灭论"在中世欧洲那样的风行，那样的普遍，那也可算是我所谓"大同小异的一致"了。

我们若要希望人类的人生观逐渐做到大同小异的一致，我们应该准备替这个新人生观作长期的奋斗。我们所谓"奋斗"，并不是像林宰平先生形容的"摩哈默得式"的武力统一；只是用光明磊落的态度；诚恳的言论，宣传我们的"新信仰"，继续不断的宣传，要使今日少数人的信仰逐渐变成将来大多数人的信仰。我们也可以说这是"作战"，因为新信仰总免不了和旧信仰冲突的事；但我们总希望作战的人都能尊重对方的人格，都能承认那些和我们信仰不同的人不一定都是笨人与坏人，都能在作战之中保持一种"容忍"（Toleration）的态度；我们总希望那些反对我们的新信仰的人，也能用"容忍"的态度来对我们，用研究的态度来考察我们的信仰。我们要认清：我们的真正敌人不是对方；我们的真正敌人是"成见"，是"不思想"。我们向旧思想和旧信仰作战，其实只是很诚恳地请求旧思想和旧信仰势力之下的朋友们起来向"成见"和"不思想"作战。凡是肯用思想来考察他的成见的人，都是我们的同盟！

（五）

总而言之，我们以后的作战计划是宣传我们的新信仰，是宣传我们信仰的新人生观（我所谓"人生观"，依唐擘黄先生的界说，包括吴稚晖先生所谓"宇宙观"）。这个新人生观的大旨，吴稚晖先生已宣布过了。我们总括他的大意，加上一点扩充和补充，在这里再提出这个新人生观的轮廓：

（1）根据于天文学和物理学的知识，叫人知道空间的无穷之大。

（2）根据于地质学及古生物学的知识，叫人知道时间的无穷之长。

（3）根据于一切科学，叫人知道宇宙及其中万物的运行变迁皆是自然的，——自己如此的，——正用不着什么超自然的主宰或造物者。

（4）根据于生物的科学的知识，叫人知道生物界的生存竞争的浪费与惨酷，——因此，叫人更可以明白那"有好生之德"的主宰的假设是不能成立的。

（5）根据于生物学，生理学，心理学的知识，叫人知道人不过是动物的一种，他和别种动物只有程度的差异，并无种类的区别。

（6）根据于生物的科学及人类学，人种学，社会学的知识，叫人知道生物及人类社会演进的历史和演进的原因。

（7）根据于生物的及心理的科学，叫人知道一切心理的现象都是有因的。

（8）根据于生物学及社会学的知识，叫人知道道德礼教是变迁的，而变迁的原因都是可以用科学方法寻求出来的。

（9）根据于新的物理化学的知识，叫人知道物质不是死的，是活的；不是静的，是动的。

（10）根据于生物学及社会学的知识，叫人知道个人——"小我"——是要死灭的；而人类——"大我"——是不死的，不朽的；叫人知道"为全种万世而生活"就是宗教，就是最高的宗教；而那些替个人谋死后的"天堂""净土"的宗教，乃是自私自利的宗教。

这种新人生观是建筑在二三百年的科学常识之上的一个大假设，我们也许可以给他加上"科学的人生观"的尊号。但为避免无谓的争论起见，我主张叫他做"自然主义的人生观"。

在那个自然主义的宇宙里，在那无穷之大的空间里，在那无穷之长的时间里，这个平均高五尺六寸，上寿不过百年的两手动物——人——真是一个藐乎其小的微生物了。在那个自然主义的宇宙里，天行是有常度的，物变是有自然法则的，因果的大法支配着他——人——的一切生活，生存竞争的惨剧鞭策着他的一切行为，——这个两手动物的自由真是很有限的了。然而那个自然主义的宇宙里的这个渺小的两手动物却也有他的相当的地位和相当的价值。他用的两手和一个大脑，居然能做出许多器具，想出许多方法，造成一点文化。他不但驯伏了许多禽兽，他还能考究宇宙间的自然法则，利用这些法则来驾驭天行，到现在他居然能叫电气给他赶车，以太给他送信了。他的智慧的长进就是他的能力的增加；然而智慧的长进却又使他的胸襟扩大，想像力提高。他也曾拜物拜畜生，也曾怕神怕鬼，但他现在渐渐脱离了这种种幼稚的时期，他现在渐渐明白：空间之大只增加他对于宇宙的美感；时间之长只使他格外明了祖宗创业之艰难；天行之有常只增加他制裁自然界的能力。甚至于因果律的笼罩一切，也并不见得束缚他的自由，因为因果律的作用一方面使他可以由因求果，由果推因，解释过去，预测未来；一方面又使他可以运用他的智慧，创造新因以求新果。甚至于生存竞争的观念也并不见得就使他成为一个冷酷无情的畜生，也许还可以格外增加他对于同类的同情心，格外使他深信互助的重要，格外使他注重人为的努力以减免天然竞争的惨酷与浪费。——总而言之，这个自然主义的人生观里，未尝没有美，未尝没有诗意，未尝没有道德的责任，未尝没有充分运用"创造的智慧"的机会。

我这样粗枝大叶的叙述，定然不能使信仰的读者满意，或使不信仰的读者心服。这个新人生观的满意的叙述与发挥，那正是这本书和这篇序所期望能引起的。

十二，十一，二十九，在上海

（1923 年 11 月 29 日）

治学的方法与材料

现在有许多人说：治学问全靠有方法；方法最重要，材料却不很重要。有了精密的方法，什么材料都可以有好成绩。粪同溺可以作科学的分析，《西游记》同《封神演义》可以作科学的研究。

这话固然不错。同样的材料，无方法便没有成绩，有方法便有成绩，好方法便有好成绩。例如我家里的电话坏了，我箱子里尽管有大学文凭，架子上尽管有经史百家，也只好束手无法，只好到隔壁人家去借电话，请电话公司派匠人来修理。匠人来了，他并没有高深学问，从没有梦见大学讲堂是什么样子。但他学了修理电话的方法，一动手便知道毛病在何处，再动手便修理好了。我们有博士头衔的人只好站在旁边赞叹感谢。

但我们却不可不知道这上面的说法只有片面的真理。同样的材料，方法不同，成绩也就不同。但同样的方法，用在不同的材料上，成绩也就有绝大的不同。这个道理本很平常，但现在想做学问的青年人似乎不大了解这个极平常而又十分要紧的道理，所以我觉得这个问题有郑重讨论的必要。

科学的方法，说来其实很简单，只不过"尊重事实，尊重证据"。在应用上，科学的方法只不过"大胆的假设，小心的求证"。

在历史上，西洋这三百年的自然科学都是这种方法的成绩；中国这三百年的朴学也都是这种方法的结果。顾炎武、阎若璩的方法，同葛利略（Galileo）、牛敦（Newton）的方法，是一样的：他们都能把他们的学说建筑在证据之上。戴震、钱大昕的方法，同达尔文（Darwin）、柏司德（Pasteur）的方法，也是一样的：他们都能大胆地假设，小心地求证。（参看《胡适文存》初排本卷二，《清代学者的治学方法》，页二〇五——二四六。）

中国这三百年的朴学成立于顾炎武同阎若璩；顾炎武的导师是陈第，阎若璩的先锋是梅鷟。陈第作《毛诗古音考》（一六〇一——一六〇六），注重证据；每个古音有"本证"，有"旁证"；本证是《毛诗》中的证据，旁证是引别种古书来证《毛诗》。如他考"服"字古音"逼"，共举了本证十四条，旁证十条。顾炎武的《诗本音》同《唐韵正》都用同样的方法。《诗本音》于"服"字下举了三十二条证据，《唐韵正》于"服"字下举了一百六十二条证据。

梅鷟是明正德癸酉（一五一三）举人，著有《古文尚书考异》，处处用证据来证明伪《古文尚书》的娘家。这个方法到了阎若璩的手里，运用更精熟了，搜罗也更丰富了，遂成为《尚书古文疏证》，遂定了伪古文的铁案。有人问阎氏的考证学方法的指要，他回答道：

> 不越乎"以虚证实，以实证虚"而已。

他举孔子适周之年作例。旧说孔子适周共有四种不同的说法：

（1）昭公七年（《水经注》）

（2）昭公二十年（《史记·孔子世家》）

（3）昭公二十四年（《〈史记〉索隐》）

（4）定公九年（《庄子》）

阎氏根据《曾子问》里说孔子从老聃助葬恰遇日食一条，用算法推得

昭公二十四年夏五月乙未朔日食，故断定孔子适周在此年。（《尚书古文疏证》卷八，第一百二十条）

这都是很精密的科学方法。所以"亭林、百诗之风"造成了三百年的朴学。这三百年的成绩有声韵学，训诂学，校勘学，考证学，金石学，史学，其中最精彩的部分都可以称为"科学的"；其间几个最有成绩的人，如钱大昕、戴震、崔述、王念孙、王引之、严可均，都可以称为科学的学者。我们回顾这三百年的中国学术，自然不能不对这班大师表示极大的敬意。

然而从梅鷟的《古文尚书考异》到顾颉刚的《古史辨》，从陈第的《毛诗古音考》到章炳麟的《文始》，方法虽是科学的，材料却始终是文字的。科学的方法居然能使故纸堆里大放光明，然而故纸的材料终久限死了科学的方法，故这三百年的学术也只不过文字的学术，三百年的光明也只不过故纸堆的火焰而已！

我们试回头看看西洋学术的历史。

当梅鷟的《古文尚书考异》成书之日，正哥白尼（Copernicus）的天文革命大著出世（一五四三）之时。当陈第的《毛诗古音考》成书的第三年（一六〇八），荷兰国里有三个磨镜工匠同时发明了望远镜。再过一年（一六〇九），意大利的葛利略（Galileo）也造出了一座望远镜，他逐渐改良，一年之中，他的镜子便成了欧洲最精的望远镜。他用这镜子发现了木星的卫星，太阳的黑子，金星的光态，月球上的山谷。

葛利略的时代，简单的显微镜早已出世了。但望远镜发明之后，复合的显微镜也跟着出来。葛利略死（一六四二）后二三十年，荷兰有一位磨镜的，名叫李文厚（Leeuwenhoek），天天用他自己做的显微镜看细微的东西。什么东西他都拿来看看，于是他在蒸溜水里发见了微生物，鼻涕里和痰唾里也发见了微生物，阴沟臭水里也发见了微生物。微菌学从此开始了。这个时候（一六七五）正是顾炎武的《音学五书》成书的时候，阎若璩的《古文尚书疏证》还在著作之中。

从望远镜发见新天象（一六〇九），到显微镜发见微菌（一六七五），这五六十年之间，欧洲的科学文明的创造者都出来了。试看下表：

中国	欧洲
一六〇六　陈第《古音考》。	
一六〇八	荷兰人发明望远镜。
一六〇九	葛利略的望远镜。
	解白勒（Kepler）发表他的火星研究，宣布行星运行的两条定律。
一六一〇　黄宗羲生。	
一六一三　顾炎武生。	
一六一四	奈皮尔（Napier）的对数表。
一六一九　王夫之生。	解白勒的行星第三律。
一六一八—二一	解白勒的《哥白尼天文学要指》。
一六二三　毛奇龄生。	
一六二五　费密生。	
一六二六	倍根死。
一六二八　用西法修新历。	哈维（Harvey）的《血液运行论》。
一六三〇	葛利略的《天文谈话》。
	解白勒死。
一六三三	葛利略因天文学受异端审判。
一六三五　颜元生。	
一六三六　阎若璩生。	
一六三七　宋应星的《天工开物》。	笛卡儿（Descartes）的《方法论》，发明解析几何。
一六三八	葛利略的《科学的两新支》。
一六四〇　徐霞客（宏祖）死。	
一六四二	葛利略死，牛敦生。
一六四四	葛利略的弟子佗里杰利（Torricelli）用水银试验空气压力，发明气压计的原理。
一六五五　阎若璩开始作《尚书古文疏证》，积三十余年始成书。	
一六五七　顾炎武注《韵补》。	
一六六〇	英国皇家学会成立。
	化学家波耳（Boyle）发表他的气体新试验。（波耳氏律）

一六六一		波耳的《怀疑的化学师》。
一六六四	废八股。	
一六六五		牛敦发明微分学。
一六六六	顾炎武的《韵补正》成。	牛敦发明白光的成分。
一六六七	顾炎武的《音学五书》成。	
一六六九	复八股。	
一六七〇	顾炎武初刻《日知录》八卷。	
一六七五		李文厚用显微镜发见微生物。
一六七六	顾炎武《日知录》自序。	
一六八〇	顾炎武《音学五书》后序。	
一六八七		牛敦的杰作《自然哲学原理》。

我们看了这一段比较年表，便可以知道中国近世学术和西洋近世学术的划分都在这几十年中定局了。在中国方面，除了宋应星的《天工开物》一部奇书之外，都只是一些纸上的学问；从八股到古音的考证固然是一大进步，然而终久还是纸上的工夫。西洋学术在这几十年中便已走上了自然科学的大路了。顾炎武、阎若璩规定了中国三百年的学术的局面；葛利略、解白勒、波耳、牛敦规定了西洋三百年的学术的局面。

他们的方法是相同的，不过他们的材料完全不同。顾氏、阎氏的材料全是文字的，葛利略一班人的材料全是实物的。文字的材料有限，钻来钻去，总不出这故纸堆的范围；故三百年的中国学术的最大成绩不过是两大部《皇清经解》而已。实物的材料无穷，故用望远镜观天象，而至今还有无穷的天体不曾窥见；用显微镜看微菌，而至今还有无数的微菌不曾寻出。但大行星已添了两座，恒星之数已添到十万万以外了！前几天报上说，有人正在积极实验同火星通信了。我们已知道许多病菌，并且已知道预防的方法了。宇宙之大，三百年中已增加了几十万万倍了；平均的人寿也延长了二十年了。

然而我们的学术界还在烂纸堆里翻我们的筋斗！

不但材料规定了学术的范围，材料并且可以大大地影响方法的本身。文字的材料是死的，故考证学只能跟着材料走，虽然不能不搜求材料，却不能捏造材料。从文字的校勘以至历史的考据，都只能尊重证据，却不能创造证据。

自然科学的材料便不限于搜求现成的材料，还可以创造新的证据。实验的方法便是创造证据的方法。平常的水不会分解成轻［氢］气和养［氧］气；但我们用人功把水分解成轻［氢］气和养［氧］气，以证实水是轻［氢］气和养［氧］气合成的。这便是创造不常有的情境，这便是创造新证据。

纸上的材料只能产生考据的方法；考据的方法只是被动的运动材料。自然科学的材料却可以产生实验的方法；实验便不受现成材料的拘束，可以随意创造平常不可得见的情境，逼拶出新结果来。考证家若没有证据，便无从做考证；史家若没有史料，便没有历史。自然科学家便不然。肉眼看不见的，他可以用望远镜，可以用显微镜。生长在野外的，他可以叫他生长在花房里；生长在夏天的，他可以叫他生在冬天。原来在人身上的，他可以移种在兔身上，狗身上。毕生难遇的，他可以叫他天天出现在眼前；太大了的，他可以缩小；整个的，他可以细细分析；复杂的，他可以化为简单；太少了的，他可以用人功培植增加。

故材料的不同可以使方法本身发生很重要的变化。实验的方法也只是大胆的假设，小心的求证；然而因为材料的性质，实验的科学家便不用坐待证据的出现，也不仅仅寻求证据，他可以根据假设的理论，造出种种条件，把证据逼出来。故实验的方法只是可以自由产生材料的考证方法。

葛利略二十多岁时，在本地的高塔上抛下几种重量不同的物件，看他们同时落地，证明了物体下坠的速率并不依重量为比例，打倒了几千年的谬说。这便是用实验的方法去求证据。他又做了一块板，长十二个爱儿（每个爱儿长约四英尺），板上挖一条阔一寸的槽。他把板的一头垫高，用一个铜球在槽里滚下去，他先记球滚到底的时间，次记球滚到全板四分之一的时间。他证明第一个四分之一的速度最慢，需要全板时间的一半。越滚下去，速度越大。距离的相比等于时间的平方的相比。葛利略这个试验总做了几百次，他试过种种不同的距离，种种不同的斜度，然后断定物体下坠的定律。这便是创造材料，创造证据。平常我们所见物体下坠，一瞬便过了，既没有测量的机会，更没有比较种种距离和种种斜度的机会。葛氏的试验便是用人力造出种种可以测量，可以比较的机会。这便是新力学的基础。

哈维研究血的循环，也是用实验的方法。哈维曾说：

> 我学解剖学同教授解剖学，都不是从书本子来的，是从实际解剖来的；不是从哲学家的学说上来的，是从自然界的条理上来的。（他的《血液运行》自序）

哈维用下等活动物来做实验，观察心房的跳动和血的流行。古人只解剖死动物的动脉，不知死动物的动脉管是空的。哈维试验活动物，故能发见古人所不见的真理。他死后四年（一六六一），马必吉（Malpighi）用显微镜看见血液运行的真状，哈维的学说遂更无可疑了。

此外，如佗里杰利的试验空气的压力，如牛敦的试验白光的七色，都是实验的方法。牛敦在暗室中放进一点日光，使他通过三棱镜，把光放射在墙上。那一圆点的白光忽然变成了五倍大的带子，白光变成了七色：红，橘红，黄，绿，蓝，靛青，紫。他再用一块三棱镜把第一块三棱镜的光收回去，便仍成圆点的白光。他试验了许多回，又想出一个法子，把七色的光射在一块板上，板上有小孔，只许一种颜色的光通过。板后面再用三棱镜把每一色的光线通过，然后测量每一色光的曲折角度。他这样试验的结果始知白光是曲折力不同的七种光复合成的。他的实验遂发明了光的性质，建立了分光学的基础。

以上随手举的几条例子，都是顾炎武、阎若璩同时人的事，已可以表见材料同方法的关系了。考证的方法好有一比，比现今的法官判案，他坐在堂上静听两造的律师把证据都呈上来了，他提起笔来，宣判道：某一造的证据不充足，败诉了；某一造的证据充足，胜诉了。他的职务只在评判现成的证据，他不能跳出现成的证据之外。实验的方法也有一比，比那侦探小说里的福尔摩斯访案：他必须改装微行，出外探险，造出种种机会来，使罪人不能不呈献真凭实据。他可以不动笔，但他不能不动手动脚，去创造那逼出证据的境地与机会。

结果呢？我们的考证学的方法尽管精密，只因为始终不接近实物的材料，只因为始终不曾走上实验的大路上去，所以我们的三百年最高的成绩终不过几部古书的整理，于人生有何益处？于国家的治乱安危有何裨补？虽然做学问的人不应该用太狭义的实利主义来评判学术的价值，然而学问若完全抛弃了功用的标准，便会走上很荒谬的路上去，变成枉费精力的废物。这三百年的考证学固然有一部分可算是有价值的史料整理，但其中绝大的部分却完全是枉费心思。如讲《周易》而推翻王弼，回到汉人的"方士易"；讲《诗经》而推翻郑樵、朱熹，回到汉人的荒谬诗说；讲《春秋》而回到两汉陋儒的微言大义，——这都是开倒车的学术。

为什么三百年的第一流聪明才智专心致力的结果仍不过是枉费心思的开倒车呢？只因为纸上的材料不但有限，并且在那一个"古"字底下罩着许多浅陋幼稚愚妄的胡说。钻故纸的朋友自己没有学问眼力，却只想寻那"去古未远"的东西，日日"与古为邻"，却不知不觉地成了与鬼为邻，而不自知其浅陋愚妄幼稚了！

那班崇拜两汉陋儒方士的汉学家固不足道。那班最有科学精神的大师——顾炎武、戴震、钱大昕、段玉裁、孔广森、王念孙、王引之等——他们的科学成绩也就有限的很。他们最精的是校勘、训诂两种学问，至于他们最用心的声韵之学简直是没有多大成绩可说。如他们费了无数心力去证明古时有"支""脂""之"三部的区别，但他们到如今不能告诉我们这三部究竟有怎样的分别。如顾炎武找了一百六十二条证据来证明"服"字古音"逼"，到底还不值得一个广东乡下人的一笑，因为顾炎武始终不知道"逼"字怎样读法。又如三百年的古音学不能决定古代究竟有无入声；段玉裁说古有入声而去声为后起，孔广森说入声是江左后起之音。二百年来，这个问题似乎没有定论。却不知这个问题不解决，则一切古韵的分部都是将错就错。况且依二百年来"对转""通转"之说，几乎古韵无一部不可通他部。如果部部本都可通，那还有什么韵部可说！

三百年的纸上工夫，成绩不过如此，岂不可叹！纸上的材料本只适宜于校勘、训诂一类的纸上工作；稍稍逾越这个范围，便要闹笑话了。

西洋的学者先从自然界的实物下手，造成了科学文明，工业世界，然后用他们的余力，回来整理文字的材料。科学方法是用惯了的。实验的习惯也养成了。所以他们的余力便可以有惊人的成绩。在音韵学的方面，一个格林姆（Grimm）便抵得许多钱大昕、孔广森的成绩。他们研究音韵的转变，文字的材料之外，还要实地考察各国各地的方言，和人身发音的器官。由实地的考察，归纳成种种通则，故能成为有系统的科学。近年一位瑞典学者珂罗倔伦（Bernhard Karlgren）费了几年的工夫研究《切韵》，把二百六部的古音弄的清清楚楚。林语堂先生说：

> 珂先生是《切韵》专家，对中国音韵学的贡献发明，比
> 中外过去的任何音韵学家还重要。（《语丝》第四卷第廿七期）

珂先生的成绩何以能这样大呢？他有西洋的音韵学原理作工具，又很充分地运用方言的材料，用广东方言作底子，用日本的汉音吴音作参证，所以他几年的成绩便可以推倒顾炎武以来三百年的中国学者的纸上工夫。

我们不可以从这里得一点教训吗？

纸上的学问也不是单靠纸上的材料去研究的。单有精密的方法是不够用的。材料可以限死方法，材料也可以帮助方法。三百年的古韵学抵不得一个外国学者运用活方言的实验。几千年的古史传说禁不起三两个学者的批评指摘。然而河南发现了一地的龟甲兽骨，便可以把古代殷商民族的历史建立在实物的基础之上。一个瑞典学者安特森（J. G. Anderson）发见了几处新石器，便可以把中国史前文化拉长几千年，一个法国教士桑德华（Père Licent）发见了一些旧石器，便又可以把中国史前文化拉长几千年。北京地质调查所的学者在北京附近的周口店

发见了一个人齿，经了一个解剖学专家步达生（Davidson Black）的考定，认为远古的原人，这又可以把中国的史前文化拉长几万年。向来学者所认为纸上的学问，如今都要跳在故纸堆外去研究了。

所以我们要希望一班有志做学问的青年人及早回头想想。单学得一个方法是不够的；最要紧的关头是你用什么材料。现在一班少年人跟着我们向故纸堆去乱钻，这是最可悲叹的现状。我们希望他们及早回头，多学一点自然科学的知识与技术；那条路是活路，这条故纸的路是死路。三百年的第一流的聪明才智销磨在这故纸堆里，还没有什么好成绩。我们应该换条路走走了。等你们在科学试验室里有了好成绩，然后拿出你们的余力，回来整理我们的国故，那时候，一拳打倒顾亭林，两脚踢翻钱竹汀，有何难哉！

十七年九月

（1928 年 9 月）

治学的方法

主席、白副总司令、各位同志：

我很抱歉，因为昨天在梧州一连说了两次话，喉咙有些哑，今天觉得更哑，恐怕在这么大的集会，不容易说得好。刚才听见主席说，我这次是受了李总司令的劝驾才来的，其实我早就有到贵省观光的意思，事前并已先拍电通知广西的友人，告诉他不久就将来桂一游。所以，这次可以说是专诚而来的。记得这次在粤谒见李总司令的时候，李总司令对本人再三叮嘱，希望本人不但要到西大看看，而且要到南宁以及其他各处去看看。今天能够到这里和诸位见面，心里实在感到非常的快慰！但是，本人来到这里，要讲什么题目才好呢？刚才宾南先生已经说过，诸位都是青年，所以在拟定的许多题目中，宾南先生特择"治学的方法"这一题要我来讲。

本来做学问，如果得到好的方法，自然容易与学问接近，所得的成绩也会比较的多。因此，我时常接得青年朋友的信，殷殷以治学的方法相询。说胡先生何以不告诉我们做学问的方法，以指导我们如何去做才会更有条理，更有成绩，让我们也好得到做学问的捷径。对于这问题，我有的或在书信上答复，有的或在学校讲演，计前后已讲十七年了。去年三月初八到天津去，也是讲这个题目，当时，因为早到了半天，就在旅馆中重温旧稿，看有什么地方可以增改，但是愈看心里愈怀疑，到最后才恍然大觉大悟，深觉十七年来所讲这无数次的治学的方法，都是错误的，于是就把旧稿都撕掉了。

三月初八那日所得的新觉悟，使我明白，治学有无成绩，有无结果，不是单靠方法就可以做得到的。在方法之前还须有更重要的先决条件，那些先决条件不具备，即有方法也是没有用的。《西游记》的孙大圣，因为上西天取经去，怕路上要遇到许多艰难，所以就求观世音给他三根救命毫毛，放在身边，以便解决一切的危急。假如做学问也和唐僧求经一样要经过九九八十一劫，那么，难关还有一定的数目，然而做学问这一条路的历程，却是无穷尽的，其难关也不止九九八十一。如果我可以借给你们三根毫毛，或者一把百宝宝钥，以便诸君都能够深达学问的堂奥，岂不甚妙？无如我去年三月以来的新觉悟，使我知道做学问是无捷径的，也无小路可走，更无三根毫毛般的百宝宝钥可求。我们应当在方法之外，先解决做学问的基本条件，依据这种基本条件以建立学问的基础，以后，治学的方法，自然而然的也就有了。现在我把去年在天津旅馆里所觉悟到的两个基本条件贡献给诸位，这或许比三根毫毛还有用呢！

我以为在做学问之前，应先有下列两个条件：第一是有博大的准备，第二是养成良好的习惯。兹请依序说明之。

一、准备做学问的准备工作，就是先要打个底子，先要积知识经验，把基础打好。基础打好了，学问的初步也就有相当的成功了。做学问的第一步功夫，先在日日探求知识，搜集材料，不要即谈方法，更不要急求成绩，知识日深，材料日多，自然有方法，有成绩了。即古人所谓开卷有益之意也。所以现在做学问不但要开卷，而且什么东西都要用，以作做学问的基础。诸位知道，在科学史上有一段佳话，说牛顿看见苹果自树上坠下，后来就依之发现地心吸力的定律。这种希世的发明，不独当时和现在的学术界受了绝大的影响，即将来影响于学术界亦必无穷尽。但是苹果的坠地，可以说是我们天天所都看得见的，但是为什么不知道去发明，倒让牛顿发明了去呢？原来我们所以不及牛顿的地方，就是因为没有牛顿的博学的基础。我们都以为苹果的坠下是当然的，用不着再加怀疑，但是牛顿对苹果的坠下却发生了怀疑，他想：苹果为什么不向空中飞去呢？他的成功是因为牛顿有了精博的学问，对于当时十六、十七世纪的新科学有了深切的研究。因此做学问必要先有丰富的知识来做基础，这是不待言的。所以我们现在可以得到一个结论：做学问的先决条件，不是重在先得方法，而是在先求知识，抱定开卷有益的态度，先造成广博精深的基础，然后才来做学问。宋朝的王安石，其道德、学问、功业，都可以说是中国历史上的第一等人。他有几句很警惕的话，是值得我们注意的。他的朋友曾子固因为看他做学问方法太杂，就写信勉戒他。王安石先生因此就作书答他说：

> ……读经而已，则不足以知经。故自百家诸子之书，至《难经》、《素问》、《本草》诸小说，无所不读；农夫女工，无所不问；然后于经为能知其体而无疑。盖后世之学者与先王之时异矣；不如是，不足以尽圣人故也。……致其知而后读，以有所去取，故异学不能乱也。

我们现在离王安石先生的年代，虽已有八百余年之久，但一读他前面的一段文章，再把"致其知而后读"的意思仔细体味起来，深觉其言，实大有至理。所以做学问应该以广博精深的学问来做基础，不论它是牛溲马渤、竹头木屑，都要兼收并蓄，使对于各种知识，无所不知，无所不晓，然后做学问才能有成绩；否则，即有孙大圣的三根救命毫毛，亦无补于事。不过，或许有人对于"致其知而后读"的意义还有怀疑，现在请再举例以明之。

我现在要举的例是《墨子》。《墨子》这部书，可以说是中国古代的一部奇书。墨子大家都知道他是讲兼爱的，反对儒家和杨朱一派的思想的。因为历来儒家的思想占了优胜，所以《墨子》这部书，就久被人所摈弃了。二千年来去注意它的人很少，所以其中遂致有许多残缺讹误之处。全书最值得注意的，是《经上》、《经下》、《经说上》、《经说下》、《大取》、《小取》等六篇，这六篇记载着当时墨子学派的各种科学理论，一向因为没有人看得懂，注意的人就更少了。到了乾隆时代，才有人稍为看得懂，也才知道其中有须横看的。及至清末中西文化沟通后，中国人从西方学得了几何学、光学、力学之学，后来又有人懂得了论理学、知识论等，到了这个时候，把《墨子》的书打开来看，才骇然惊喜，原来在《墨子》里有许多地方是可以用这些新知识来解释的。不过，在这里值得我们注意的，就是为什么以前的人对于《墨子》一书能够了解的是这么少，到了后来能了解的人反而这么增多呢？我们的知识越多，我们了解《墨子》也越多。这就是"致其知而后读"的道理。所以从以上的论据看来，可以使我们明白，凡是知道的事物越多，知识就越广，知识越广，就越容易做学问。

说到这里，让我再引个例证，来说明准备工作对于做学问的重要。大家知道达尔文是一个生物学大家，他一生为了研究生物演进的状态，费了二十多年的光阴，并且曾经亲自乘船游历全世界，采集各种动植物的标本和研究其分布的状况，积了许多材料，但是总想不出一个原则来统括他的学说。有一天偶然读起马尔萨斯（Thomas Robert Malthus, 1766—1834）的《人口论》，说粮食的增加是照数学级数，即是依一、二、三以上升。人口的增加却是照几何级数，即是依二、四、八以上升，所以人口的增加快于粮食。达尔文看到这里，豁然开朗地觉悟起来了，因此确定了"生存竞争，优胜劣败"的原理。我们知道达尔文二三十年所研究的是生物学的学问，但是还要依赖经济学来补助，才能替他的整个学问找到一个基本的原则，可见学问要广博，知识要丰富，不应只是注重于方法的问题，还须扩大学问的角度和台基，以为做学问的基础，然后学问才有成就的希望。

二、养成良好的习惯。上面我已经详述做学问的工夫，须要有广博的知识来做基础，但是单持有广博的知识，还是不足用，此外，还要养成二三种良好的习惯才成。通常所谓论理学或方法论，想诸位也知道其中有演绎归纳等的方法。如果以为论理学或方法论可以完全解决做学问的问题，诸位早就可以在教科书里求得了。正因为做学问的功夫，并不单应在方法上考究，所以每一个人在学问上造就的深浅，都是有赖于良好习惯的养成。试看古今中外的大学问家如王怀孙、戴东原、顾亭林、牛顿、达尔文等，那一个不是从良好的习惯中淘练出渊博伟大的学问来？所以在做学问之前，应有的第二条件，就是养成好的习惯。

良好习惯的养成约有三种：

1．勤（要勤快，不要懒，不怕苦。）

2．慎（不苟且，不潦草，不随便，要负责任。）

3．虚（不要有成见，要虚心。）

现在先从"勤"字讲起：

中国今日的新史学家顾颉刚先生，大家都知道他的《古史辨》是对于中国史学上贡献很大的。他平生治学的功夫，有许多是可以取法的，他的好处就在一个"勤"字。试举一件事做个例。以前顾先生还在做学生的时候，有人知道他的经济上很困难，就拿一本《古今伪书考》嘱他用标点符号标点出来，以便送到书店卖一笔钱。可是书交他之后，等了一月、两月、半年、一年，还没有见到他交还。一天我到他房里去看他，问起这件事，他就拿出了一大堆的稿子来，已经整理成为一大堆有系统的史料了。我问他：怎么倒弄成考据了呢？他说：这有什么办法，书中不是残缺不全，就是讹误百出，怎能不细心来替它整理整理呢？这种不肯偷懒的精神，就是他在学术上成功的秘诀。

现在再让我介绍顾亭林先生的治学方法。大家知道顾亭林先生平生治学是非常勤谨的，他为了要证明"服"字古音读做"比"音，就不惮烦劳，把所有的古书检出一百六十二条的证据。可见古人做学问所以有成绩的缘故，不论在何种条件之下，都少不了一个"勤"字。

其次说到"慎"字。

我们做学问，不论中国字的一点一滴、一笔一画，外国字小小的一个字母，或是研究自然科学或数学上的一小圈，亦不可轻易把它放过。我看见现在有一班做学问的青年，其所以失败，就是因为太不慎，换言之，就是太苟且，太拆烂污了。譬如近人翻译外国文学书，竟将Oats译做橡树，即是将Oats误当作Oaks；虽只是一小字母的差别，但却将小麦译作大橡树，这不是谬以毫厘，差以千里吗？又以前曾看到一篇翻译的小说，描写一个女人生肺炎病，她的女友就拿猪肉给她吃，看到这里，心里很纳罕，即以普通常识来想，也知道生了肺炎病的人，无论怎样都不应该给她吃猪肉，后来一查原文，才知道是把Port误译作Pork。这不过随便略举一二而已，也就可见一班做学问的人太不小心了。但是，我们不能因为错误太小，就轻轻把它放过。治学的态度，要像做法官做侦探一样，丝毫不苟且，虽是极细微的地方，也要一样的注意。在这里我愿意再举出几个例来：

　　中国的文字中的"于"字和"於"字，以及"维"字，"言"字，都有其独特用法的，一向大都不十分去注意它。例如"于"字和"於"字的用法，普通以为没什么分别。可是有一位瑞典人高本汉（Karlgren）研究《左传》便发现了"于"和"於"两字的用法是各有不同的，这是我们所未尝注意到的。他还把它做出一个详细的表来。依他就用字法的研究的结果，到现在我们才知道所谓的《左传》的作者鲁君子左丘明的真假实在发生问题，而据高本汉所证明的，此书的作者是山西人而不是山东人。

　　又我的学生某君，一次曾以"弗"和"不"两字有什么不同相问，并举出不少的例子以相示，我就嘱他继续去研究。后来，研究的结果，才知道"弗"字具有"不之"两字合起来的意思，就是"半夜邻有求，无弗给"，等"半夜邻有求无不之给"。由此可见，做学问是要慎重的，研究自然科学的固然尤应该格外小心，即其他事业，如法官侦探亦何尝不应如此。

　　最末了说到"虚"字。

　　"虚"字就是"虚心"的意思。做学问贵能虚心，事先不为成见所入，一如法官的审案，虽搜集各种证据，都可加人罪名，但于证据中，还须再三慎重的考虑，避绝一切憎爱的成见，然后才不致于枉法。譬如苹果为什么会坠地、"弗"与"不"为什么不同……凡此种种都得虚心去考虑。

综上所述，我们知道，凡做学问所以能有成绩的，不在方法而在勤、慎、虚。换言之，就是要笨干。所谓科学方法者，小离个了上述这三种要件。假使具备了这三种要件，科学方法就随之而来了。如王念孙、顾亭林、戴东原等，他们的学问何尝不是笨干出来的？我在西大讲演，说到"维"字，它的意义很多，如"维是文王，维是熙熙"，祭文上的"维中华民国某年某月某日"，涵义各有不同。究竟"维"字在经文里怎样解说呢？《诗经》里就有三百几十个的"维"字。在我们都有些洋脾气的人，在这里自应先认为不懂，再去翻古书，把找得到的"维"字，都抄出来，一一拿来比较，然后就容易明白了，这样终于确定"维"字是一个感叹词。老子说："维之於呵，相去几何"，也可以证明原来"维"就是"呵"的意思。

最后我有几句话要忠告诸位，就是做学问并无捷径小路可走。更没有一定的方法可受用无穷，如果真有这方法，我为何不乐意奉送给诸位？记得以前有个龟兔赛跑的故事，是希腊最有名的寓言，可以拿出来供诸位做学问的教训。我觉得世界上有两派人：一派是乌龟派；一派是兔子派。凡是在学问上有大成就像达尔文、牛顿这一班人，都是既有兔子的天才，又有乌龟的功力，所以能够成为世界上最堪景仰的人。不过兔子的聪明，不是人人都有的，但乌龟的功力，则人人可学。在这里我希望诸位在做学问方面努力去学做乌龟，中国就不怕不产生无数像达尔文、牛顿、瓦特这一类的大学问家了。

（1935 年 1 月 13 日在广西南宁的演讲）

4
历史与文化

古史讨论的读后感

《读书杂志》上顾颉刚、钱玄同、刘掞藜、胡堇人四位先生讨论古史的文章，已做了八万字，经过了九个月，至今还不曾结束。这一件事可算是中国学术界的一件极可喜的事，他在中国史学史上的重要一定不亚于丁在君先生们发起的科学与人生观的讨论在中国思想史上的重要。这半年多的《努力》和《读书杂志》的读者也许嫌这两组大论争太繁重了，太沉闷了；然而我们可以断言这两组的文章是《努力》出世以来最有永久价值的文章。在最近的将来，我这个武断的估价就会有多人承认的。

这一次古史的讨论里最侥幸的是双方的旗鼓相当，阵势都很整严，所以讨论最有精采。顾先生说的真不错：

> 中国的古史全是一篇糊涂账。二千余年来随口编造，其中不知有多少蟛漏，可以看得出它是假造的。但经过了二千余年的编造，能够

成立一个系统，自然随处也有它的自卫的理由。现在我尽寻
它的罅漏，刘先生尽寻它的自卫的理由，这是一件很好的事。
即使不能遽得结论，但经过了长时间的讨论，至少可以指出
一个公认的信信和疑疑的限度来，这是无疑的。

我们希望双方的论主都依着这个态度去搜求证据。这一次讨论的目的
是要明白古史的真相。双方都希望求得真相，并不是顾先生对古史有
仇，而刘先生对古史有恩。他们的目的既同，他们的方法也只有一条
路：就是寻求证据。只有证据的充分与不充分是他们论战胜败的标准，
也是我们信仰与怀疑的标准。

现在双方的讨论都暂时休战了，——顾先生登有启事，刘先生
没有续稿寄来。我趁这个机会，研究他们的文章，忍不住要说几句
旁观的话，就藉着现在最时髦的名称"读后感"写了出来，请四位
先生指教。

第一、所谓"影响人心"的问题。这是开宗明义的要点，我们先
要说明白。刘先生说：

因为这种翻案的议论，这种怀疑的精神，很有影响于我
国的人心和史界，心有所欲言，不敢不告也。（《读书杂志》
十三期）

他又说：

先生这个翻案很足影响人心；我所不安，不敢不吐。（《读
书杂志》十六期）

否认古史某部分的真实，可以影响于史界，那是自然的事。但这事决
不会在人心上发生恶影响。我们不信盘古氏和天皇、地皇、人皇氏，
人心并不因此变坏。假使我们进一步，不能不否认神农黄帝了，人心
也并不因此变坏。假使我们更进一步，又不能不否认尧舜和禹了，人
心也并不因此变坏。——岂但不变坏？如果我们的翻案是有充分理由
的，我们的翻案只算是破了一件几千年的大骗案，于人心只有好影响，
而无恶影响。即使我们的证据不够完全翻案，只够引起我们对于古史
某部分的怀疑，这也是警告人们不要轻易信仰，这也是好影响，并不

是恶影响。本来刘先生并不曾明说这种影响的善恶，也许他单指人们信仰动摇。但这几个月以来，北京很有几位老先生深怪顾先生"忍心害理"，本来我不能不替他申辩了一句。这回的论争是一个真伪问题；去伪存真，决不会有害于人心。譬如猪八戒抱住了假唐僧的头颅痛哭，孙行者告诉他那是一块木头，不是人头，猪八戒只该欢喜，不该恼怒。又如穷人拾得一圆假银圆，心里高兴，我们难道因为他高兴就不该指出那是假银圆吗？上帝的观念固然可以给人们不少的安慰，但上帝若真是可疑的，我们不能因为人们的安慰就不肯怀疑上帝的存在了。上帝尚且如此，何况一个禹，何况黄帝尧舜？吴稚晖先生曾说起黄以周在南菁书院做山长时，他房间里的壁上有八个大字的座右铭：

> 实事求是，莫作调人。

我请用这八个字贡献给讨论古史的诸位先生。

第二、顾先生的"层累地造成的古史"的见解真是今日史学界的一大贡献，我们应该虚心地仔细研究它，虚心地试验它，不应该叫我们的成见阻碍这个重要观念的承受。这几个月的讨论不幸渐渐地走向琐屑的枝叶上去了；我恐怕一般读者被这几万字的讨论迷住了，或者竟忽略了这个中心的见解，所以我要把它重提出来，重引起大家的注意。顾先生自己说"层累地造成的古史"有三个意思：

（1）可以说明时代愈后，传说的古史期愈长。

（2）可以说明时代愈后，传说中的中心人物愈放愈大。

（3）我们在这上，即不能知道某一件事的真确的状况，也可以知道某一件事在传说中的最早状况。

这三层意思都是治古史的重要工具。顾先生的这个见解，我想叫它做"剥皮主义"，譬如剥笋，剥进去方才有笋可吃。这个见解起于崔述；崔述曾说：

> 世益古则其取舍益慎，世益晚则其采择益杂。故孔子序《书》，断自唐虞，而司马迁作《史记》乃始于黄帝。……近世以来……乃始于庖牺氏或天皇氏，甚至有始于开辟之初盘古氏者。……嗟夫，嗟夫，彼古人者诚不料后人之学之博之

至于如是也。（《考信录·提要》上，二十二）

崔述剥古史的皮，仅剥到《经》为止，还不算彻底。顾先生还要进一步，不但剥的更深，并且还要研究那一层一层的皮是怎样堆砌起来的。他说：

　　我们看史迹的整理还轻，而看传说的经历却重。凡是一件史事应看它最先是怎样，以后逐步逐步的变迁是怎样。

这种见解重在每一种传说的"经历"与演进。这是用历史演进的见解来观察历史上的传说。

　　这是顾先生这一次讨论古史的根本见解，也就是他的根本方法。他初次应用这方法，在百忙中批评古史的全部，也许不免有些微细的错误。但他这个根本观念是颠扑不破的，他这个根本方法是愈用愈见功效的。他的方法可以总括成下列的方式。

　　（1）把每一件史事的种种传说，依先后出现的次序，排列起来。

　　（2）研究这件史事在每一个时代有什么样子的传说。

　　（3）研究这件史事的渐演进：由简单变为复杂，由陋野变为雅驯，由地方的（局部的）变为全国的，由神变为人，由神话变为史事，由寓言变为事实。

　　（4）遇可能时，解释每一次演变的原因。

他举的例是"禹的演进史"。

　　禹的演进史，至今没有讨论完毕，但我们不要忘了禹的问题只是一个例，不要忘了顾先生的主要观点在于研究传说的经历。

　　我在几年前也曾用这个方法来研究一个历史问题——井田制度。我把关于井田制度的种种传说，依出现的先后，排成一种井田论的演进史：

　　（1）《孟子》的"井田论"很不清楚，又不完全。

　　（2）汉初写定的《公羊传》只有"什一而藉"一句。

　　（3）汉初写定的《谷梁传》说的详细一点，但只是一些"望文生义"的注语。

　　（4）汉文帝时的《王制》是依据《孟子》而稍加详的，但也没有分明的井田制。

（5）文景之间的《韩诗外传》演述《谷梁传》的话，做出一种清楚分明的井田论。

（6）《周礼》更晚出，里面的井田制就很详细，很整齐，又很繁密了。

（7）班固的《食货志》参酌《周礼》与《韩诗》的井田制，并成一种调和的制度。

（8）何休的《公羊解诂》更晚出，于是参考《孟子》、《王制》、《周礼》、《韩诗》的各种制度，另做成一种井田制。（看初排本《胡适文存》二，页二六四——二八一）

这一个例也许可以帮助读者明了顾先生的方法的意义，所以我引他在这儿，其实古史上的故事没有一件不曾经过这样的演进，也没有一件不可用这个历史演进的（evolutionary）方法去研究。尧舜禹的故事，黄帝神农庖牺的故事，汤的故事，伊尹的故事，后稷的故事，文王的故事，太公的故事，周公的故事，都可以做这个方法的实验品。

第三、我们既申说了顾先生的根本方法，也应该考察考察刘掞藜先生的根本态度与方法。刘先生自己说：

> 我对于古史只采取"察传"的态度，参之以情，验之以理，断之以证。（《读书杂志》十三期）

他又说：

> 我对于经书或任何子书，不敢妄信，但也不敢闭着眼睛，一笔抹杀；总须度之以情，验之以理，决之以证。

这话粗看上去似乎很可满人意了。但仔细看来，这里面颇含有危险的分子。"断之以证"固是很好，但"情"是什么？"理"又是什么？刘先生自己虽没有下定义，但我们看他和钱玄同先生讨论的话，一则说：

> 但是我们知道文王至仁。

再则说：

> 我们也知道周公至仁。

依科学的史家的标准，我们要问，我们如何知道文王周公的至仁呢？"至仁"的话是谁说的？起于什么时代？刘先生信"文王至仁"为原则，而以"执讯连连，攸馘安安"为例外；又信"周公至仁"为原则，而以破斧缺斨为例外。不知在史学上，《皇矣》与《破斧》之诗正是史料，而至仁之说却是后起的传说变成的成见。成见久据于脑中，不经考察，久而久之便成了情与理了。

刘先生列举情、理、证三者，而证在最后一点。他说"参之以情"，又说"度之以情"。崔述曾痛论这个方法的危险道：

> 人之情好以己度人，以今度古……往往径庭悬隔，而其人终不自知也……以己度人，虽耳目之前而必失之。况欲以度古人，……岂有当乎？（《考信录·提要》上，四）

作《皇矣》诗的人并无"王季文王是纣臣"的成见，作《破斧》诗的人也并无"周公圣人"的成见；而我们生在几千年后，从小就灌饱了无数后起的传说，于今戴着传说的眼镜去读诗，自以为"度之以情"，而不知只是度之以成见呵。

至于"验之以理"，更危险了。历史家只应该从材料里，从证据里，去寻出客观的条理。如果我们先存一个"理"在脑中，用理去"验"事物，那样的"理"往往只是一些主观的意见。例如刘先生断定《国语》《左传》说烈山氏之子柱能殖百谷百蔬的话不是凭空杜撰的，他列举二"理"，证明烈山氏时有"殖百谷百蔬"的可能。他所谓"理"，正是我们所谓"意见"。如他说：

> 人必藉动植物以生；既有动植物矣，则必有谷有蔬也无疑。夫所谓种植耕稼者，不过以一举手一投足之劳，扫荒薉，培所欲之植物而已。此植物即所谓"百谷百蔬"也。（《读书杂志》十五，圈点依原文。）

这是全无历史演进眼光的臆说。稍研究人类初民生活的人，都知道一技一术在今日视为"不过一举手一投足之劳"的，在初民社会里往往须经过很长的时期而后偶然发明。"藉动植物以生"是一件事，而"种植耕稼"另是一件事。种植耕稼须假定（1）辨认种类的能力，（2）预料将来收获的能力，（3）造器械的能力，（4）用人工补助天行的能力，（5）比较有定居的生活，……等等条件备具，方才有农业可说。故治古史的人，若不先研究人类学、社会学，决不能了解先民创造一技一艺时的艰难，正如我们成年的人高谈阔论而笑小孩子牙牙学语的困难；名为"验之以理"而其实仍是"以己度人，以今度古"。

最后是"断之以证"。在史学上证据固然最重要，但刘先生以情与理揣度古史，而后"断之以证"，这样的方法很有危险。我们试引刘先生牛驳顾先生论古代版图一段做例。《尧典》的版图有交趾，顾先生疑心那是秦汉的疆域。刘先生驳他道：

> 就我所知，春秋之末，秦汉之前，竟时时有人道及交趾，甚且是尧舜抚有交趾。

他引四条证据：

一、《墨子·节用》中。

二、《尸子》佚文。

三、《韩非子·十过》。

四、《大戴礼记·少闲》。

《大戴礼》是汉儒所作，刘先生也承认。前面三条，刘先生说"总可认为战国时文"。——这一层我们姑且不和他辩；我们姑且依他承认此三条为"战国时文"。依顾先生的方法，这三条至多不过证明战国时有人知有交趾罢了。然而刘先生的"断之以证"的方法却真大胆！他说：

> 知有交趾，则是早已与交趾有关系了。但是我们知道春秋、东周、西周、商、夏都与交趾没有来往，是墨子、尸子、韩非等所言，实由尧之抚有交趾也。（圈是我加的）

战国时的一句话，即使是真的，便可以证明二千年前的尧时的版图，这是什么证据？况且刘先生明明承认"春秋东周、西周、商、夏都与交趾没有来往"；若依顾先生的方法，单这一句已可以证明《尧典》为秦汉时的伪书了。

我们对于"证据"的态度是：一切史料都是证据。但史家要问：一、这种证据是在什么地方寻出的？二、什么时候寻出的？三、什么人寻出的？四、依地方和时候上看起来，这个人有做证人的资格吗？五、这个人虽有证人资格，而他说这句话时有作伪（无心的，或有意的）的可能吗？

刘先生对于这一层，似乎不很讲究。如他上文举的三条证据，（a）举《墨子·节用》篇屡称"子墨子曰"，自然不是"春秋之末"的作品。（b）尸佼的有无，本不可考；《尸子》原书已亡，依许多佚文看来，此书大概作于战国末年，或竟是更晚之作。（c）《韩非子》一书本是杂凑起来的；《十过》一篇，中叙秦攻宜阳一段，显然可证此篇不是韩非所作，与《初见秦》等篇同为后人伪作的。而刘先生却以为"以韩非之疑古，犹且称道之"。不知《显学》篇明说"明据先王，必定尧舜者，非愚则诬也"；《五蠹》篇明说"今有美尧舜汤武禹之道于当今之世者，必为新圣笑矣"。即用此疑古的两篇作标准，已可以证明《十过》篇之为伪作而无疑。这些东西如何可作证据用呢？

*

以上所说，不过是我个人的读后感。内中颇有偏袒顾先生的嫌疑，我也不用讳饰了。但我对于刘揆藜先生搜求材料的勤苦，是十分佩服的；我对他的批评，全无恶感，只有责备求全之意，只希望他对他自己治史学的方法有一种自觉的评判，只希望他对自己搜来的材料也有一种较严苛的评判，而不仅仅奋勇替几个传说的古圣王作辩护士。行文时说话偶有不检点之处，我也希望他不至于见怪。

十三，二，八
（1924 年 2 月 8 日）

《水浒传》考证

一

 我的朋友汪原放用新式标点符号把《水浒传》重新点读一遍，由上海亚东图书馆排印出版。这是用新标点来翻印旧书的第一次。我可预料汪君这部书将来一定要成为新式标点符号的实用教本，他在教育上的效能一定比教育部颁行的新式标点符号原案还要大得多。汪君对于这书校读的细心，费的工夫之多，这都是我深知道并且深佩服的；我想这都是读者容易看得出的，不用我细说了。

 这部书有一层大长处，就是把金圣叹的评和序都删去了。

 金圣叹是十七世纪的一个大怪杰，他能在那个时代大胆宣言，说《水浒》与《史记》、《国策》有同等的文学价值，说施耐庵、董解元与庄周、屈原、司马迁、杜甫在文学史上占同等的位置，说："天下之文章无有出《水浒》右者，天下之格物君子无有出施耐庵先生右者！"这是何等眼光！何等胆气！又如他的序里的一段："夫古人之才，世不相沿，人不相及：庄周有庄周之才，屈平有屈平之才，降而至于施耐庵有施耐庵之才，董解元有董解元之才。"这种文学眼光，在古人中很不可多得。又如他对他的儿了说："汝今年始十岁，便以此书（《水浒》）相授者，非过有所宠爱，或者教汝之道当如是也。……人生十岁，耳目渐吐，如日在东，光明发挥。如此书，吾即欲禁汝不见，亦岂可得？……今知不可相禁，而反出其旧所批释，脱然授之汝手。"这种见解，在今日还要吓倒许多老先生与少先生，何况三百年前呢？

但是金圣叹究竟是明末的人。那时代是"选家"最风行的时代；我们读吕用晦的文集，还可想见当时的时文大选家在文人界占的地位（参看《儒林外史》）。金圣叹用了当时"选家"评文的眼光来逐句批评《水浒》，遂把一部《水浒》凌迟碎砍，成了一部"十七世纪眉批夹注的白话文范"！例如圣叹最得意的批评是指出景阳冈一段连写十八次"哨棒"，紫石街一段连写十四次"帘子"，和三十八次"笑"。圣叹说这是"草蛇灰线法"！这种机械的文评正是八股选家的流毒，读了不但没有益处，并且养成一种八股式的文学观念，是很有害的。

这部新本《水浒》的好处就在把文法的结构与章法的分段来代替那八股选家的机械的批评。即如第五回瓦官寺一段：

智深走到面前那和尚吃了一惊

金圣叹批道："写突如其来，只用二笔，两边声势都有。"

跳起身来便道请师兄坐同吃一盏智深提着禅杖道你这两
个如何把寺来废了那和尚便道师兄请坐听小僧

圣叹批道："其语未毕。"

智深睁着眼道你说你说

圣叹批道："四字气忿如见。"

说在先敝寺……

圣叹批道："说字与上'听小僧'本是接着成句，智深自气忿忿在一边夹着'你说你说'耳。章法奇绝，从古未有。"

现在用新标点符号写出来便成：

> 智深走到面前，那和尚吃了一惊，跳起身来便道："请师兄坐，同吃一盏。"智深提着禅杖道："你二个如何把寺来废了！"那和尚便道："师兄请坐，听小僧——"智深睁着眼道："你说！你说！"——说："在先敝寺……"

这样点读，便成一片整段的文章，我们不用加什么恭维施耐庵的评语，读者自然懂得一切忿怒的声口和插入的气话；自然觉得这是很能摹神的叙事；并且觉得这是叙事应有的句法，并不是施耐庵有意要作"章法奇绝，从古未有"的文章。

金圣叹的《水浒》评，不但有八股选家气，还有理学先生气。

圣叹生在明朝末年，正当"清议"与"威权"争胜的时代，东南士气正盛，虽受了许多摧残，终不曾到降服的地步。圣叹后来为了主持清议以至于杀身，他自然是一个赞成清议派的人。故他序《水浒》第一回道：

> 一部大书七十回将写一百八人……而先写高俅者，盖不写高俅便写一百八人，则是乱自下生也。不写一百八人先写高俅，则是乱自上作也。……高俅来而王进去矣。王进者，何人也？不坠父业，善养母志，盖孝子也。……横求之四海，竖求之百年，而不一得之。不一得之而忽然有之，则当尊之，荣之，长跽事之，——必欲骂之，打之，至于杀之，因逼去之，是何为也？王进去而一百八人来矣。则是高俅来而一百八人来矣。
>
> 王进去后，更有史进。史者，史也。……记一百八人之事而亦居然谓之史也，何居？从来庶人之议皆史也。庶人则何敢议也？庶人不敢议也。庶人不敢议而又议，何也？天下有道，然后庶人不议也。今则庶人议矣。何用知天下无道？
>
> 曰：王进去而高俅来矣。

这一段大概不能算是穿凿附会。《水浒传》的著者著书自然有点用意，正如楔子一回中说的，"且住！若真个太平无事，今日开书演义，又说著些甚么？"他开篇先写一个人人厌恶不肯收留的高俅，从高俅写到王进，再写到史进，再写到一百八人，他著书的意思自然很明白。金圣叹说他要写"乱自上生"，大概是很不错的。圣叹说，"从来庶人之议皆史也"，这一句话很可代表明末清议的精神。黄梨洲的《明夷待访录》说：

> 东汉太学三万人，危言深论，不隐豪强，公卿避其贬议。
> 宋诸生伏阙捶鼓，请起李纲。三代遗风惟此犹为相近。使当
> 日之在朝廷者，以其所非是为非是，将见盗贼奸邪慑心于正
> 气霜雪之下，君安而国可保也。

这种精神是十七世纪的一种特色，黄梨洲与金圣叹都是这种清议运动的代表，故都有这种议论。

但是金圣叹《水浒》评的大毛病也正在这个"史"字上。中国人心里的"史"总脱不了《春秋》笔法"寓褒贬，别善恶"的流毒。金圣叹把《春秋》的"微言大义"用到《水浒》上去，故有许多极迂腐的议论。他以为《水浒传》对于宋江，处处用《春秋》笔法责备他。如第二十一回，宋江杀了阎婆惜之后，逃难出门，临行时"拜辞了父亲，只见宋太公洒泪不已，又分付道，你两个前程万里，休得烦恼"。这本是随便写父子离别，并无深意。金圣叹却说：

> 无人处却写太公洒泪，有人处便写宋江大哭；冷眼看破，
> 冷笔写成。普天下读书人慎勿谓《水浒》无皮里阳秋也。

下文宋江弟兄"分付大小庄客，早晚殷勤伏侍太公，休教饮食有缺"。这也是无深意的叙述。圣叹偏要说：

> 人亦有言，"养儿防老"。写宋江分付庄客伏侍太公，亦
> 皮里阳秋之笔也。

这种穿凿的议论实在是文学的障碍。《水浒传》写宋江，并没有责备的意思。看他在三十五回写宋江冒险回家奔丧，在四十一回写宋江再冒险回家搬取老父，何必又在这里用曲笔写宋江的不孝呢？

又如，五十三回写宋江破高唐州后，"先传下将令，休得伤害百

姓，一面出榜安民，秋毫无犯"。这是照例的刻板文章，有何深意？圣叹偏要说：

> 如此言，所谓仁义之师也。今强盗而忽用仁义之师，是
> 强盗之权术也。强盗之权术而又书之者，所以深叹当时之官
> 军反不能然也。彼三家村学究不知作史笔法，而遽因此等语
> 过许强盗真有仁义，不亦怪哉？

这种无中生有的主观见解，真正冤枉煞古人！圣叹常骂三家村学究不懂得"作史笔法"，却不知圣叹正为懂得作史笔法太多了，所以他的迂腐气比三家村学究的更可厌！

这部新本的《水浒》把圣叹的总评和夹评一齐删去，使读书的人直接去看《水浒传》，不必去看金圣叹脑子里悬想出来的《水浒》的"作史笔法"；使读书的人自己去研究《水浒》的文学，不必去管十七世纪八股选家的什么"背面铺粉法"和什么"横云断山法"！

二

我既不赞成金圣叹的《水浒》评，我既主张让读书的人自己直接去研究《水浒传》的文字，我现在又拿什么话来做《水浒传》的新序呢？

我最恨中国史家说的什么"作史笔法"，但我却有点"历史癖"；我又最恨人家咬文嚼字的评文，但我却又有点"考据癖"！因为我不幸有点历史癖，故我无论研究什么东西，总喜欢研究他的历史。因为我又不幸有点考据癖，故我常常爱做一点半新不旧的考据。现在我有了这个机会替《水浒传》做一篇新序，我的两种老毛病——历史癖与考据癖——不知不觉的又发作了。

我想《水浒传》是一部奇书，在中国文学史占的地位比《左传》、《史记》还要重大的多；这部书很当得起一个阎若璩来替他做一番考证的工夫，很当得起一个王念孙来替他做一番训诂的工夫。我虽然够不上做这种大事业——只好让将来的学者去做——但我也想努一努力，

替将来的《水浒》专门家开辟一个新方向，打开一条新道路。

简单一句话，我想替《水浒传》做一点历史的考据。

《水浒传》不是青天白日里从半空中掉下来的，《水浒传》乃是从南宋初年（西历十二世纪初年）到明朝中叶（十五世纪末年）这四百年的"梁山泊故事"的结晶——我先说这句武断的话丢在这里，以下的两万字便是这一句话的说明和引证。

我且先说元朝以前的《水浒》故事。

《宋史》二十二，徽宗宣和三年（西历一一二一）的本纪说：

> 淮南盗宋江等犯淮阳军，遣将讨捕，又犯京东、江北，入楚海州界。命知州张叔夜招降之。

又《宋史》三百五十一：

> 宋江寇京东，侯蒙上书言："江以三十六人横行齐魏，官军数万无敢抗者，其才必过人。今清溪盗起，不若赦江，使讨方腊以自赎。"

又《宋史》三百五十三：

> 宋江起河朔，转略十郡，官军莫敢撄其锋。声言将至〔海州〕，张叔夜使者觇所向，贼径趋海濒，劫巨舟十余，载卤获。于是募死士，得千人，设伏近城，而出轻兵距海诱之战，先匿壮卒海旁，伺兵合，举火焚其舟。贼闻之，皆无斗志。伏兵乘之，擒其副贼。江乃降。

这三条史料可以证明宋江等三十六人都是历史的人物，是北宋末年的大盗。"以三十六人横行齐魏，官军数万无敢抗者"——看这些话可见宋江等在当时的威名。这种威名传播远近，留传在民间，越传越神奇，遂成一种"梁山泊神话"。我们看宋末遗民龚圣与作《宋江三十六人赞》的《自序》说：

> 宋江事见于街谈巷语，不足采著。虽有高如、李嵩辈传写，士大夫亦不见黜，余年少时壮其人，欲存之画赞，以未见信书载事实，不敢轻为。及异时见《东都事略》载侍郎侯蒙传，有书一篇，陈制贼之计云："宋江以三十六人横行河朔，

京东，官军数万无敢抗者，其材必有过人。不若赦过招降，使讨方腊，以此自赎，或可平东南之乱。"余然后知江辈真有闻于时者。……（周密《癸辛杂识》续集上）

我们看这段话，可见（1）南宋民间有一种"宋江故事"流行于"街谈巷语"之中；（2）宋元之际已有高如、李嵩一班文人"传写"这种故事，使"士大夫亦不见黜"；（3）那种故事一定是一种"英雄传奇"，故龚圣与"少年时壮其人，欲存之画赞"。

这种故事的发生与流传久远，决非无因。大概有几种原因：（1）宋江等确有可以流传民间的事迹与威名；（2）南宋偏安，中原失陷在异族手里，故当时人有想望英雄的心理；（3）南宋政治腐败，奸臣暴政使百姓怨恨，北方在异族统治之下受的痛苦更深，故南北民间都养成一种痛恨恶政治恶官吏的心理，由这种心理上生出崇拜草泽英雄的心理。

这种流传民间的"宋江故事"便是《水浒传》的远祖。我们看《宣和遗事》，便可看见一部缩影的《水浒》故事。《宣和遗事》记梁山泊好汉的事，共分六段：

（1）杨志、李进义（后来作卢俊义）、林冲、王雄（后来作杨雄）、花荣、柴进、张青、徐宁、李应、穆横、关胜、孙立等十二个押送"花石纲"的制使，结义为兄弟。后来杨志在颖〔颍〕州阻雪，缺少旅费，将一口宝刀出卖，遇着一个恶少，口角厮争。杨志杀了那人，判决配卫州军城。路上被李进义、林冲等十一人救出去，同上太行山落草。

（2）北京留守梁师宝差县尉马安国押送十万贯的金珠珍宝上京，为蔡太师上寿，路上被晁盖、吴加亮、刘唐、秦明、阮进、阮通、阮小七、燕青等八人用麻药醉倒，抢去生日礼物。

（3）"生辰纲"的案子，因酒桶上有"酒海花家"的字样，追究到晁盖等八人。幸得郓城县押司宋江报信与晁盖等，使他们连夜逃走。这八人连结了杨志等十二人，同上梁山泊落草为寇。

（4）晁盖感激宋江的恩义，使刘唐带金钗去酬谢他。宋江把金钗交给娼妓阎婆惜收了，不料被阎婆惜得知来历，那妇人本与吴伟往来，现在更不避宋江。宋江怒起，杀了他们，题反诗在壁上，出门跑了。

（5）官兵来捉宋江，宋江躲在九天玄女庙里。官兵退后，香案上一声响亮，忽有一本天书，上写着三十六人姓名。这三十六人，除上文已见二十人之外，有杜千、张岑、索超、董平都已先上梁山泊了；宋江又带了朱仝、雷横、李逵、戴宗、李海等人上山。那时晁盖已死，吴加亮与李进义为首领。宋江带了天书上山，吴加亮等遂共推宋江为首领。此外还有公孙胜、张顺、武松、呼延绰、鲁智深、史进、石秀等人，共成三十六员。（宋江为帅，不在天书内。）

（6）宋江等既满三十六人之数，"朝廷无其奈何"，只得出榜招安。后有张叔夜"招诱宋江和那三十六人归顺宋朝，各受武功大夫诰敕，分注诸路巡检使去也。因此三路之寇悉得平定，后遣宋江收方腊，有功，封节度使"。

《宣和遗事》一书，近人因书里的"惇"字缺笔作"惇"字，故定为宋时的刻本。这种考据法用在那"俗文讹字弥望皆是"的民间刻本上去，自然不很适用，不能算是充分的证据。但书中记宋徽宗、钦宗二帝被虏后的事，记载的非常详细，显然是种族之痛最深时的产物。书中采用的材料大都是南宋人的笔记和小说，采的诗也没有刘后村以后的诗。故我们可以断定《宣和遗事》记的梁山泊三十六人的故事一定是南宋时代民间通行的小说。

周密（宋末人，元武宗时还在）的《癸辛杂识》载有龚圣与的《三十六人赞》。三十六人的姓名，大致与《宣和遗事》相同，只有吴加亮改作吴用，李进义改作卢俊义，阮进改为阮小二，李海改为李俊，王雄改为杨雄：这都与《水浒传》更接近了。此外周密记的，少了公孙胜、林冲、张岑、杜千四人，换上宋江、解珍、解宝、张横四人（《宣和遗事》有张横，又写作李横，但不在天书三十六之数），也更与《水浒》接近了。

龚圣与的《三十六人赞》里全无事实，只在那些"绰号"的字面上做文章，故没有考据材料的价值。但他那篇《自序》却极有价值。《序》的上半——引见上文——可以证明宋元之际有李嵩、高如等人"传写"梁山泊故事，可见当时除《宣和遗事》之外一定还有许多更详细的水浒故事。《序》的下半很称赞宋江，说他"识性超卓，有过人者"；又说：

> 盗跖与江，与之"盗"名而不辞，躬蹈"盗"迹而不讳
> 者也。岂若世之乱臣贼子畏影而自走，所为近在一身而其祸
> 未尝不流四海？

这明明是说"奸人政客不如强盗"了！再看他那些赞的口气，都有希望草泽英雄出来重扶宋室的意思。如九文龙史进赞："龙数肖九，汝有九文；盍从东皇，驾五色云？"如小李广花荣赞："中心慕汉，夺马而归；汝能慕广，何忧数奇？"这都是当时遗民的故国之思的表现。又看周密的跋语：

> 此皆群盗之靡耳，圣与既各为之赞，又从而序论之，何
> 哉？太史公序游侠而进奸雄，不免后世之讥。然其首著胜广
> 于列传，且为项羽作本纪，其意亦深矣。识者当能辨之。

这是老实希望当时的草泽英雄出来推翻异族政府的话。这便是元朝"水浒故事"所以非常发达的原因。后来长江南北各处的群雄起兵，不上二十年，遂把人类有历史以来最强横的民族的帝国打破，遂恢复汉族的中国。这里面虽有许多原因，但我们读了龚圣与、周密的议论，可以知道水浒故事的发达与传播也许是汉族光复的一个重要原因哩。

三

元朝水浒故事非常发达，这是万无可疑的事。元曲里的许多水浒戏便是铁证。但我们细细研究元曲里的水浒戏，又可以断定元朝的水浒故事决不是现在的《水浒传》；又可以断定那时代决不能产生现在的《水浒传》。

元朝戏曲里演述梁山泊好汉的故事的，也不知有多少种。依我们所知，至少有下列各种：

1. 高文秀的●《黑旋风双献功》（《录鬼簿》作"双献头"）

2. 又《黑旋风乔教学》

3. 又《黑旋风借尸还魂》

4. 又《黑旋风斗鸡会》

5. 又《黑旋风诗酒丽春园》

6. 又《黑旋风穷风月》

7. 又《黑旋风大闹牡丹园》

8. 又《黑旋风敷演刘耍和》（（4）至（8）五种，《涵虚子》皆无黑旋风三字，今据暖红室新刻的钟嗣成《录鬼簿》为准。）

9. 杨显之的《黑旋风乔断案》

10. 康进之的●《梁山泊黑旋风负荆》

11. 又《黑旋风老收心》

12. 红字李二的《板踏儿黑旋风》（《涵虚子》无下三字）

13. 又《折担儿武松打虎》

14. 又《病杨雄》

15. 李文蔚的●《同乐院燕青博鱼》（《录鬼簿》上三字作"报冤台"，博字作"扑"，今据《元曲选》。）

16. 又《燕青射雁》

17. 李致远的●《都孔目风雨还牢末》

18. 无名氏的●《争报恩三虎下山》

19. 又《张顺水里报怨》

以上关于梁山泊好汉的戏目十九种，是参考《元曲选》《涵虚子》（《元曲选》卷首转录的）和《录鬼簿》（原书有序，年代为至顺元年，当西历一三三〇年；又有题词，年代为至正庚子，当西历一三六〇年）三部书辑成的。不幸这十九种中，只有那加●的五种现在还保存在臧晋叔的《元曲选》里（下文详说），其余十四种现在都不传了。

但我们从这些戏名里，也就可以推知许多事实出来：第一，元人戏剧里的李逵（黑旋风）一定不是《水浒传》里的李逵。细看这个李逵，他居然能"乔教学"，能"乔断案"，能"穷风月"，能玩"诗酒丽春园"！这可见当时的李逵一定是一个很滑稽的脚色，略像萧士比亚戏剧里的佛斯大夫（Falstaff）——有时在战场上呕人，有时在脂粉队里使人笑死。至于"借尸还魂","敷演刘耍和","大闹牡丹园","老收心"等等事，更是《水浒传》的李逵所没有的了。第二，元曲里的燕青，也不是后来《水浒传》的燕青："博鱼"和"射雁"，都不是《水浒传》里的事实。（《水浒》有燕青射鹊一事，或是受了"射雁"的暗示的。）第三，《水浒》只有病关索杨雄，并没"病杨雄"的话，可见元曲的杨雄也和《水浒》的杨雄不同。

现在我们再看那五本保存的梁山泊戏，更可看出元曲的梁山泊好汉和《水浒传》的梁山泊好汉大不相同的地方了。我们先叙这五本戏的内容：

（1）《黑旋风双献功》。宋江的朋友孙孔目带了妻子郭念儿上泰安神州去烧香，因路上有强盗，故来问宋江借一个护臂的人。李逵自请要去，宋江就派他去。郭念儿和一个白衙内有奸，约好了在路上一家店里相会，各唱一句暗号，一同逃走了。孙孔目丢了妻子，到衙门里告状，不料反被监在牢里。李逵扮做庄家呆后生，买通牢子，进监送饭，用蒙汗药醉倒牢子，救出孙孔目；又扮做祗候，偷进衙门，杀了白衙内和郭念儿，带了两颗人头上山献功。

（2）《李逵负荆》。梁山泊附近一个杏花庄上，有一个卖酒的王林，他有一女名叫满堂娇。一日，有匪人宋刚和鲁智恩，假冒宋江和鲁智深的名字，到王林酒店里，抢去满堂娇。那日李逵酒醉了，也来王林家，问知此事，心头大怒，赶上梁山泊，和宋江、鲁智深大闹。后来他们三人立下军令状，下山到王林家，叫王林自己质对。王林才知道他女儿不是宋江他们抢去的。李逵惭愧，负荆上山请罪，宋江令他下山把宋刚、鲁智恩捉来将功赎罪。

（3）《燕青博鱼》。梁山泊第十五个头领燕青因误了限期，被宋江杖责六十，气坏了两只眼睛，下山求医，遇着卷毛虎燕顺把两眼医好，两人结为弟兄。燕顺在家因为与哥哥燕和嫂嫂王腊梅不和，一气跑了。燕和夫妻有一天在同乐院游春，恰好燕青因无钱使用，在那里博鱼。燕和爱燕青气力大，认他做兄弟，带回家同住。王腊梅与杨衙内有奸，被燕青撞破。杨衙内倚仗威势，反诬害燕和、燕青持刀杀人，把他们收在监里。燕青劫牢走出，追兵赶来，幸遇燕顺搭救，捉了奸夫淫妇，同上梁山泊。

（4）《还牢末》。史进、刘唐在东平府做都头。宋江派李逵下山请他们入伙，李逵在路上打死了人，捉到官，幸亏李孔目救护，定为误伤人命，免了死罪。李逵感恩，送了一对匾金环给李孔目。不料李孔目的妾萧娥与赵令史有奸，拿了金坏到官出首，说李孔目私通强盗，问成死罪。刘唐与李孔目有旧仇，故极力虐待他，甚至于收受萧娥的银子，把李孔目吊死。李孔目死而复苏，恰好李逵赶到，用宋江的书信招安了刘唐、史进，救了李孔目，杀了奸夫淫妇，一同上山。

（5）《争报恩》。关胜、徐宁、花荣三个人先后下山打探军情。济州通判赵士谦带了家眷上任，因道路难行，把家眷留在权家店，自己先上任。他的正妻李千娇是很贤德的，他的妾王腊梅与丁都管有奸。这一天，关胜因无盘缠在权家店卖狗肉，因口角打倒丁都管，李千娇出来看，见关胜英雄，认他做兄弟。关胜走后，徐宁晚间也到权家店，在赵通判的家眷住屋的稍房里偷睡，撞破丁都管和王腊梅的奸情，被他们认做贼，幸得李千娇见徐宁英雄，认他做兄弟，放他走了。又一天晚间，李千娇在花园里烧香，恰好花荣躲在园里，听见李千娇烧第三炷香"愿天下好男子休遭罗网之灾"，花荣心里感动，向前相见。李千娇见他英雄，也认他做兄弟。不料此时丁都管和王腊梅走过门外，听见花荣说话，遂把赵通判喊来。赵通判推门进来，花荣拔刀逃出，砍伤他的臂膊。王腊梅咬定李千娇有奸，告到官衙，问成死罪。关胜、徐宁、花荣三人得信，赶下山来，劫了法场，救了李千娇，杀了奸夫淫妇，使赵通判夫妻和合。

我们研究这五本戏，可得两个大结论：

第一，元朝的梁山泊好汉戏都有一种很通行的"梁山泊故事"作共同的底本。我们可看这五本戏共同的梁山泊背景：

（1）《双献功》里的宋江说："某姓宋，名江，字公明，绰号及时雨者是也。幼年曾为郓城县把笔司吏，因带酒杀了阎婆惜，被告到官，脊杖六十，迭配江州牢城。因打此梁山经过，有我八拜交的哥哥晁盖知某有难，领喽啰下山，将解人打死，救某上山，就让我坐第二把交椅。哥哥晁盖三打祝家庄身亡，众兄弟拜某为头领。某聚三十六大伙，七十二小伙，半垓来喽啰。寨名水浒，泊号梁山；纵横河港一千条，四下方圆八百里；东连大海，西接济阳，南通巨野、金乡，北靠青、齐、兖、郓。……"

（2）《李逵负荆》里的宋江自白有"杏黄旗上七个字：替天行道救生民"的话。其余略同上。又王林也说，"你山上头领都是替天行道的好汉。……老汉在这里多亏了头领哥哥照顾老汉。"

（3）《燕青博鱼》里，宋江自白与《双献功》大略相同，但有"人号顺天呼保义"的话，又叙杀阎婆惜事也更详细：有"因带酒杀了阎婆惜，一脚踢翻烛台，延烧了官房"一事。又说"晁盖三打祝家庄，中箭身亡"。

（4）《还牢末》里，宋江自叙有"我平日度量宽洪，但有不得已的好汉，见了我时，便助他些钱物，因此天下人都叫我做及时雨宋公明"的话。其余与《双献功》略同，但无"三十六大伙，七十二小伙"的话。

（5）《争报恩》里宋江自叙词："只因误杀阎婆惜，逃出郓州城，占下了八百里梁山泊，搭造起百十座水兵营。忠义堂高搠杏黄旗一面，上写着'替天行道宋公明'。聚义的三十六个英雄汉，那一个不应天上恶魔星？"这一段只说三十六人，又有"应天上恶魔星"的话，与《宣和遗事》说的天书相同。

看这五条，可知元曲里的梁山泊大致相同，大概同是根据于一种人人皆知的"梁山泊故事"。这时代的"梁山泊故事"有可以推知的几点：（1）宋江的历史，小节细目虽互有详略的不同，但大纲已渐渐固定，成为人人皆知的故事。（2）《宣和遗事》的三十六人，到元朝渐渐变成了"三十六大伙，七十二小伙"，已加到百零八人了。（3）梁山泊的声势越传越张大，到元朝时便成了"纵横河港一千条，四下方圆八百里"的水浒了。（4）最重要的一点是元朝的梁山泊强盗渐渐变成了"仁义"的英雄。元初龚圣与自序作赞的意思，有"将使一归于正，义勇不相戾，此诗人忠厚之心也"的话，那不过是希望的话。他称赞宋江等，只能说他们"名号既不僭侈，名称俨然，犹循故辙"；这是说他们老老实实的做"盗贼"，不敢称王称帝。龚圣与又说宋江等"与之盗名而不辞，躬履盗迹而不讳"。到了后来，梁山泊渐渐变成了"替天行道救生民"的忠义堂了！这一变非同小可。把"替天行道求生民"的"招牌送给梁山泊，这是水浒故事的一大变化，既可表示元朝民间的心理，又暗中规定了后来《水浒传》的性质。

这是元曲里共同的梁山泊背景。

第二，元曲演梁山泊故事，虽有一个共同的背景，但这个共同之点只限于那粗枝大叶的梁山泊略史。此外，那些好汉的个人历史，性情，事业，当时还没有固定的本子，故当时的戏曲家可以自由想象，自由描写。上条写的是"同"，这条写的是"异"。我们看他们的"异"处，方才懂得当时文学家的创造力。懂得当时文学家创造力的薄弱，方才可以了解《水浒传》著者的创造力的伟大无比。

我们可先看元曲家创造出来的李逵。李逵在《宣和遗事》里并没有什么描写，后来不知怎样竟成了元曲里最时髦的一个脚色！上文记的十九种元曲里，竟有十二种是用黑旋风做主人翁的，《还牢末》一名《李山儿生死报恩人》，也可算是李逵的戏。高文秀一个人编了八本李逵的戏，可谓"黑旋风专门家"了！大概李逵这个"脚色"大半是高文秀的想像力创造出来的，正如 Falstaff 是萧士比亚创造出来的。高文秀写李逵的形状道：

> 我这里见客人将礼数迎，把我这两只手插定。哥也，他
> 见我这威凛凛的身似碑亭，他可惯听我这莽壮声？吓他一个
> 痴挣，吓得他荆棘律的胆战心惊！

又说：

> 你这茜红巾，腥衲袄，干红褡膊，腿绷护膝，八答麻鞋，
> 恰便似那烟熏的子路，黑染的金刚。休道是白日里，夜晚间
> 揣摸着你呵，也不是个好人。

又写他的性情道：

我从来个路见不平，爱与人当道搣坑。我喝一声，骨都
都海波腾！撼一撼，赤力力山岳崩！但恼着我黑脸的参参，
和他做场的歹斗，翻过来落可便吊盘的煎饼！

但高文秀的《双献功》里的李逵，实在太精细了，不像那卤莽粗豪的
黑汉。看他一见孙孔目的妻子便知他不是"儿女夫妻"；看他假扮庄家
后生，送饭进监；看他偷下蒙汗药，麻倒牢子；看他假扮祗候，混进
官衙：这岂是那卤莽粗疏的黑旋风吗？至于康进之的《李逵负荆》，写
李逵醉时情状，竟是一个细腻风流的词人了！你听李逵唱：

饮兴难酬，醉魂依旧。寻村酒，恰问罢王留。王留道，
兀那里人家有！可正是清明时候，却言风雨替花愁。和风渐
起，暮雨初收。俺则见杨柳半藏沽酒市，桃花深映钓鱼舟。
更和这碧粼粼春水波纹绉，有往来社燕，远近沙鸥。（人道我
梁山泊无有景致，俺打那厮的嘴！）

俺这里雾锁着青山秀，烟罩定缘杨州。（那桃树上一个黄
莺儿将那桃花瓣儿唅呵，唅呵，唅的下来，落在水中，——是
好看也！我曾听的谁说来？我试想咱。……哦！想起来了也！
俺学究哥哥道来。）他道是轻薄桃花逐水流。（俺绰起这桃花
瓣儿来，我试看咱。好红红的桃花瓣儿！〔笑科〕你看我好
黑指头也！）恰便是粉衬的这胭脂透！（可惜了你这瓣儿！
俺放你趁那一般的瓣儿去！我与你赶，与你赶！贪赶桃花瓣
儿，）早来到这草桥店垂杨的渡口。（不中，则怕误了俺哥哥
的将令。我索回去也。……）待不吃呵，又被这酒旗儿将我
来相迤逗。他，他，他舞东风在曲律杆头！

这一段，写的何尝不美？但这可是那杀人不眨眼的黑旋风的心理吗？

我们看高文秀与康进之的李逵，便可知道当时的戏曲家对于梁山
泊好汉的性情人格的描写还没有到固定的时候，还在极自由的时代：
你造你的李逵，他造他的李逵；你造一本李逵《乔教学》，他便造一本
李逵《乔断案》；你形容李逵的精细机警，他描写李逵的细腻风流。这
是人物描写一方面的互异处。

再看这些好汉的历史与事业。这十三本李逵戏的事实；上不依《宣和遗事》，下不合《水浒传》，上文已说过了。再看李文蔚写燕青是梁山泊第十五个头领，他占的地位很重要，《宣和遗事》说燕青是劫"生辰纲"的八人之一，他的位置自然应该不低。后来《水浒传》里把燕青派作卢俊义的家人，便完全不同了。燕青下山遇着燕顺弟兄，大概也是自由想象出来的事实。李文蔚写燕顺也比《水浒传》里的燕顺重要得多。最可怪的是《还牢末》里写的刘唐和史进两人。《水浒传》写史进最早，写他的为人也极可爱。《还牢末》写史进是东平府的一个都头，毫无可取的技能；写宋江招安史进乃在晁盖身死之后，也和《水浒》不同。刘唐在《宣和遗事》里是劫"生辰纲"的八人之一，与《水浒》相同。《还牢末》里的刘唐竟是一个挟私怨谋害好人的小人，还比不上《水浒传》的董超、薛霸！萧娥送了刘唐两锭银子，要他把李孔目吊死，刘唐答应了；萧娥走后，刘唐自言自语道：

> 要活的难，要死的可容易。那李孔目如今是我手里物事，搓的圆，捏的匾。挤得将他盆吊死了，一来，赚他几个银子；二来，也偿了我平生心愿。我且吃杯酒去，再来下手，不为迟哩。

这种写法，可见当时的戏曲家叙述梁山泊好汉的事迹，大可随意构造；并且可见这些文人对于梁山泊上人物都还没有一贯的，明白的见解。

以上我们研究元曲里的水浒戏，可得四条结论：

（1）元朝是"水浒故事"发达的时代。这八九十年中，产生了无数的"水浒故事"。

（2）元朝的"水浒故事"的中心部分——宋江上山的历史，山寨的组织和性质——大致都相同。

（3）除了那一部分之外，元朝的水浒故事还正在自由创造的时代：各位好汉的历史可以自由捏造，他们的性情品格的描写也极自由。

（4）元朝文人对于梁山泊好汉的见解很浅薄平庸，他们描写人物的本领很薄弱。

从这四条上，我们又可得两条总结论：

（甲）元朝只有一个雏形的水浒故事和一些草创的水浒人物，但没有《水浒传》。

（乙）元朝文学家的文学技术，程度很幼稚，决不能产生我们现有的《水浒传》。

〔附注〕我从前也看错了元人的文学在中国文学史上的位置。近年我研究元代的文学，才知道元人的文学程度实在很幼稚，才知道元代只是白话文学的草创时代，决不是白话文学的成人时代。即如关汉卿、马致远两位最大的元代文豪，他们的文学技术与文学意境都脱不了"幼稚"的批评。故我近来深信《水浒》、《西游》、《三国》都不是元代的产物。这是文学史上一大问题，此处不能细说，我将来别有专论。

四

以上是研究从南宋到元末的水浒故事。我们既然断定元朝还没有《水浒传》，也做不出《水浒传》，那么，《水浒传》究竟是什么时代的什么人做的呢？

《水浒传》究竟是谁做的？这个问题至今无人能够下一个确定的答案。明人郎瑛《七修类稿》说："《三国》、《宋江》二书乃杭人罗贯中所编。"但郎氏又说他曾见一本，上刻"钱塘施耐庵"作的。清人周亮工《书影》说："《水浒传》相传为洪武初越人罗贯中作，又传为元人施耐庵作。田叔禾《西湖游览志》又云，此书出宋人笔。近日金圣叹自七十回之后，断为罗贯中所续，极口诋罗，复伪为施序于前，此书遂为施有矣。"田叔禾即田汝成，是嘉靖五年的进士。他说《水浒传》是宋人做的，这话自然不值得一驳。郎瑛死于嘉靖末年，那时还无人断定《水浒》的作者是谁。周亮工生于万历四十年（一六一二），死于康熙十一年（一六七二），正与金圣叹同时。他说，《水浒》前七十回断为施耐庵的是从金圣叹起的；圣叹以前，或说施，或说罗，还没有人下一种断定。

圣叹删去七十回以后，断为罗贯中的，圣叹自说是根据"古本"。

我们现在须先研究圣叹评本以前《水浒传》有些什么本子。

明人沈德符的《野获编》说："武定侯郭勋，在世宗朝，号好文多艺。今新安所刻《水浒传》善本，即其家所传，前有汪太函序，托名天都外臣者。"周亮工《书影》又说："故老传闻，罗氏《水浒传》一百回，各以妖异语冠其首，嘉靖时，郭武定重刻其书，削其致语，独存本传。"据此，嘉靖郭本是《水浒传》的第一次"善本"，是有一百回的。

再看李贽的《忠义水浒传序》：

> 《水浒传》者，发愤之作也。……施罗二公身在元，心在宋，虽生元日，实愤宋事。是故愤二帝之北狩，则称大破辽以泄其愤；愤南渡之苟安，则称灭方腊以泄其愤。敢问泄愤者谁乎？则前日啸聚水浒之强人也，欲不谓之忠义，不可也。是故施罗二公传《水浒》，而复以忠义名其传焉。……宋公明者，身居水浒之中，心在朝廷之上，一意招安，专图报国，卒致于犯大难，成大功，服毒自缢，同死而不辞。……最后南征方腊，一百单八人者阵亡已过半矣。又智深坐化于六和，燕青涕泣而辞主，二童就计于混江。……"（《焚书》卷三）

李贽是嘉靖万历时代的人，与郭武定刻《水浒传》的时候相去很近，他这篇序说的《水浒传》一定是郭本《水浒》。我们看了这篇序，可以断定明代的《水浒传》是有一百回的；是有招安以后，"破辽"，"平方腊"，"宋江服毒自尽"，"鲁智深坐化"等事的；我们又可以知道明朝嘉靖、万历时代的人也不能断定《水浒传》是施耐庵做的，还是罗贯中做的。

到了金圣叹，他方才把前七十回定为施耐庵的《水浒》，又把七十回以后，招安平方腊等事，都定为罗贯中续做的《续水浒传》。圣叹批第七十回说："后世乃复削去此节，盛夸招安，务令罪归朝廷而功归强盗，甚且至于哀然以忠义二字冠其端，抑何其好犯上作乱至于如是之甚也！"据此可见明代所传的《忠义水浒传》是没有卢俊义的一梦的。圣叹断定《水浒》只有七十回，而骂罗贯中为狗尾续貂。他说："古本

《水浒》如此，俗本妄肆改窜，真所谓愚而好自用也。"我们对于他这个断定，可有两种态度：（1）可信金圣叹确有一种古本；（2）不信他得有古本，并且疑心他自己假托古本，"妄肆窜改"，称真本为俗本，自己的改本为古本。

第一种假设——认金圣叹真有古本作校改的底子——自然是很难证实的。我的朋友钱玄同先生说："金圣叹实在喜欢乱改古书。近人刘世珩校刊关、王原本《西厢》，我拿来和金批本一对，竟变成两部书。……以此例彼，则《水浒》经老金批校，实在有点难信了。"钱先生希望得着一部明版的《水浒》，拿来考证《水浒》的真相。据我个人看来，即使我们得着一部明版《水浒》，至多也不过是嘉靖朝郭武定的一百回本，就是金圣叹指为"俗本"的，究竟我们还无从断定金圣叹有无"真古本"。但第二种假设——金圣叹假托古本，窜改原本——更不能充分成立。金圣叹若要窜改《水浒》，尽可自由删改，并没有假托古本的必要。他武断《西厢》的后四折为续作，并没有假托古本，又何必假托一部古本的《水浒传》呢？大概文学的技术进步时，后人对于前人的文章往往有不能满意的地方。元人做戏曲是匆匆忙忙的做了应戏台上之用的，故元曲实在多有太潦草，太疏忽的地方，难怪明人往往大加修饰，大加窜改。况且元曲刻本在当时本来极不完备：最下的本子仅有曲文，无有科白，如日本西京帝国大学影印的《元曲三十种》；稍好的本子虽有科白，但不完全，如"付末上见外云云了"，"且引俫上，外分付云云了"，如董授经君影印的《十段锦》；最完好的本子如臧晋叔的《元曲选》，大概都是已经明朝人大加补足修饰的了。此项曲本，既非"圣贤经传"，并且实有修改的必要，故我们可以断定现在所有的元曲，除了西京的三十种之外，没有一种不曾经明人修改的。《西厢》的改窜，并不起于金圣叹，到圣叹时《西厢》已不知修改了多少次了。周宪王，王世贞，徐渭都有改本，远在圣叹之前，这是我们知道的。比如李渔改《琵琶记》的《描容》一出，未必没有胜过原作的地方。我们现在看见刘刻的《西厢》原本与金评本不同，就疑心全是圣叹改了的，这未免太冤枉圣叹了。在明朝文人中，圣叹要算是最小心的人。他有武断的毛病，他又有错评的毛病。但他有一种长处，就是不敢抹杀原本。即以《西厢》而论，他不知道元人戏曲的见解远不如明末人的高超，故他武断后四出为后人续的。这是他的大错。但他终不因此就把后四出都删去了，这是他的谨慎处。他评《水浒传》也是如此。我在第一节已指出了他的武断和误解的毛病。但明朝人改小说戏曲向来没有假托古本的必要。况且圣叹引据古本不但用在百回本与七十回本之争，又用在无数字句小不同的地方。以圣叹的才气，改窜一两个字，改换一两句，何须假托什么古本？他改《左传》的句读，尚且不须依傍古人，何况《水浒传》呢？因此我们可以假定他确有一种七十回的《水浒》本子。

我对于"《水浒》是谁做的？"这个问题，颇曾虚心研究，虽不能说有了最满意的解决，但我却有点意见，比较的可算得这个问题的一个可用的答案。我的答案是：

（1）金圣叹没有假托古本的必要。他用的底本大概是一种七十回的本子。

（2）明朝有三种《水浒传》：第一种是一百回本，第二种是七十回本，第三种又是一百回本。

（3）第一种一百回本是原本，七十回本是改本。后来又有人用七十回本来删改百回本的原本，遂成一种新百回本。

（4）一百回本的原本是明初人做的，也许是罗贯中做的。罗贯中是元末明初的人，涵虚子记的元曲里有他的《龙虎风云会》杂剧。

（5）七十回本是明朝中叶的人重做的，也许是施耐庵做的。

（6）施耐庵不知是什么人，但决不是元朝人。也许是明朝文人的假名，并没有这个人。

这六条假设，我且一一解说于下：

（1）金圣叹没有假托古本的必要，上文已说过了，我们可以承认圣叹家藏的本子是一种七十回本。

（2）明朝有三种《水浒传》。第一种是《水浒》的原本，是一百回的。周亮工说："故老传闻，罗氏《水浒传》一百回，各以妖异语冠其首"，即是此本。第二种是七十回本，大概金圣叹的"贯华堂古本"即是此本。第三种是一百回本，是有招安以后"征四寇"等事的，亦名《忠义水浒传》。李贽的序可为证。周亮工又说，"嘉靖时，郭武定重刻其书，削其致语，独存本传"，当即是此本。（说见下条。）

（3）第一种百回本是《水浒传》的原本。我细细研究元朝到明初的人做的关于梁山泊好汉的故事与戏曲，敢断定明朝初年决不能产生现有七十回本的《水浒传》。自从《宣和遗事》到周宪王，这二百多年中，至少有三十种关于梁山泊的书，其中保存到于今的，约有十种。照这十种左右的书看来，那时代文学的见解，意境，技术，没有一样不是在草创的时期的，没有一样不是在幼稚的时期的。且不论元人做的关于水浒的戏曲。周宪王死在明开国后七十年，他做杂剧该在建文、永乐的时代，总算"晚"了。但他的《豹子和尚自还俗》与《黑旋风仗义疏财》两种杂剧，固然远胜于元曲里《还牢末》与《争报恩》等等水浒戏，但还是很缺乏超脱的意境和文学的技术。（这两种，现在董授经君刻的《杂剧十段锦》内。）故我觉得周亮工说的"故老传闻，罗氏《水浒传》一百回，各以妖异语冠其首"的话，大概是可以相信的。周氏又说，"嘉靖时，郭武定重刻其书，削其致语，独存本传。"大概这种一百回本的《水浒传》原本一定是很幼稚的。

但我们又可以知道《水浒传》的原本是有招安以后的事的。何以见得呢？因为这种见解和宋元至明初的梁山泊故事最相接近。我们可举几个例。《宣和遗事》说："那三十六人归顺宋朝，各受武功大夫诰敕，分注诸路巡检使去也。因此三路之寇悉得平定。后遣宋江收方腊有功，封节度使。"元代宋遗民周密与龚圣与论宋江三十六人也都希望草泽英雄为国家出力。不但宋元人如此。明初周宪王的《黑旋风仗义疏财》杂剧（大概是改正元人的原本的），也说张叔夜出榜招安，宋江弟兄受了招安，做了巡检，随张叔夜征方腊，李逵生擒方腊。这戏中有一段很可注意：

（李撇古）今日闻得朝廷出榜招安，正欲上山报知众位首
领自首出来替国家出力，为官受禄，不想途次遇见。不知两
位哥哥怎生主意？

（李逵）俺山中快乐，风高放火，月黑杀人，论秤分金银，换套穿衣服；千自由，百自在，可不强似这小官受人的气！俺们怎肯受这招安也？

（李撇古）你两个哥哥差见了。……你这三十六个好汉都是有本事有胆量的，平日以忠义为主。何不因这机会出来首官，与官里出些气力，南征北讨，得了功劳，做个大官，……不强似你在牛皮帐里每日杀人，又不安稳，那贼名儿几时脱得？

这虽是帝室贵族的话，但这种话与上文引的宋元人的水浒见解是很一致的。因此我们可以知道《水浒》的百回本原本一定有招安以后的事。（看下文论《征四寇》一段。）

这是第一种百回本，可叫做原百回本。我们又知道明朝嘉靖以后最通行的《水浒传》是《忠义水浒传》，也是一种有招安以后事的百回本。这是无可疑的。据周亮工说，这个百回本是郭武定删改那每回"各以妖异语冠其首"的原本而成的。这话大概可信。沈德符《野获编》称郭本为"《水浒》善本"，便是一证。这一种可叫做新百回本。

大概读者都可以承认这两种百回本是有的了。现在难解决的问题就是那七十回本的时代。

有人说，那七十回本是金圣叹假托的，其实并无此本。这一说，我已讨论过了，我以为金圣叹无假托古本的必要，他确有一种七十回本。

又有人说，近人沈子培曾见明刻的《水浒传》，和圣叹批本多不相同，可见现在的七十回本《水浒传》是圣叹窜改百回本而成的；若不是圣叹删改的，一定是明朝末年人删改的。依这一说，七十回本应该在新百回本之后。

这一说，我也不相信。我想《水浒传》被圣叹删改的小地方，大概不免。但我想圣叹在前七十回大概没有什么大窜改的地方。圣叹既然根据他的"古本"来删去了七十回以后的《水浒》，又根据"古本"来改正了许多地方（五十回以后更多）——他既然处处拿"古本"作根据，他必不会有了大窜改而不引据"古本"。况且那时代通行的《水浒传》是新百回本的《忠义水浒传》，若圣叹大改了前七十回，岂不容易被人看出？况且周亮工与圣叹同时，也只说"近日金圣叹自七十回之后断为罗贯中所续，极口诋罗"，并不说圣叹有大窜改之处。如此看来，可见圣叹对于新百回本的前七十回，除了他注明古本与俗本不同之处之外，大概没有什么大窜改的地方。

我且举一个证据。雁宕山樵的《水浒后传》是清初做的，那时圣叹评本还不曾很通行，故他依据的《水浒传》还是百回本的《忠义水浒传》。这书屡次提到"前传"的事，凡是七十回以前的事，没有一处不与圣叹评本相符。最明白的例如说燕青是天巧星，如说阮小七是天败星，位在第三十一，如说李俊在石碣天文上位次在二十六，如说史进位列天罡星数，都与圣叹本毫无差异。（此书证据极多，我不能遍举了。）可见石碣天文以前的《忠义水浒传》与圣叹的七十回本没有大不同的地方。

我们虽不曾见《忠义水浒传》是什么样子的，但我们可以推知坊间现行的《续水浒传》——又名《征四寇》，不是《荡寇志》；《荡寇志》是道光年间人做的——一定与原百回本和新百回本都有很重要的关系。这部《征四寇》确是一部古书，很可考出原百回本和《忠义水浒传》后面小半部是个什么样子。（1）李贽《忠义水浒传·序》记的事实，如大破辽，灭方腊，宋江服毒，南征方腊时百八人阵亡过半，智深坐化于六和，燕青涕泣而辞主，二童就计于混江，都是《征四寇》里的事实。（2）《征四寇》里有李逵在寿张县坐衙断案一段事（第三回），当是根据元曲《黑旋风乔断案》的；又有李逵在刘太公庄上捉假宋江负荆请罪的事（第二回），是从元曲《李逵负荆》脱胎出来的；又有《燕青射雁》的事（第十七回），当是从元曲《燕青射雁》出来的；又有李逵在井里通到斗鸡村，遇着仙翁的事（二十五回），当是依据元曲《黑旋风斗鸡会》的。看这些事实，可见《征四寇》和元曲的《水浒》戏很接近。（3）最重要的是《征西寇》叙东京八十万禁军教头王庆遭高俅陷害，迭配淮西，后来造反称王的事（二十九至三十一回）。这个王庆明明是《水浒传》今本里的王进。王庆是"四寇"之一；四寇是辽、田虎、王庆、方腊；"四寇"之名来源很早，《宣和遗事》说宋江等平定"三路之寇"，后来又收方腊，可见"四寇"之说起于《宣和遗事》。但李贽作序时，只说"大破辽"与"灭方腊"两事；清初人做的《水浒后传》屡说"征服大辽，剿除方腊"，但无一次说到田虎、王庆的事。可见新百回本已无四寇，仅有二寇。我研究新百回本删去二寇的原因，忽然明白《征四寇》这部书乃是原百回本的下半部。《征四寇》现存四十九回，与圣叹说的三十回不合。我试删去征田虎及征王庆的二十回，恰存二十九回；第一回之前显然还有硬删去的一回；合起来恰是三十回。田虎一大段不知为什么删去，但我看王庆一段的删去明是因为王庆已变了王进，移在全书的第一回，故此一大段不能存在。这是《征四寇》为原百回本的剩余的第一证据。（4）《征四寇》每回之前有一首荒谬不通的诗，周亮工说的"各以妖异语冠其首"，大概即根本于此。这是第二证据。（5）《征四寇》的文学的技术和见解，确与元朝人的文学的技术和见解相像。更可断定这书是原百回本的一部分。若新百回本还是这样幼稚，决不能得晚明那班名士（如李贽、袁宏道等）那样钦佩。这是第三证据。

以上我主张：（1）新百回本的前七十回与今本七十回没有什么大不同的地方；（2）新百回本的后三十回确与原百回本的后半部大不同，可见新百回本确已经过一回大改窜了。新百回本是嘉靖时代刻的，郎瑛著书也在嘉靖年间，他已见有施罗两本。况且李贽在万历时作《水浒·序》又混称"施罗两公"。若七十回本出在明末，李贽决没有合称施罗的必要。因此我想嘉靖时初刻的新百回本已是两种本子合起来的：一种是七十回本，一种是原百回本的后半。因为这新百回本（《忠义水浒传》）是两种本子合起来的，故嘉靖以后人混称施罗二公，故金圣叹敢断定七十回以前为施本，七十回以后为罗本。

因此，我假定七十回本是嘉靖郭本以前的改本。大概明朝中叶时期，——当弘治、正德的时候，——文学的见解与技术都有进步，故不满意于那幼稚的《水浒》百回原本。况且那时又是个人主义的文学发达的时代，李梦阳、康海、王九思、祝允明、唐寅一班人都是不满意于政府的，都是不满意于当时社会的。故我推想七十回本是弘治、正德时代的出产品。这书大概略本那原百回本，重新改做一番，删去招安以后的事；一切人物的描写，事实的叙述，大概都有许多更改原本之处。如王庆改为王进，移在全书之首，又写他始终不肯落草，便是一例。若原百回本果是像《征四寇》那样幼稚，这七十回本简直不是改本，竟可称是创作了。

这个七十回本是明朝第二种《水浒传》。我们推想此书初出时必定不能使多数读者领会，当时人大概以为这七十回是一种不完全的本子，郭勋是一个贵族，又是一个奸臣，故更不喜欢这七十回本。因此，我猜想郭刻的百回的《水浒》善本大概是用这七十回本来修改原百回本的：七十回以前是依七十回本改的，七十回以后是嘉靖时人改的。这个新百回本是第三种《水浒》本子。

这第三种本子——新百回本——是合两种本子而成的，前七十回全采七十回本，后三十回大概也远胜原百回本的末五十回，所以能风行一世。但这两种本子的内容与技术是不同的，前七十回是有意重新改做的，后三十回是用原百回本的下半改了凑数的，故明眼的人都知道前七十回是一部，后三十回又是一部。不但上文说的李贽混称施罗二公是一证据。还有清初的《水浒后传》的"读法"上说"前传之前七十回中，回目用大闹字者凡十"。现查《水浒传》的回目果有十次用"大闹"字，但都在四十五回以前。既在四十五回以前，何故说"前七十回"呢？这可见分两《水浒》为两部的，不只金圣叹一人了。

（4）如果百回本的原本是如周亮工说的那样幼稚，或是像《征四寇》那样幼稚，我们可以断定他是元末明初的著作。周亮工说罗贯中是洪武时代的人，大概罗贯中到明末初期还活着。前人既多说《水浒》是罗贯中做的，我们也不妨假定这百回本的原本是他做的。

（5）七十回本一定是明末中叶的人删改的，这一层我已在上文（3）条里说过了。嘉靖时郎瑛曾见有一本《水浒传》，是"钱塘施耐庵"做的。可惜郎瑛不曾说这一本是一百回，还是七十回。或者这一本七十回的即是郎瑛看见的施耐庵本。我想：若施本不是七十回本，何以圣叹不说百回本是施本而七十回本是罗本呢？

（6）我们虽然假定七十回本为施耐庵本，但究竟不知施耐庵是谁。据我的浅薄学问，元明两朝没有可以考证施耐庵的材料。我可以断定的是：（一）施耐庵决不是宋元两朝人。（二）他决不是明朝初年的人：因为这三个时代不会产出这七十回本的《水浒传》。（三）从文学进化的观点看起来，这部《水浒传》，这个施耐庵，应该产生在周宪王的杂剧与《金瓶梅》之间。——但是何以明朝的人都把施耐庵看作宋元的人呢"？（田汝成、李贽、金圣叹、周亮工等人都如此。）这个问题极有研究的价值。清初出了一部《后水浒传》，是接着百回本做下去的。（此书叙宋江服毒之后，剩下的三十几个水浒英雄，出来帮助宋军抵御金兵，但无成功；混江龙李俊同一班弟兄，渡海至暹罗国，创下李氏王朝。）这书是一个明末遗民雁宕山樵陈忱做的。（据沈登瀛《南浔备志》；参看《荡寇记》前镜水湖边老渔的跋语。）但他托名"古宋遗民"。我因此推想那七十回本《水浒传》的著者删去了原百回本招安以后的事，把《忠义水浒传》变成了"纯粹草泽英雄的《水浒传》"，一定有点深意，一定很触犯当时的忌讳，故不得不托名于别人。"施耐庵"大概是"乌有先生"、"亡是公"一流的人，是一个假托的名字。明朝文人受祸的最多。高启、杨基、张羽、徐贲、王行、孙贲、王蒙，都不得好死。弘治、正德之间，李梦阳四次下狱；康海、王敬夫，唐寅都废黜终身。我们看了这些事，便可明白《水浒传》著者所以必须用假名的缘故了。明朝一代的文学要算《水浒传》的理想最激烈，故这书的著者自己隐讳也最深。书中说的故事又是宋代的故事，又和许多宋元的小说戏曲有关系，故当时的人或疑施耐庵为宋人，或疑为元人，却不知道宋元时代决不能产生这样一部奇书。

我们既不能考出《水浒传》的著者究竟是谁，正不妨仍旧认"施耐庵"为七十回本《水浒传》的著者，——但我们须要记得，"施耐庵"是明朝中叶一个文学大家的假名！

总结上文的研究，我们可把南宋到明朝中叶的《水浒》材料作一个渊源表如下：

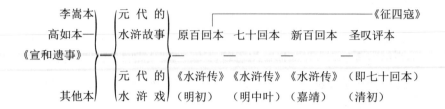

原百回本　七十回本　新百回本　圣叹评本

《水浒传》《水浒传》《水浒传》（即七十回本）
（明初）　（明中叶）　（嘉靖）　（清初）

五

　　自从金圣叹把"施耐庵"的七十回本从《忠义水浒传》里重新分出来，到于今已近三百年了（圣叹自序在崇祯十四年）。这三百年中，七十回本居然成为《水浒传》的定本。平心而论，七十回本得享这点光荣，是很应该的。我们现在且替这七十回本做一个分析。

　　七十回本除"楔子"一回不计外，共分十大段：

　　第一段第一至第十一回。这一大段只有杨志的历史（"做到殿司制使官，因道君皇帝盖万岁山，差一般十个制使去太湖边搬运花石纲赴京交纳。不料酒家……失陷了花石纲，不能回京。"）是根据于《宣和遗事》的，其余都是创造出来的。这一大段先写八十万禁军教头王进被高俅赶走了。王进即是《征四寇》里的王庆，不在百八人之数；施耐庵把他从下半部直接提到第一回来，又改名王进，可见他的著书用意。王进之后，接写一个可爱的少年史进，始终不肯落草，但终不能不上少华山去；又写鲁达为了仗义救人，犯下死罪，被逼做和尚，再被逼做强盗；又写林冲被高俅父子陷害，逼上梁山。林冲在《宣和遗事》里是押送"花石纲"的十二个制使之一；但在龚圣与的《三十六人赞》里却没有他的名字，元曲里也不提起他，大概元朝的水浒故事不见得把他当作重要人物。《水浒传》却极力描写林冲，风雪山神庙一段更是能感动人的好文章。林冲之后，接写杨志、杨志在困穷之中不肯落草，后来受官府冤屈，穷得出卖宝刀，以致犯罪受杖，送配大名府。（卖刀也是《宣和遗事》中有的，但在颖［颍］州，《水浒传》改在京城，是有意的。）这一段连写五个不肯做强盗的好汉，他的命意自然是要把英雄落草的罪名归到贪官污吏身上去。故这第一段可算是《水浒传》的"开宗明义"的部分。

第二段第十二至第二十一回。这一大段写"生辰纲"的始末，是《水浒传》全局的一大关键。《宣和遗事》也记有五花营堤上劫取生辰纲的事，也说是宋江报信，使晁盖等逃走；也说到刘唐送礼,谢宋江,以致宋江杀阎婆惜。《水浒传》用这个旧轮廓，加上无数琐细节目，写得格外有趣味。这一段从雷横捉刘唐起，写七星聚义，写智取生辰纲，写杨志、鲁智深落草，写宋江私放晁盖，写林冲火并梁山泊，写刘唐送礼酬谢宋江，写宋江怒杀阎婆惜，直写到宋江投奔柴进避难，与武松结拜做兄弟。《水浒》里的中心人物——须知卢俊义、呼延灼、关胜等人不是《水浒》的中心人物——都在这里了。

第三段第二十二回到第三十一回。这一大段可说是武松的传。《涵虚子》与《录鬼簿》都记有红字李二的《武松打虎》一本戏曲。红字李二是教坊刘耍和的女婿，刘耍和已被高文秀编入曲里，而《录鬼簿》说高文秀早死，可见红字李二的武松戏一定远在《录鬼簿》成书之前，——约在元朝的中叶。可见十四世纪初年已有一种武松打虎的故事。《水浒传》根据这种故事，加上新的创造的想像力，从打虎写到杀嫂，从杀嫂写到孟州道打蒋门神，从蒋门神写到鸳鸯楼、蜈蚣岭，便成了《水浒传》中最精采的一大部分。

第四段第三十一回到第三十四回。这一小段是勉强插入的文章。《宣和遗事》有花荣和秦明等人，无法加入，故写清风山，清风寨，对影山等一段，把这一班人送上梁山泊去。

第五段第三十五回到第四十一回。这一大段也是《水浒传》中很重要的文字，从宋江奔丧回家，选配江州起，写江州遇戴宗、李逵，写浔阳江宋江题反诗，写梁山泊好汉大闹江州，直写到宋江入伙后又偷回家中，遇着官兵追赶，躲在玄女庙里，得受三卷天书。江州一大段完全是《水浒传》的著者创造出来的。《宣和遗事》没有宋江到江州配所的话，元曲也只说他选配江州，路过梁山泊，被晁盖打救上山。《水浒传》造出江州一大段，不但写李逵的性情品格，并且把宋江的野心大志都写出来。若没有这一段，宋江便真成了一个"虚名"了。天书一事，《宣和遗事》里也有，但那里的天书除了三十六人的姓名，只有诗四句："破国因山木，兵刀用水工；一朝充将领，海内耸威风。"《水浒传》不写天书的内容，又把这四句诗改作京师的童谣："耗国因家木，刀兵点水工。纵横三十六，播乱在山东。"（见三十八回）这不但可见《宣和遗事》和《水浒》的关系，又可见后来文学的见解和手段的进化。

第六段第四十二回到第四十五回。这一段写公孙胜下山取母亲，引起李逵下山取母，又引起戴宗下山寻公孙胜，路上引出杨雄、石秀一段。《水浒传》到了大闹江州以后，便没有什么很精采的地方。这一段中写石秀的一节比较是要算很好的了。

第七段第四十六回到第四十九回。这一段写宋江三打祝家庄。在元曲里，三打祝家庄是晁盖的事。

第八段第五十回到第五十三回。写雷横、朱仝、柴进三个人的事。

第九段第五十四回到第五十九回。这一大段和第四段相像，也是插进去做一个结束的。《宣和遗事》有呼延灼、徐宁等人，《水浒传》前半部又把许多好汉分散在二龙山，少华山，桃花山等处了，故有这一大段，先写呼延灼征讨梁山泊，次请出一个徐宁，次写呼延灼兵败后逃到青州，慕容知府请他收服桃花山，二龙山，白虎山；次写少华山与芒砀山：遂把这五山的好汉一齐送上梁山泊去。

第十段第五十九回到七十回。这一大段是七十回本《水浒传》的最后部分，先写晁盖打曾头市中箭身亡，次写卢俊义一段，次写关胜，次写破大名府，次写曾头市报仇，次写东平府收董平，东昌府收张清，最后写石碣天书作结。《宣和遗事》里，卢俊义是梁山泊上最初的第二名头领，《水浒传》前面不曾写他，把他留在最后，无法可以描写，故只好把擒史文恭的大功劳让给他。后来结起账来，一百零八人中还有董平和张清没有加入，这两人又都是《宣和遗事》里有名字的，故又加上东平，东昌两件事。算算还少一个，只好拉上一个兽医皇甫端！这真是《水浒传》的"强弩之末"了！

这是《水浒传》的大规模。我们拿历史的眼光来看这个大规模，可得两种感想。

第一，我们拿宋元时代那些幼稚的梁山泊故事，来比较这部《水浒传》，我们不能不佩服"施耐庵"的大匠精神与大匠本领；我们不能不承认这四百年中白话文学的进步很可惊异！元以前的，我们现在且不谈。当元人的杂剧盛行时，许多戏曲家从各方面搜集编曲的材料，于是有高文秀等人采用的民间盛行的梁山泊故事，各人随自己的眼光才力，发挥水浒的一方面，或创造一种人物，如高文秀的黑旋风，如李文蔚的燕青之类；有时几个文人各自发挥一个好汉的一片面，如高文秀发挥李逵的一片面，杨显之，康进之，红字李二又各各发挥李逵的一片面。但这些都是一个故事的自然演化，又都是散漫的，片面的，没有计划的，没有组织的发展。后来这类的材料越积越多了，不能不有一种贯通综合的总编，于是元末明初有《水浒传》百回之作。但这个草创的《水浒传》原本，如上节所说，是很浅陋幼稚的。这种浅陋幼稚的证据，我们还可以在《征四寇》里寻出许多。然而这个《水浒传》原本居然把三百年来的水浒故事贯通起来，用宋元以来的梁山泊故事做一个大纲，把民间和戏台上的"三十六大伙，七十二小伙"的种种故事作一些子目，造成一部草创的大小说，总算是很难得的了。到了明朝中叶，"施耐庵"又用这个原百回本作底本，加上高超的新见解，加上四百年来逐渐成熟的文学技术，加上他自己的伟大创造力，把那草创的山寨推翻，把那些僵硬无生气的水浒人物一齐毁去；于是重兴水浒，再造梁山，画出十来个永不会磨灭的英雄人物，造成一部永不会磨灭的奇书。这部七十回的《水浒传》不但是集四百年水浒故事的大成，并且是中国白话文学完全成立的一个大纪元。这是我的第一个感想。

第二，施耐庵的《水浒传》是四百年文学进化的产儿，但《水浒传》的短处也就吃亏在这一点。倘使施耐庵当时能把那历史的梁山泊故事完全丢在脑背后，倘使他能忘了那"三十六大伙，七十二小伙"的故事，倘使他用全副精神来单写鲁智深、林冲、武松、宋江、李逵、石秀等七八个人，他这部书一定格外有精采，一定格外有价值。可惜他终不能完全冲破那历史遗传的水浒轮廓，可惜他总舍不得那一百零八人。但是一个人的文学技能是有限的，决不能在一部书里创造一百零八个活人物。因此，他不能不东凑一段，西补一块，勉强把一百零八人"挤"上梁山去！闹江州以前，施耐庵确能放手创造，看他写武松一个人便占了全书七分之一，所以能有精采。到了宋江上山以后，全书已去七分之四，还有那四百年传下的"三打祝家庄"的故事没有写（明以前的水浒故事，都把三打祝家庄放在宋江上山之前），还有那故事相传坐第二把交椅的卢俊义、和关胜、呼延灼、徐宁、燕青等人没有写。于是施耐庵不能不潦草了，不能不杂凑了，不能不敷衍了。最明显的例是写卢俊义的一大段。这一段硬把一个坐在家里享福的卢俊义拉上山去，已是很笨拙了；又写他信李固而疑燕青，听信了一个算命先生的妖言便去烧香解灾，竟成了一个糊涂汉了！还算得什么豪杰？至于吴用设的诡计，使卢俊义自己在壁上写下反诗，更是浅陋可笑。还有燕青在宋元的水浒故事里本是一个很重要的人物，施耐庵在前六十回竟把他忘了，故不能不勉强把他捉来送给卢俊义做一个家人！此外如打大名府时，宋江忽然生背疽，于是又拉出一个安道全来；又如全书完了，又拉出一个皇甫端来，这种杂凑的写法，实在幼稚的很。推求这种缺点的原因，我们不能不承认施耐庵吃亏在于不敢抛弃那四百年遗传下来的水浒旧轮廓。这是很可惜的事。后来《金瓶梅》只写几个人，便能始终贯彻，没有一种敷衍杂凑的弊病了。

我这两种感想是从文学的技术上着想的。至于见解和理想一方面，我本不愿多说话，因为我主张让读者自己虚心去看《水浒传》，不必先怀着一些主观的成见。但我有一个根本观念，要想借《水浒传》作一个具体的例来说明，并想贡献给爱读《水浒传》的诸君，做我这篇长序的结论。

我承认金圣叹确是懂得《水浒》的第一大段，他评前十一回，都无大错。他在第一回批道：

> 为此书者之胸中，吾不知其有何等冤苦，而必设言

> 一百八人，而又远托之于水涯。……今一百八人而有其人，殆不止于伯夷、太公居海避纣之志矣。

这个见解是不错的。但他在"读法"里又说：

> 大凡读书先要晓得作书之人是何等心胸。如《史记》须是太史公一肚皮宿怨发挥出来。……《水浒传》却不然。施耐庵本无一肚皮宿怨要发挥出来，只是饱暖无事，又值心闲，不免伸纸弄笔，寻个题目，写出自家许多锦心绣口。故其是非皆不谬于圣人。

这是很误人的见解。一面说他"不知其胸中有何等冤苦"，一面又说他"只是饱暖无事，又值心闲，不免伸纸弄笔"，这不是绝大的矛盾吗？一面说"不止于居海避纣之志"——老实说就是反抗政府——一面又说"其是非皆不谬于圣人"，这又不是绝大的矛盾？《水浒传》决不是"饱暖无事，又值心闲"的人做得出来的书。"饱暖无事，又值心闲"的人只能做诗钟，做八股，做死文章，——决不肯来做《水浒传》。圣叹最爱谈"作史笔法"，他却不幸没有历史的眼光，他不知道水浒的故事乃是四百年来老百姓与文人发挥一肚皮宿怨的地方。宋元人借这故事发挥他们的宿怨，故把一座强盗山寨变成替天行道的机关。明初人借他发挥宿怨，故写宋江等平四寇立大功之后反被政府陷害谋死。明朝中叶的人——所谓施耐庵——借他发挥他的一肚皮宿怨，故削去招安以后的事，做成一部纯粹反抗政府的书。

这部七十回的《水浒传》处处"褒"强盗，处处"贬"官府。这是看《水浒》的人，人人都能得着的感想。圣叹何以独不能得着这个普遍的感觉呢？这又是历史上的关系了。圣叹生在流贼遍天下的时代，眼见张献忠，李自成一班强盗流毒全国，故他觉得强盗是不能提倡的，是应该"口诛笔伐"的。圣叹是一个绝顶聪明的人，故能赏识《水浒传》。但文学家金圣叹究竟被《春秋》笔法家金圣叹误了。他赏识《水浒传》的文学，但他误解了《水浒传》的用意。他不知道七十回本删去招安以后事正是格外反抗政府，他看错了，以为七十回本既不赞成招安，便是深恶宋江等一班人。所以他处处深求《水浒传》的"皮里阳秋"，处处

289

把施耐庵恭维宋江之处都解作痛骂宋江。这是他的根本大错。

换句话说，金圣叹对于《水浒》的见解与做《荡寇志》的俞仲华对于《水浒》的见解是很相同的。俞仲华生当嘉庆、道光的时代，洪秀全虽未起来，盗贼已遍地皆是，故他认定"既是忠义便不做强盗，既做强盗必不算忠义"的宗旨，做成他的《结水浒传》，——即《荡寇志》——要使"天下后世深明盗贼忠义之辨，丝毫不容假借！"（看《荡寇志》诸序。俞仲华死于道光己酉，明年洪秀全起事。）俞仲华的父兄都经过匪乱，故他有"孰知罗贯中之害至于此极耶"的话。他极佩服圣叹，尊为"圣叹先生"，其实这都是因为遭际有相同处的缘故。

圣叹自序在崇祯十四年，正当流贼最猖獗的时候，故他的评本努力要证明《水浒传》"把宋江深恶痛绝，使人见之真有狗彘不食之恨"。但《水浒传》写的一班强盗确是可爱可敬，圣叹决不能使我们相信《水浒传》深恶痛绝鲁智深、武松、林冲一班人，故圣叹只能说"《水浒传》独恶宋江，亦是奸厥渠魁之意，其余便饶恕了"。好一个强辩的金圣叹！岂但"饶恕"，简直是崇拜！

圣叹又亲见明末的流贼伪降官兵，后复叛去，遂不可收拾。所以他对于《宋史》侯蒙请赦宋江使讨方腊的事，大不满意，故极力驳他，说他"一语有八失"。所以他又极力表彰那没有招安以后事的七十回本。其实这都是时代的影响。雁宕山樵当明亡之后，流贼已不成问题，当时的问题乃是国亡的原因和亡国遗民的惨痛等等问题，故雁宕山樵的《水浒后传》极力写宋南渡前后那班奸臣误国的罪状；写燕青冒险到金兵营里把青子黄柑献给道君皇帝；写王铁杖刺杀王黼、杨戬、梁师成三国奸臣；写燕青、李应等把高俅、蔡京、童贯等邀到营里，大开宴会，数说他们误国的罪恶，然后把他们杀了；写金兵掳掠平民，勒索赎金；写无耻奸民，装成金兵模样，帮助仇敌来敲吸同胞的脂髓。这更可见时代的影响了。

这种种不同的时代发生种种不同的文学见解，也发生种种不同的文学作物。——这便是我要贡献给大家的一个根本的文学观念。《水浒传》上下七八百年的历史便是这个观念的具体的例证。不懂得南宋的时代，便不懂得宋江等三十六人的故事何以发生。不懂得宋元之际的时代，便不懂得水浒故事何以发达变化。不懂得元朝一代发生的那么多的水浒故事，便不懂得明初何以产生《水浒传》。不懂得元明之际的文学史，便不懂得明初的《水浒传》何以那样幼稚。不读《明史》的《功臣传》，便不懂得明初的《水浒传》何以于固有的招安的事之外又加上宋江等有功被诬遭害和李俊，燕青见机远遁等事。不读《明史》的《文苑传》，不懂得明朝中叶的文学进化的程度，便不懂得七十回本《水浒传》的价值。不懂得明末流贼的大乱，便不懂得金圣叹的《水浒》见解何以那样迂腐。不懂得明末清初的历史，便不懂得雁宕山樵的《水浒后传》。不懂得嘉庆、道光间的遍地匪乱，便不懂得俞仲华的《荡寇志》。——这叫做历史进化的文学观念。

九，七，二十七，晨二时脱稿

（1920 年 7 月 27 日）

[**参考书举要**]

《宣和遗事》（商务印书馆本）

《癸辛杂识续集》周密（在《稗海》中）

《元曲选》臧晋叔（商务影印本）

《录鬼簿》钟继先

《杂剧十段锦》（董康影印本）

《七修类稿》郎瑛

《李氏焚书》李贽

《茶香室丛钞》《续钞》《三钞》俞樾

《小浮梅槛闲话》俞樾

《征四寇》

《水浒后传》

《章实斋年谱》自序

我做《章实斋年谱》的动机，起于民国九年冬天读日本内藤虎次郎编的《章实斋先生年谱》(《支那学》卷一，第三至第四号)。我那时正觉得，章实斋这一位专讲史学的人，不应该死了一百二十年还没有人给他做一篇详实的传。《文献征存录》里确有几行小传，但把他的姓改成了张字！所以《耆献类征》里只有张学诚，而没有章学诚！谭献确曾给他做了一篇传，但谭献的文章既不大通，见解更不高明：他只懂得章实斋的课蒙论！因此，我那时很替章实斋抱不平。他生平眼高一世，瞧不起那班"擘绩补苴"的汉学家；他想不到，那班"擘绩补苴"的汉学家的权威竟能使他的著作迟至一百二十年后方才有完全见天日的机会，竟能使他的生平事迹埋没了一百二十年无人知道。这真是王安石说的"世间祸故不可忽，箦中死尸能报仇"了。

最可使我们惭愧的，是第一次作《章实斋年谱》的乃是一位外国的学者。我读了内藤先生作的年谱，知道他藏有一部抄本《章氏遗书》十八册，又承我的朋友青木正儿先生替我把这部《遗书》的目录全抄了寄来。那时我本想设法借抄这部《遗书》，忽然听说浙江图书馆已把一部抄本的《章氏遗书》排印出来了。我把这部《遗书》读完之后，知道内藤先生用的年谱材料大概都在这书里面，我就随时在《内藤谱》上注出每条的出处。有时偶然校出《内藤谱》的遗漏处，或错误处，我也随手注在上面。我那时不过想做一部《内藤谱》的《疏证》。后来我又在别处找出一些材料，我也附记在一处。批注太多了，原书竟写不下了，我不得不想一个法子，另作一本新年谱。这便是我作这部年谱的缘起。

民国十年春间，我病在家里，没有事做，又把《章氏遗书》细看一遍。这时候我才真正了解章实斋的学问与见解。我觉得《遗书》的编次太杂乱了，不容易看出他的思想的条理层次；《内藤谱》又太简略了，只有一些琐碎的事实，不能表见他的思想学说变迁沿革的次序。我是最爱看年谱的，因为我认定年谱乃是中国传记体的一大进化。最好的年谱，如王懋竑的《朱子年谱》，如钱德洪等的《王阳明先生年谱》，可算是中国最高等的传记。若年谱单记事实，而不能叙思想的渊源沿革，那就没有什么大价值了。因此，我决计做一部详细的《章实斋年谱》，不但要记载他的一生事迹，还要写出他的学问思想的历史。这个决心就使我这部《年谱》比《内藤谱》加多几十倍了。

我这部《年谱》，虽然沿用向来年谱的体裁，但有几点，颇可以算是新的体例。第一，我把章实斋的著作，凡可以表示他的思想主张的变迁沿革的，都择要摘录，分年编入。摘录的工夫，很不容易。有时于长篇之中，仅取一两段；有时一段之中，仅取重要的或精采的几句。凡删节之处，皆用"……"表出。删存的句子，又须上下贯串，自成片段。这一番工夫，很费了一点苦心。第二，实斋批评同时的几个大师，如戴震、汪中、袁枚等，有很公平的话，也有很错误的话。我把这些批评，都摘要抄出，记在这几个人死的一年。这种批评，不但可以考见实斋个人的见地，又可以作当时思想史的材料。第三，向来的传记，往往只说本人的好处，不说他的坏处；我这部《年谱》，不但说他的长处，还常常指出他的短处。例如他批评汪中的话，有许多话是不对的，我也老实指出他的错误。我不敢说我的评判都不错，但这种批评的方法，也许能替《年谱》开一个创例。

章实斋的著作，现在虽然渐渐出来了，但散失的还不少。我最抱歉的是没有见着他的《庚辛之友亡友传》。《年谱》付印后，我才知道刘翰怡先生有此书；刘先生现在刻的《章氏遗书》，此书列入第十九卷，刻成之后，定可使我们添许多作传的材料。刘先生藏的《章氏遗书》中还有《永清县志》二十五篇，《和州志》（不全）三卷，我都没有见过。我希望刘先生刻成全书时，我还有机会用他的新材料补入这部《年谱》。

章实斋最能赏识年谱的重要。他在他的《韩柳二先生年谱书后》说：

> 文人之有年谱，前此所无。宋人为之，颇觉有补于知人论世之学，不仅区区考一人文集已也。盖文章乃立言之事；言当各以其时。同一言也，而先后有异，则是非得失，霄壤相悬。……前人未知以文为史之义，故法度不具，必待好学深思之士，探索讨论，竭尽心力，而后乃能仿佛其始末焉。然犹不能不阙所疑也。其穿凿附会，与夫卤莽而失实者，则又不可胜计也。文集记传之体，官阶姓氏，岁月时务，明可证据，犹不能无参差失实之弊。若夫诗人寄托，诸子寓言，本无典据明文，而欲千百年后，历谱年月，考求时事，与推作者之意，岂不难哉？故凡立言之士，必著撰述岁月，以备后人之考证；而刊传前达文字，慎勿轻削题注，与夫题跋评论之附见者，以使后人得而考镜焉。……前人已误，不容复追。后人继作，不可不致意于斯也。

照他这话看来，他的著作应该是每篇都有撰述的年月的了。不幸现在所传他的著作只有极少数是有年月可考的；道光时的刻本《文史通义》已没有著作的年月了。杭州排印本《遗书》与内藤藏本目录也都没有年月。这是一件最大的憾事。"前人已误，不容复追。后人继作，不可不致意于斯也。"谁料说这话的人自己的著作也不能免去这一件"大错"呢？我编这部《年谱》时，凡著作有年月可考的，都分年编注；那些没有年月的，如有旁证可考，也都编入。那些全无可考的，我只好阙疑了。

我这部小书的编成，很得了许多认得或不认得的朋友的帮助。我感谢内藤先生的《年谱》底本，感谢青木先生的帮助，感谢浙江图书馆馆长龚宝铨先生抄赠的集外遗文，感谢马夷初先生借我的抄本遗文，感谢孙星如先生的校读。

十一，一，二一，在上海大东旅社

（1922 年 1 月 21 日）

《国学季刊》发刊宣言

近年来，古学的大师渐渐死完了，新起的学者还不曾有什么大成绩表现出来。在这个青黄不接的时期，只有三五个老辈在那里支撑门面。古学界表面上的寂寞，遂使许多人发生无限的悲观。所以有许多老辈遂说，"古学要沦亡了！""古书不久要无人能读了！"

在这个悲观呼声里，很自然的发出一种没气力的反动的运动来。有些人还以为西洋学术思想的输入是古学沦亡的原因；所以他们至今还在那里抗拒那他们自己也莫名其妙的西洋学术。有些人还以为孔教可以完全代表中国的古文化；所以他们至今还梦想孔教的复兴；甚至于有人竟想抄袭基督教的制度来光复孔教。有些人还以为古文古诗的保存就是古学的保存了；所以他们至今还想压语体文字的提倡与传播。至于那些静坐扶乩，逃向迷信里去自寻安慰的，更不用说了。

在我们看起来，这些反动都只是旧式学者破产的铁证；这些行为，不但不能挽救他们所忧虑的国学之沦亡，反可以增加国中少年人对于古学的藐视。如果这些举动可以代表国学，国学还是沦亡了更好！

我们平心静气的观察这三百年的古学发达史，再观察眼前国内和国外的学者研究中国学术的现状，我们不但不抱悲观，并且还抱无穷的乐观。我们深信，国学的将来，定能远胜国学的过去；过去的成绩虽然未可厚非，但将来的成绩一定还要更好无数倍。

自从明末到于今，这三百年，诚然可算是古学昌明时代。总括这三百年的成绩，可分这些方面：

（一）整理古书。在这方面，又可分三门。第一，本子的校勘；第二，文字的训诂；第三，真伪的考订。考订真伪一层，乾嘉的大师（除了极少数学者如崔述等之外）都不很注意；只有清初与晚清的学者还肯做这种研究，但方法还不很精密，考订的范围也不大。因此，这一方面的整理，成绩比较的就最少了。然而校勘与训诂两方面的成绩实在不少。戴震、段玉裁、王念孙、阮元、王引之们的治"经"；钱大昕、赵翼、王鸣盛、洪亮吉们的治"史"；王念孙、俞樾、孙诒让们的治"子"；戴震、王念孙、段玉裁、邵晋涵、郝懿行、钱绎、王筠、朱骏声们的治古词典：都有相当的成绩。重要的古书，经过这许多大师的整理，比三百年前就容易看的多了。我们试拿明刻本的《墨子》来比孙诒让的《墨子闲诂》，或拿二徐的《说文》来比清儒的各种《说文》注，就可以量度这几百年整理古书的成绩了。

（二）发现古书。清朝一代所以能称为古学复兴时期，不单因为训诂校勘的发达，还因为古书发现和翻刻之多。清代中央政府，各省书局，都提倡刻书。私家刻的书更是重要：丛书与单行本，重刊本，精校本，摹刻本，近来的影印本。我们且举一个最微细的例。近三十年内发现与刻行的宋元词集，给文学史家添了多少材料？清初朱彝尊们固然见着不少的词集；但我们今日购买词集之便易，却是清初词人没有享过的福气了。翻刻古书孤本之外，还有辑佚书一项，如《古经解钩沉》，《小学钩沉》，《玉函山房辑佚书》，和《四库全书》里那几百种从《永乐大典》辑出的佚书，都是国学史上极重要的贡献。

（三）发现古物。清朝学者好古的风气不限于古书一项；风气所被，遂使古物的发现，记载，收藏，都成了时髦的嗜好。鼎彝，泉币，碑版，壁画，雕塑，古陶器之类：虽缺乏系统的整理，材料确是不少了。最近三十年来，甲骨文字的发现，竟使殷商一代的历史有了地底下的证据，并且给文字学添了无数的最古材料。最近辽阳、河南等处石器时代的文化的发现，也是一件极重要的事。

但这三百年的古学的研究，在今日估计起来，实在还有许多缺点。三百年的第一流学者的心思精力都用在这一方面，而究竟还只有这一点点结果，也正是因为有这些缺点的缘故。那些缺点，分开来说，也有三层：

（一）研究的范围太狭窄了。这三百年的古学，虽然也有整治史书的，虽然也有研究子书的，但大家的眼光与心力注射的焦点，究竟只在儒家的几部经书。古韵的研究，古词典的研究，古书旧注的研究，子书的研究，都不是为这些材料的本身价值而研究的。一切古学都只是经学的丫头！内中固然也有婢作夫人的；如古韵学之自成一种专门学问，如子书的研究之渐渐脱离经学的羁绊而独立。但学者的聪明才力被几部经书笼罩了三百年，那是不可讳的事实。况且在这个狭小的范围里，还有许多更狭小的门户界限。有汉学和宋学的分家，有今文和古文的分家；甚至于治一部《诗经》还要舍弃东汉的郑笺而专取西汉的毛传。专攻本是学术进步的一个条件；但清儒狭小研究的范围，却不是没有成见的分功。他们脱不了"儒书一尊"的成见，故用全力治经学，而只用余力去治他书。他们又脱不了"汉儒去古未远"的成见，故迷信汉人，而排除晚代的学者。他们不知道材料固是愈古愈可信，而见解则后人往往胜过前人；所以他们力排郑樵、朱熹而迷信毛公、郑玄。今文家稍稍能有独立的见解了；但他们打倒了东汉，只落得回到西汉的圈子里去。研究的范围的狭小是清代学术所以不能大发展的一个绝大原因。三五部古书，无论怎样绞来挤去，只有那点精华和糟粕。打倒宋朝的"道士易"固然是好事；但打倒了"道士易"，跳过了魏晋人的"道家易",却回到两汉的"方士易",那就是很不幸的了。《易》的故事如此;《诗》《书》《春秋》《三礼》的故事也是如此。三百年的心思才力,始终不曾跳出这个狭小的圈子外去!

（二）太注重功力而忽略了理解。学问的进步有两个重要方面:一是材料的积聚与剖解;一是材料的组织与贯通。前者须靠精勤的功力,后者全靠综合的理解。清儒有鉴于宋明学者专靠理解的危险,所以努力做朴实的功力而力避主观的见解。这三百年之中,几乎只有经师,而无思想家;只有校史者,而无史家;只有校注,而无著作。这三句话虽然很重,但我们试除去戴震、章学诚、崔述几个人,就不能不承认这三句话的真实了。章学诚生当乾隆盛时（乾隆,一七三六——一七九五年;章学诚,一七三八——一八〇〇年）,大声疾呼的警告当日的学术界道:

> 今之博雅君子,疲精劳神于经传子史,而终身无得于学者,正坐……误执求知之功力,以为学即在是尔。学与功力实相似而不同。学不可以骤几,人当致攻乎功力,则可耳。指功力以为学,是犹指秫黍以为酒也。"（《文史通义·博约篇》）

他又说:

> "近日学者风气,征实太多,发挥太少,有如蚕食叶而不能抽丝。"（《章氏遗书·与汪辉祖书》）

古人说:"鸳鸯绣取从君看,不把金针度与人。"单把绣成的鸳鸯给人看,而不肯把金针教人,那是不大度的行为。然而天下的人不是人人都能学绣鸳鸯的;多数人只爱看鸳鸯,而不想自己动手去学绣。清朝的学者只是天天一针一针的学绣,始终不肯绣鸳鸯。所以他们尽管辛苦殷勤的做去,而在社会的生活思想上几乎全不发生影响。他们自以为打倒了宋学,然而全国的学校里读的书仍旧是朱熹的《四书集注》《诗集传》《易本义》等书。他们自以为打倒了伪《古文尚书》,然而全国村学堂里的学究仍旧继续用蔡沈的《书集传》。三百年第一流的精力,二千四百三十卷的《经解》,仍旧不能替换朱熹一个人的几部启蒙的小书！这也可见单靠功力而不重理解的失败了。

（三）缺乏参考比较的材料。我们试问，这三百年的学者何以这样缺乏理解呢？我们推求这种现象的原因，不能不回到第一层缺点——研究的范围的过于狭小。宋明的理学家所以富于理解，全因为六朝、唐以后佛家与道士的学说弥漫空气中，宋明的理学家全都受了他们的影响，用他们的学说作一种参考比较的资料。宋明的理学家，有了这种比较研究的材料，就像一个近视眼的人戴了近视眼镜一样；从前看不见的，现在都看见了；从前不明白的，现在都明白了。同是一篇《大学》，汉魏的人不很注意它，宋明的人忽然十分尊崇它，把它从《礼记》里抬出来，尊为四书之一，推为"初学入德之门"。《中庸》也是如此的。宋、明的人戴了佛书的眼镜，望着《大学》《中庸》，便觉得"明明德""诚""正心诚意""率性之谓道"等等话头都有哲学的意义了。清朝的学者深知戴眼镜的流弊，决意不配眼镜；却不知道近视而不戴眼镜，同瞎子相差有限。说《诗》的回到《诗序》，说《易》的回到"方士《易》"，说《春秋》的回到《公羊》，可谓"陋"之至了；然而我们试想这一班第一流才士，何以陋到这步田地，可不是因为他们没有高明的参考资料吗？他们排斥"异端"；他们得着一部《一切经音义》，只认得他有保存古韵书古词典的用处；他们拿着一部子书，也只认得他有旁证经文古义的功用。他们只向那几部儒书里兜圈子；兜来兜去，始终脱不了一个"陋"字！打破这个"陋"字，没有别的法子，只有旁搜博采，多寻参考比较的材料。

以上指出的这三百年的古学研究的缺点，不过是随便挑出了几桩重要的。我们的意思并不要菲薄这三百年的成绩；我们只想指出他们的成绩所以不过如此的原因。前人上了当，后人应该学点乖。我们借鉴于前辈学者的成功与失败，然后可以决定我们现在和将来研究国学的方针。我们不研究古学则已；如要想提倡古学的研究，应该注意这几点：

（1）扩大研究的范围。

（2）注意系统的整理。

（3）博采参考比较的资料。

（一）怎样扩大研究的范围呢？"国学"在我们的心眼里，只是"国故学"的缩写。中国的一切过去的文化历史，都是我们的"国故"；研究这一切过去的历史文化的学问，就是"国故学"，省称为"国学"。"国故"这个名词，最为妥当；因为他是一个中立的名词，不含褒贬的意义。"国故"包含"国粹"，但它又包含"国渣"。我们若不了解"国渣"，如何懂得"国粹"？所以我们现在要扩充国学的领域，包括上下三四千年的过去文化，打破一切的门户成见：拿历史的眼光来整统一切，认清了"国故学"的使命是整理中国一切文化历史，便可以把一切狭陋的门户之见都扫空了。例如治经，郑玄、王肃在历史上固然占一个位置，王弼、何晏也占一个位置，王安石、朱熹也占一个位置，戴震、惠栋也占一个位置，刘逢禄、康有为也占一个位置。段玉裁曾说：

> 校经之法，必以贾还贾，以孔还孔，以陆还陆，以杜还杜，以郑还郑，各得其底本，而后判其理义之是非。……不先正《注》《疏》《释文》之底本，则多诬古人。不断其立说之是非，则多误今人。……（《经韵楼集·与诸同志书论校书之难》）

我们可借他论校书的话来总论国学；我们也可以说：

> 整治国故，必须以汉还汉，以魏晋还魏晋，以唐还唐，以宋还宋，以明还明，以清还清；以古文还古文家，以今文还今文家；以程朱还程朱，以陆王还陆王，……各还它一个本来面目，然后评判各代各家各人的义理的是非。不还它们的本来面目，则多诬古人。不评判它们的是非，则多误今人，但不先弄明白了它们的本来面目，我们决不配评判它们的是非。

这还是专为经学、哲学说法。在文学的方面，也有同样的需要。庙堂的文学固可以研究，但草野的文学也应该研究。在历史的眼光里，今日民间小儿女唱的歌谣，和《诗三百篇》有同等的位置；民间流传的小说，和高文典册有同等的位置，吴敬梓、曹霑和关汉卿、马东篱和杜甫、韩愈有同等的位置。故在文学方面，也应该把《三百篇》还给西周、东周之间的无名诗人，把《古乐府》还给汉魏六朝的无名诗人，把唐诗还给唐，把词还给五代两宋，把小曲杂剧还给元朝，把明、清的小说还给明、清。每一个时代，还它那个时代的特长的文学，然后评判它们的文学的价值。不认明每一个时代的特殊文学，则多诬古人而多误今人。

近来颇有人注意戏曲和小说了；但他们的注意仍不能脱离古董家的习气。他们只看得起宋人的小说，而不知道在历史的眼光里，一本石印小字的《平妖传》和一部精刻的残本《五代史平话》有同样的价值，正如《道藏》里极荒谬的道教经典和《尚书》、《周易》有同等的研究价值。

总之，我们所谓"用历史的眼光来扩大国学研究的范围"，只是要我们大家认清国学是国故学，而国故学包括一切过去的文化历史。历史是多方面的：单记朝代兴亡，固不是历史；单有一宗一派，也不成历史。过去种种，上自思想学术之大，下至一个字、一支山歌之细，都是历史，都属于国学研究的范围。

（二）怎样才是"注意系统的整理"呢？学问的进步不单靠积聚材料，还须有系统的整理。系统的整理可分三部说：

（甲）索引式的整理。不曾整理的材料，没有条理，不容易检寻，最能销磨学者有用的精神才力，最足阻碍学术的进步。若想学问进步增加速度，我们须想出法子来解放学者的精力，使他们的精力用在最经济的方面。例如一部《说文解字》，是最没有条理系统的；向来的学者差不多全靠记忆的苦工夫，方才能用这部书。但这种苦工夫是最不经济的；如果有人能把《说文》重新编制一番（部首依笔画，每部的字也依笔画），再加上一个检字的索引（略如《说文通检》或《说文易检》），那就可省许多无谓的时间与记忆力了。又如一部《二十四史》，有了一部《史姓韵编》，可以省多少精力与时间？清代的学者也有见到这一层的；如章学诚说：

> 窃以典籍浩繁，闻见有限；在博雅者且不能悉究无遗，

况其下乎？校雠之先，宜尽取四库之藏，中外之籍，择其中之人名、地名、官阶、书目，凡一切有名可治有数可稽者，略仿《佩文韵府》之例，悉编为韵；乃于本韵之下，注明原书出处，及先后篇第；自一见再见，以至数千百，皆详注之；藏之馆中，以为群书之总类。至校书之时，遇有疑似之处，即名而求其编韵，因韵而检其本书，参互错综，即可得其至是。此则渊博之儒穷毕生年力而不可究殚者，今即中才校勘可坐收于几席之间，非校雠之良法欤？（《校雠通义》）

当日的学者如朱筠、戴震等，都有这个见解，但这件事不容易做到，直到阮元得势力的时候，方才集合许多学者，合力做成一部空前的《经籍纂诂》，"展一韵而众字毕备，检一字而诸训皆存，寻一训而原书可识"（王引之序）；"即字而审其义，依韵而类其字，有本训，有转训，次叙布列，若网在纲"（钱大昕序）。这种书的功用，在于节省学者的功力，使学者不疲于功力之细碎，而省出精力来做更有用的事业。后来这一类的书被科场士子用作夹带的东西，用作抄窃的工具，所以有许多学者竟以用这种书为可耻的事。这是大错的。这一类"索引"式的整理，乃是系统的整理的最低而最不可少的一步；没有这一步的预备，国学止限于少数有天才而又有闲空工夫的少数人；并且这些少数人也要因功力的拖累而减少他们的成绩。偌大的事业，应该有许多人分担去做的，却落在少数人的肩膀上：这是国学所以不能发达的一个重要原因。所以我们主张，国学的系统的整理的第一步要提倡这种"索引"式的整理，把一切大部的书或不容易检查的书，一概编成索引，使人人能用古书。人人能用古书，是提倡国学的第一步。

（乙）结账式的整理。商人开店，到了年底，总要把这一年的账结算一次，要晓得前一年的盈亏和年底的存货，然后继续进行，做明年的生意。一种学术到了一个时期，也有总结账的必要。学术上结账的用处有两层：一是把这一种学术里已经不成问题的部分整理出来，交给社会；二是把那不能解决的部分特别提出来，引起学者的注意，使学者知道何处有隙可乘，有功可立，有困难可以征服。结账是（1）结束从前的成绩，（2）预备将来努力的新方向。前者是预备普及的，后者是预备继长增高的。古代结账的书，如李鼎祚的《周易集解》，如陆德明的《经典释文》，如唐、宋的《十三经注疏》，如朱熹的《四书》、《诗集传》、《易本义》等，所以都在后世发生很大的影响，全是这个道理。三百年来，学者都不肯轻易做这种结账的事业。二千四百多卷的《清经解》，除了极少数之外，都只是一堆"流水"烂账，没有条理，没有系统；人人从"粤若稽古""关关雎鸠"说起，人人做的都是杂记式的稿本！怪不得学者看了要"望洋兴叹"了；怪不得国学有沦亡之忧了。我们试看科举时代投机的书坊肯费整年工夫来编一部《皇清经解缩本编目》，便又可以明白索引式的整理的需要；我们又看那时代的书坊肯费几年的工夫来编一部《皇清经解分经汇纂》，便又可以明白结账式的整理的需要了。现在学问的途径多了，学者的时间与精力更有经济的必要了。例如《诗经》，二千年研究的结果，究竟到了什么田地，很少人说得出的，只因为二千年的《诗经》烂账至今不曾有一次的总结算。宋人驳了汉人，清人推翻了宋人，自以为回到汉人：至今《诗经》的研究，音韵自音韵，训诂自训诂，异文自异文，序说自序说，各不相关连。少年的学者想要研究《诗经》的，伸头望一望，只看见一屋子的烂账簿，吓得吐舌缩不进去，只好叹口气，"算了罢！"《诗经》在今日所以渐渐无人过问，是少年人的罪过呢？还是《诗经》的专家的罪过呢？我们以为，我们若想少年学者研究《诗经》，我们应该把《诗经》这笔烂账结算一遍，造成一笔总账。《诗经》的总账里应该包括这四大项：

（A）异文的校勘：总结王应麟以来直到陈乔枞、李富孙等校勘异文的账。

（B）古韵的考究：总结吴棫、朱熹、陈第、顾炎武以来考证古音的账。

（C）训诂：总结毛公、郑玄以来直到胡承珙、马瑞辰、陈奂，二千多年训诂的账。

（D）见解（序说）：总结《诗序》，《诗辨妄》，《诗集传》，《伪诗传》，姚际恒，崔述，龚橙，方玉润，……等二千年猜谜的账。

有了这一本总账，然后可以使大多数的学子容易踏进"《诗经》研究"之门：这是普及。入门之后，方才可以希望他们之中有些人出来继续研究那总账里未曾解决的悬账：这是提高。《诗经》如此，一切古书古学都是如此。我们试看前清用全力治经学，而经学的书不能流传于社会，倒是那几部用余力做的《墨子闲诂》，《荀子集解》，《庄子集释》一类结账式的书流传最广。这不可以使我们觉悟结账式的整理的重要吗？

（丙）专史式的整理。索引式的整理是要使古书人人能用，结账式的整理是要使古书人人能读：这两项都只是提倡国学的设备。但我们在上文曾主张，国学的使命是要使大家懂得中国的过去的文化史；国学的方法是要用历史的眼光来整理一切过去文化的历史。国学的目的是要做成中国文化史。国学的系统的研究，要以此为归宿。一切国学的研究，无论时代古今，无论问题大小，都要朝着这一个大方向走。只有这个目的可以整统一切材料；只有这个任务可以容纳一切努力；只有这种眼光可以破除一切门户畛域。

我们理想中的国学研究，至少有这样的一个系统：

中国文化史：

（一）民族史

（二）语言文字史

（三）经济史

（四）政治史

（五）国际交通史

（六）思想学术史

（七）宗教史

（八）文艺史

（九）风俗史

（十）制度史

这是一个总系统。历史不是一件人人能做的事；历史家需要有两种必不可少的能力：一是精密的功力，一是高远的想像力。没有精密的功力，不能做搜求和评判史料的工夫；没有高远的想像力，不能构造历史的系统。况且中国这么大，历史这么长，材料这么多，除了分工合作之外，更无他种方法可以达到这个大目的。但我们又觉得，国故的材料太纷繁了，若不先做一番历史的整理工夫，初学的人实在无从下手，无从入门。后来的材料也无所统属；材料无所统属，是国学纷乱烦碎的重要原因。所以我们主张，应该分这几个步骤：

第一，用现在力所能搜集考定的材料，因陋就简的先做成各种专史，如经济史，文学史，哲学史，数学史，宗教史，……之类。这是一些大间架，他们的用处只是要使现在和将来的材料有一个附丽的地方。

第二，专史之中，自然还可分子目，如经济史可分时代，又可分区域；如文学史、哲学史可分时代，又可分宗派，又可专治一人；如宗教史可分时代，可专治一教，或一宗派，或一派中的一人。这种子目的研究是学问进步必不可少的条件。治国学的人应该各就"性之所近而力之所能勉者"，用历史的方法与眼光担任一部分的研究。子目的研究是专史修正的唯一源头，也是通史修正的唯一源头。

（三）怎样"博采参考比较的资料"呢？ 向来的学者误认"国学"的"国"字是国界的表示，所以不承认"比较的研究"的功用。最浅陋的是用"附会"来代替"比较"：他们说基督教是墨教的绪馀，墨家的"巨子"即是"矩子"，而"矩子"即是十字架！……附会是我们应该排斥的，但比较的研究是我们应该提倡的。有许多现象，孤立的说来说去，总说不通，总说不明白；一有了比较，竟不须解释，自然明白了。例如一个"之"字，古人说来说去，总不明白；现在我们懂得西洋文法学上的术语，只须说某种"之"字是内动词（由是而之焉），某种是介词（贼夫人之子），某种是指物形容词（之子于归），某种是代名词的第三身用在目的位（爱之能勿劳乎），就都明白分明了。又如封建制度，向来被那方块头的分封说欺骗了，所以说来说去，总不明白；现在我们用欧洲中古的封建制度和日本的封建制度来比较，就容易明白了。音韵学上，比较的研究最有功效。用广东音可以考侵、覃各韵的古音，可以考古代入声各韵的区别。近时西洋学者如 Karlgren，如 Baron von Stael-Holstein，用梵文原本来对照汉文译音的文字，很可以帮助我们解决古音学上的许多困难问题。不但如此；日本语里，朝鲜语里，安南语里，都保存有中国古音可以供我们的参考比较。西藏文自唐朝以来，音读虽变了，而文字的拼法不曾变，更可以供我们的参考比较，也许可以帮助我们发现中国古音里有许多奇怪的复辅音呢。制度史上，这种比较的材料也极重要，懂得了西洋的议会制度史，我们更可以了解中国御史制度的性质与价值；懂得了欧美高等教育制度史，我们更能了解中国近一千年来的书院制度的性质与价值。哲学史上，这种比较的材料已发生很大的助力了。《墨子》里的《经上下》诸篇，若没有印度因明学和欧洲哲学作参考，恐怕至今还是几篇无人能解的奇书。韩非，王莽，王安石，李贽，……一班人，若没有西洋思想作比较，恐怕至今还是沉冤莫白。看惯了近世国家注重财政的趋势，自然不觉得李觏、王安石的政治思想的可怪了。懂得了近世社会主义的政策，自然不能不佩服王莽、王安石的见解和魄力了。《易·系辞传》里"易者，象也"的理论，得柏拉图的"法象论"的比较而更明白；荀卿书里"类不悖，虽久同理"的理论，得亚里士多德的"类不变论"的参考而更易懂。这都是明显的例。至于文学史上，小说、戏曲近年忽然受学者的看重，民间俗歌近年渐渐引起学者的注意，都是和西洋文学接触比较的功效更不消说了。此外，如宗教的研究，民俗的研究，美术的研究，也都是不能不利用参考比较的材料的。

以上随便举的例，只是要说明比较参考的重要。我们现在治国学，必须要打破闭关孤立的态度，要存比较研究的虚心。第一，方法上，西洋学者研究古学的方法早已影响日本的学术界了，而我们还在冥行索途的时期。我们此时应该虚心采用他们的科学的方法，补救我们没有条理系统的习惯。第二，材料上，欧美日本学术界有无数的成绩可以供我们的参考。比较，可以给我们开无数新法门，可以给我们添无数借鉴的镜子。学术的大仇敌是孤陋寡闻；孤陋寡闻的唯一良药是博采参考比较的材料。

我们观察这三百年的古学史，研究这三百年的学者的缺陷，知道他们的缺陷都是可以补救的；我们又返观现在古学研究的趋势，明白了世界学者供给我们参考比较的好机会，所以我们对于国学的前途，不但不抱悲观，并且还抱无穷的乐观。我们认清了国学前途的黑暗与光明全靠我们努力的方向对不对。因此，我们提出这三个方向来做我们一班同志互相督责勉励的条件：

第一，用历史的眼光来扩大国学研究的范围。

第二，用系统的整理来部勒国学研究的资料。

第三，用比较的研究来帮助国学的材料的整理与解释。

十二，一月

（1923 年 1 月）

《上海小志》序

"**贤**者识其大者，不贤者识其小者"，这两句话真是中国史学的大仇敌。什么是大的？什么是小的？很少人能够正确回答这两个问题。朝代的兴亡，君主的废立，经年的战争，这些"大事"，在我们的眼里渐渐变成"小事"了。《史记》里偶然记着一句"奴婢与牛马同阑"，或者一句女子"蹑利屣"，这种事实在我们眼里比楚汉战争重要的多了。因为从这些字句上可以引起许多有关时代生活的问题：究竟汉朝的奴隶生活是什么样子的？究竟"利屣"是不是女子缠脚的起源？这种问题关系无数人民的生活状态，关系整个时代的文明的性质，所以在人类文化史上是有重大意义的史料。然而古代文人往往不屑记载这种刮刮叫的大事，故一部《二十四史》的绝大部分只是废话而已。将来的史家还得靠那"识小"的不贤者一时高兴记下来的一点点材料。

方志是历史的一个重要门类；正史不屑"识其小

者", 故方志也不屑记载小事。各地的志书往往有的是不正确的舆图, 模糊的建置沿革, 官样文章的田赋、户口, 连篇累牍的名官列女。然而一地方的生活状态, 经济来源, 民族移徙, 方音异态, 风俗演变, 教育状况, 这些问题都不在寻常修志局的范围之中, 也都不是修志先生的眼光能力所能及。故汗牛充栋的省、府、县志都不能供给我们一些真正可信的文化史料。

修史、修志的先生们, 若不能打破"不贤者识其小者"的谬见, 他们的史乘方志是不值得看的。试看古来最有史料价值的活志乘, 那一部不是发愿记载纤细琐屑的书? 一部《洛阳伽蓝记》, 所记只是一些佛寺的废兴, 然而两个世纪的北朝文物, 一个大宗教的规模与权势, 一个时代的信仰与艺术, 都借此留下一个极可信的记录了。《东京梦华录》、《都城纪胜》、《梦粱录》、《武林旧事》, 所记都极细碎, 然而两宋的两京文化、人民生活、艺术演变, 都一一活现于这几部书之中。将来的史家重写《宋史》, 必然把这几部书看作绝可宝贵的史料。杨炫之、孟之老诸人, 他们自然居于"识小"之流, 甘心撷拾大方家所忽略抛弃的细小事实, 他们敢为"贤者"所不屑为, 只这一点精神, 便可以使他们的书历久远而更贵重。

我的族叔胡寄凡先生喜欢游览, 留心掌故, 曾作西湖、金陵两地的小志, 读者称为利便。他现在又作了一部《上海小志》, 因为我和他都是生在上海的, 所以他要我写一篇小序。我在病榻上匆匆翻看他的书, 觉得他的决心"识小", 是很可佩服的。但他的初稿还不够"小", 其中关于沿革、交通等等门类, 皆是"贤者"所优为, 大可不劳我们自甘不贤的人的手笔。凡此种"识小"的书, 题目越小越好, 同时功夫也得越精越好。俞理初记缠足与乐籍两篇, 最可供我们取法。寄凡先生既决心作"识小"的大事业, 与其间接引用西人书籍来记租界沿革, 不如择定一些米米小的问题, 遍考百年来的载籍, 作精密的历史研究。如上海妓院的沿革, 如上海戏院百年史, 如城隍会的小史, 皆是绝好的小题目。试举戏园一题为例, 若用六十年的《申报》所登每日戏目作底子，更广考同时人的记载，访问生存的老优伶与老看戏者，遍考各时代的戏园历史与戏子事实，更比较各时代最流行何种戏剧与何种戏子，如此做去，方可算是有意义的识小的著作。此种识小，其实真是识大也。即使不能如此，即使有人能够出《申报》六十年的上海逐日戏目，也可成为一部有意义的史料书，其价值胜于虚谈建置沿革方志多了。

　　狂妄之见如此，寄凡先生以为如何？

十九，十一，十三，胡适

（1930 年 11 月 13 日）

考据学的责任与方法

历史的考据是用证据来考定过去的事实。史学家用证据考定史事的有无、真伪、是非，与侦探访案，法官断狱，责任的严重相同，方法的谨严也应该相同。这一点，古人也曾见到。朱子曾说："看文字须如法官深刻，方穷究得尽。"朱子少年举进士，曾做四年同安县主簿，他常常用判断狱讼的事来比喻读书穷理。例如他说：

> 向来熹在某处，有讼田者。契数十本，中间一段作伪。自崇宁、政和间，至今不决。将正契及公案藏匿，皆不可考。熹只索四畔众契，比验前后所断，情伪更不能逃者。穷理亦只是如此。

他又说：

> 学者观书，……大概病在执着，不肯放下。正如听讼，先有主张乙底意思，便只寻甲底不是；先有主张甲底意思，便只见乙底不是。不

312

若姑置甲乙之说，徐徐观之，方能辩其曲直。

在朱子的时代，有一位有名的考据学者，同时也是有名的判断疑狱的好手，他就是《云谷杂记》的作者张淏，字清源。《云谷杂记》有杨楫的一篇《跋》，其中说：

> 嘉定庚午（一二一〇，朱子死后十年），予假守龙舒，始识张岩清源，……其于书传间辨正纰缪，旁证远引，博而且确。……会旁郡有讼析资者，几二十年不决。部使者下之郡，予因以属之。清源一阅文牍，曰："得之矣。"即呼二人叩之。甲曰："绍兴十三年，从兄尝鬻祖产，得银帛楮券若干，悉辇而商，且书约，期他日复置如初。兄后以其资买田于淮，不复归。今兄虽亡，元约固存，于法当析。"乙曰："父存而叔未尝及此，父死之后，忽称为约，实为不可。"清源呼甲至，谓之曰："按国史，绍兴三十年后方用楮币，不应十三年汝家已预有若干。汝约伪矣。"甲不能对，其讼遂决。

杨楫《跋》中又记张淏判决的另一案：

> 又有讼田者，余五十年，屡置对而不得其理。清源验其券，乃政和五年龙舒民与陶龙图者为市，因讯之曰："此呼龙图者为何人？"曰："祖父也。"清源曰："政和三年五甲登第，于法不过簿尉耳，不应越二年已呼龙图。此券绍兴间伪为以诬人，尚何言哉？"其人遂俯伏，众皆骇叹。

朱子的话和杨楫的《跋》都可以表示十二、三世纪的中国学术界里颇有人把考证书传讹谬和判断疑难狱讼看作同一样的本领，同样的用证据来断定了一件过去的事实的是非真伪。

唐宋的进士登第后，大多数分发到各县去做主簿、县尉，使他们都可得着判断狱讼的训练。程子［颢］、朱子都在登进士第后作过主簿。聪明的人，心思细密的人，往往可以从这种簿书狱讼的经验里得着读书治学的方法，也往往可以用读书治学的经验来帮助听讼折狱。因为这两种工作都得用证据来判断事情。

读书穷理方法论是小程子［程颐］建立的，是朱子极力提倡的。小程子虽然没有中进士，不曾有过听讼折狱的经验，然而他写他父亲程珦的《家传》，哥哥程颢的《行状》，和"家世旧事"，都特别记载他家两代判断疑狱的故事。他记大程子在鄠县主簿任内判决窖钱一案，方法与张淏判的楮币案相同；又记载大程子宰晋城时判决冒充父亲一案，方法与张淏判的陶龙图案相同。读书穷理的哲学出于善断疑狱的程氏家庭，似乎不是偶然的。

中国考证学的风气的发生，远在实验科学发达之前。我常推想，两汉以下文人出身做亲民之官，必须料理民间诉讼，这种听讼折狱的经验是养成考证方法的最好训练。试看考证学者常用的名词，如"证据"、"左证"、"左验"、"勘验"、"推勘"、"比勘"、"质证"、"断案"、"案验"，都是法官听讼常用的名词，都可以指示考证学与刑名讼狱的历史关系。所以我相信文人审判狱讼的经验大概是考证学的一个比较最重要的来源。

无论这般历史渊源是否正确，我相信考证学在今日还应该充分参考法庭判案的证据法。狱讼最关系人民的财产生命，故向来读书人都很看重这种责任。如朱子说的：

> 天下事最大而不可轻者，无过于兵、刑。……狱讼面前
> 分晓事易看。其情伪难通，或旁无左证，各执两说，系人性
> 命处，须吃紧思量，或犹有误也。

我读完乾隆、嘉庆时期有名的法律家汪辉祖的《遗书》，看他一生办理诉讼，真能存十分谨慎的态度。他说："办案之法，不惟入罪宜慎，即出罪亦宜慎。"他一生做幕做官，都尽力做到这"慎"字。

但是文人做历史考据，往往没有这种谨慎的态度，往往不肯把是非真伪的考证看作朱子说的"系人性命处，须吃紧思量"。因为文人看轻考据的责任，所以他们往往不能严格的审查证据，也往往不能谨慎的运用证据。证据不经过严格的审查，则证据往往够不上作证据。证据不能谨慎的使用，则结论往往和证据不相干。这种考据，尽管堆上百十条所谓"证据"，只是全无价值的考据。

近百年中，号称考证学风气流行的时代，文人轻谈考据，不存谨

慎的态度，往往轻用考证的工具，造成诬枉古人的流言。有人说，戴东原偷窃赵东潜（一清）的《〈水经注〉释》。又有人说，戴东原偷窃全谢山的校本。有人说，马国翰的《玉函山房辑佚书》是偷窃章宗源的原稿。又有人说，严可均《全上古三代秦汉三国两晋六朝文》是攘夺孙星衍的原稿。

说某人作贼，是一件很严重的刑事诉讼。为什么这些文人会这样轻率的对于已死不能答辩的古人提出这样严重的控诉呢？我想来想去，只有一个答案：根本原因在于中国考证学还缺乏自觉的任务与自觉的方法。任务不自觉，所以考证学者不感觉他考订史实是一件最严重的任务，是为千秋百世考定历史是非真伪的大责任。方法不自觉，所以考证学者不能发觉自己的错误，也不能评判自己的错误。

做考证的人，至少要明白他的任务有法官断狱同样的严重，他的方法也必须有法官断狱同样的谨严，同样的审慎。

近代国家"证据法"的发达，大致都是由于允许两造辩护人各有权可以驳斥对方提出的证据。因为有对方的驳斥，故假证据与不相干的证据都不容易成立。

考证学者闭门做历史考据，没有一个对方辩护人站在面前驳斥他提出的证据，所以他往往不肯严格的审查他的证据是否可靠，也往往不肯谨慎的考问他的证据是否关切，是否相干。考证方法所以远不如法官判案的谨严，主要原因正在缺乏一个自觉的驳斥自己的标准。

所以我提议：凡做考证的人，必须建立两个驳问自己的标准：第一要问，我提出的证人证物本身可靠吗？这个证人有作证的资格吗？这件证物本身没有问题吗？第二要问，我提出这个证据的目的是要证明本题的哪一点？这个证据足够证明哪一点吗？

第一个驳问是要审查某种证据的真实性。第二个驳问是要扣紧证据对本题的相干性。

我试举一例。这一百年来，控诉戴东原偷窃赵东潜《水经注》校本的许多考证学者，从张穆、魏源到我们平日敬爱的王国维、孟森，总爱提出戴东原"背师"的罪状，作为一个证据。例如魏源说：

戴为婺源江永门人，凡六书、三礼、九数之学，无一不
受诸江氏。及戴名既盛，凡己书中称引师说，但称为同里老
儒江慎修，而不称师说，亦不称先生。

又如王国维说：

其（东原）平生学说出于江慎修。……其于江氏亦未尝
笃"在三"之谊，但呼之曰婺源老儒江慎修而已。

我曾遍检现存的戴东原遗著（微波榭刻本与《安徽丛书》本），见他每
次引江慎修的话，必称江先生。计有：

《经考》引江说五次，四次称江慎斋［修］先生，一次称江先生。

《经考》附录引一次，称江慎斋［修］先生。

《屈原赋注》引四次，称江先生。

《〈考工记〉图》引三次，称江先生。

《〈顾氏音论〉跋》，引一次，称江先生。

《答段若膺论韵》，称江慎修先生一次，称江先生凡八次。

总计东原引江慎修，凡称"先生"二十二次。其中《经考》、《〈考
工图〉记》、《屈原赋注》，都是少年之作；《答段若膺论韵》则是东原
五十四岁之作，次年他就死了。故东原从少年到临死前一年，凡称引
师说，必称先生。

至于"老儒江慎修"一句话，我也曾审查过。东原在两篇古韵分
部的小史里——一篇是《声韵考》的《古音》一卷，一篇是《〈六书音
韵表〉序》——叙述郑庠以下三个人的大贡献，有这样说法：

郑庠……分六部。

近［人］昆山顾炎武……列十部。

吾郡老儒江慎修永……列十又三部。

这两篇古音小史里，郑庠、顾炎武都直称姓名，而江永则特别称"吾郡
老儒江慎修永"，这是表示敬重老师不敢称名之意，读者当然可以明了。

故魏源、王国维提出的证据，一经审查，都是无根据的谣言，都
没有作证据的资格。既没有作证据的资格，我们当然不再问这件证据
足够证明《水经注》疑案的那一点了。

我再举一句例子。杨守敬在他的《〈水经注疏〉要删》里，曾举出十几条戴氏袭赵氏的"确证"，其中有一条是这样的：朱谋㙔的《〈水经注〉笺》卷七，《济水篇》注文引：

> 《穆天子传》曰甲辰天子浮于荥水。

赵氏《〈水经注〉释》的各本都把"甲辰"改作"甲寅"，刊误说：

> 甲辰，一清按《穆天子传》是甲寅。

戴氏两种校本也都改作"甲寅"。杨守敬提出这条作为戴袭赵之证，他说：

> 原书本是甲辰。赵氏所据何本误以为甲寅，戴氏竟据改之（《要删》七，页九）。

杨氏所谓"原书"，是指《穆天子传》。天一阁本、《汉魏丛书》本，与今日通行本《穆天子传》，此句都作甲辰。赵东潜说他依据《穆天子传》作甲寅，是他偶然误记了来源。杨守敬说"原书本作甲辰"，是不错的。

但杨守敬用这条证据来证明赵氏先错了而戴氏跟着错，故是戴袭赵之证，那就是杨守敬不曾比勘《水经注》古本，闹出笑话来了。这两个字的版本沿革史，如下表：

残宋本作　甲寅

《永乐大典》作　甲寅

黄省曾本作　甲寅

吴琯本改作　甲辰

朱谋㙔本作　甲辰

赵一清本改　甲寅

戴震本改　甲寅

古本都作甲寅，吴琯本始依《穆天子传》改作甲辰，朱本从吴本也作甲辰。赵氏又依古本（黄氏或孙潜本）改回作甲寅。戴氏依《大典》本改回作甲寅。

杨守敬所见《水经注》的版本太少了，他没有看见朱谋㙔以前的各种古本，脑子里先存了"戴袭赵"的成见，正如朱子说的"先有主张乙底意思，便只寻甲的不是"。他完全不懂得《水经注》问题本来是个校勘学的问题，两个学者分头校勘同一部书，结果当然有百分之九十九以上相同。相同是最平常的事，本不成问题，更不成证据。

杨守敬在他的《凡例》里曾说：

> 若以赵氏所见之书，戴氏皆能读之，冥符合契，情理宜然。余谓事同道合，容有一二。岂有盈千累百，如出一口？

这句话最可以表示杨守敬完全不懂得校勘学的性质。校勘学是机械的工作。只有极少数问题没有古本古书可供比勘，故须用推理。绝大多数的校勘总是依据古本与原书所引的古书。如果赵戴两公校订一部三十多万字的《水经注》而没有"盈千累百"的相同，那才是最可惊异的怪事哩！

即如上文所举"甲寅"两字的版本沿革，都是校勘学最平常的事，岂可用来作谁偷谁的证据！

我举出这两个例子来表示一班有名的学者怎样轻视考证学的任务，怎样滥用考证学的方法。我最后要举一个极端的例子来做这篇文字的结束。《水经注》卷二十四，《瓠子水》篇有一段文字，前面叙旧东河迳濮阳城东北，下文忽然接着说："《春秋》僖公十三年夏会于鹹。"凡熟于《水经注》文字体例的人，都知道这两节之间必有脱文，故赵戴两本都在"春秋"上校增"又东，迳鹹城南"六字，赵氏刊误云：

> 又东迳鹹城南六字，全氏曰，以先司空公本校增。

杨守敬论此条说：

> 此非别有据本，以下文照之，固当有此六字。此戴袭全之证。（《要删》二十四，页七）

他既说这六字的校增不必有本子的根据，只看下文，即知"固当有此六字"，则是无论谁校《水经注》，都会增此六字了。为什么独不许戴东原校增此六字呢？为什么这六字可以用作戴袭全氏的证据呢？

用证据考定一件过去的事情，是历史考证。用证据判断某人有罪无罪，是法家断狱。杨守敬号称考证学者，号称"妙悟若百诗，笃实若竹汀，博辨若大可"，却这样滥用考证学的方法，用全无根据的证据来诬枉古人作贼。考证学堕落到这地步，岂不可叹！

我们试看中国旧式法家汪辉祖自述他办理讼案是如何敬慎。他说：

> 罪从供定。犯供（犯人自己的供状）最关紧要。然五听之法，辞只一端。且录供之吏难保一无上下其手之弊。据供定罪，尚恐未真（注）。余在幕中，凡犯应徒罪以上者，主人庭讯时，余必于堂后凝神细听。供稍勉强，即属主人复讯。常戒主人不得性急用刑。往往有讯至四、五次及八、九次者。疑必属讯，不顾主人畏难；每讯必听，余亦不敢惮烦也。（《续佐治药言》"草供未可全信"条）

被告自己的供状，尚且未可据供定罪，有疑必复讯，不敢惮烦。我们做历史考证的人，必须学这种谨慎不苟且的精神，才配担负为千秋百世考定史实的是非真伪的大责任。

三十五年，十，六，北平东厂胡同

（1946 年 10 月 6 日）

注 汪辉祖举的"据供定罪，尚恐未真"的实例："乾隆壬午（一七六二）八月，馆平湖令刘君冰斋署。会孝丰县民蒋氏行舟被劫，通详缉捕。封印后，余还里度岁。而平湖有回籍逃军曰盛大者，以纠匪抢夺被获，讯为孝丰劫案正盗。冰斋迓余至馆，检阅草供。凡起意纠伙，上盗伤主，劫赃俵分，各条，无不毕具。居然'盗'也。且已起有蓝布绵被，经事主认确矣。当晚嘱冰斋覆勘，余从堂后听之。一一输供，无惧色。顾供出犯口，熟滑如背书然。且首伙八人，无一语参差者。心窃疑之。次晚复嘱冰斋故为增减案情，隔别再讯。则或认，或不认，八人者各各歧异，至有号呼诉枉者。遂止不讯。而令库书依事主所认布被颜色新旧，借购二十余条，余私为记别，杂以事主原认之被，嘱冰斋当堂令事主辨认，竟懵无辨识！于是提各犯研鞫，佥不承认"。"细诘其故。盖盛大被获之初，自意逃军犯抢，更无生理，

319

故讯及孝丰劫案，信口妄承，而其徒皆附和之。实则绵被为己物，裁制有人。即其（抢夺）本案亦不至于死也，遂脱之"。

"越二年，冰斋保举知府，入京引见。而此案正盗出元和县发觉，传事主认赃。冰斋回任，赴苏会审定案"。（适按：平湖县属浙江嘉兴府，孝丰县属浙江湖州府，元和县属江苏苏州府，故刘君须赴苏会审。）

"初余欲脱盛大时，阖署哗然，谓余枉法曲纵，不顾主人考成。余闻之，辞冰斋，冰斋弗听［许］。余曰：'必欲余留止者，非脱盛大不可。且失赃甚多，而以一疑似之布被骈戮数人，非惟我不忍，……为君计，亦恐有他日累也。'至是，冰斋语余曰：'曩者君力脱盛大，君何神耶！'……余自此益不敢以草供为据矣。"（《续佐治药言》四页至六页。参用《病榻梦痕录》乾隆廿八年记此案，文字稍有删改，使人易晓。）

这篇《考据学的责任与方法》，是民国三十五年写的。今年我重读一遍，觉得还可以收存。我当时因为汪辉祖举例的文字太长，没有全钞。现在我觉得这位刑名大家的"据供定罪，尚恐未真"一条大原则真是中国证据法一个重要理论，而这个大原则是需要举例说明的，所以我全抄汪先生举的一件案子的文字，作为一条小注。（平湖知县刘冰斋，名国烜，奉天人。）

（1960 年 12 月 28 日）

我们对于西洋近代文明的态度

今日最没有根据而又最有毒害的妖言是讥贬西洋文明为唯物的（Materialistic），而尊崇东方文明为精神的（Spiritual）。这本是很老的见解，在今日却有新兴的气象。从前东方民族受了西洋民族的压迫，往往用这种见解来解嘲，来安慰自己。近几年来，欧洲大战的影响使一部分的西洋人对于近世科学的文化起一种厌倦的反感，所以我们时时听见西洋学者有崇拜东方的精神文明的议论。这种议论，本来只是一时的病态的心理，却正投合东方民族的夸大狂；东方的旧势力就因此增加了不少的气焰。

我们不愿"开倒车"的少年人对于这个问题不能没有一种彻底的见解，不能没有一种鲜明的表示。

现在高谈"精神文明""物质文明"的人，往往没有共同的标准做讨论的基础，故只能作文字上或表面上的争论，而不能有根本的了解。我想提出几个基本观念来做讨论的标准。

第一，文明（Civilization）是一个民族应付他的环境的总成绩。

第二，文化（Culture）是一种文明所形成的生活的方式。

第三，凡一种文明的造成，必有两个因子：一是物质的（Material），包括种种自然界的势力与质料；一是精神的（Spiritual），包括一个民族的聪明才智，感情和理想。凡文明都是人的心思智力运用自然界的质与力的作品；没有一种文明是精神的，也没有一种文明单是物质的。

我想这三个观念是不须详细说明的，是研究这个问题的人都可以承认的。一只瓦盆和一只铁铸的大蒸汽炉，一只舢板船和一只大汽船，一部单轮小车和一辆电力街车，都是人的智慧利用自然界的质力制造出来的文明。同有物质的基础，同有人类的心思才智。这里面只有个精粗巧拙的程度上的差异，却没有根本上的不同。蒸汽铁炉固然不必笑瓦盆的幼稚，单轮小车上的人也更不配自夸他的精神的文明，而轻视电车上人的物质的文明。

因为一切文明都少不了物质的表现，所以"物质的文明"（Material Civilization）一个名词不应该有什么讥贬的涵义。我们说一部摩托车是一种物质的文明，不过单指他的物质的形体；其实一部摩托车所代表的人类的心思智慧决不亚于一首诗所代表的心思智慧。所以"物质的文明"不是和"精神的文明"反对的一个贬词，我们可以不讨论。

我们现在要讨论的是：（1）什么叫做"唯物的文明"（Materialistic Civilization），（2）西洋现代文明是不是唯物的文明。

崇拜所谓东方精神文明的人说，西洋近代文明偏重物质上和肉体上的享受，而略视心灵上与精神上的要求，所以是唯物的文明。

我们先要指出这种议论含有灵肉冲突的成见，我们认为错误的成见。我们深信，精神的文明必须建筑在物质的基础之上。提高人类物质上的享受，增加人类物质上的便利与安逸，这都是朝着解放人类的能力的方向走，使人们不至于把精力心思全抛在仅仅生存之上，使他们可以有余力去满足他们的精神上的要求。东方的哲人曾说：

衣食足而后知荣辱，仓廪实而后知礼节。

这不是什么舶来的"经济史观"；这是平恕的常识。人世的大悲剧是无数的人们终身做血汗的生活，而不能得着最低限度的人生幸福，不能避免冻与饿。人世的更大悲剧是人类的先知先觉者眼看无数人们的冻饿，不能设法增进他们的幸福，却把"乐天""安命""知足""安贫"种种催眠药给他们吃，叫他们自己欺骗自己，安慰自己。西方古代有一则寓言说，狐狸想吃葡萄，葡萄太高了，他吃不着，只好说，"我本不爱吃这酸葡萄！"狐狸吃不着甜葡萄，只好说葡萄是酸的；人们享不着物质上的快乐，只好说物质上的享受是不足羡慕的，而贫贱是可以骄人的。这样自欺自慰成了懒惰的风气，又不足为奇了。于是有狂病的人又进一步，索性回过头去，戕贼身体，断臂，绝食，焚身，以求那幻想的精神的安慰。从自欺自慰以至于自残自杀，人生观变成了人死观，都是从一条路上来的：这条路就是轻蔑人类的基本的欲望。朝这条路上走，逆天而拂性，必至于养成懒惰的社会，多数人不肯努力以求人生基本欲望的满足，也就不肯进一步以求心灵上与精神上的发展了。

西洋近代文明的特色便是充分承认这个物质的享受的重要。西洋近代文明，依我的鄙见看来，是建筑在三个基本观念之上：

第一，人生的目的是求幸福。

第二，所以贫穷是一桩罪恶。

第三，所以衰病是一桩罪恶。

借用一句东方古话，这就是一种"利用厚生"的文明。因为贫穷是一桩罪恶，所以要开发富源，奖励生产，改良制造，扩张商业。因为衰病是一桩罪恶，所以要研究医药，提倡卫生，讲求体育，防止传染的疾病，改善人种的遗传。因为人生的目的是求幸福，所以要经营安适的起居，便利的交通，洁净的城市，优美的艺术，安全的社会，清明的政治。纵观西洋近代的一切工艺，科学，法制，固然其中也不少杀人的利器与侵略掠夺的制度，我们终不能不承认那利用厚生的基本精神。

这个利用厚生的文明，当真忽略了人类心灵上与精神上的要求吗？当真是一种唯物的文明吗？

我们可以大胆地宣言：西洋近代文明绝不轻视人类的精神上的要求。我们还可以大胆地进一步说：西洋近代文明能够满足人类心灵上的要求的程度，远非东洋旧文明所能梦见。在这一方面看来，西洋近代文明绝非唯物的，乃是理想主义的（Idealistic），乃是精神的（Spiritual）。

我们先从理智的方面说起。

西洋近代文明的精神方面的第一特色是科学。科学的根本精神在于求真理。人生世间，受环境的逼迫，受习惯的支配，受迷信与成见的拘束。只有真理可以使你自由，使你强有力，使你聪明圣智；只有真理可以使你打破你的环境里的一切束缚，使你戡天，使你缩地，使你天不怕，地不怕，堂堂地做一个人。

求知是人类天生的一种精神上的最大要求。东方的旧文明对于这个要求，不但不想满足他，并且常想裁制他，断绝他。所以东方古圣人劝人要"无知"，要"绝圣弃智"，要"断思惟"，要"不识不知，顺帝之则"。这是畏难，这是懒惰。这种文明，还能自夸可以满足心灵上的要求吗？

东方的懒惰圣人说："吾生也有涯，而知也无涯，以有涯逐无涯，殆已。"所以他们要人静坐澄心，不思不虑，而物来顺应。这是自欺欺人的诳语，这是人类的夸大狂。真理是深藏在事物之中的；你不去寻求探讨，他决不会露面。科学的文明教人训练我们的官能智慧，一点一滴地去寻求真理，一丝一毫不放过，一铢一两地积起来。这是求真理的唯一法门。自然（Nature）是一个最狡滑的妖魔，只有敲打逼拶可以逼她吐露真情。不思不虑的懒人只好永永作愚昧的人，永永走不进真理之门。

东方的懒人又说："真理是无穷尽的，人的求知的欲望如何能满足呢？"诚然，真理是发现不完的。但科学决不因此而退缩。科学家明知真理无穷，知识无穷，但他们仍然有他们的满足：进一寸有一寸的愉快，进一尺有一尺的满足。二千多年前，一个希腊哲人思索一个难题，想不出道理来；有一天，他跳进浴盆去洗澡，水涨起来，他忽然明白了，他高兴极了，赤裸裸地跑出门去，在街上乱嚷道，"我寻着了！我寻着了！"（Eureka！ Eureka！）这是科学家的满足。Newton，Pasteur 以至于 Edison 时时有这样的愉快。一点一滴都是进步，一步一步都可以踌躇满志。这种心灵上的快乐是东方的懒圣人所梦想不到的。

这里正是东西文化的一个根本不同之点。一边是自暴自弃的不思不虑，一边是继续不断的寻求真理。

朋友们，究竟是那一种文化能满足你们的心灵上的要求呢？

其次，我们且看看人类的情感与想像力上的要求。

文艺，美术，我们可以不谈，因为东方的人，凡是能睁开眼睛看世界的，至少还都能承认西洋人并不曾轻蔑了这两个重要的方面。

我们来谈谈道德与宗教罢。

近世文明在表面上还不曾和旧宗教脱离关系，所以近世文化还不曾明白建立他的新宗教与新道德。但我们研究历史的人不能不指出近世文明自有他的新宗教与新道德。科学的发达提高了人类的知识，使人们求知的方法更精密了，评判的能力也更进步了，所以旧宗教的迷信部分渐渐被淘汰到最低限度，渐渐地连那最低限度的信仰——上帝的存在与灵魂的不灭——也发生疑问了。所以这个新宗教的第一特色是他的理智化。近世文明仗着科学的武器，开辟了许多新世界，发现了无数新真理，征服了自然界的无数势力，叫电气赶车，叫"以太"送信，真个作出种种动地掀天的大事业来。人类的能力的发展使他渐渐增加对于自己的信仰心，渐渐把向来信天安命的心理变成信任人类自己的心理。所以这个新宗教的第二特色是他的人化。知识的发达不但抬高了人的能力，并且扩大了他的眼界，使他胸襟阔大，想像力高远，同情心浓挚。同时，物质享受的增加使人有余力可以顾到别人的需要与痛苦。扩大了的同情心加上扩大了的能力，遂产生了一个空前的社会化的新道德，所以这个新宗教的第三特色就是他的社会化的道德。

古代的人因为想求得感情上的安慰，不惜牺牲理智上的要求，专靠信心（Faith），不问证据，于是信鬼，信神，信上帝，信天堂，信净土，信地狱。近世科学便不能这样专靠信心了。科学并不菲薄感情上的安慰；科学只要求，一切信仰须要禁得起理智的评判，须要有充分的证据。凡没有充分证据的，只可存疑，不足信仰。赫胥黎（Huxley）说的最好：

> 如果我对于解剖学上或生理学上的一个小小困难，必须要严格的不信任一切没有充分证据的东西，方才可望有成绩，那么，我对于人生的奇秘的解决，难道就可以不用这样严格的条件吗？

这正是十分尊重我们的精神上的要求。我们买一亩田，卖三间屋，尚且要一张契据；关于人生的最高希望的根据，岂可没有证据就胡乱信仰吗？

这种"拿证据来！"的态度，可以称为近世宗教的"理智化"。

从前人类受自然的支配，不能探讨自然界的秘密，没有能力抵抗自然的残酷，所以对于自然常怀着畏惧之心。拜物，拜畜生，怕鬼，敬神，"小心翼翼，昭事上帝"，都是因为人类不信任自己的能力，不能不倚靠一种超自然的势力。现代的人便不同了。人的智力居然征服了自然界的无数质力，上可以飞行无碍，下可以潜行海底，远可以窥算星辰，近可以观察极微。这个两只手一个大脑的动物——人——已成了世界的主人翁，他不能不尊重自己了。一个少年的革命诗人曾这样的歌唱：

> 我独自奋斗，胜败我独自承当，
> 我用不着谁来放我自由，
> 我用不着什么耶稣基督
> 妄想他能替我赎罪替我死。
> I fight alone and, win or sink,
> I need no one to make me free,
> I want no Jesus Christ to think,

That he could ever die for me.

这是现代人化的宗教。信任天不如信任人，靠上帝不如靠自己。我们现在不妄想什么天堂天国了，我们要在这个世界上建造"人的乐国"。我们不妄想做不死的神仙了，我们要在这个世界上做个活泼健全的人。我们不妄想什么四禅定六神通了，我们要在这个世界上做个有聪明智慧可以战天缩地的人。我们也许不信仰上帝的万能了，我们却信仰科学的方法是万能的，人的将来是不可限量的。我们也许不信灵魂的不灭了，我们却信人格是神圣的，人权是神圣的。

这是近世宗教的"人化"。

但最重要的要算近世道德宗教的"社会化"。

古代的宗教大抵注重个人的拯救；古代的道德也大抵注重个人的修养。虽然也有自命普渡众生的宗教，虽然也有自命兼济天下的道德，然而终苦于无法下手，无力实行，只好仍旧回到个人的身心上用工夫，做那向内的修养。越向内做工夫，越看不见外面的现实世界；越在那不可捉摸的心性上玩把戏，越没有能力应付外面的实际问题。即如中国八百年的理学工夫居然看不见二万万妇女缠足的惨无人道！明心见性，何补于人道的苦痛困穷！坐禅主敬，不过造成许多"四体不勤，五谷不分"的废物！

近世文明不从宗教下手，而结果自成一个新宗教；不从道德入门，而结果自成一派新道德。十五十六世纪的欧洲国家简直都是几个海盗的国家，哥仑布（Columbus）、马汲伦（Magellan）、都芮克（Drake）一班探险家都只是一些大海盗。他们的目的只是寻求黄金，白银，香料，象牙，黑奴。然而这班海盗和海盗带来的商人开辟了无数新地，开拓了人的眼界，抬高了人的想像力，同时又增加了欧洲的富力。工业革命接着起来，生产的方法根本改变了，生产的能力更发达了。二三百年间，物质上的享受逐渐增加，人类的同情心也逐渐扩大。这种扩大的同情心便是新宗教新道德的基础。自己要争自由，同时便想到别人的自由，所以不但自由须以不侵犯他人的自由为界限，并且还进一步要要求绝大多数人的自由。自己要享受幸福，同时便想到人的幸福，所以乐利主义（Utilitarianism）的哲学家便提出"最大多数的最大幸福"的标准来做人类社会的目的。这都是"社会化"的趋势。

十八世纪的新宗教信条是自由，平等，博爱。十九世纪中叶以后的新宗教信条是社会主义。这是西洋近代的精神文明，这是东方民族不曾有过的精神文明。

固然东方也曾有主张博爱的宗教，也曾有公田均产的思想。但这些不过是纸上的文章，不曾实地变成社会生活的重要部分，不曾变成范围人生的势力，不曾在东方文化上发生多大的影响。在西方便不然了，"自由，平等，博爱"成了十八世纪的革命口号。美国的革命，法国的革命，一八四八年全欧洲的革命运动，一八六二年的南北美战争，都是在这三大主义的旗帜之下的大革命。美国的宪法，法国的宪法，以至于南美洲诸国的宪法，都是受了这三大主义的绝大影响的。旧阶级的打倒，专制政体的推翻，法律之下人人平等的观念的普遍，"信仰，思想，言论，出版"几大自由的保障的实行，普及教育的实施，妇女的解放，女权的运动，妇女参政的实现，……都是这个新宗教新道德的实际的表现。这不仅仅是三五个哲学家书本子里的空谈，这都是西洋近代社会政治制度的重要部分，这都已成了范围人生，影响实际生活的绝大势力。

十九世纪以来，个人主义的趋势的流弊渐渐暴白于世了，资本主义之下的苦痛也渐渐明瞭了。远识的人知道自由竞争的经济制度不能达到真正"自由，平等，博爱"的目的。向资本家手里要求公道的待遇，等于"与虎谋皮"。救济的方法只有两条大路：一是国家利用其权力，实行裁制资本家，保障被压迫的阶级；一是被压迫的阶级团结起来，直接抵抗资本阶级的压迫与掠夺。于是各种社会主义的理论与运动不断地发生。西洋近代文明本建筑在个人求幸福的基础之上，所以向来承认"财产"为神圣的人权之一。但十九世纪中叶以后，这个观念根本动摇了，有的人竟说"财产是贼赃"，有的人竟说"财产是掠夺"。现在私有财产制虽然还存在，然而国家可以征收极重的所得税和遗产税，财产久已不许完全私有了。劳动是向来受贱视的；但资本集中的制度使劳工有大组织的可能，社会主义的宣传与阶级的自觉又使劳工觉悟团结的必要，于是几十年之中有组织的劳动阶级遂成了社会上最有势力的分子。十年以来，工党领袖可以执掌世界强国的政权，同盟总罢工可以屈伏最有势力的政府，俄国的劳农阶级竟做了全国的专政阶级。这个社会主义的大运动现在还正在进行的时期。但他的成绩已很可观了。各国的"社会立法"（Social Legislation）的发达，工厂的视察，工厂卫生的改良，儿童工作与妇女工作的救济，红利分配制度的推行，缩短工作时间的实行，工人的保险，合作制之推行，最低工资（Minimum Wage）的运动，失业的救济，级进制的（Progressive）所得税与遗产税的实行，……这都是这个大运动已经做到的成绩。这也不仅仅是纸上的文章，这也都已成了近代文明的重要部分。

这是"社会化"的新宗教与新道德。

东方的旧脑筋也许要说："这是争权夺利，算不得宗教与道德。"这里又正是东西文化的一个根本不同之点。一边是安分，安命，安贫，乐天，不争，认吃亏；一边是不安分，不安贫，不肯吃亏，努力奋斗，继续改善现成的境地。东方人见人富贵，说他是"前世修来的"；自己贫，也说是"前世不曾修"，说是"命该如此"。西方人便不然；他说，"贫富的不平等，痛苦的待遇，都是制度的不良的结果，制度是可以改良的。"他们不是争权夺利，他们是争自由，争平等，争公道；他们争的不仅仅是个人的私利，他们奋斗的结果是人类绝大多数人的福利。最大多数人的最大幸福，不是袖手念佛号可以得来的，是必须奋斗力争的。

朋友们，究竟是那一种文化能满足你们的心灵上的要求呢？

*　　　*　　　*　　　*

我们现在可综合评判西洋近代的文明了。这一系的文明建筑在"求人生幸福"的基础之上，确然替人类增进了不少的物质上的享受；然而他也确然很能满足人类的精神上的要求。他在理智的方面，用精密的方法，继续不断地寻求真理，探索自然界无穷的秘密。他在宗教道德的方面，推翻了迷信的宗教，建立合理的信仰；打倒了神权，建立人化的宗教；抛弃了那不可知的天堂净土，努力建设"人的乐国""人世的大堂"；去卅了那自称的个人灵魂的超拔，尽量用人的新想像力和新智力去推行那充分社会化了的新宗教与新道德，努力谋人类最大多数的最大幸福。

东方的文明的最大特色是知足。西洋的近代文明的最大特色是不知足。

知足的东方人自安于简陋的生活，故不求物质享受的提高；自安于愚昧，自安于"不识不知"，故不注意真理的发见与技艺器械的发明；自安于现成的环境与命运，故不想征服自然，只求乐天安命，不想改革制度，只图安分守己，不想革命，只做顺民。

这样受物质环境的拘束与支配，不能跳出来，不能运用人的心思智力来改造环境改良现状的文明，是懒惰不长进的民族的文明，是真正唯物的文明。这种文明只可以遏抑而决不能满足人类精神上的要求。

西方人大不然。他们说"不知足是神圣的"（Divine Discontent）。物质上的不知足产生了今日钢铁世界，汽机世界，电力世界。理智上的不知足产生了今日的科学世界。社会政治制度上的不知足产生了今日的民权世界，自由政体，男女平权的社会，劳工神圣的喊声，社会主义的运动。神圣的不知足是一切革新一切进化的动力。

这样充分运用人的聪明智慧来寻求真理以解放人的心灵，来制服天行以供人用，来改造物质的环境，来改革社会政治的制度，来谋人类最大多数的最大幸福，——这样的文明应该能满足人类精神上的要求；这样的文明是精神的文明，是真正理想主义的（Idealistic）文明，决不是唯物的文明。

固然，真理是无穷的，物质上的享受是无穷的，新器械的发明是无穷的，社会制度的改善是无穷的。但格一物有一物的愉快，革新一器有一器的满足，改良一种制度有一种制度的满意。今日不能成功的，明日明年可以成功；前人失败的，后人可以继续助成。尽一分力便有一分的满意；无穷的进境上，步步都可以给努力的人充分的愉快。所以大诗人邓内孙（Tennyson）借古英雄 Ulysses 的口气歌唱道：

> 然而人的阅历就像一座穹门，
> 从那里露出那不曾走过的世界，
> 越走越远，永永望不到他的尽头。
> 半路上不干了，多么沉闷呵！
> 明晃晃的快刀为什么甘心上锈！
> 难道留得一口气就算得生活了？
> ……
> 朋友，来罢！
> 去寻一个更新的世界是不会太晚的。
> ……
> 用掉的精力固然不回来了，剩下的还不少呢。
> 现在虽然不是从前那样掀天动地的身手了，
> 然而我们毕竟还是我们，——
> 光阴与命运颓唐了几分壮志！
> 终止不住那不老的雄心，
> 去努力，去探寻，去发见，
> 永不退让，不屈伏。

一九二六，六，六
（1926 年 6 月 6 日）

试评所谓"中国本位的文化建设"

新年里，萨孟武、何炳松先生等十位教授发表的一个《中国本位的文化建设宣言》，在这两三个月里，很引起了国内人士的注意。我细读这篇宣言，颇感觉失望，现在把我的一点愚见写出来，请萨、何诸先生指教，并请国内留意这问题的朋友们指教。

十教授在他们的宣言里，曾表示他们不满意于"洋务"、"维新"时期的"中学为体，西学为用"的见解。这是很可惊异的！因为他们的"中国本位的文化建设"正是"中学为体，西学为用"的最新式的化装出现。说话是全变了，精神还是那位《劝学篇》的作者的精神。"根据中国本位"，不正是"中学为体"吗？"采取批评态度，吸收其所当吸收"，不正是"西学为用"吗？

我们在今日必须明白"维新"时代的领袖人物也不完全是盲目的抄袭，他们也正是要一种"中国本位的文化建设"。他们很不迟疑的"检讨过去"，指出八股，小脚，鸦片等等为"可诅咒的不良制度"；同时他们也指出孔教，三纲，五常等等为"可赞美的良好制度，伟大思想"。他们苦心苦口的提倡"维新"，也正如萨、何诸先生们的理想，要"存其所当存，去其所当去"。

他们的失败是萨、何诸先生们在今日所应该引为鉴戒的。他们的失败只是因为他们的主张里含的保守的成分多过于破坏的成分，只是因为他们太舍不得那个他们心所欲而口所不能言的"中国本位"。他们舍不得那个"中国本位"，所以他们的维新政纲到后来失败了。到了辛亥革命成功之后，帝制推翻了，当年维新家所梦想的改革自然在那大变动的潮流里成功了。辛亥的革命是戊戌维新家所不敢要求的，因为推翻帝制，建立民主，岂不要毁了那个"中国本位"了吗？然而在辛亥大革命之后，"中国本位"依然存在，于是不久大家又都安之若固有之了！

辛亥以来，二十多年了，中国经过五四时代的大震动，又经过民国十五六年国共合作的国民革命的大震动。每一次大震动，老成持重的人们，都疾首蹙额，悲叹那个"中国本位"有陨灭的危险。尤其是民十五六的革命，其中含有世界最激烈的社会革命思潮，所以社会政治制度受的震撼也最厉害。那激烈震荡在一刹那间过去了，虽然到处留下了不可磨灭的创痕，始终没有打破那个"中国本位"。然而老成持重的人们却至今日还不曾搁下他们悲天悯人的远虑。何键、陈济棠、戴传贤诸公的复古心肠当然是要维持那个"中国本位"，萨孟武、何炳松诸公的文化建设宣言也只是要护持那个"中国本位"。何键、陈济棠诸公也不是盲目的全盘复古：他们购买飞机枪炮，当然也会挑选一九三五的最新模特儿；不过他们要用二千五百年前的圣经贤传来教人做人罢了。这种精神，也正是萨、何十教授所提倡的"存其所当存，吸收其所当吸收"。

我们不能不指出，十教授口口声声舍不得那个"中国本位"，他们笔下尽管宣言"不守旧"，其实还是他们的保守心理在那里作怪。他们的宣言也正是今日一般反动空气的一种最时髦的表现。时髦的人当然不肯老老实实的主张复古，所以他们的保守心理都托庇于折衷调和的烟幕弹之下。对于固有文化，他们主张"去其渣滓，存其精英"；对于世界新文化，他们主张"取长舍短，择善而从"：这都是最时髦的折衷论调。陈济棠、何键诸公又何尝不可以全盘采用十教授的宣言来做他们的烟幕弹？他们并不主张八股小脚，他们也不反对工业建设，所以他们的新政建设也正是"取长舍短，择善而从"；而他们的读经祀孔也正可以挂起"去其渣滓，存其精英"的金字招牌！十教授的宣言，无一句不可以用来替何键、陈济棠诸公作有力的辩护的。何也？何、陈诸公的中心理论也正是要应付"中国此时此地的需要"，建立一个中国本位的文化。

萨、何十教授的根本错误在于不认识文化变动的性质。文化变动有这些最普遍的现象：第一，文化本身是保守的。凡一种文化既成为一个民族的文化，自然有他的绝大保守性，对内能抵抗新奇风气的起来，对外能抵抗新奇方式的侵入。这是一切文化所公有的惰性，是不用人力去培养保护的。

第二，凡两种不同文化接触时，比较观摩的力量可以摧陷某种文化的某方面的保守性与抵抗力的一部分。其被摧陷的多少，其抵抗力的强弱，都和那一个方面的自身适用价值成比例：最不适用的，抵抗力最弱，被淘汰也最快，被摧陷的成分也最多。如钟表的替代铜壶滴漏，如枪炮的替代弓箭刀矛，是最明显的例。如泰西历法之替代中国与回回历法，是经过一个时期的抵抗争斗而终于实现的。如饮食衣服，在材料方面虽不无变化，而基本方式则因本国所有也可以适用，所以至今没有重大的变化：吃饭的，决不能都改吃"番菜"，用筷子的，决不能全改用刀叉。

第三，在这个优胜劣败的文化变动的历程之中，没有一种完全可靠的标准可以用来指导整个文化的各方面的选择去取。十教授所梦想的"科学方法"，在这种巨大的文化变动上，完全无所施其技。至多不过是某一部分的主观成见而美其名为"科学方法"而已。例如妇女放脚剪发，大家在今日应该公认为合理的事。但我们不能滥用权力，武断的提出标准来说：妇女解放，只许到放脚剪发为止，更不得烫发，不得短袖，不得穿丝袜，不得跳舞，不得涂脂抹粉。政府当然可以用税则禁止外国奢侈品和化妆品的大量输入，但政府无论如何圣明，终是不配做文化的裁判官的，因为文化的淘汰选择是没有"科学方法"能做标准的。

第四，文化各方面的激烈变动，终有一个大限度，就是终不能根本扫灭那固有文化的根本保守性。这就是古今来无数老成持重的人们所恐怕要陨灭的"本国本位"。这个本国本位就是在某种固有环境与历史之下所造成的生活习惯；简单说来，就是那无数无数的人民。那才是文化的"本位"。那个本位是没有毁灭的危险的。物质生活无论如何骤变，思想学术无论如何改观，政治制度无论如何翻造，日本人还只是日本人，中国人还只是中国人。试看今日的中国女子，脚是放了，发是剪了，体格充分发育了，曲线美显露了，但她无论如何摩登化，总还是一个中国女人，和世界任何国的女人都绝不相同。一个澈底摩登化的都市女人尚且如此，何况那无数无数仅仅感受文化变动的些微震荡的整个民族呢？所以"中国本位"，是不必劳十教授们的焦虑的。戊戌的维新，辛亥的革命，五四时期的潮流，民十五六的革命，都不曾动摇那个攀不倒的中国本位。在今日有先见远识的领袖们，不应该焦虑那个中国本位的动摇，而应该焦虑那固有文化的惰性之太大。今日的大患并不在十教授们所痛心的"中国政治的形态，社会的组织，和思想的内容与形式，已经失去它的特征"。我们的观察，恰恰和他们相反。中国今日最可令人焦虑的，是政治的形态，社会的组织，和思想的内容与形式，处处都保持中国旧有种种罪孽的特征，太多了，太深了，所以无论什么良法美意，到了中国都成了逾淮之橘，失去了原有的良法美意。政治的形态，从娘子关到五羊城，从东海之滨到峨嵋山脚，何处不是中国旧有的把戏？社会的组织，从破败的农村，到簇新的政党组织，何处不具有"中国的特征"？思想的内容与形式，从读经祀孔，国术国医，到满街的性史，满墙的春药，满纸的洋八股，何处不是"中国的特征"？

我的愚见是这样的：中国的旧文化的惰性实在大的可怕，我们正可以不必替"中国本位"担忧。我们肯往前看的人们，应该虚心接受这个科学工艺的世界文化和它背后的精神文明，让那个世界文化充分和我们的老文化自由接触，自由切磋琢磨，借它的朝气锐气来打掉一点我们的老文化的惰性和暮气。将来文化大变动的结晶品，当然是一个中国本位的文化，那是毫无可疑的。如果我们的老文化里真有无价之宝，禁得起外来势力的洗涤冲击的，那一部分不可磨灭的文化将来自然会因这一番科学文化的淘洗而格外发辉光大的。

总之，在这个我们还只仅仅接受了这个世界文化的一点皮毛的时候，侈谈"创造"固是大言不惭，而妄谈折衷也是适足为顽固势力添一种时髦的烟幕弹。

二十四，三，三十

（1935 年 3 月 30 日）

充分世界化与全盘西化

二十年前，美国《展望周报》(*The Outlook*)总编辑阿博特(Lyman Abbott)发表了一部自传，其第一篇里记他的父亲的谈话，说："自古以来，凡哲学上和神学上的争论，十分之九都只是名词上的争论。"阿博特在这句话的后面加上一句评论，他说："我父亲的话是不错的。但我年纪越大，越感觉到他老人家的算术还有点小错。其实剩下的那十分之一，也还只是名词上的争论。"

这几个月里，我读了各地杂志报章上讨论"中国本位文化"、"全盘西化"的争论，我常常想起阿博特父子的议论。因此我又联想到五六年前我最初讨论这个文化问题时，因为用字不小心，引起的一点批评。那一年（一九二九）《中国基督教年鉴》(*Christian Year-book*)请我做一篇文字，我的题目是《中国今日的文化冲突》，我指出中国人对于这个问题，曾有三派的主张：一是抵抗西洋文化，二是选择折衷，三是充分西化。我说，抗拒西化在今日已成过去，没有人主张了。但所谓"选择折衷"的议论，看去非常有理，其实骨子里只是一种变相的保守论。所以我主张全盘的西化，一心一意的走上世界化的路。

那部年鉴出版后，潘光旦先生在《中国评论周报》里写了一篇英文书评，差不多全文是讨论我那篇短文的。他指出我在那短文里用了两个意义不全同的字，一个是 Wholesale westernization，可译为"全盘西化"；一个是 Wholehearted modernization，可译为"一心一意的现代化"，或"全力的现代化"，或"充分的现代化"。潘先生说，他可以完全赞成后面那个字，而不能接受前面那个字。这就是说，他可以赞成"全力现代化"，而不能赞成"全盘西化"。

陈序经、吴景超诸位先生大概不曾注意到我们在五六年前的英文讨论。"全盘西化"一个口号所以受了不少的批评，引起了不少的辩论，恐怕还是因为这个名词的确不免有一点语病。这点语病是因为严格说来，"全盘"含有百分之一百的意义，而百分之九十九还算不得"全盘"。其实陈序经先生的原意并不是这样，至少我可以说我自己的原意并不是这样。我赞成"全盘西化"，原意只是因为这个口号最近于我十几年来"充分"世界化的主张；我一时忘了潘光旦先生在几年前指出我用字的疏忽，所以我不曾特别声明"全盘"的意义不过是"充分"而已，不应该拘泥作百分之百的数量的解释。

所以我现在很诚恳的向各位文化讨论者提议：为免除许多无谓的文字上或名词上的争论起见，与其说"全盘西化"，不如说"充分世界化"。"充分"在数量上即是"尽量"的意思，在精神上即是"用全力"的意思。

我的提议的理由是这样的：

第一，避免了"全盘"字样，可以免除一切琐碎的争论。例如我此刻穿着长袍，踏着中国缎鞋子，用的是钢笔，写的是中国字，谈的是"西化"，究竟我有"全盘西化"的百分之几，本来可以不生问题。这里面本来没有"折衷调和"的存心，只不过是为了应用上的便利而已。我自信我的长袍和缎鞋和中国字，并没有违反我主张"充分世界化"的原则。我看了近日各位朋友的讨论，颇有太琐碎的争论，如

"见女人脱帽子"，是否"见男人也应该脱帽子"；如我们"能吃番菜"，是不是我们的饮食也应该全盘西化；这些事我看都不应该成问题。人与人交际，应该"充分"学点礼貌；饮食起居，应该"充分"注意卫生与滋养：这就够了。

　　第二，避免了"全盘"的字样，可以容易得着同情的赞助。例如陈序经先生说："吴景超先生既能承认了西方文化丨二分之丨以上，那么吴先生之所异于全盘西化论者，恐怕是厘毫之间罢。"我却以为，与其希望别人牺牲那"毫厘之间"来牵就我们的"全盘"，不如我们自己抛弃那文字上的"全盘"来包罗一切在精神上或原则上赞成"充分西化"或"根本西化"的人们。依我看来，在"充分世界化"的原则之下，吴景超，潘光旦，张佛泉，梁实秋，沈昌晔……诸先生当然都是我们的同志，而不是论敌了。就是那发表《总答复》的十教授，他们既然提出了"充实人民的生活，发展国民的生计，争取民族的生存"的三个标准，而这三件事又恰恰都是必须充分采用世界文化的最新工具和方法的，那么，我们在这三点上边可以欢迎《总答复》以后的十教授做我们的同志了。

　　第三，我们不能不承认，数量上的严格"全盘西化"是不容易成立的。文化只是人民生活的方式，处处都不能不受人民的经济状况和历史习惯的限制，这就是我从前说过的文化惰性。你尽管相信"西菜较合卫生"，但事实上决不能期望人人都吃西菜，都改用刀叉。况且西洋文化确有不少的历史因袭的成分，我们不但理智上不愿采取，事实上也决不会全盘采取。你尽管说基督教比我们的道教佛教高明的多多，但事实上基督教有一两百个宗派，他们自己就互相诋毁，我们要的是那一派？若说，"我们不妨采取其宗教的精神"，那也就不是"全盘"了。这些问题，说"全盘西化"则都成争论的问题，说"充分世界化"则都可以不成问题了。

　　鄙见如此，不知各位文化讨论者以为如何？

二十四，六，二十二

（1935 年 6 月 22 日）

眼前世界文化的趋向

今天我要讲的题目，发表出来的是《眼前文化的趋向》，后来我想了想恐怕要把题目修改几个字，这题目叫做"眼前世界文化的趋向"，"眼前世界文化的趋向"，有他的自然的趋向，也有他理想的方向，依着自然趋向，世界文化，在我们看起来，渐渐朝混合统一的方向，但是这统一混合自然的趋向当中，也可以看出共同理想的目标，现在我先谈谈自然的统一趋向：

自从轮船与火车出来之后，世界上的距离一天天缩短，地球一天天缩小，人类一天天接近，七十年前，有一部小说叫做《八十天环游全世界》，这还是一种理想。诸位还记得，今年六月里，十九位美国报界领袖，坐了一只新造飞机，六月十七日从纽约起飞，绕了全球一周，六月三十日飞回纽约，在路共计十三天，飞了两万一千四百二十四英里，而在飞行的时间不过一百点钟，等于四天零几点钟，更重要的，是传播消息，传播新闻，传播语言文字传统思想工具。电报的发明是第一步，海底电线的成功是第二步，电话的发明是第三步，无线电报与无线电话的成功是第四步。

有了无线电报无线电话高山也挡不住消息，大海也隔不断新闻，战争炮火也截不断消息的流通。我们从前看过《封神榜》小说，诸位总是记得"千里眼、顺风耳"的故事。现在北平可以和南京通电话，上海可以同纽约通电话。人同人可以隔着太平洋谈话谈天，可以和六大洲通电报，人类的交通已远超过小说里面的"千里眼，顺风耳"的神话世界了！人类进步到了这个地步，文化的接触，文化的交换，文化的打通混合，就更有机会了。就更有可能了。

所以我们说，一百四十年的轮船，一百二十年的火车，一百年的电报，五十年的汽车，四十年的飞机，三十年的无线电报，——这些重要的交通工具，在区区一百年之内，把地面更缩小了，把种种自然的阻隔物都打破了，使各地的货物可以流通，使东西南北的人可以往来交通。使各色各样的风俗习惯，信仰思想，都可以彼此接触，彼此了解，彼此交换。这一百多年，民族交通，文化交流的结果，已经渐渐的造成了一种混同的世界文化。

以我们中国来说，无论在都市，在乡村，都免不了这个世界文化的影响。电灯，电话，自来水，公路上的汽车，铁路上的火车，电报，无线电广播，电影，空中飞来飞去的飞机，这都是世界文化的一部分。不用说了，纸烟卷里的烟草，机器织的布，机器织的毛巾，记算时间的钟表，也都是世界文化的一部分。甚至于我们人人家里自己园地的大豆，老玉米，也都是世界文化的一部分。大豆是中国的土产，现在已成为世界上最有用的一种植物了。老玉米是美洲的土产，在四五百年当中，传遍了全世界，久已成为全世界公用品，很少人知道他是从北美来的。

反过来看，在世界别的角落里，在欧洲美洲的都市与乡村里，我们也可以随地看见许多中国的东西变成了世界文化的一部分，中国的磁器，中国的铜器，中国画，中国雕刻，中国刻丝，中国刺绣，是随地可以看见的，人人喝的茶叶是中国去的，橘子、菊花是中国去的，桐油是全世界工业必不可少的，中国春天最早开的迎春花，现在已成为了西方都市与乡村最常见的花了，西方女人最喜欢的白茶花，栀子花，都是中国去的，西方家园里，公园里，我们常看见的藤萝花，芍药花，丁香花，玉兰花，也都是中国去的。

文化的交流，文化的交通，都是自由挑选的，这里面有一个大原则，就是"以其所有，易其所无，交易而退，各得其所"。释成白话是"我要什么，我挑什么来，他要什么，他挑什么去"。老玉米现在传遍世界，难道是洋枪大炮逼我们种的么。桐油，茶叶，传遍了世界，也不是洋枪大炮来抢去的，小的小到一朵花一个豆，大的大到经济政治学术思想都逃不了这个文化自由选择、自由流通的大趋向。三四百年的世界交通，使各色各样的文化有个互相接近的机会，互相接近了，才可以互相认识，互相了解，才可以自由挑选，自由采用。

今日的世界文化就是这样自然的形成，这是我说的第一句话。

我要说的第二句话是"眼前的世界文化"，在刚才说过的自由挑选的自然趋向之下，还可以看出几个共同的大趋向，有几个共同的理想目标。这几个理想的目标是世界上许多圣人提倡的，鼓吹的。几个改造世界的大方向，经过了几百年的努力，几百年的宣传，现在差不多成了文明国家共同努力的目标了。到现在是有那些世界文化共同的理想目标呢，总括起来共有三个：

第一，用科学的成绩解除人类的痛苦，增进人生的幸福。

第二，用社会化的经济制度来提高人类的生活，提高人类生活的程度。

第三，用民主的政治制度来解放人类的思想，发展人类的才能，造成自由的独立的人格。

先说第一个理想：用科学的成果来增进人生的幸福减除人生的痛苦。

这个世界文化的最重要成分是三四百年的科学成绩。有些悲观的人，看了两次世界大战，尤其是看了最近几年的第二次世界大战，他们常常说，科学是杀人的利器，是毁灭世界文化的大魔王。他们看了两个原子弹毁灭了日本两个大城市，杀了几十万人，他们就想像将来的世界大战一定要把整个世界文明都毁灭完了，所以他们害怕科学，咒骂科学。这种议论是错误的。在一个大战争的时期，为了国家的生存，为了保存人类文明，为了缩短战争，科学不能不尽他的最大努力，发明有力量的武器，如第二次大战争里双方发明的种种可怕武器。但这种战时工作，不是科学的经常工作，更不是科学的本意，科学的正常使命是充分运用人的聪明才智来求真理，求自然界的定律，要使人类能够利用这种真理这种定律来管理自然界种种事物力量，譬如叫电气给我们赶车，叫电波给我们送信，这才是科学的本分，这才是利用科学的成果来增进人生的幸福。

这几百年来的科学成绩，却是朝着这个方向做去的，无数聪明才智的人，抱着求真理的大决心，终身埋头在科学实验室里，一点一滴的研究，一步一步的进步，几百年继续不断的努力，发明了无数新事实，新理论，新定律，造成了人类历史上空前的一个科学新世界。在这个新世界里，人类的病痛减少了，人类的传染病在文明国家里差不多没有了，平均寿命延长了几十年。科学的成果应用到工业技术上造出了种种替代人工的机器，使人们可以减轻工作的劳力，增加工作的效能，使人们可以享受无数机械的奴隶伏侍。总而有之，科学文明的结果使人类痛苦减除，寿命延长，增加生产，提高生活。

因为科学可以减除人类的痛苦，提高人生的幸福，所以现代世界文化的第一个理想目标是充分发展科学，充分利用科学，充分利用科学的成果来改善人们的生活。近世科学虽然是欧洲产生的，但在最近三十年中，科学的领导地位，已经渐渐地从欧洲转到美国了。科学是没有国界的，科学是世界公有的，只要有人努力，总可以有成绩，所以新起来的国家如日本，如苏联，如印度，如中国，有一分的努力就可以有一分的科学成绩，我希望我们在世界文化上有这种成分。其次谈到第二个理想标准，用社会化的经济制度来提高生活程度。

我特别用"社会化的经济制度"一个名词，因为我要避掉"社会主义"一类的名词。"社会化的经济制度"就是要顾到社会大多数人民的利益的经济制度。最近几十年的世界历史有一个很明显的方向，就是无论在社会主义的国家，或在资本主义的国家，财产权已经不是私人的一种神圣不可侵犯的人权了，社会大多数人的利益是一切经济制度的基本条件。美国英国号称资本主义的国家，但他们都有级进的所得税和遗产税。前四年的英国所得税，每年收入在一万镑的人，要抽百分之八十，而每年收入在二百五十镑以下的人，只抽百分之三的所得税。同年美国所得税率，单身人（没有结婚的）每年收入一千元的，只抽一百零七元；每年收入一百万元的，要抽八十九万九千五百元，等于百分之九十的所得税。这样的经济制度，一方面并不废除私有财产和自由企业，一方面节制资本。征收级进的所得税，供给全国的用度，同时还可以缩短贫富的距离。这样的经济制度可以称为"社会化的"。此外，如保障劳工组织，规定最低工资，限制工作时间，用国家收入来救济失业者，这都是"社会化"的立法。英国民族在各地建立的自治新国家，如澳洲，如纽西兰，近年来都是工党当国，都倾向于社会主义的经济立法。英国本身最近在工党执政之下，也是更明显的推行经济制的社会化。美国在罗斯福总统的十三年的"新法"政治之下，也推行了许多"社会化"的经济政策。至于北欧西欧的许多民主国家，如瑞典，丹麦，挪威，都是很早就在实行各种社会化的立法的国家。

这种很明显的经济制度的社会化，是世界文化的第二个共同的理想目标。我们中国本来有"不患贫而患不均"的传统思想，我们更应该朝这个方面多多的努力，才可以在经济世界文化上占一个地位。

最后，世界文化还有第三个共同的理想目标，就是民主的政治制度。

有些人听了我这句话，也许要笑我说错了，他们说最近三十年来，民主政治已不时髦了，时髦的政治制度是一个代表劳农阶级的少数党专政，铲除一切反对党，用强力来统治大多数的人民。个人的自由是资本主义的遗产，是用不着的。阶级应该有自由，个人应该牺牲自由，以谋阶级的自由。这一派的理论在眼前的世界里，代表一个很有力的人集团。而胡适之偏要说民主政治是文化的一个共同的理想目标，这不是大错了吗？

我不承认这种批评是对的。我是学历史的人，从历史上来看世界文化的趋向，那民主自由的趋向是三四百年来的一个最大目标，一个最明白的方向。最近三十年的反自由、反民主的集体专制的潮流，在我个人看来，不过是一个小小的波折，一个小小的逆流。我们可以不必因为中间起了这一个三十年的逆流，就抹煞那三百年的民主自由大潮流，大方向。

俄国的大革命，在经济方面要争取劳农大众的利益，那是我们同情的。可是阶级斗争的方法，造成了一种不容忍、反自由的政治制度，我认为那是历史上的一件大不幸的事。这种反自由、不民主的政治制度是不好的，所以必须依靠暴力强力来维持他，结果是三十年很残忍的压迫与消灭反对党，终于从一党的专制走上一个人的专制。三十年的苦斗，人民所得到的经济利益，还远不如民主国家从自由企业与社会立法得来的经济利益那末多。这是很惋惜的。

我们纵观这三十年的世界历史，只看见那些模仿这种反自由、不容忍的专制制度一个一个的都被打倒了，都毁灭了。今日的世界，无论是在老文明的欧洲，或是在新起的亚洲，都还是朝着争民主、争自由的大方向走。印度的独立，中国的结束一党训政，都是明显的例子。

所以我毫不迟疑的说：世界文化的第三个理想目标是争取民主，争取更多更合理的民主。

有些人看见现在世界上有两个大集团的对立，"两个世界"的明朗化，就以为第三次世界大战祸不久即将来临了。将来胜败不知如何，我们不要押错了宝，将来后悔无及！

这是很可怜的败北主义！所谓"两个世界"的对垒，其实不过是那个反自由不容忍的专制集团，自己害怕自己气馁的表现。这个集团至今不敢和世界上别的国家自由交通，这就是害怕的铁证！这就是气馁。我们认清了世界文化的方向，尽可以不必担忧，尽可以放大胆子，放开脚步，努力建立我们自己的民主自由的政治制度。我们要解放我们自己，我们要自由，我们要造成自由独立的国民人格，只有民主的政治可以满足我们的要求。

（1947 年 8 月 1 日在北平广播电台所作的广播词，载于 1947 年 8 月 3 日《华北日报》）

中国哲学里的科学
精神与方法

一

前两次的东西哲学会议上都有人提出过这样的问题：东方从前究竟有没有科学呢？东方为什么科学很不发达，或者完全没有科学呢？

对于第一个问题，有些答案似乎确然是说没有。薛尔顿教授（Prof. W. H. Sheldon）说："西方产生了自然科学，东方没有产生。"诺斯洛浦（Prof. Filmer S. C. Northrop）也说："（东方）很少有超过最浅近最初步的自然史式的知识的科学。"

对于第二个问题，东方为什么科学不发达，或者完全没有科学，答案很不一致。最有挑战性刺激性的答案是诺斯洛浦教授提出来的。他说："一个文化如果只容纳由直觉得来的概念，就天然被阻止发展高过那个最初步的、归纳法的、自然史阶段的西方式的科学。"依照诺斯洛浦的定义说，由直觉得来的概念只"表示可以当下了解的事物，所含的意思全是由这种可以当下了解的事物得来的。"诺斯洛浦的理论是：

> 一个文化如果只应用由直觉得来的概念，就用不着形式推理和演绎科学。假如科学和哲学所要指示的只是当下可以了解的事物，那么，很明白，人只要观察、默想，就可认识这种事物了。直觉的和默想的方法也就是惟一靠得住的方法了。这正是东方人的见解，也正是他们的科学很久不能超过初步自然史阶段的原因，——由直觉得来的概念把人限制在那个阶段里了。

这个理论又有这样扼要的一句话："东方人用的学说是根据由直觉得来的概念造成的，西方人用的学说是根据由假设得来的概念造成的。"

我不想细说这个诺斯洛浦理论，因为我们这些二十来年时时注意这位哲学家朋友的人对于他的理论一定都知道得很清楚。

我只想指出，就东方的知识史来看，这个东西二分的理论是没有历史根据的，是不真实的。

第一，并没有一个种族或文化"只容纳由直觉得来的概念"。老实说，也并没有一个个人"只容纳直觉得来的概念"。人是一种天生会思想的动物，每天都有实际需要逼迫他做推理的工作，不论做得好做得不好。人也总会懂得把推理做得更好些，更准确些。有一句话说得很不错：推理是人时时刻刻逃不开的事。为了推理，人必须充分使用他的理解能力，观察能力，想像能力，综合与假设能力，归纳与演绎能力。这样，人才有了常识，有了累积起来的经验知识，有了智慧，有了文明和文化。这样，东方人和西方人，在几个延续不绝的知识文化传统的中心，经历很长的时间，才发展出来科学、宗教、哲学。我再说一遍，没有一个文化"只容纳（所谓）由直觉得来的概念"，也没有一个文化天然"被阻止发展西方式的科学"。

第二，我想指出，为着尝试了解东方和西方，所需要的是一种历史的看法（a historical approach），一种历史的态度，不是一套"比较哲学上的专门名词"。诺斯洛浦先生举的"由假设得来的概念"有这些项：半人半兽，《第四福音》的开头一句，天父的概念，圣保罗、圣奥古斯丁、圣阿奎那斯的基督教，还有德谟克利特的原子，波尔（Bohr）和卢斯福（Ruthorford）的古典物理学上的原子模型，爱因斯坦物理学上的时空连续。然而，我们在印度和中国的神话宗教著作里当然能够找到一千种想像的概念，足可以与希腊的半人半兽相比。我们又当然能够举出几十种印度和中国的宗教观念，足可以与《第四福音》的开头一句相比。所以这一套"两分法"的名词，这一套专用来渲染历史上本来不存在的一个东西方的分别的名词，难道我们还不应当要求停止使用吗？

因此，我现在很想解释一下我所说的比较哲学上用的历史的看法是什么。简单地说，历史的看法只是认为东方人和西方人的知识、哲学、宗教活动上一切过去的差别都只是历史造成的差别，是地理、气候、经济、社会、政治，乃至个人经历等等因素所产生，所决定，所塑造雕琢成的；这种种因素，又都是可根据历史，用理性，用智慧，去研究，去了解的。用这个历史的看法，我们可以做出耐心而有收获的种种研究、探索，可以不断寻求理解，绝不只是笑，只是哭，或只是失望。用这个历史的看法，我们可以发现，东西两方的哲学到底还是相似多于相异；也许可以发现，不论有多少明显的差别存在，都不过是种种历史的因素特别凑合所造成的重点的程度上的差别。用这个历史的看法，也许我们更容易了解我们所谓"西方式的科学"的兴起和迅速发达，更容易了解这绝不是什么优等民族的一个独立的，并且是独占的创造，而是许多历史因素一次非常幸运的凑合的自然结果。凭着一种耐心的历史探索，也许我们更容易了解，无论哪一种历史因素，或是种种因素的凑合，都不会"天然地阻止"一个种族或文化——或者使一个种族或文化永远失去了那种能力——学习、吸收、发展，甚至于超过另一民族在种种历史条件之下开创发扬起来的那些知识活动。

说一个文化"天然被阻止发展西方式的科学"，是没有根据的悲观失望。但是尽力弄清楚有些什么因素使欧洲得到了至少四百年来领导全世界发展近代科学的光荣，在另一方面又有些什么因素，或者是些什么因素怎样凑合起来，对于有史以来多少个种族或文化（连中世纪的"希腊罗马基督教"文化也不例外）在科学发展上遭受的阻碍以至于毁坏，要负很大的责任，——这在我们这个很有学问的哲学家与哲学史家的会议中，也是一件值得做的事业，一种应当有的抱负。

二

我预备这篇论文，用了一个不很谦虚的题目：《中国哲学里的科学精神与方法》，也是想要显示一点比较哲学上用的历史的看法。

我有意不提中国哲学的科学内容，不但是为了那份内容与近四百年西方科学的成就不能相比，——这是一个很明白的理由——而且正因为我的见解是：在科学发达史上，科学的精神或态度与科学的方法，比天文家、历法改革家、炼金术士、园艺家在实用上或经验上的什么成就都更有基本的重要性。

前哈佛大学校长康南特博士（Dr. James B. Conant），本身够一个第一流的科学家，在他的演讲集《懂得科学》（*On Understanding Science*）里，把这个见解表达得很有力量。因此我要引他说的话：

16、17世纪那些给精确而不受成见影响的探索立下标准的早期研究工作者，他们的先驱是些什么人呢？哥白尼、伽俐略、维萨略（Vesalius）的精神上的祖先是什么人呢？中世纪那些偶然做实验工作的人，那些细心设计造出新机械的人，虽然渐渐增加了我们物理和化学的经验知识，都还算不得。这些人留给后世的还只是许多事实的资料，只是达到实用目标的有价值的方法，还不是科学探索的精神。

要看严格的知识探索上的新勇气奋发，我们得向那少数深深浸染了苏格拉底传统的人身上去找，得向那些凭着原始的考古方法首先重新获得了希腊、罗马文化的早期学者身上去找。在文艺复兴的第一个阶段里把对于冷静追求真理的爱好发扬起来的人，都是研究人文的，他们的工作都不是关乎生物界或无生物界的，在中世纪，尽力抱评判态度而排除成见去运用人类的理智，尽力深入追求，没有恐惧也没有偏好，……这种精神全是靠那些作讨论人文问题的人保持下来的。在学术复兴时代（The revival of Learning）的初期，最够得上说是表现了我们近代不受成见影响的探索的观念的，也许是人文学者的古代研究。

佩特拉克（Petrarch）、薄伽丘（Boccaccio）、马奇维里（Machiavelli）、依拉斯莫斯（Erasmus），而绝不是那些炼金术士，应当算是近代科学工作者的先驱。依同样的道理说来，拉伯雷（Rabelais）与蒙田（Montaigne）发扬了评判的哲学精神，在我看也应当算是近代科学家的前辈。

我相信康南特校长的见解根本上是正确的。他给他的演讲集加了一个副标题：《一个历史的看法》（A historical approach），这也是很值得注意的。

从这个历史的观点看来，"对于冷静追求真理的爱好"，"尽力抱评判态度而排除成见去运用人类的理智，尽力深入追求，没有恐惧也没有偏好"，"有严格的智识探索上的勇气"，"给精确而不受成见影响的探索立下标准"，——这些都是科学探索的精神与方法的特征。我的论文的主体也就是讨论在中国知识史、哲学史上可以找出来的这些科学精神与方法的特征。

三

首先，古代中国的知识遗产里确有一个"苏格拉底传统"。自由问答，自由讨论，独立思想，怀疑，热心而冷静的求知，都是儒家的传统。孔子常说他本人"学而不厌，诲人不倦"，"好古敏以求之"。有一次，他说他的为人是"发愤忘食，乐以忘忧，不知老之将至"。

过去两千五百年中国知识生活的正统就是这一个人创造磨琢成的。孔子确有许多地方使人想到苏格拉底。像苏格拉底一样，孔子也常自认不是一个"智者"，只是一个爱知识的人。他说："知之者不如好之者；好之者不如乐之者。"

儒家传统里 个很可注意的特点是有意奖励独立思想，鼓励怀疑。孔子说到他的最高才的弟子颜回，曾这样说："回也，非助我者也，于吾言无所不说（悦）。"然而他又说过："吾与回言终日，不违如愚。退而省其私，亦足以发。"孔子分明不喜欢那些对他说的话样样都满意的听话弟子。他要奖励他们怀疑，奖励他们提出反对意见。这个怀疑的精神到了孟子表现得最明白了。他公然说："尽信书不如无书"，公然说他看《武成》一篇只"取其二三策"。孟子又认为要懂得《诗经》，必须先有一个自由独立的态度。

孔子有一句极有名的格言是："学而不思则罔，思而不学则殆。"他说到他自己："吾尝终日不食，终夜不寝，以思，无益，不如学也。""学如不及，犹恐失之。""朝闻道，夕死可矣。"这正是中国的"苏格拉底传统"。

知识上的诚实是这个传统的一个紧要部分。孔子对一个弟子说："由，诲女（汝）知之乎？知之为知之，不知为不知；是知也。"又有次，这个弟子问怎样对待鬼神，孔子说："未能事人，焉能事鬼？"这个弟子接着问到死，孔子说："未知生，焉知死？"这并不是回避问题，这是教训一个人对于不真正懂得的事要保持知识上的诚实。这种对于死和鬼神的存疑态度，对后代中国的思想发生持久不衰的影响。这也是中国的"苏格拉底传统"。

近几十年来，有人怀疑老子（或老聃），是不是个历史人物，《老子》这部古书的真伪和成书年代。然而我个人还是相信孔子确做过这位前辈哲人老子的学徒，我更相信在孔子的思想里看得出有老子的自然主义宇宙观和无为的政治哲学的影响。

在那样早的时代（公元前六世纪）发展出来一种自然主义的宇宙观，是一件真正有革命性的大事。《诗经》的《国风》和《雅》、《颂》里所表现的中国古代观念上的"天"或"帝"，是一个有知觉，有感情，有爱有恨的人类与宇宙的最高统治者。又有各种各样的鬼神也掌握人类的运命。到了老子才有一种全新的哲学概念提出来，代替那种人格化的一个神或许多个神：

> 有物混成，先天地生。寂兮寥兮，独立而不改，周行而不殆，可以为天下母。吾不知其名，字之曰道，强为之名曰大。

这个新的原理叫做"道"，是一个过程，一个周行天地万物之中，又有不变的存在的过程。道是自然如此的，万物也是自然如此的。

"道常无为，而无不为。"这是这个自然主义宇宙观的中心观念。这个观念又是一种无为放任的政治哲学的基石。"太上，下知有之。"这个观念又发展成了一种谦让的道德哲学，一种对恶对暴力不抵抗的道德哲学："上善若水，水善利万物而不争。""柔弱胜刚强。""常有司杀者。夫代司杀者，是谓代大匠斫。夫代大匠斫者希有不伤手者矣。"

这是孔子的老师老子所创的自然主义传统。然而老师和弟子有一点基本的不同。孔子是一个有历史头脑的学者，一个伟大的教师，伟大的教育家，而老子对知识和文明的看法是一个虚无主义的看法。老子的理想国是小国寡民，有舟车之类的"什伯人之器而不用；""使民复结绳而用之！""常使无知无欲。"这种知识上的虚无主义与孔子的"有教无类"的民主教育哲学何等不同！

然而这个在《老子》书里萌芽，在以后几百年里充分生长起来的自然主义宇宙观，正是经典时代的一份最重要的哲学遗产。自然主义本身最可以代表大胆怀疑和积极假设的精神。自然主义和孔子的人本主义，这两极的历史地位是完全同等重要的。中国每一次陷入非理性、迷信、出世思想，——这在中国很长的历史上有过好几次——总是靠老子和哲学上的道家的自然主义，或者靠孔子的人本主义，或者靠两样合起来，努力把这个民族从昏睡中救醒。

第一个反抗汉朝的国教，"抱评判态度去运用人类的理智，尽力深入追求，没有恐惧也没有偏好"的大运动，正是道家的自然主义哲学与孔子、孟子的遗产里最可贵的怀疑和看重知识上的诚实的精神合起来的一个运动。这个批评运动的一个最伟大的代表是《论衡》八十五篇的作者王充（约公元二十七年——一百年）。

王充说他自己著书的动机，"亦一言也，曰，疾虚妄。""是转为非，虚转为实，安能不言！……世间书传，多若等类，浮妄虚伪，没夺正是，心愦涌，笔手忧，安能不论！论则考之以心，校之以事；虚浮之事，辄立证验。"

他所批评的是他那个时代的种种迷信，种种虚妄，其中最大最有势力的是占中心地位的灾异之说。汉朝的国教，挂着儒教的牌子，把灾异解释作一种仁爱而全知的神（天）所发的警告，为的是使人君和政府害怕，要他们承认过去，改良恶政。这种汉朝的宗教是公元前一、二世纪里好些哲人政治家造作成的。他们所忧心的是在一个极广阔的统一帝国里如何对付无限君权这个实际问题，这种忧心也是有理由的；他们有意识或半有意识地看中了宗教手段，造出来一套苦心结构的"天人感应"的神学，这套神学在汉朝几百年里也似乎发生了使君主畏惧的作用。

最能够说明这套灾异神学的是董仲舒（约公元前一七九年——一〇四年）。他说话像一个先知，也很有权威；"人之所为，极其美恶，乃与天地流通而往来相应。""国家将有失道之败，而天乃先出灾害以谴告之；不知自省，又出怪异以警惧之；尚不知变，而伤败乃至。以此见天心之仁爱人君而欲止其乱也。"这种天与人君密切相感应的神学，据说是有《尚书》与《春秋》（记载天地无数异变，有公元前七二二至四八一年之间的三十六次日蚀，五次地震）的一套精细解释作根据。然而儒宗的经典还不够支持这个荒谬迷忌的神学，所以还要加上一批出不完的伪书，叫做"谶"（预言）、"纬"（与经书交织来辅助经书的材料），是无数经验知识与千百种占星学的古怪想法混合成的。

这个假儒家的国教到了最盛的时候确被人认真相信了，所以有好几个丞相被罢黜，有一个丞相被赐死，只是因为据说天有了灾异的警告。三大中古宗教之一真是控制住帝国了。

王充的主要批评正针对着一个有目的上帝与人间统治者互相感应这种基本观念。他批评的是帝国既成的宗教的神学。他用来批评这种神学的世界观是老子与道家的自然主义哲学。他说：

夫天道自然也，无为；如谴告人，是有为，非自然
也。……损皇天之德，使自然无为转为人事，故难听之也。

因此，他又指出：

人在天地之间，犹虱之在衣裳之内，蝼蚁之在穴隙之
中。……天至高大，人至卑小，……以七尺之细形，感皇天
之大气，其无分铢之验，必也。

这也就是他指责天人感应之说实在是"损皇天之德"的理由。

他又提出理由来证明人和宇宙间的万物都不是天地有意（故）生
出来的，只是自己偶然（偶）如此的：

儒者论曰："天地故生人。"此言妄也。夫天地合气，人偶
自生也。……因气而生，种类相产。……如天故生万物，当
令其相亲爱，不当令人相贼害也，……则生虎狼蝮蛇及蜂虿
之虫，皆贼害人，天又欲使人为之用耶？

公元第一世纪正是汉朝改革历法的时代。所以王充尽量利用了当
时的天文学知识打破那流行的恶政招来灾异谴告的迷信说法。他说：

四十一二月日一食，五六月月亦一食。食有常数，不在
政治。百变千灾，皆同一状，未必人君政治所致。

然而王充对于当世迷信的无数批评里用得最多的证据还是日常经验中
的事实。他提出五"验"来证明雷不是上天发怒，只是空中阴阳两气
相激而生的一种火。他又举许多条证据来支持他的无鬼论。其中说得
最巧妙，从来没有人能驳的一条是："如审鬼者死人之精神，则人见之，
宜如见其裸袒之形，无为见衣带被服也。何则？衣服无精神，人死与
形体俱朽，何以得贯穿乎？"

以上就我所喜欢的哲学家王充已经说得很多了。我说他的故事，
只是要表明中国哲学的经典时代的大胆怀疑和看重知识上的诚实的精
神如何在埋没了几百年后还能够重新起来推动那种战斗：用人的理智
反对无知和虚妄、诈伪，用创造性的怀疑和建设性的批评反对迷信，
反对狂妄的权威。大量地怀疑追问，没有恐惧也没有偏好，正是科学
的精神。"虚浮之事，辄立证验"，正是科学的手段。

四

我这篇论义剩下的部分要给中国思想史上的一个大运动做一个简单的解说性的报告。这个运动开头的时候有一个："即物而穷其理"，"以求至乎其极"的大口号，然而结果只是改进了一种历史的考证方法，因此开了一个经学复兴的新时代。

这个大运动有人叫做新儒家（Neo-Confucian）运动，因为这是一个有意要恢复佛教进来以前的中国思想和文化的运动，是一个要直接回到孔子和他那一派的人本主义，要把中古中国的那种大大印度化的，因此是非中国的思想和文化推翻革除的运动。这个运动在根本上是一个儒家的运动，然而我们应当知道那些新儒家的哲人又很老实地采取了一种自然主义的宇宙观，至少一部分正是道家传下来的，新儒家的哲人大概正好认为这种宇宙观胜过汉朝（公元前二〇六年——公元二二〇年）以来的那种神学的、目的论的"儒家"宇宙观。所以这又是老子和哲学上的道家的自然主义与孔子的人本主义合起来反抗中古中国那些被认为是非中国的、出世的宗教的一个实例。

这个新儒家运动需要一套新的方法，一套"《新工具》"（Novum Organum），于是在孔子以后出来的一篇大约一千七百字的《大学》里找到了一套方法。新儒家的开创者们从这篇小文章里找到了一句"致知在格物"。程氏兄弟（程颢，一〇三二——一〇八五；程颐，一〇三三——一一〇七）的哲学，尤其是那伟大的朱熹（一一三〇——一二〇〇）所发扬组织起来的哲学，都把这句话当作一条主旨。这个穷理的意思说得再进一步，就是"即凡天下之物，莫不因其已知之理而益穷之"。

什么是"物"呢？照程朱一派的说法，"物"的范围与"自然"一般广大，从"一草一木"到"天地之高厚"都包括在内。但是这样的"物"的研究是那些哲人做不到的，他们只是讲实物讲政治的人，只是思想家和教人的人。他们的大兴趣在人类的道德和政治的问题，不在探求一草一木的"理"或定律。所以程颐自己先把"物"的范围缩到三项：研究经书，论古今人物，研究应接事务的道理。所以他说，"近取诸身"。朱子在宋儒中地位最高，是最善于解说，也最努力解说那个"即物而穷其理"的哲学的人，一生的精力都用在研究和发挥儒家的经典。他的《四书（新儒家的《新约》）集注》，还有《诗经》和《易经》的注，做了七百年的标准教本。"即物而穷其理"的哲学归结为是单用在范围有限的经学上了。

朱子真正是受了孔子的"苏格拉底传统"的影响，所以立下了一套关于研究探索的精神、方法、步骤的原则。他说："大抵义理须是且虚心随他本文正意看"，"只虚此心，将古人语言放前面，看他意思倒杀向何处去。"怎样才是虚心呢？他又说："须是退步看。""愈向前愈看得不分晓，不若退步却看得审。大概病在执着，不肯放下。正如听讼，心先有主张乙底的意思，便只甲的不是，先有主张甲的意思，便只见乙的不是。不若姑置甲乙之说，徐徐观之，方能辨其曲直。横渠（张载，一〇二〇——一〇七七）云，'濯去旧见，以来新意。'此说甚当。若不濯去旧见，何处得新意来？"

十一世纪的新儒家常说到怀疑在思想上的重要。张横渠说："在可疑而不疑者，不曾学。学则须疑。"朱子有校勘、训诂工作的丰富经验，所以能从"疑"的观念推演出一种更实用更有建设性的方法论。他懂得怀疑是不会自己生出来的，是要有了一种困惑疑难的情境才会发生的。他说："某向时与朋友说读书，也教他去思索，求所疑，近方见得，只是且恁地虚心，就上面熟读，久之自有所得，亦自有疑处。盖熟读后，自有窒碍不通处，是自然有疑，方好较量。""读书无疑者须教有疑，有疑者却极无疑，到这里方是长进。"

到了一种情境，有几个发生互相冲突的说法同时要人相信，要人接受，也会发生疑惑。朱子说他读《论语》曾遇到"一样事被诸先生说成数样"，他所以"便着疑"。怎样解决疑惑呢？他说："只有虚心。""看得一件是，未可便以为是，且顿放一所，又穷他语，相次看得，多相比并，自然透得。"陆象山（一一三九——一一九三）是朱子的朋友，也是他的哲学上的对手。朱子在给象山的一封信里又用法官审案的例说:"(如)治狱者当公其心,……不可先以己意之向背为主,然后可以审听两造之辞,旁求参伍之验,而终得其曲直之当耳。"

朱子所说的话归结起来是这样一套解决怀疑的方法:第一步是提出一个假设的解决方法,然后寻求更多的实例或证据来作比较,来检验这个假设,——这原是一个"未可便以为是"的假设,朱子有时叫做"权立疑义"。总而言之,怀疑和解除怀疑的方法只是假设和求证。

朱子对他的弟子们说:"诸公所以读书无长进,缘不会疑。某虽看至没紧要的事物,亦须致疑。才疑,便须理会得彻头。"

正因为内心有解决疑惑的要求,所以朱子常说到他自己从少年时代起一向喜欢做依靠证据的研究工作(考证)。他是人类史上一个有第一等聪明的人,然而他还是从不放下勤苦的工作和耐心的研究。

他的大成就有两个方面:第一,他常常对人讲论怀疑在思想和研究上的重要,——这怀疑只是"权立疑义",不是一个目的,而是一个要克服的疑难境地,一个要解决的恼人问题,一个要好好对付的挑战。第二,他有勇气把这个怀疑和解除怀疑的方法应用到儒家的重要经典上,因此开了一个经学的新时代,这个新经学要到他死后几百年才达到极盛的地步。

他没有写一部《尚书》的注解,但他对《尚书》的研究却有划时代的贡献,因为他有大勇气怀疑《尚书》里所谓"古文"二十五篇的真伪。这二十五篇本来分明是汉朝的经学家没有见到的,大概公元四世纪才出来,到了七世纪才成为《尚书》的整体的一部分。汉朝博士正式承认的二十八篇(实在是二十九篇)原是公元前二世纪一个年老的伏生(他亲身经历公元前二一三年的焚书)口传下来,写成了当时的"今文"。

朱子一开始提出来的就是一个大疑问:"孔壁所出《尚书》……皆平易,伏生所传者难读。如何伏生偏记得难的,至于易的全记不得?此不可晓。"

《朱子语类》记载他对每一个问《尚书》的学生都说到这个疑问。"凡易读者皆古文,……却是伏生记得者难读。"朱子并没有公然说古文经是后来人伪造的，他只是要他的弟子们注意这个难解的文字上的差别。他也曾提出一种很温和的解释，说那些篇难读的大概代表实际上告戒百姓的说话，那些篇容易读的是史官修改过，甚至于是重写过的文字。

这样一个温和的说话自然不能消除疑问；那个疑问一提出来就要存在下去，要在以后几百年里消耗经学家的精神。

一百年之后，元朝（一二九七——一三六八）的吴澄接受了朱子的挑战，寻得了一个合理的结论，认为那些篇所谓"古文"不是真正的《尚书》的一部分，而是很晚出的伪书。因此吴澄作《书纂言》，只承认二十八篇"今文"，不承认二十五篇"古文"。

到了十六世纪，又有一位学者梅鷟，也来研究这个问题。他在一五四三年出了一部书，证明《尚书》的"古文"部分是四世纪的一个作者假造的，那个作者分明是从若干种提到那些篇"佚"书的篇名的古书里找到许多文字，用作造假的根据。梅鷟费了力气查出伪《尚书》的一些要紧文字的来源。

然而还要等到十七世纪又出来一个更大的学者阎若璩（一六三六——一七〇四），才能够给朱子在十二世纪提出的关于《古文尚书》的疑惑定案。阎若璩花了三十多年功夫写成一部大著作《尚书古文疏证》。他凭着过人的记忆力和广博的书本知识，几乎找到《古文尚书》每一句的来源，并且指出了作伪书的人如何错引了原文或误解了原文的意义，才断定这些篇是有心伪造的。总算起来，阎若璩为证明这件作伪，举了一百多条证据。他的见解虽然大受当时的保守派学者的攻击，我们现在总已承认若若璩定了一个铁案，是可以使人心服了。我们总已承认：在一部儒家重要经典里，有差不多半部，也曾被当作神圣的文字有一千年之久，竟不能不被判定是后人假造的了。

而这件可算得重大的知识上的革命不能不说是我们的哲人朱子的功绩，因为他在十二世纪已表示了一种大胆的怀疑，提出了一个很有意思的，只是他自己的功夫还不够解答的问题。

朱子对《易经》的意见更要大胆，大胆到在过去七百年里没有人敢接受，没有人能继续推求。

他出了一部《周易本义》，又有一本小书《易本义启蒙》。他还留下不少关于《易经》的书信和谈话记录。

他的最大胆的论旨是说《易经》虽然向来被看作一部深奥的哲理圣典，其实原来只是卜筮用的本子，而且只有把《易》当作一部卜筮的书，一部"只是为卜筮"的书，才能懂得这部书。"八卦之画本为占筮，……文王重卦作繇辞，周公作爻辞，亦只是为占筮。""如说田猎、祭祀、侵伐、疾病，皆是古人有此事去卜筮，故爻中出此。""圣人要说理，……何不别作一书，何故要假卜筮来说？""若作卜筮看，极是分明。"

这种合乎常识的见解在当时是从来没有人说过的见解。然而他的一个朋友表示反对，说这话"太略"。朱子答说："譬之此烛笼，添得一条骨子，则障了一路明。若能尽去其障，使之体统光明，岂不更好？"

这是一个真正有革命性的说法，也正可以说明朱子一句深刻的话："道理好处又却多在平易处。"然而朱子知道他的《易》只是卜筮之书的见解对他那个时代说来是太急进了。所以他很伤心地说："此说难向人道，人不肯信。向来诸公力求与某辨，某煞费力气与他分析。而今思之，只好不说，只做放那里，信也得，不信也得，无许多力气分疏。"

朱子的《诗集传》（一一一七年）在他身后做了几百年的标准读本，这部注解也是他可以自傲的。他这件工作有两个特色足以开辟后来的研究道路。一个特色是他大胆抛弃了所谓"诗序"所代表的传统解释，而认定《雅》、《颂》和《国风》都得用虚心和独立的判断去读。另一个特色是他发现了韵脚的"古音"；后世更精确的全部古音研究，科学的中国音韵的前身，至少间接是他那个发现引出来的。

作《通志》的郑樵（一一〇四——一一六二）是与朱子同时的人，但是年长的一辈，出了一部小书《诗辨妄》，极力攻击"诗序"，认为那只是一些不懂文学，不懂得欣赏诗的村野蛮人的解释。郑樵的激烈论调先也使我们的哲人朱子感动震动，但他终于承认："后来仔细看一两篇，因质之《史记》、《国语》，然后知'诗序'之果不足信。"

我再举相冲突的观念引起疑惑的一个好例，也是肯虚心的人能容受新观念，能靠证据解决疑惑的好例。朱子谈到他曾劝说他的一个一辈子的朋友吕祖谦（一一三七——一一八一），又是哲学上的同道，不要信"诗序"，但劝说不动。他告诉祖谦，只有很少几篇"诗序"确有《左传》的材料足以作证，大多数"诗序"都没有凭证。"渠却云，'安得许多文字证据？'某云，'无证而可疑者，只当阙之，不可据序作证。'渠又云，'只此序便是证。'某因云，'今人不以诗说诗，却以序解诗。'"

朱子虽然有胆量去推翻"诗序"的权威，要虚心看每一篇诗来求解诗的意义，但是他自己的新注解，他启发后人在同一条路上向前走动的努力，却还没有圆满的成绩。传统的分量对朱子本人，对他以后的人，还太沉重了。然而近代的全不受成见左右的学者用了新的工具，抱着完全自由的精神，来做《诗经》的研究，绝不会忘记郑樵和朱熹的大胆而有创造性的怀疑。

朱子的《诗经》研究的第二个特色，就是叶韵的古音方面的发现，他在这一方面得了他同时的学者吴棫（死于一一五三或一一五四）的启发和帮助。吴棫是中国音韵学一位真正开山的人，首先用归纳的方法比较《诗》三百篇押韵的每一句，又比较其他上古和中古押韵的诗歌。他的著作不多，有《诗补音》、《楚辞释音》、《韵补》。只有最后一种翻刻本传下来。

《诗经》有许多韵脚按"今"音读不押韵，但在古代是自然押韵的，所以当应照"古音"读：这的确是吴棫首先发现的。他细心把三百多篇诗的韵脚都排列起来，参考上古和中古的字典韵书推出这些韵脚的古音。他的朋友徐蒇，也是他的远亲，替他的书作序，把他耐心搜集大批实例，比较这些实例的方法说得很清楚，"如服之为房六切，其见于《诗》者凡十有六，皆当为蒲北切（bek，高本汉读 b'iuk），而无与房六叶者。友之为云十九切，其见于《诗》者凡十有一，皆当作羽轨切，而无与云九叶者"。

这种严格的方法深深打动了朱子，所以他作《诗集传》，决意完全采用吴棫的"古音"系统。然而他大概是为了避免不必要的争论，所以不说"古音"，只说"叶韵"，——也就是说，某一个字应当从某音读，是为了与另一读音显然没有变化的韵脚相叶。

但是他对弟子们谈话，明白承认他的叶韵大部分都依吴棫，只有少数的例有添减；又说叶韵也是古代诗人的自然读音，因为"古人作诗皆押韵，与今人歌曲一般"。这也就是说，叶韵正是古音。

有人问吴棫的叶韵可有什么根据，朱子答说："他皆有据，泉州有其书。每一字，多者引十余证，少者亦两三证。他说元初更多，后删去（为省抄写刻印的工费），姑存此耳。"朱子的叶韵也有同吴棫的不同地方，他在《语类》和《楚辞集注》里都举了些例证比较。

但是因为朱子的《诗集传》全用"叶韵"这个名词，全没有提到"古音"，又因为吴棫的书有的早已失传，也有的不容易得，所以十六世纪初已有一种讨论，严厉批评朱子不应当用"叶韵"这个词。一五八〇年，有一位大学者，也是哲学家，焦竑（一五四一——一六二〇），在他的《笔乘》里提出了一个理论的简单说明（大概是他的朋友陈第〔一五四一——一六一七〕的理论），以为古诗歌里的韵脚凡是不合近世韵的本来都是自然韵脚，但是读音经历长时间有了变化。他举了不少例来证明那些字照古人歌唱时的读音是完全押韵的。

焦竑的朋友陈第做了许多年耐心的研究，出了一套书，讨论好几种古代有韵的诗歌集里几百个押韵的字的古音。这套书的第一种《毛诗古音考》，是一六一六年出的，有焦竑的序。

陈第在自序里提出他的主要论旨：《诗经》里的韵脚照本音读是全自然押韵的，只是读音的自然变化使有些韵脚似乎全不押韵了。朱子所说的"叶韵"，陈第认为大半都是古音或本音。

他说："于是稍为考据，列本证旁证二条。本证者诗自相证也。旁证者采之他书也。"

为了说明"服"字一律依本来的古音押韵，他举了十四条本证，十条旁证，共二十四条。他又把同样的归纳法应用在古代其他有韵文学作品的古音研究上。为了求"行"字的古音，他从《易经》有韵的部分找到四十四个例，都与尾音 ang 的字押韵。为一个"明"字，他从《易经》里找到十七个证据。

差不多过了半世纪，爱国的学者顾炎武（一六一三——一六八二）写成他的《音学五书》。其中一部是《诗本音》；一部是《易音》；一部是《唐韵正》，这是一种比较古音与中古音的著作。顾炎武承认他受了陈第的启发，用了他的把证据分为本证和旁证两类的方法。

我们再用"服"字作例子。顾炎武在《诗本音》里举了十七条本证，十五条旁证，共三十二条。在那部大书《唐韵正》里，他为说明这个字在古代的音韵是怎样的，列举从传世的古代有韵的作品里找到的一百六十二条证据！

这样耐心收集实例、计算实例的工作有两个目的：第一，只有这些方法可以断定那些字的古音，也可以找出可能有的违反通则而要特别解释的例外。顾炎武认为这种例外可以从方言的差异来解释。

但是这样大规模收集材料的最大用处还在于奠定一个有系统的古音分部的基础。有了这个古代韵文研究作根据，顾炎武断定古音可以分入十大韵部。

这样音韵学才走上了演绎的、建设的路：第一步是弄明白古代的"韵母"（韵部）；然后，在下一个时期，弄明白古代声母的性质。

顾炎武在一六六七年提出十大韵部。下一百年里，又有好些位学者用同样归纳和演绎的考证方法研究同一个问题。江永（一六八一——一七六三）提出十三个韵部。段玉裁（一七三五——一八一五）把韵部加到十七个。他的老师，也是朋友，戴震（一七二四——一七七七），又加到十九个。王念孙（一七四四——一八三二）和江有诰（卒于一八五一），各人独立工作，得到了彼此差不多的二十一部的系统。

钱大昕（一七二八——一八〇四）是十八世纪最有科学头脑的人里的一个，在一七九九年印出来他的笔记，其中有两条文字是他研究古代唇、齿音的收获。这两篇文字都是第一等考证方法的最好的模范。他为唇音找了六十多个例子，为齿音也找了差不多数目的例子。为着确定各组里的字的古音，每一步工作都是归纳与演绎的精熟配合，都是从个别的例得到通则，又把通则应用到个别的例上。最后的结果产生了关于唇、齿音的变迁的两条大定律。

我们切不可不知道这些开辟中国音韵学的学者们有多么大的限制，所以他们似乎从头注定要失败的。他们全没有可给中国语言用的拼音字母的帮助。他们不懂得比较不同方言，尤其是比较中国南部、东南部、西南部的古方言。他们又全不懂高丽、越南、日本这些邻国的语言。这些中国学者努力要了解中国语言的音韵变迁，而没有这种有用的工具，所以实在是要去做一件几乎一定做不成的工作，因此，要评判他们的成功失败，都得先知道他们这许多重大的不利条件。

这些大人物可靠的工具只是他们的严格的方法：他们耐心把他们承认的事实或例证搜罗起来，加以比较，加以分类，表现了严格的方法；他们把已得到的通则应用到归了类的个别例子上，也表现了同等严格的方法。十二世纪的吴棫、朱熹，十七世纪的陈第、顾炎武，还有十八、十九世纪里那些继承他们的人，能够做出中国音韵问题的系统研究，能够把这种研究做得像一门学问，——成了一套合乎证据、准确、合理系统化的种种严格标准，——确实差不多全靠小心应用一种严格的方法。

我已经把我所看到的近八百年中国思想里的科学精神与方法的发达史大概说了一遍。这部历史开端在十一世纪，本来有一个很高大的理想，要把人的知识推到极广，要研究宇宙万物的理或定律。那个大理想没有法子不缩到书本的研究——耐心而大胆地研究构成中国经学传统"典册"的有数几部大书。一种以怀疑和解决怀疑做基础的新精神和新方法渐渐发展起来了。这种精神就是对于牵涉到经典的问题也有道德的勇气去怀疑，就是对于一份虚心，对于不受成见影响的，冷静的追求真理，肯认真坚持。这个方法就是考据或考证的方法。

我举了这种精神和方法实际表现的几个例子，其中最值得注意的是考证一部分经书的真伪和年代，由此产生了考证学，又一个是产生了中国音韵的系统研究。

然而这个方法还应用到文史的其他许多方面，如校勘学、训诂学（semantics，字义在历史上变迁的研究）、史学、历史地理学、金石学，都有收获，有效验。

十七世纪的陈第、顾炎武首先用了"本证"、"旁证"这两个名词，已经是充分有意运用考证方法了。因为有十七世纪的顾炎武、阎若璩这两位大师的科学工作把这种方法的效验表现得非常清楚，所以到了十八、十九世纪，中国第一流有知识的人几乎都受了这种方法的吸引，都一生用力把这个方法应用到经书和文史研究上。结果就造成了一个学术复兴的新时代，又叫做考据的时代。

这种严格而有效的方法的科学性质，是最用力批评这种学术的人也不能不承认的。方东树（一七七二——一八五一）正是这样一位猛烈的批评家，他在一八二六年出了一部书，用大力攻击整个的新学术运动。然而他对于同时的王念孙、引之（一七六六——一八三四）父子所用的严格的方法也不得不十分称赞。他说："以此义求之近人说经，无过高邮父子《经义述闻》，实足令郑、朱俯首，汉唐以来未有其匹。"一个用大力攻击整个新学术运动的人有这样的称赞，足以证明小心应用科学方法最能够解除反对势力的武装，打破权威和守旧，为新学术赢得人的承认、心服。

这种"精确而不受成见影响的探索"的精神和方法，又有什么历史的意义呢？

一个简单的答案，然而是全用事实来表示的答案，应当是这样的：这种精神和方法使一个主观的、理想主义的、有教训意味的哲学的时代（十一至十六世纪）不能不让位给一个新时代了，使那个哲学显得过时、空洞、没有用处，不足吸引第一等的人了。这种精神和方法造成了一个全靠严格而冷静的研究作基础的学术复兴的新时代（一六〇〇——一九〇〇年）。但是这种精神和方法并没有造成一个自然科学的时代。顾炎武、戴震、钱大昕、王念孙所代表的精确而不受成见影响的探索的精神并没有引出来中国的一个伽利略、维萨略、牛顿的时代。

这又是为什么呢？为什么这种科学精神和方法没有产生自然科学呢？

不止四分之一世纪以前，我曾试提一个历史的解释，做了一个十七世纪中国与欧洲知识领袖的工作的比较年表。我说：

我们试作一个十七世纪中国与欧洲学术领袖的比较年表——十七世纪正是近代欧洲的新科学与中国的新学术定局的时期——就知道在顾炎武出生（一六一三）之前年，伽俐略做成了望远镜，并且用望远镜使天文学起了大变化，解百勒（Kepler）发表了他的革命性的火星研究和行星运行之时，哈维（Harvey）发表了他的论血液运行的大作（一六二八），伽俐略发表了他的关于天文学和新科学的两部大作（一六三〇）。阎若璩开始做《尚书》考证之前十一年，佗里杰利（Toricelli）已完成了他的空气压力大实验（一六四四）。稍晚一点，波耳（Boyle）宣布了他的化学新实验的结果，做出了波耳定律（一六六〇——一六六一）。顾炎武写成他的《音学五书》（一六六七）之前一年，牛顿发明了微积分，完成了白光的分析。一六八〇年，顾炎武写《音学五书》的后序；一六八七年，牛顿发表他的《自然哲学原理》（Principia）。

这些不同国度的新学术时代的大领袖们在科学精神和方法上有这样非常显著的相像，使他们的工作范围的基本不同却也更加引人注意。伽利略、解百勒、波耳、哈维、牛顿所运用的都是自然的材料，是星球、球体、斜面、望远镜、显微镜、棱镜、化学药品、天文表。而与他们同时的中国所运用的是书本、文字、文献证据。这些中国人产生了三百年的科学的书本学问；那些欧洲人产生了一种新科学和一个新世界。

这是一个历史的见解，但是对于十七世纪那些中国大学者有一点欠公平。我那时说："中国的知识阶级只有文学的训练，所以活动的范围只限于书本和文献。"这话是不够的。我应当指出，他们所推敲的那些书乃是对于全民族的道德、宗教、哲学生活有绝大重要性的书。那些伟大人物觉得找出这些古书里每一部的真正意义是他们的神圣责任。他们正像白朗宁（Robert Browning）的诗里写的"文法学者"（Grammarian）：

"你卷起的书卷里写的是什么？"他问，

"让我看看他们的形象，

那此最懂得人类的诗人圣哲的形象，——

拿给我！"于是他披上长袍，

一口气把书读透到最后一页……

"我什么都要知道！……

盛席要吃到最后的残屑。"……

……"时间算什么？'现在'是犬猴的份！

人有的是'永久'。"……

白朗宁对人本主义时代的精神的礼赞正是："这人决意求的不是生存，是知识。"

孔子也表示同样的精神："学如不及，犹恐失之。""朝闻道，夕死可矣。"朱子在他的时代也有同样的表示："义理无穷，惟须毕力钻研，死而后已耳。"

但是朱子更进一步说："诸公所以读书无长进，缘不会疑。""才疑，便须理会得彻头。"后来真能使继承他的人，学术复兴的新时代的那些开创的人和做工的人，都懂得了怀疑，——抱着虚心去怀疑，再找方法解决怀疑，即使是对待经典大书也敢去怀疑。而且，正因为他们都是专心尽力研究经典大书的人，所以他们不能不把脚跟站稳：他们必须懂得要有证据才可以怀疑，更要有证据才可以解决怀疑。我看这就足够给一件大可注意的事实作一种历史的解释，足够解释那些只运用"书本、文字、文献"的大人物怎么竟能传下来一个科学的传统，冷静而严格的探索的传统，严格的靠证据思想，靠证据研究的传统，大胆的怀疑与小心的求证的传统——一个伟大的科学精神与方法的传统，使我们，当代中国的儿女，在这个近代科学的新世界里不觉得困扰迷惑，反能够心安理得。

（1959 年 7 月在美国夏威夷大学"东西方哲学家会议"上所宣读的论文，徐高阮译）

5
教育与人生

非留学篇（节录）

一

吾久欲有所言，而逡巡嗫嚅，终未敢言。然吾天良来责，吾又不敢不言。夫欲有所言而不敢言，是怐怯懦夫之行，欺人以自欺者之为也。吾何敢终默，作《非留学篇》。

吾欲正告吾父吾老伯叔昆弟姊妹曰：

留学者，吾国之大耻也；

留学者，过渡之舟楫而非敲门之砖也；

留学者，废时伤财事倍而功半者也；

留学者，救急之计而非久远之图也。

何以言留学为吾国之大耻也？当吾国文明全盛之时，泱泱国风，为东洋诸国所表则。稽之远古，则有重译之来朝。洎乎唐代，百济、新罗、日本、交趾，争遣子弟来学于太学。中华经籍，都为异国之典谟。纸贵鸡林，以觇诗人之声价。猗欤盛哉！大国之风也。唐宋以

370

来，吾国文化濡滞不进。及乎晚近百年，则国威日替，国疆日蹙，一挫再挫，几于不可复振，始知四境之外，尚有他国。当吾沉酣好梦之时，彼西方诸国，已探赜索隐，登峰造极，为世界造一新文明，开一新天地。此新文明之势力，方挟风鼓浪，蔽天而来，叩吾关而窥吾室。以吾数千年之旧文明当之，乃如败叶之遇疾风，无往而不败衄。于是睡狮之梦醒矣！忧时之士，惩既往之巨创，惧后忧之未已，乃忍辱蒙耻，派遣学子，留学异邦，作百年树人之计，以为异日急起直追之图。于是神州俊秀，纷纷渡海，西达欧洲，东游新陆。康桥、牛津、哈佛、耶尔、伯林、巴黎，都为吾国储才之馆，育秀之堂。下至东瀛三岛，向之遣子弟来学于吾国者，今亦为吾国学子问学论道之区。嗟夫！茫茫沧海，竟作桑田；骇浪蓬莱，今都清浅。以数千年之古国，东亚文明之领袖，曾几何时，乃一变而北面受学，称弟子国。天下之大耻，敦有过于此者乎！吾故曰留学者我国之大耻也。

吾所谓留学者过渡之舟楫，而非敲门之砖者，何也？吾国今日所处，为旧文明与新文明过渡之时代。旧文明非不可宝贵也，不适时耳！人将以飞行机、无烟炮击我，我乃以弓箭、鸟铳当之；人方探赜研几，役使雷电，供人牛马，我乃以布帆之舟、单轮之车当之；人方倡世界平等、人类均产之说，我乃以天王圣明、君主万能之说当之；人方创生存竞争、优胜劣败之理，我乃以揖让不争之说当之；人方穷思殚虑，欲与他星球交通，我乃持天圆地方之说，以为吾国居天下之中，四境之上，皆蛮夷戎狄也。此新旧二文明之相隔，乃如汪洋大海，渺不可渡。留学者，过渡之舟楫也。留学生者，篙师也，舵工也，乘风而来，张帆而渡，及于彼岸，乃采三山之神药，乞医国之金丹，然后扬帆而归，载宝而返。其责任所在，将令携来甘露，遍洒神州；海外灵芝，遍栽祖国；以他人之所长，补我所不足，庶令吾国古文明，得新生机而益发扬张大，为神州造一新旧混合之新文明。此过渡时代人物之天职也。今也不然。今之留学者，初不作媒介新旧文明之想。其来学也，以为今科举已废，进取仕禄之阶，惟留学为最捷，于是有钻营官费者矣，有借贷典质以为私费者矣。其来海外之初，已作速归之计。数年之后，一纸文凭，已入囊中，可以归矣！于是星夜而归，探囊出羊皮之纸，投刺作学士之衔，可以猎取功名富贵之荣，车马妻妾之奉矣。嗟夫！持此道而留学，则虽有吾国学于充塞欧美之大学，于吾国学术文明更何补哉？！更何补哉？！故吾曰：留学者过渡之舟楫，而非敲门之砖也。

吾所谓留学者，废时伤财，事倍而功半者，又何也？请先言废时。留学者不可无预备。以其所受学者，将在异言之国，则不得不习其语言文字。而西方语言文字与吾国大异，骤习之不易收效。即如习英文者，至少亦须四、五年，始能读书会语。所习科学，又不得不用西文课本，事倍功半，更不待言。此数年之时力，仅预备一留学之资格。既来异国，风俗之异，听讲之艰，在在困人。彼本国学子，可以一小时肄习之课，在我国学子，须以一二倍工夫为之，始克有济。夫以倍蓰之日力，乃与其国学子习同等之课，其所成就，或可相等，而所暴殄之日力，何可胜计？废时之弊，何待言矣！次请论伤财。在国内之学校，其最费者，莫如上海诸校，然吾居上海六年，所费每年自百元至三百元不等，平均计之，约每年二百五十墨元，绰有余裕矣。今以官费留学，每月得八十元，每年乃费美金九百六十元，合墨银不下二千元，盖八倍于上海之费用。以吾一年留学之费，可养八人在上海读书之资，其为伤财，更何待言。夫以四五年或六七年之功，预备一留学生；及其既来异邦，乃以倍蓰之日力、八倍之财力供给之，然后造成一归国之留学生，而其人之果能有益于社会国家与否，犹未可知也。吾故曰：留学者，废时伤财事倍而功半者也。

吾所谓留学者，救急之计而非久远之图者，何也？吾国文化中滞，科学不进，此无可讳者也。留学之目的，在于植才异国，输入文明，以为吾国造新文明之张本，所谓过渡者是也。以己所无有，故不得不求人。吾今日之求于人，正所以为他日吾自有之预备也。求学于人之可耻，吾已言之。求学于人之事倍功半，吾亦已言之。夫诚知其耻，诚知其难，而犹欲以留学为储才长久之计，而不别筹善策，是久假而不归也；是明知其难而安其难，明知其耻而犹腼颜忍受不思一洗其耻也。若如是，则吾国文明终无发达之望耳。读者疑吾言乎？则请征之事实。五、六年前，留学生远不如今日之众也，而其时译书著书之多，何可胜计。如严几道、梁卓如、马君武、林琴南之流，其绍介新思想、输入新文明之苦心，都可敬佩也。至于今日，留学人数骤增矣，然数年以来，乃几不见有人译著书籍者。国内学生，心目中惟以留学为最高目的，故其所学，惟用外国义为课本。其既已留学而归，或国学无根柢，不能著译书；或志在金钱仕禄，无暇为著书之计。其结果所及，不惟无人著书，乃并一册之译本哲学科学书而无之。嗟夫！吾国人其果视留学为百年久远之计矣乎？不然，何著译界之萧条至于此极也。夫书籍者，传播文明之利器也。吾人苟欲输入新知识为祖国造一新文明，非多著书多译书多出报不可。若学者不能以本国文字求高深之学问，则舍留学外，则无他途，而国内文明永无增进之望矣！吾每一念及此，未尝不寒而慄，为吾国学术文明作无限之杞忧也。吾故曰留学者，救急之策而非久远之图也。

上所言四端，留学之性质，略具于是矣。夫诚知留学为国家之大耻，则不可不思一雪之；诚知留学为过渡之舟，则不可不思过渡后之建设；诚知留学为废时伤财之下策，则不可不思所以补救之；诚知留学之为可暂而不可久，则尤不可不思长久之计果何在。要而言之，则一国之派遣留学，当以输入新思想为己国造新文明为目的。浅而言之，则留学者之目的在于使后来学子可不必留学，而可收留学之效。是故留学之政策，必以不留学为目的。此目的一日不达，则留学之政策一日不得而收效也。

<h2 style="text-align:center">二</h2>

吾绪论留学而结论曰：留学之目的，在于为己国造新文明。又曰：留学者以不留学为目的。是故派遣留学生至数十年之久，而不能达此目的之万一者，是为留学政策之失败。

嗟夫！吾国留学政策之失败也，无可讳矣。不观于日本乎？日本之遣留学，与吾国先后同时，而日本之留学生已归而致其国于强盛之域。以内政论，则有健全之称；以外交、军事论，则国威张于世界；以教育论，则车夫、下女都能识字阅报；以文学论，则已能融合新旧，成一种新文学，小说、戏曲，都有健者；以美术论，则雕刻、绘画都能自树一帜，今西洋美术，乃骎骎受其影响；以科学论，则本国学者著作等身者殊不乏人；其医药之进步，尤为世界所称述云。日本留学成效之卓著者，盖如此。今返观吾国则何如矣？以言政治，则但有一非驴非马之共和；以言军事，则世界所非笑也；以言文学，则旧学已扫地，而新文学尚遥遥无期；以言科学，则尤可痛矣，全国今日乃无一人足称专门学者；言算，则微积以上之书，竟不可得；言化学，则分析以上之学，几无处可以受学；言物理，则尤凤毛麟角矣；至于动植之学，则名词未一，著译维艰，以吾所闻见，全国之治此学者一二人耳。凡此诸学，皆不可谓为高深之学，但可为入学之津梁、初学之阶梯耳。然犹幼稚浅陋如此，则吾国科学前途之长夜漫漫，正不知何时旦耳！四十年之留学政策，其成效之昭然在人耳目者，乃复尔尔。吾友任叔永尝言吾国今日乃无学界。吾谓岂独无学界，乃并无学问可言，更无论新文明矣。

夫留学政策之失败，果何故欤？曰是有二因焉：一误于政府教育方针之舛误；再误于留学生志趣之卑下。

曷言之一误于政府也。曰：政府不知振兴国内教育，而惟知派遣留学。其误也，在于不务本而逐末。前清之季，政府以廷试诱致留学生。其视国外之大学，都如旧日之书院，足为我储才矣。当美国之退还庚款也，其数甚巨，足以建一大学而有余，乃不此之图，而以之送学生留学美国。其送学生也，又以速成致用为志，而不为久远之计，于是崇实业工科，而贱文哲政法之学。又不立留学年限，许其毕业即归，不令久留为高深之学。其赔款所立之清华学校，其财力殊可作大学，而惟以预备留美为志，岁掷巨万之款，而仅为美国办一高等学校，岂非大误也哉！此前清之误也。今民国成立，不惟于前清之教育政策无所改进，又从而效之。乃以官费留学为赏功之具，于是有中央政府赏功留学之举，于是有广东、陕西、湖南、江西赏功留学之举。

其视教育之为物，都如旧日之红顶花翎，今日之嘉禾文虎，可以作人情赠品相授受也。民国成立以来，已二年矣，独未闻有人建议增设大学、推广国内高等教育者，但闻北京大学之解散耳。推其意以为外国大学，其多如鲫，独不可假为吾国高等教育之外府耶？而不知留学乃一时缓急之计，而振兴国内高等教育乃万世久远之图。留学收效速而影响微，国内教育收效迟而影响大。今政府岁遣学生二百人，则岁需美金十九万二千元，合银元四十万有奇。今岁费四十万元，其所造就仅二百人耳！若以此四十万元，为国内振兴高等教育之费，以吾国今日生计之廉，物价之贱，则年费四十万元，可设大学二所，可容学生二千人，可无疑也。难者将曰：以今日吾国学界之幼稚，此国内二千人之所成就，必不如海外二百人所成就之多。则将应之曰：此无可免者也。然即令今日所成就，较之留学，为一与五之比例，则十年之后，或犹有并驾齐驱之一日。何则？以有本国之大学在，有教师在，有实验室在，有课堂校舍在，则犹有求学之所，有推广学问之所也。今若专恃留学，而无国内大学以辅之，则留学而归者，仅可为衣食利禄之谋，而无传授之地，又无地可为继续研究高等学业之计，则虽年年派遣留学，至于百年千年，其于国内文明，无补也，终无与他国教育文明并驾齐驱之一日耳。盖国内大学，乃一国教育学问之中心。无大学，则一国之学问无所折衷，无所归宿，无所附丽，无所继长增高。以国内大学为根本，而以留学为造大学教师之计。以大学为鹄，以留学为矢，矢者所以至鹄之具也。如是，则吾国之教育前途，或尚有万一之希冀耳。

竭言之再误于留学生也。曰：留学生志不在为祖国造新文明，而在一己之利禄衣食；志不在久远，而在于速成。今纵观留学界之现状，可得三大缺点焉。

一曰苟且速成。夫留学生既无心为祖国造文明，则其志所在，但欲得一纸文凭，以为唛饭之具。故当其未来之初，已作亟归之计。既抵此邦，首问何校易于插班，何校易于毕业。既入校，则首询何科为最易，教师中何人为最宽，然后入最易之校，择最宽之教师，读最易之课。迟则四年，早则二、三年，而一纸羊皮之纸，已安然入手，俨然大学毕业生矣，可以归矣。……

二曰重实业而轻文科。吾所谓文科，不专指文字语言之学，盖包括哲学、文学、历史、政治、法律、美术、教育、宗教诸科而言。今留学界之趋向，乃偏重实科，而轻文科。以晚近调查所得，盖吾国留美四百余大学学生中，习文科者仅及百人；而习工科者倍之，加入农学、化学、医学之百余人，则习实科者之数，几三倍于文科云。祖实科者之说曰：吾国今日需实科工业之人才甚急。货恶其弃于地也，则需矿师；交通恶其不便也，则需铁道工程师；制器恶其不精也，则需机械工程师；农业恶其不进也，山林恶其不修也，则需农学大师、森林学者焉。若夫文史哲学，则吾国固有经师文人在；若夫法家政客，则今日正苦其多。彼早稻田、明治大学之毕业生，皆其选也。故为国家计，不得不重实科而轻文科。且习文科者，最上不过得一官，下之仅足以糊口，不如习工程实科者有作铁道大王、百万巨富之希望也。故为个人计，尤不得去彼而取此。此二说之结果，遂令习工程实业者充塞于留学界。其人大抵都勤苦力学，以数年之功，专施诸机械、木、石、钢铁之间；卒业之后，或可以绘一机器之图，或可以布百里之路，或可以开五金之矿。然试问：即令工程之师遍于中国，遂可以致吾国于富强之域乎？吾国今日政体之得失，军事之预备，政党之纷争，外交之受侮，教育之不兴，民智之不开，民德之污下，凡此种种，可以算学之程式、机械之图型解决之乎？可以汽机、轮轨、钢铁、木石整顿之乎？为重实科之说者，徒见国家之患贫，实业之不兴，物质文明之不进步；而不知一国治乱、盛衰之大原，实业工艺，仅其一端。若政治之良窳，法律之张弛，官吏之贪廉，民德之厚薄，民智之高下，宗教之善恶，凡此种种之重要，较之机械工程，何啻什百倍！一国之中，政恶而官贪，法敝而民偷，教化衰而民愚，则虽有铁道密如蛛网，煤铁富于全球，又安能免于蛮野黑暗之讥而自臻于文明之域也哉？……

三曰不讲求祖国之文字学术。今留学界之大病，在于数典忘祖。吾见有毕业大学而不能执笔作一汉文家书者矣！有毕业大学而不能自书其名者矣！有毕业工科而不知中国有佛、道二教者矣！……吾以为留学生而不讲习祖国文字，不知祖国学术文明，其流弊有二：

（1）无自尊心。英人褒克有言曰："人之爱国，必其国有可爱者存耳。"今吾国留学生，乃不知其国古代文化之发达，文学之优美，历史之光荣，民俗之敦厚，一入他国，目眩于其物质文明之进步，则惊叹颠倒，以为吾国视此真有天堂地狱之别。于是由惊叹而艳羡，由艳羡而鄙弃故国，而出主人奴之势成矣！于是人之唾余，都成珠玉，人之瓦砾，都成琼瑶。及其归也，遂欲举吾国数千年之礼教、文字、风节、俗尚，一扫而空之，以为不如是不足以言改革也。……

（2）不能输入文明。祖国文字，乃留学生传播文明之利器，吾所谓帆、舵、篙、橹者是也。今之不能汉文之留学生，既不能以国文教授，又不能以国语著书，则其所学，虽极高深精微，于莽莽国人，有何益乎？其影响所及，终不能出于一课堂之外也。既如严几道之哲学，吾不知其浅深，然吾国今日学子，人人能言名学群学之大旨，物竞天择之微言者，伊谁之力欤？伊谁之力欤？！又吾国晚近思想革命、政治革命，其主动力，多出于东洋留学生，而西洋留学生寂然无闻焉。其故非东洋学生之学问高于西洋学生也，乃东洋留学生之能著书立说者之功耳。使吾国之留学生，人人皆如邝富灼、李登辉，则吾国之思想政治，必与二十年前丝毫无易，此可断言者也。

上所论三者，一曰苟且速成，二曰偏重实科，三曰昧于祖国文字学术。惟其欲速也，故无登岸造极之人才。惟其趋重实科也，故其人多成工师机匠，其所影响，不出一路一矿之微，而于吾所谓为祖国造文明者，无与焉。惟其昧于祖国之文字学术也，故即有饱学淹博之士，而无能自传其学于国人，仅能作一外国文教员以终身耳，于祖国之学术文化何所裨益哉？何所裨益哉？！故吾以为留学之效所以不著者，其咎亦由留学生自取之也。

一九一四年

（1914 年）

爱国运动与求学

当五月七日北京学生包围章士钊宅，警察拘捕学生的事件发生以后，北京各学校的学生团体即有罢课的提议。有些学校的学生因为北大学生会不曾参加五七的事，竟在北大第一院前辱骂北大学生不爱国。北大学生也有很愤激的，有些人竟贴出布告攻击北大代理校长蒋梦麟媚章媚外。然而几日之内，北大学生会举行总投票表决罢课问题，共投一千一百多票，反对罢课者八百余票，这件事真使一班留心教育问题的人心里欢喜。可喜的不在罢课案的被否决，而在（1）投票之多，（2）手续的有秩序，（3）学生态度的镇静。我的朋友高梦旦在上海读了这段新闻，写了一封长信给我，讨论此事，说，这样做去，便是在求学的范围以内做救国的事业，可算是在近年学生运动史上开一个新纪元。——只可惜我还没有回高先生的信，上海五卅的事件已发生了，前二十天的秩序与镇静都无法维持了。于是六月三日以后，全国学校遂都罢课了。

这也是很自然的。在这个时候，国事糟到这步田地，外间的刺激这么强：上海的事件未了，汉口的事件又来了，接着广州、南京的事件又来了：在这个时候，许多中年以上的人尚且忍耐不住，许多六十老翁尚且要出来慷慨激昂地主张宣战，何况这无数的少年男女学生呢？

我们观察这七年来的"学潮"，不能不算民国八年的五四事件与今年的五卅事件为最有价值。这两次都不是有什么作用，事前预备好了然后发动的；这两次都只是一般青年学生的爱国血诚，遇着国家的大耻辱，自然爆发；纯然是烂缦的天真，不顾利害地干将去，这种"无所为而为"的表示是真实的，可爱敬的。许多学生都是不愿意牺牲求学的时间的；只因为临时发生的问题太大了，刺激太强烈了，爱国的感情一时迸发，所以什么都顾不得了：功课也不顾了，秩序也不顾了，辛苦也不顾了。所以北大学生总投票表决不罢课之后，不到二十天，也就不能不罢课了。二十日前不罢课的表决可以表示学生不愿意牺牲功课的诚意；二十日后毫无勉强地罢课参加救国运动可以证明此次学生运动的牺牲的精神。这并非前后矛盾：有了前回的不愿牺牲，方才更显出后来的牺牲之难能而可贵。岂但北大一校如此？国中无数学校都有这样的情形。

但群众的运动总是不能持久的。这并非中国人的"虎头蛇尾"，"五分钟的热度"。这是世界人类的通病。所谓"民气"，所谓"群众运动"，都只是一时的大问题刺激起来的一种感情上的反应。感情的冲动是没有持久性的；无组织又无领袖的群众行动是最容易松散的。我们不看见北京大街的墙上大书着"打倒英日"、"不要五分钟的热度"吗？其实写那些大字的人，写成之后，自己看着很满意，他的"热度"早已消除大半了；他回到家里，坐也坐得下了，睡也睡得着了。所谓"民气"，无论在中国，在欧美，都是这样：突然而来，悠然而去。几天一次的公民大会，几天一次的示威游行，虽然可以勉强多维持一会儿，然而那回天安门打架之后，国民大会也就不容易召集了。

我们要知道，凡关于外交的问题，民气可以督促政府，政府可以利用民气，民气与政府相为声援，方才可以收效。没有一个像样的政府，虽有民气，终不能单独成功。因为外国政府决不能直接和我们的群众办交涉；民众运动的影响（无论是一时的示威或是较有组织的经济抵制），终是间接的。一个健全的政府可以利用民气作后盾，在外交上可以多得胜利，至少也可以少吃点亏。若没有一个能运用民气的政府，我们可以断定民众运动的牺牲的大部分是白白地糟蹋了的。

倘使外交部于六月二十四日同时送出沪案及修改条约两照会之后即行负责交涉，那时民气最盛，海员罢工的声势正大，沪案的交涉至少可以得一个比较满人意的结果。但这个政府太不像样了：外交部不敢自当交涉之冲，却要三个委员来代掮末梢；三个委员都是很聪明的人，也就乐得三揖三让，延搁下去。他们不但不能用民气，反惧怕民气了！况且某方面的官僚想借这风潮延长现政府的寿命，某方面的政客也想借这个问题展缓东北势力的侵逼。他们不运用民气来对付外人，只会利用民气来便利他们自己的私图！于是一误，再误，至于今日，沪案及其他关连之各案丝毫不曾解决，而民气却早已成了强弩之末了！

上海的罢工本是对英日的，现在却是对邮政当局，商务印书馆，中华书局了。北京的学生运动一变而为对付杨荫榆，又变而为对付章士钊了。广州对英的事件全未了结，而广州城却早已成为共产与反共产的血战场了。三个月的"爱国运动"的变相竟致如此！

这时候有一件差强人意的事，就是全国学生总会议决秋季开学后各地学生应一律到校上课，上课后应努力于巩固学生会的组织，为民众运动的中心。北京学联会也决议北京各校同学于开学前务必到校，一面上课，一面仍继续进行。

这是很可喜的消息。全国学生总会的通告里并且有"五卅运动并非短时间所可解决"的话。我们要为全国学生下一转语：救国事业更非短时间所能解决：帝国主义不是赤手空拳打得倒的；"英日强盗"也不是几千万人的喊声咒得死的。救国是一件顶大的事业：排队游街，高喊着"打倒英日强盗"，算不得救国事业；甚至于砍下手指写血书，甚至于蹈海投江，杀身殉国，都算不得救国的事业。救国的事业须要有各色各样的人才；真正的救国的预备在于把自己造成一个有用的人才。

易卜生说的好：

真正的个人主义在于把你自己这块材料铸造成个东西。

他又说：

有时候我觉得这个世界就好像大海上翻了船，最要紧的是救出我自己。

在这个高唱国家主义的时期，我们要很诚恳的指出：易卜生说的"真正的个人主义"正是到国家主义的唯一大路。救国须从救出你自己下手！

学校固然不是造人才的唯一地方，但在学生时代的青年却应该充分地利用学校的环境与设备来把自己铸造成个东西。我们须要明白了解：

救国千万事，何一不当为？

而吾性所适，仅有一二宜。

认清了你"性之所近，而力之所能勉"的方向，努力求发展，这便是你对国家应尽的责任，这便是你的救国事业的预备工夫。国家的纷扰，外间的刺激，只应该增加你求学的热心与兴趣，而不应该引诱你跟着大家去呐喊。呐喊救不了国家。即使呐喊也算是救国运动的一部分，你也不可忘记你的事业有比呐喊重要十倍百倍的。你的事业是要把你自己造成一个有眼光有能力的人才。

你忍不住吗？你受不住外面的刺激吗？你的同学都出去呐喊了，你受不了他们的引诱与讥笑吗？你独坐在图书馆里觉的难为情吗？你心里不安吗？——这也是人情之常，我们不怪你；我们都有忍不住的时候。但我们可以告诉你一两个故事，也许可以给你一点鼓舞：

德国大文豪葛德（Goethe）在他的年谱里（英译本页一八九）曾说，他每遇着国家政治上有大纷扰的时候，他便用心去研究一种绝不关系时局的学问，使他的心思不致受外界的扰乱。所以拿破仑的兵威逼迫德国最厉害的时期里，葛德天天用功研究中国的文物。又当利俾瑟之战的那一天，葛德正关着门，做他的名著 Essex 的"尾声"。

德国大哲学家费希特（Fichte）是近代国家主义的一个创始者。然

381

而他当普鲁士被拿破仑践破之后的第二年（一八〇七）回到柏林，便着手计划一个新的大学——即今日之柏林大学。那时候，柏林还在敌国驻兵的掌握里。费希特在柏林继续讲学，在很危险的环境里发表他的《告德意志民族》（*Reden an die deutsche nation*）。往往在他讲学的堂上听得见敌人驻兵操演回来的笛声。他这一套讲演——《告德意志民族》——忠告德国人不要灰心丧志，不要惊皇失措；他说，德意志民族是不会亡国的；这个民族有一种天付［赋］的使命，就是要在世间建立一个精神的文明，——德意志的文明：他说，这个民族的国家是不会亡的。

后来费希特计划的柏林大学变成了世界的一个最有名的学府；他那部《告德意志民族》不但变成了德意志帝国建国的一个动力，并且成了十九世纪全世界的国家主义的一种经典。

上边的两段故事是我愿意介绍给全国的青年男女学生的。我们不期望人人都做葛德与费希特。我们只希望大家知道：在一个扰攘纷乱的时期里跟着人家乱跑乱喊，不能就算是尽了爱国的责任，此外还有更难更可贵的任务：在纷乱的喊声里，能立定脚跟，打定主意，救出你自己，努力把你这块材料铸造成个有用的东西！

十四，八，卅一夜，在天津脱稿

（1925 年 8 月 31 日）

赠与今年的大学毕业生

这一两个星期里，各地的大学都有毕业的班次，都有很多的毕业生离开学校去开始他们的成人事业。学生的生活是一种享有特殊优待的生活，不妨幼稚一点，不妨吵吵闹闹，社会都能纵容他们，不肯严格的要他们负行为的责任。现在他们要撑起自己的肩膀来挑他们自己的担子了。在这个国难最紧急的年头，他们的担子真不轻！我们祝他们的成功，同时也不忍不依据我们自己的经验，赠与他们几句送行的赠言，——虽未必是救命毫毛，也许作个防身的锦囊罢！

你们毕业之后，可走的路不出这几条：绝少数的人还可以在国内或国外的研究院继续作学术研究；少数的人可以寻着相当的职业；此外还有做官，办党，革命三条路；此外就是在家享福或者失业闲居了。第一条继续求学之路，我们可以不讨论。走其余几条路的人，都不能没有堕落的危险。堕落的方式很多，总括起来，约有这两大类：

第一是容易抛弃学生时代的求知识的欲望。你们到了实际社会里，往往所用非所学，往往所学全无用处，往往可以完全用不着学问，而一样可以胡乱混饭吃，混官做。在这种环境里，即使向来抱有求知识学问的决心的人，也不免心灰意懒，把求知的欲望渐渐冷淡下去。况且学问是要有相当的设备的；书籍，试验室，师友的切磋指导，闲暇的工夫，都不是一个平常要糊口养家的人所能容易办到的。没有做学问的环境，又谁能怪我们抛弃学问呢？

第二是容易抛弃学生时代的理想的人生的追求。少年人初次与冷酷的社会接触，容易感觉理想与事实相去太远，容易发生悲观和失望。多年怀抱的人生理想，改造的热诚，奋斗的勇气，到此时候，好像全不是那么一回事。眇小的个人在那强烈的社会炉火里，往往经不起长时期的烤炼就镕化了，一点高尚的理想不久就幻灭了。抱着改造社会的梦想而来，往往是弃甲曳兵而走，或者做了恶势力的俘虏。你在那俘虏牢狱里，回想那少年气壮时代的种种理想主义，好像都成了自误误人的迷梦！从此以后，你就甘心放弃理想人生的追求，甘心做现成社会的顺民了。

要防御这两方面的堕落，一面要保持我们求知识的欲望，一面要保持我们对于理想人生的追求。有什么好法子呢？依我个人的观察和经验，有三种防身的药方是值得一试的。

第一个方子只有一句话："总得时时寻一两个值得研究的问题！"问题是知识学问的老祖宗；古今来一切知识的产生与积聚，都是因为要解答问题，——要解答实用上的困难或理论上的疑难。所谓"为知识而求知识"，其实也只是一种好奇心追求某种问题的解答，不过因为那种问题的性质不必是直接应用的，人们就觉得这是"无所为"的求知识了。我们出学校之后，离开了做学问的环境，如果没有一个两个值得解答的疑难问题在脑子里盘旋，就很难继续保持追求学问的热心。可是，如果你有了一个真有趣的问题天天逗你去想他，天天引诱你去解决他，天天对你挑衅笑你无可奈他，——这时候，你就会同恋爱一个女子发了疯一样，坐也坐不下，睡也睡不安，没工夫也得偷出工夫去陪她，没钱也得撙衣节食去巴结她。没有书，你自会变卖家私去买书；没有仪器，你自会典押衣服去置办仪器；没有师友，你自会不远千里去寻师访友。你只要能时时有疑难问题来逼你用脑子，你自然会保持发展你对学问的兴趣，即使在最贫乏的智识环境中，你也会慢慢的聚起一个小图书馆来，或者设置起一所小试验室来。所以我说：第一要寻问题。脑子里没有问题之日，就是你的智识生活寿终正寝之时！古人说，"待文王而兴者，凡民也。若夫豪杰之士，虽无文王犹兴。"试想葛理略（Galileo）和牛敦（Newton）有多少藏书？有多少仪器？他们不过是有问题而已。有了问题而后，他们自会造出仪器来解答他们的问题。没有问题的人们，关在图书馆里也不会用书；锁在试验室里也不会有什么发现。

第二个方子也只有一句话："总得多发展一点非职业的兴趣。"离开学校之后，大家总得寻个吃饭的职业。可是你寻得的职业未必就是你所学的，或者未必是你所心喜的，或者是你所学而实在和你的性情不相近的。在这种状况之下，工作就往往成了苦工，就不感觉兴趣了。为糊口而作那种非"性之所近而力之所能勉"的工作，就很难保持求知的兴趣和生活的理想主义。最好的救济方法只有多多发展职业以外的正当兴趣与活动。一个人应该有他的职业，又应该有他的非职业的玩艺儿，可以叫做业余活动。凡一个人用他的闲暇来做的事业，都是他的业余活动。往往他的业余活动比他的职业还更重要，因为一个人的前程往往全靠他怎样用他的闲暇时间。他用他的闲暇来打马将，他就成个赌徒；你用你的闲暇来做社会服务，你也许成个社会改革者；或者你用你的闲暇去研究历史，你也许成个史学家。你的闲暇往往定你的终身。英国十九世纪的两个哲人，弥儿（J. S. Mill）终身做东印度公司的秘书，然而他的业余工作使他在哲学上，经济学上，政治思想史上都占一个很高的位置；斯宾塞（Spencer）是一个测量工程师，然而他的业余工作使他成为前世纪晚期世界思想界的一个重镇。古来成大学问的人，几乎没有一个不是善用他的闲暇时间的。特别在这个组织不健全的中国社会，职业不容易适合我们性情，我们要想生活不苦痛或不堕落，只有多方发展业余的兴趣，使我们的精神有所寄托，使我们的剩余精力有所施展。有了这种心爱的顽艺儿，你就做六个钟头的抹桌子工夫也不会感觉烦闷了，因为你知道，抹了六点钟的桌子之后，你可以回家去做你的化学研究，或画完你的大幅山水，或写你的小说戏曲，或继续你的历史考据，或做你的社会改革事业。你有了这种称心如意的活动，生活就不枯寂了，精神也就不会烦闷了。

第三个方子也只有一句话："你总得有一点信心。"我们生当这个不幸的时代，眼中所见，耳中所闻，无非是叫我们悲观失望的。特别是在这个年头毕业的你们，眼见自己的国家民族沉沦到这步田地，眼看世界只是强权的世界，望极天边好像看不见一线的光明，——在这个年头不发狂自杀，已算是万幸了。怎么还能够希望保持一点内心的镇定和理想的信任呢？我要对你们说：这时候正是我们要培养我们的信心的时候！只要我们有信心，我们还有救。古人说："信心（Faith）可以移山。"又说："只要工夫深，生铁磨成绣花针。"你不信吗？当拿破仑的军队征服普鲁士占据柏林的时候，有一位穷教授叫做费希特（Fichte）的，天天在讲堂上劝他的国人要有信心，要信仰他们的民族是有世界的特殊使命的，是必定要复兴的。费希特死的时候（一八一四），谁也不能预料德意志统一帝国何时可以实现。然而不满五十年，新的统一的德意志帝国居然实现了。

一个国家的强弱盛衰，都不是偶然的，都不能逃出因果的铁律的。我们今日所受的苦痛和耻辱，都只是过去种种恶因种下的恶果。我们要收将来的善果，必须努力种现在的新因。一粒一粒的种，必有满仓满屋的收，这是我们今日应该有的信心。

我们要深信：今日的失败，都由于过去的不努力。

我们要深信：今日的努力，必定有将来的大收成。

佛典里有一句话："福不唐捐。"唐捐就是白白的丢了。我们也应该说："功不唐捐！"没有一点努力是会白白的丢了的。在我们看不见想不到的时候，在我们看不见想不到的方向，你瞧！你下的种子早已生根发叶开花结果了！

你不信吗？法国被普鲁士打败之后，割了两省地，赔了五十万万佛郎的赔款。这时候有一位刻苦的科学家巴斯德（Pasteur）终日埋头在他的试验室里做他的化学试验和微菌学研究。他是一个最爱国的人，然而他深信只有科学可以救国。他用一生的精力证明了三个科学问题：（1）每一种发酵作用都是由于一种微菌的发展，（2）每一种传染病都是由于一种微菌在生物体中的发展；（3）传染病的微菌，在特殊的培养之下，可以减轻毒力，使它从病菌变成防病的药苗。——这三个问题，在表面上似乎都和救国大事业没有多大的关系。然而从第一个问题的证明，巴斯德定出做醋酿酒的新法，使全国的酒醋业每年减除极大的损失。从第二个问题的证明，巴斯德教全国的蚕丝业怎样选种防病，教全国的畜牧农家怎样防止牛羊瘟疫，又教全世界的医学界怎样注重消毒以减除外科手术的死亡率。从第三个问题的证明，巴斯德发明了牲畜的脾热瘟的疗治药苗，每年替法国农家减除了二千万佛郎的大损失；又发明了疯狗咬毒的治疗法，救济了无数的生命。所以英国的科学家赫胥黎（Huxley）在皇家学会里称颂巴斯德的功绩道："法国给了德国五十万万佛郎的赔款，巴斯德先生一个人研究科学的成绩足够还清这一笔赔款了。"

巴斯德对于科学有绝大的信心，所以他在国家蒙奇辱大难的时候，终不肯抛弃他的显微镜与试验室。他绝不想他的显微镜底下能偿还五十万万佛郎的赔款，然而在他看不见想不到的时候，他已收获了科学救国的奇迹了。

朋友们，在你最悲观最失望的时候，那正是你必须鼓起坚强的信心的时候。你要深信：天下没有白费的努力。成功不必在我，而功力必不唐捐。

二十一，六，二十七夜

（1932 年 6 月 27 日）

教育破产的救济
方法还是教育

我们中国人有一种最普遍的死症，医书上还没有名字，我姑且叫他做"没有胃口"。无论什么好东西，到了我们嘴里，舌头一舔，刚觉有味，才吞下肚去，就要作呕了。胃口不好，什么美味都只能"浅尝而止"，终不能下咽，所以我们天天皱起眉头，做出苦样子来，说：没有好东西吃！这个病症，看上去很平常，其实是死症。

前些年，大家都承认中国需要科学；然而科学还没有进口，早就听见一班妄人高唱"科学破产"了；不久又听见一班妄人高唱"打倒科学"了。前些年，大家又都承认中国需要民主宪政；然而宪政还没有入门，国会只召集过一个，早就听见一班"学者"高唱"议会政治破产"、"民主宪政是资本主义的副产物"了。

更奇怪的是今日大家对于教育的不信任。我做小孩子的时候，常听见人说这类的话："普鲁士战胜法兰西，不在战场上而在小学校里。""英国的国旗从日出处飘到日入处，其原因要在英国学堂的足球场上去寻找。"那时的中国人真迷信教育的万能！山东有一个乞丐武训，他终身讨饭，积下钱来就去办小学堂；他开了好几个小学堂，当时全国人都知道"义丐武训"的大名。这件故事，最可以表示那个时代的人对于教育的狂热。民国初元，范源濂等人极力提倡师范教育，他们的见解虽然太偏重"普及"而忽略了"提高"的方面，然而他们还是向来迷信教育救国的一派的代表。民国六年以后，蔡元培等人注意大学教育，他们的弊病恰和前一派相反，他们用全力去做"提高"的事业，却又忽略了教育"普及"的方面。但无论如何，范、蔡诸人都还绝对信仰教育是救国的唯一路子。民八至民九，杜威博士在中国各地讲演新教育的原理与方法，也很引起了全国人的注意。那时阎锡山在娘子关内也正在计划山西的普及教育，太原的种种补充小学师资的速成训练班正在极热烈的猛进时期，当时到太原游览参观的人都不能不深刻的感觉山西的一班领袖对于普及教育的狂热。

曾几何时，全国人对于教育好像忽然都冷淡了！渐渐的有人厌恶教育了，渐渐的有人高喊"教育破产"了。

从狂热的迷信教育，变到冷淡的怀疑教育，这里面当然有许多复杂的原因。第一，是教育界自己毁坏他们在国中的信用：自从民八双十节以后北京教育界抬出了"索薪"的大旗来替代了"造新文化"的运动，甚至于不恤教员罢课至一年以上以求达到索薪的目的，从此以后，我们真不能怪国人瞧不起教育界了。第二，是这十年来教育的政治化，使教育变空虚了；往往学校所认为最不满意的人，可以不读书，不做学问，而仅仅靠着活动的能力取得禄位与权力；学校本身又因为政治的不安定，时时发生令人厌恶的风潮。第三，这十几年来（直到最近时期），教育行政的当局无力管理教育，就使私立中学与大学尽量的营业化；往往失业的大学生与留学生，不用什么图书仪器的设备，就可以挂起中学或大学的招牌来招收学生；野鸡学校越多，教育的信用当然越低落了。第四，这十几年来，所谓高等教育的机关，添设太快了，国内人才实在不够分配，所以大学地位与程度都降低了，这也是教育招人轻视的一个原因。第五，粗制滥造的毕业生骤然增多了，而社会上的事业不能有同样速度的发展，政府机关又不肯充分采用考试任官的方法，于是"粥少僧多"的现象就成为今日的严重问题，做父兄的，担负了十多年的教育费，眼见子弟拿着文凭寻不到饭碗，当然要埋怨教育本身的失败了。

这许多原因（当然不限于这些），我们都不否认。但我要指出，这种种原因都不够证成教育的破产。事实上，我们今日还只是刚开始试办教育，还只是刚起了一个头，离那现代国家应该有的教育真是去题万里！本来还没有"教育"可说，怎么谈得到"教育破产"？产还没有置，有什么可破？今日高唱"教育破产"的妄人，都只是害了我在上文说的"没有胃口"的病症。他们在一个时代也曾跟着别人喊着要教育，等到刚尝着教育的味儿，他们早就皱起眉头来说教育是吃不得的了！我们只能学耶稣的话来对这种人说："啊！你们这班信心浅薄的人啊！"

我要很诚恳的对全国人诉说：今日中国教育的一切毛病，都由于我们对教育太没有信心，太不注意，太不肯花钱。教育所以"破产"，都因为教育太少了，太不够了。教育的失败，正因为我们今日还不曾真正有教育。

为什么一个小学毕业的孩子不肯回到田间去帮他父母做工呢？并不是小学教育毁了他。第一，是因为田间小孩子能读完小学的人数太少了，他觉得他进了一种特殊阶级，所以不屑种田学手艺了。第二，是因为那班种田做手艺的人也连小学都没有进过，本来也就不欢迎这个认得几担大字的小学生。第三，他的父兄花钱送他进学堂，心眼里本来也就指望他做一个特殊阶级，可以夸耀邻里，本来也就最不指望他做块"回乡豆腐干"重回到田间来。

对于这三个根本原因，一切所谓"生活教育"、"职业教育"，都不是有效的救济。根本的救济在于教育普及，使个个学龄儿童都得受义务的（不用父母花钱的）小学教育；使人人都感觉那一点点的小学教育并不是某种特殊阶级的表记，不过是个个"人"必需的东西，——和吃饭睡觉呼吸空气一样的必需的东西。人人都受了小学教育，小学毕业生自然不会做游民了。

中学教育和大学教育的许多怪现状，也不全是教育本身的毛病，也往往是这个过渡时期（从没有教育过渡到刚开始有教育的时期）不可避免的现状。因为教育太希有，太贵，因为小学教育太不普及，所以中等教育更成了极少数人家子弟的专有品，大学教育更不用说了。今日大多数升学的青年，不一定都是应该升学的，只因为他们的父兄有送子弟升学的财力，或者因为他们的父兄存了"将本求利"的心思勉力借贷供给他们升学的。中学毕业要贴报条向亲戚报喜，大学毕业要在祠堂前竖旗杆，这都不是今日已绝迹的事。这样希有的宝贝（今日在初中的人数约占全国人口一千分之一；在高中的人数约占全国人口四千分之一；在专科以上学校的人数约占全国人口一万分之一！）当然要高自位置，不屑回到内地去，宁作都市的失业者而不肯做农村的导师了。

今日中等教育与高等教育所以还办不好，基本的原因还在于学生的来源太狭，在于下层的教育基础太窄太小，（十九年度全国高中普通科毕业生数不满八千人，而二十年度专科以上学校一年级新生有一万五千多人！）来学的多数是为熬资格而来，不是为求学问而来。因为要的是资格，所以只要学校肯给文凭便有学生。因为要的是资格，所以教员越不负责任，越受欢迎，而严格负责的训练管理往往反可以引起风潮；学问是可以牺牲的，资格和文凭是不可以牺牲的。

欲要救济教育的失败，根本的方法只有用全力扩大那个下层的基础，就是要下决心在最短年限内做到初等义务教育的普及。国家与社会在今日必须拼命扩充初等义务教育，然后可以用助学金和免费的制度，从那绝大多数的青年学生里，选拔那些真有求高等知识的天才的人去升学。受教育的人多了，单有文凭上的资格就不够用了，多数人自然会要求真正的知识与技能了。

这当然是绝大的财政负担，其经费数目的伟大可以骇死今日中央和地方天天叫穷的财政家。但这不是绝不可能的事。在七八年前，谁敢相信中国政府每年能担负四万万元的军费？然而这个巨大的军费数目在今日久已是我们看惯毫不惊讶的事实了！

所以今日最可虑的还不是没有钱，只是我们全国人对于教育没有信心。我们今日必须坚决的信仰：五千万失学儿童的救济比五千架飞机的功效至少要大五万倍！

二十三，八，十七

（1934 年 8 月 17 日）

领袖人才的来源

北京大学教授孟森先生前天寄了一篇文字来，题目是《论士大夫》。（见《独立》第十二期。）他下的定义是：

> "士大夫"者，以自然人为国负责，行事
> 有权，败事有罪，无神圣之保障，为诛殛所可
> 加者也。

虽然孟先生说的"士大夫"，从狭义上说，好像是限于政治上负大责任的领袖；然而他又包括孟子说的"天民"一级不得位而有绝大影响的人物，所以我们可以说，若用现在的名词，孟先生文中所谓"士大夫"应该可以叫做"领袖人物"，省称为"领袖"。孟先生的文章是他和我的一席谈话引出来的，我读了忍不住想引伸他的意思，讨论这个领袖人才的问题。

孟先生此文的言外之意是叹息近世居领袖地位的人缺乏真领袖的人格风度，既抛弃了古代"士大夫"的风范，又不知道外国的"士大夫"的流风遗韵，所以成了

一种不足表率人群的领袖。他发愿要搜集中国古来的士大夫人格可以做后人模范的，做一部《士大夫集传》；他又希望有人搜集外国士大夫的精华，做一部《外国模范人物集传》。这都是很应该做的工作，也许是很有效用的教育材料。我们知道《新约》里的几种耶稣传记影响了无数人的人格；我们知道布鲁达克（Plutarch）的英雄传影响了后世许多的人物。欧洲的传记文学发达的最完备，历史上重要人物都有很详细的传记，往往有一篇传记长至几十万言的，也往往有一个人的传记多至几十种的。这种传记的翻译，倘使有审慎的选择和忠实明畅的译笔，应该可以使我们多知道一点西洋的领袖人物的嘉言懿行，间接的可以使我们对于西方民族的生活方式得一点具体的了解。

中国的传记文学太不发达了，所以中国的历史人物往往只靠一些干燥枯窘的碑版文字或史家列传流传下来；很少的传记材料是可信的，可读的已很少了；至于可歌可泣的传记，可说是绝对没有。我们对于古代大人物的认识，往往只全靠一些很零碎的轶事琐闻。然而我至今还记得我做小孩子时代读的朱子《小学》里面记载的几个可爱的人物，如汲黯、陶渊明之流。朱子记陶渊明，只记他做县令时送一个长工给他儿子，附去一封家信，说："此亦人子也，可善遇之。"这寥寥九个字的家书，印在脑子里，也颇有很深刻的效力，使我三十年来不敢轻用一句暴戾的辞气对待那帮我做事的人。这一个小小例子可以使我承认模范人物的传记，无论如何不详细，只须剪裁的得当，描写的生动，也未尝不可以做少年人的良好教育材料，也未尝不可介绍一点做人的风范。

但是传记文学的贫乏与忽略，都不够解释为什么近世中国的领袖人物这样稀少而又不高明。领袖的人才决不是光靠几本《士大夫集传》就能铸造成功的。"士大夫"的稀少，只是因为"士大夫"在古代社会里自成一个阶级，而这个阶级久已不存在了。在南北朝的晚期，颜之推说：

> 吾观《礼经》，圣人之教，箕帚匕箸，咳唾唯诺，执烛沃盥，皆有节文，亦为至矣。但[《礼经》]既残缺非复全书，

> 其有所不载，及世事变改者，学达君子自为节度，相承行之。
> 故世号"士大夫风操"。而家门颇有不同，所见互称长短。然
> 其阡陌亦自可知。(《颜氏家训风操》第六)

在那个时代，虽然经过了魏、晋旷达风气的解放，虽然经过了多少战祸的摧毁，"士大夫"的阶级还没有完全毁灭，一些名门望族都竭力维持他们的门阀。帝王的威权，外族的压迫，终不能完全消火这门阀自卫的阶级观念。门阀的争存不全靠声势的煊赫，子孙的贵盛。他们所倚靠的是那"士大夫风操"，即是那个士大夫阶级所用来律己律人的生活典型。即如颜氏一家，遭遇亡国之祸，流徙异地，然而颜之推所最关心的还是"整齐门内，提撕子孙"，所以他著作家训，留作他家子孙的典则。隋唐以后，门阀的自尊还能维持这"士大夫风操"至几百年之久。我们看唐朝柳氏和宋朝吕氏、司马氏的家训，还可以想见当日士大夫的风范的保存是全靠那种整齐严肃的士大夫阶级的教育的。

然而这士大夫阶级终于被科举制度和别种政治和经济的势力打破了。元明以后，三家村的小儿只消读几部刻板书，念几百篇科举时文，就可以有登科作官的机会；一朝得了科第，像《红鸾禧》戏文里的丐头女婿，自然有送钱投靠的人来拥戴他去走马上任。他从小学的是科举时文，从来没有梦见过什么古来门阀里的"士大夫风操"的教育与训练，我们如何能期望他居士大夫之位要维持士大夫的人品呢？

以上我说的话，并不是追悼那个士大夫阶级的崩坏，更不是希冀那种门阀训练的复活。我要指出的是一种历史事实。凡成为领袖人物的，固然必须有过人的天资做底子，可是他们的知识见地，做人的风度，总得靠他们的教育训练。一个时代有一个时代的"士大夫"，一个国家有一个国家的范型式的领袖人物。他们的高下优劣，总都逃不出他们所受的教育训练的势力。某种范型的训育自然产生某种范型的领袖。

这种领袖人物的训育的来源，在古代差不多全靠特殊阶级（如中国古代的士大夫门阀，如日本的贵族门阀，如欧洲的贵族阶级及教会）的特殊训练。在近代的欧洲则差不多全靠那些训练领袖人才的大学。欧洲之有今日的灿烂文化，差不多全是中古时代留下的几十个大学的

功劳。近代文明有四个基本源头：一是文艺复兴，二是十六七世纪的新科学，三是宗教革新，四是工业革命。这四个大运动的领袖人物，没有一个不是大学的产儿。中古时代的大学诚然是幼稚的可怜，然而意大利有几个大学都有一千年的历史；巴黎，牛津，康桥都有八九百年的历史；欧洲的有名大学，多数是有几百年的历史的；最新的大学，如莫斯科大学也有一百八十多年了，柏林大学是一百二十岁了。有了这样长期的存在，才有积聚的图书设备，才有集中的人才，才有继长增高的学问，才有那使人依恋崇敬的"学风"。至于今日，西方国家的领袖人物，那一个不是从大学出来的？即使偶有三五个例外，也没有一个不是直接间接受大学教育的深刻影响的。

在我们这个不幸的国家，一千年来，差不多没有一个训练领袖人才的机关。贵族门阀是崩坏了，又没有一个高等教育的书院是有持久性的，也没有一种教育是训练"有为有守"的人才的。五千年的古国，没有一个三十年的大学！八股试帖是不能造领袖人才的，做书院课卷是不能造领袖人才的，当日最高的教育，——理学与经学考据——也是不能造领袖人才的。现在这些东西都快成了历史陈迹了，然而这些新起的"大学"，东抄西袭的课程，朝三暮四的学制，七零八落的设备，四成五成的经费，朝秦暮楚的校长，东家宿而西家餐的教员，十日一雨五日一风的学潮，——也都还没有造就领袖人才的资格。

丁文江先生在《中国政治的出路》（《独立》第十一期）里曾指出"中国的军事教育比任何其他的教育都要落后"，所以多数的军人都"因为缺乏最低的近代知识和训练，不足以担任国家的艰巨"。其实他太恭维"任何其他的教育"了！茫茫的中国，何处是训练大政治家的所在？何处是养成执法不阿的伟大法官的所在？何处是训练财政经济专家学者的所在？何处是训练我们的思想大师或教育大师的所在？

领袖人物的资格在今日已不比古代的容易了。在古代还可以有刘邦、刘裕一流的枭雄出来平定天下，还可以像赵普那样的人妄想用"半部《论语》治天下"。在今日的中国，领袖人物必须具备充分的现代见识，必须有充分的现代训练，必须有足以引起多数人信仰的人格。

这种资格的养成，在今日的社会，除了学校，别无他途。

我们到今日才感觉整顿教育的需要，真有点像"临渴掘井"了。然而治七年之病，终须努力求三年之艾。国家与民族的生命是千万年的。我们在今日如果真感觉到全国无领袖的苦痛，如果真感觉到"盲人骑瞎马"的危机，我们应当深刻的认清只有咬定牙根来澈底整顿教育，稳定教育，提高教育的一条狭路可走。如果这条路上的荆棘不扫除，虎狼不驱逐，奠基不稳固；如果我们还想让这条路去长久埋没在淤泥水潦之中，——那么，我们这个国家也只好长久被一班无知识无操守的浑人领导到沉沦的无底地狱里去了。

二十三年八月十七日

（1934 年 8 月 17 日）

争取学术独立的十年计划

我很深切的感觉中国的高等教育应该有一个自觉的十年计划，其目的是要在十年之中，建立起中国学术独立的基础。

我说的"学术独立"，当然不是一班守旧的人们心里想的"汉家自有学术，何必远法欧美"。我决不想中国今后的学术可以脱离现代世界的学术而自己寻出一条孤立的途径，我也决不主张十年之后就可以没有留学外国的中国学者了。

我所谓"学术独立"必须具有四个条件：（一）世界现代学术的基本训练，中国自己应该有大学可以充分担负，不必向国外去寻求。（二）受了基本训练的人才，在国内应该有设备够用与师资良好的地方，可以继续作专门的科学研究。（三）本国需要解决的科学问题、工业问题、医药与公共卫生问题、国防工业问题等等，在国内都应该有适宜的专门人才与研究机构可以帮助社会国家寻求得解决。（四）对于现代世界的学术，本国的学人与研究机关应该和世界各国的学人与研究机关分工合作，共同担负人类学术进展的责任。

要做到这样的学术独立，我们必须及早准备一个良好的、坚实的基础。所以我提议，中国此时应该有一个大学教育的十年计划，在十年之内，集中国家的最大力量，培植五个到十个成绩最好的大学，使他们尽力发展他们的研究工作，使他们成为第一流的学术中心，使他们成为国家学术独立的根据地。

这个十年计划也可以分做两个阶段。第一个五年，先培植起五个大学；五年之后，再加上五个大学。这个分两期的方法有几种好处：第一，国家的人才与财力恐怕不够同时发展十个第一流的大学；第二，先用国家力量培植五所大学，可以鼓励其他大学努力向上，争取第二期五个大学的地位。

我提议的十年计划，当然不是只顾到那五个十个大学而不要那其余的大学和学院了。说的详细一点，我提议：

（一）政府应该下大决心，在十年之内，不再添设大学或独立学院。

（二）本年宪法生效之后，政府必须严格实行宪法第一百六十四条的规定，"教育文化科学之经费，在中央决不得少于其预算总额百分之十五，在省不得少于其预算总额百分之二十五，在市县不得少于其预算总额百分之三十五。"全国人民与人民团体应该随时监督各级政府严格执行。

（三）政府应该有一个高等教育的十年计划，分两期施行。

（四）在第一个五年里，挑选五个大学，用最大的力量培植他们，特别发展他们的研究所，使他们能在已有的基础之上，在短期间内，发展成为现代学术的重要中心。

（五）在第二个五年里，继续培植前期五个大学之外，再挑选五个大学，用同样的大力量培植他们，特别发展他们的研究所，使他们在短期内发展成为现代学术的重要中心。

（六）在这十年里，对于其余的四十多个国立大学和独立学院，政府应该充分增加他们的经费，扩充他们的设备，使他们有继续整顿发展的机会，使他们成为各地最好的大学。对于有成绩的私立大学和独立学院，政府也应该继续民国二十二年以来补助私立学校的政策，给他们适当的补助费，使他们能继续发展。

（七）在选择每一期的五个大学之中，私立的学校与国立的学校应该有同样被挑选的机会，选择的标准应该注重人才、设备、研究成绩。

（八）这个十年计划应该包括整个大学教育制度的革新，也应该包括"大学"的观念的根本改换。近年所争的几个学院以上才可称大学，简直是无谓之争。今后中国的大学教育应该朝着研究院的方向去发展。凡能训练研究工作的人才的，凡有教授与研究生做独立的科学研究的，才是真正的大学。凡只能完成四年本科教育的，尽管有十院七八十系，都不算是将来的最高学府。从这个新的"大学"观念出发，现行的大学制度应该及早彻底修正，多多减除行政衙门的干涉，多多增加学术机关的自由与责任。例如现行的学位授予法，其中博士学位的规定最足以阻碍大学研究所的发展。这部分的法令公布了十六年，至今不能实行，政府应该早日接受去年中央研究院评议会的建议，"博士候选人之平时研究工作及博士论文，均应由政府核准设立研究所五年以上并经特许收受博士候选人之大学或独立学院自行审查考试，审查考试合格者，由该校院授予博士学位。"今日为了要提倡独立的科学研究，为了要提高各大学研究所的尊严，为了要减少出洋镀金的社会心理，都不可不修正学位授予法，让国内有资格的大学自己担负授予博士学位的责任。

这是我的建议的大概。这里面我认为最重要又最简单易行而收效最大最速的，是用国家最大力量培植五个到十个大学的计划。眼前的人才实在不够分配到一百多个大学与学院去（照去年夏天的统计，全国有二十八个国立大学，十八个国立学院，二十个私立大学，十三个省立学院，二十一个私立学院，共计一百个。此外还有四十八个公私立专科学校）。试问中国第一流的物理学者，国内外合计，有多少人？

中国专治西洋历史有成绩的，国内外合计，有多少人？这都是大学必不可少的学科，而人才稀少如此。学术的发达，人才是第一要件，我们必须集中第一流的人才，替他们造成最适宜的工作条件，使他们可以自己做研究，使他们可以替全国训练将来的师资与工作人员。有了这五个十个最高学府做学术研究的大本营，十年之后，我相信中国必可以在现代学术上得着独立的地位。

这不是我过分乐观的话，世界学术史上有许多事实可以使我说这样大胆的预言。

在我出世的那一年（一八九一），罗氏基金会决定捐出二千万美金来创办芝加哥大学。第一任校长哈勃尔（W. R. Harper）担任筹备的事，他周游全国，用当时空前的待遇（年俸七千五百元）选聘第一流人物做各院系的主任教授，美国没有的，他到英国、欧洲去挑。一年之后，人才齐备了，设备够用了，开学之日，芝加哥大学就被公认为第一流大学。一个私家基金会能做到的事，一个堂堂的国家当然更容易做得到。

更数上去十多年，一八七六年，吉尔门校长（D. C. Gilman）创立霍铿斯大学，专力提倡研究院的工作。那时候，美国的大学还都只有大学本科的教育。耶鲁大学的研究院成立于一八七一年，哈佛大学的研究院成立于一八七二年。吉尔门在霍铿斯大学才创立了专办研究院的新式大学，打开了"大学是研究院"的新风气。当时霍铿斯大学的人才盛极一时，哲学家如杜威，如罗以斯（Royce），经济学家如伊黎（Ely），政治学家如威尔逊总统，都是霍铿斯大学研究院出来的博士。在医学方面，当霍铿斯大学开办时（一八七六），美国全国还没有一个医学院是有研究实验室的设备的！吉尔门校长选聘了几个有研究成绩的青年医学家，如倭斯勒（Osler）、韦尔渠（Wellch）诸人，创立了第一个注重研究提倡实验的医学院，就奠定了美国新医学的基础。所以美国史家都承认美国学术独立的风气是从吉尔门校长创立大学研究院开始的。一个私人能倡导的风气，一个堂堂的国家当然更容易做得到。

所以我深信，用国家的大力来造成五个十个第一流大学，一定可以在短期间内做到学术独立的地位。我深信，只有这样集中人才，集中设备，——只有这一个方法可以使我们这个国家走上学术独立的路。

卅六、九、十八，第十六个九一八周年纪念日

（1947 年 9 月 18 日）

中学生的修养与择业

刚才吴县长报告了五十八年前我在此地的一段历史——我在三岁至四岁间，随先人在台东州住过一年多，在台南住过十个月——要我把台东看作第二家乡；昨天台南市市长也向台南市市民介绍我是台南人；这番盛意，我非常感谢！吴县长预备在这里要做纪念我先人的举动，实在不敢当。明天举行县议员选举，我将以不是候选人也不是选举人，冒充同乡，到各投票所去参观。

今天我看到了吴县长老太太，看到了她，我非常感动，她可算台东年龄最高的了，她与先母年龄相当，先母如在世，已经有七十九岁了。

我到这里不久，与县长、教育科长、校长等几位谈话，知道了台东的教育是在异常困难的情况下来推进的，我非常敬佩他们艰苦不移、紧守岗位的坚毅意志。本来教育厅陈雪屏厅长预备与我们同来的，因台北有事，临时由台南赶回去了。不过教育厅还有一位视察杨日旭先生是同来的，我已经特地要他到各校去视察，并将视察结果报告教育厅，以使省府对台东的教育情形有所了解。

今天我应该讲些什么？事先曾请教吴县长、师范刘校长和同来的几位朋友，他们以今天到场的大多数是青年朋友们，也有青年朋友们的父兄，因此要我讲讲中等教育的东西。同时，我到过的地方，许多朋友常常问我中学生应注重什么？中学毕业后，升学的应该怎样选科？到社会里去的应该怎样择业？我是不懂教育的，不过年纪大些，并且自己也是经过中学大学出来的，同时看到朋友们与我们自己的子弟经过中学，得到一点认识，愿意将自己的认识提出来供大家参考，今天讲的题目，就是："中学生的修养与中学生的择业"。

中学生的修养应注重两点：

一、工具的求得　中学生大概是从十二岁的幼年到十八岁的青年，这个时期是决定他将来最重要的一个时期。求知识与做人、做事的工具，要在这个时期求得。古人说："工欲善其事，必先利其器"，中学生要将来有成就，便应该注意到"求工具"——学业上、事业上、求知识上所需要的工具。求工具的目标有二：一是中学毕业后无力升学要到社会里去就业；一是继续升学。

第一种工具是言语文字。不论就业升学，以我个人的经验和观察所得，语言文字是最需要的工具。在中学里不仅应该学好本国的语言文字，最好能多学一二种外国的语言文字。它是就业升学的钥匙，能为我们打开知识的门。多学得一种语言，等于辟开一个新的花园、新的世界。语言文字，可以说是中学时期应该求得的工具当中非常重要的了。在中学时期如果没有打好语言文字的基础，以后作学问非常的困难。而且过了这个时期，很少能够把语言文字弄好的。

第二种工具是科学的基本知识。许多人都说学了数学，将来没有什么用处，这是错误的。数学是自然科学重要的钥匙，如果不能把这个重要的钥匙——数学，与物理学、化学、生物学、矿物学、植物学等，在中学时期学好，则不能求得新的知识。所以中学时期最重要的，是把这些基本知识弄好。

青年们在学校里对于各种基本科学，不能当它是功课，是学校课程里面需要的功课，应该把它当成求知识、做学问、做人的工具，必不可少的工具。拿工具这个观念来看课程，课程便活了。拿工具这个观念来批评课程，可以得到一个标准。首先看看哪些功课够得上作工具，并分出哪些功课是求知识做学问的工具，哪些功课是做人的工具。哪些功课是重要，哪些功课是次要。同时拿工具这个观念来督促自己，来分别轻重缓急。先生的教法，也可以拿工具这个观念来衡量，哪种教法是死的笨的，请先生改良，哪些应该特别注重，请先生注意。我这个话，不是叫学生对先生造反，而是请先生以工具来教，不要死板的照课本讲，这样推动先生，可以使得先生从没有精神提起精神，不是造反而是教学相长，不把功课当作功课看，把它当作必须的工具看。拿工具的观念看功课，功课便是活的。这一点也可以说是中学生治学的方法。

二、良好习惯的养成　良好习惯的养成，即普通所谓的人品教育，品性人格的陶冶。教育学家心理学家都告诉我们说：人品性格是习惯的养成，好的品格是好的习惯的养成。中学生是定型的阶段，中学生时期与其注重治学方法，毋宁提倡良好习惯的养成。一个人的坏习惯在中学还可纠正，假使在中学里不能养成良好的习惯，这个人的前途便算完了，在大学里不会是个好学生，在社会里不会是个有用的人才。我愿在这里提醒青年学生们的注意，也请学生的父兄教师们注意。

我们的国家以前专注重文字教育，读书人的指甲蓄得很长，手脸都是白白的，行动是文绉绉的，读书可以从"学而时习之"背诵起，写文章摇摇摆摆地会写出许多好听的词句来，可是他们是无用的，不能动手，也不能动脚，连桌凳有一点坏了，也不能拿起斧头钉子来修理。这种只能背书写文章的读书人就是没有养成良好的习惯——动手动脚的习惯。

我在台湾大学讲"治学方法"时，讲到一个故事：宋时有一新进士请教老前辈做官的秘诀，老前辈告诉他四个字："勤谨和缓"。这四个字，大家称为做官秘诀，我把它看作做人、做事、做学问的秘诀。简单的分别说：

勤，就是不偷懒，不走捷径，要切切实实，辛辛苦苦的去作。要用眼睛的用眼睛，用手的用手，用脚的用脚，先生叫你找材料，你就到应该到的地方去找。叫你找标本，你就到田野，到树林里去找。无论在实验室里，自然界里，都不要偷懒，一点一滴的去作。

谨，就是谨慎，不粗心，不苟且。以江浙的俗话来说，不拆烂污。写字，一点、一横都不放过。写外国字，i 的一点，t 的一横，也一样的不放过。作数学，一个圈，一个小数点都不可苟且。不要以为这是小事情，做事关系天下的大事，做学问关系成败，所以细心谨慎，是必须要养成的习惯。

和，就是不要发脾气，不要武断。要虚心，要和和平平。什么叫做虚心？脑筋不存成见，不以成见来观察事，不以成见来对待人。就做学问来说：要以心平气和的态度来学化学、数学、历史、地理，并以心平气和的态度来学语文。无论对事、对人、对物、对问题、对真理，完全是虚心的，这叫做和。

缓，这个字很重要。缓的意思不要忙，不轻易下一个结论。如果没有缓的习惯，前面三个字都不容易做到。譬如找证据，这是很难的工作，如果要几点钟缴卷，就不能作到勤的功夫。忙于完成，证据不够，不管它了，这样就不能做到谨的功夫。匆匆忙忙的去作，当然不能做到和的功夫。所以证据不够，应该悬而不断，就是姑且挂在那里。悬而不断，并不是叫你搁下来不管，是要你勤，要你谨，要你和。缓，就是南方人说的"凉凉去吧"。缓的意思，是要等着找到了充分的证据，然后根据事实来下判断。无论做学问、做事、做官、做议员，都是一样的。大家知道治花柳病的名药"六〇六"吧？什么叫"六〇六"呢？经过六百零六次的试验才成功的。"九一四"则试验了九百一十四次。达尔文的生物进化论认为，动植物的生存进化与环境有绝大的关系，也费了三十年的工夫，到四海去搜集标本和研究，并与朋友们往复讨论。朋友们都劝他发表，他仍然不肯。后来英国皇家学会收到另一位科学家华莱士的论文，其结论与达尔文的一样，朋友们才逼着达尔文把研究的结论公布，并提出与朋友们讨论的信件，来证明他早已获得结论，于是皇家学会才决定同华莱士的论文同时发表。达尔文这种持重的态度，不是缺点，是美德，这也是科学史上勤、谨、和、缓的实例。值得我们去想想，作为榜样，尤其青年学生们要在中学里便养成这种好习惯。有了这种好习惯，无论是做人、做事、做学问，将来不怕没有成就。

中学生高中毕业后，面临的问题是继续升学或到社会去找职业。升学应如何选科？到社会去应如何择业？简单的说，有两个标准：

一、社会的标准　社会上所需要的，最易发财的，最时髦的是什么？这便是社会的标准。台湾大学钱校长告诉我说，今年台大招生，投考学生中外文成绩好的都投考工学院，尤其是考电机工程、机械工程的特多，考文史的则很少，因为目前社会需要工程师，学成后容易得到职业而且待遇好。这种情形，在外国也是一样的，外国最吃香的学科是原子能、物理学和航空工程，干这一行的，最受欢迎，最受优待。

二、个人的标准　所谓个人的标准，就是个人的兴趣、性情、天才近哪门学科，适于哪一行业。简单的说，能干什么。社会上需要工程师，学工程的固不忧失业，但个人的性情志趣是否与工程相合？父母、兄长、爱人都希望你学工程，而你的性情志趣，甚至天才，却近于诗词、小说、戏剧、文学，你如迁就父母、兄长、爱人之所好而去学工程，结果工程界里多了一个饭桶，国家社会失去了一个第一流的诗人、小说家、文学家、戏剧学家，不是可惜了吗？所以个人的标准比社会的标准重要。因为社会标准所需要的太多，中国人常说社会职业有三百六十行，这是以前的说法，现在何止三百六十行，也许三千六百行，三万六千行都有，三千六百行，三万六千行，行行都需要。社会上需要建筑工程师，需要水利工程师，需要电力工程师，也需要大诗人、大美术家、大法学家、大政治家，同时也需要做新式马桶的工人。能做新式马桶的，照样可以发财。社会上三万六千行，既是行行都需要，一个人决不可能会做每行的事，顶多会二三行，普通都只能会一行的。在这种情形之下，试问是社会的标准重要，还是个人的标准重要？当然是个人的重要！因此选科择业不要太注重社会上的需要，更不要迁就父母、兄长、爱人的所好。爸爸要你学赚钱的职业，妈妈要你学时髦的职业，爱人要你学社会上有地位的职业，你都不要管他，只问你自己的性情近乎什么？自己的天才力量能做什么？配做什么？要根据这些来决定。

历史上在这一方面，有很好的例子。意大利的伽俐略是科学的老祖宗，是新的天文学家，新的物理学家的老祖宗。他的父亲是一个数学家，当时学数学的人很倒楣。在伽俐略进大学的时候（三百多年前），他父亲因不喜欢数学，所以要他学医，可是他读医科，毫无兴趣。朋友们以他的绘画还不坏，认为他有美术天才，劝他改学美术，他自己也颇以为然。有一天他偶然走过雷积教授替公爵府里面作事的人补习几何学的课室，便去偷听，竟大感兴趣，于是医学不学了，画也不学了，改学他父亲不喜欢的数学。后来 [他] 替全世界创立了新的天文学、新的物理学，这两门学问都建筑于数学之上。

最后说我个人到外国读书的经过。民国前二年，考取官费留美，家兄特从东三省赶到上海为我送行，以家道中落，要我学铁路工程，或矿冶工程。他认为学了这些回来，可以复兴家业，并替国家振兴实业；不要我学文学、哲学，也不要学做官的政治法律，说这是没有用的。当时我同许多人谈谈这个问题。以路矿都不感兴趣，为免辜负兄长的期望，决定选读农科，想做科学的农业家，以农报国。同时美国大学农科，是不收费的，可以节省官费的一部分，寄回补助家用。进农学院以后第三个星期，接到实验系主任的通知，要我到该系报到实习。报到以后，他问我"你有什么农场经验？"我说："我不是种田的。"他又问我："你作什么呢？"我说："我没有做什么，我要虚心来学，请先生教我。"先生答应说："好。"接着问我洗过马没有，要我洗马。我说："我们中国种田，是用牛不是用马。"先生说："不行。"于是学洗马，先生洗一半，我洗一半。随即学驾车，也是先生套一半，我套一半。作这些实习，还觉得有兴趣。下一个星期的实习，为包谷选种，一共有百多种，实习结果，两手起了泡，我仍能忍耐，继续下去。一个学期结束了，各种功课的成绩都在八十五分以上。到了第二年，成绩仍旧维持到这个水准。依照学院的规定，各科成绩在八十五分以上的，可以多选两小学分的课程，于是增选了种果学。起初是剪树、接种、浇水、捉虫，这些工作，也还觉得有兴趣。在上种果学的第二星期，有两小时的实习苹果分类，一张长桌，每个位子分置了四十个不同种类的苹果，一把小刀，一本苹果分类册，学生们须根据每个苹果的长短、开花孔的深浅、颜色、形状、果味和脆软等标准，查对苹果分类册，分别其类别（那时美国苹果有四百多类，现恐有六百多类了），普通名称和学名。美国同学都是农家子弟，对于苹果的普通名称一看便知，只需在苹果分类册里查对学名，便可填表缴卷，费时甚短。我和一位郭姓同学则须一个一个的经过所有检别的手续，花了两小时半，只分类了二十个苹果，而且大部分是错的。晚上我对这种实习起了一种念头：我花了两小时半的时间，究竟是在干什么？中国连苹果种子都没有，我学它什么用处？自己的性情不相近，干吗学这个？这两个半钟头的苹果实习使我改行，于是，决定离开农科，放弃一年半的时间（这时我已上了一年半的课），牺牲了两年的学费，不但节省官费补助家用已不可能，维持学业很困难，以后我改学文科，学哲学、政治、经济、文学。在没有回国时，以前与朋友们讨论文学问题，引起了中国的文学革命运动。提倡白话，拿白话作文，作教育工具，这与农场经验没有关系，与苹果学没有关系，是我那时的兴趣所在。我的玩意儿对国家贡献最大的便是文学的"玩意儿"，我所没有学过的东西。最近研究《水经注》（地理学的东西）。我已经六十二岁了，还不知道我究竟学什么？都是东摸摸、西摸摸，也许我以后还要学学水利工程亦未可知，虽则我现在头发都白了，还是无所专长，一无所成。可是我一生很快乐。因为我没有依社会需要的标准去学时髦。我服从了自己的个性，根据个人的兴趣所在去做，到现在虽然一无所成，但是我生活得很快乐，希望青年朋友们，接受我经验得来的这个教训，不要问爸爸要你学什么，妈妈要你学什么，爱人要你学什么。要问自己性情所近，能力所能做的去学。这个标准很重要，社会需要的标准是次要的。

（1952 年 12 月 27 日在台东的讲演）

人生有何意义

一、答某君书

　　……我细读来书，终觉得你不免作茧自缚。你自己去寻出一个本不成问题的问题，"人生有何意义？"其实这个问题是容易解答的。人生的意义全是各人自己寻出来，造出来的：高尚，卑劣，清贵，污浊，有用，无用，……全靠自己的作为。生命本身不过是一件生物学的事实，有什么意义可说？生一个人与一只猫，一只狗，有什么分别？人生的意义不在于何以有生，而在于自己怎样生活。你若情愿把这六尺之躯葬送在白昼作梦之上，那就是你这一生的意义。你若发愤振作起来，决心去寻求生命的意义，去创造自己的生命的意义，那么，你活一日便有一日的意义，作一事便添一事的意义，生命无穷，生命的意义也无穷了。

总之，生命本没有意义，你要能给他什么意义，他就有什么意义。与其终日冥想人生有何意义，不如试用此生作点有意义的事。……

十七，一，廿七

二、为人写扇子的话

知世如梦无所求，无所求心普空寂。

还似梦中随梦境，成就河沙梦功德。

王荆公小诗一首，真是有得于佛法的话。认得人生如梦，故无所求。但无所求不是无为。人生固然不过一梦，但一生只有这一场做梦的机会，岂可不努力做一个轰轰烈烈像个样子的梦？岂可糊糊涂涂懵懵懂懂混过这几十年吗？

十八，五，十三

（1929 年 5 月 13 日）

不朽

——我的宗教

不朽有种种说法，但是总括看来，只有两种说法是真有区别的。一种是把"不朽"解作灵魂不灭的意思。一种就是《春秋》、《左传》上说的"三不朽"。

（一）神不灭论　宗教家往往说灵魂不灭，死后须受末日的裁判：做好事的享受天国天堂的快乐，做恶事的要受地狱的苦痛。这种说法，几千年来不但受了无数愚夫愚妇的迷信，居然还受了许多学者的信仰。但是古今来也有许多学者对于灵魂是否可离形体而存在的问题，不能不发生疑问。最重要的如南北朝人范缜的《神灭论》说："形者神之质，神者形之用……神之于质，犹利之于刀；形之于用，犹刀之于利。……舍利无刀，舍刀无利。未闻刀没而利存，岂容形亡而神在？"宋朝的司马光也说："形既朽灭，神亦飘散，虽有剉烧春磨，亦无所施。"但是司马光说的"形既朽灭，神亦飘散"，还不免把形与神看作两件事，不如范缜说的更透彻。范缜说人的神灵即是形体的作用，形体便是神灵的形质。正如刀子是形质，刀子的利钝是作用；有刀子方才有利钝，没有刀子便没有利钝。人有形体方才有作用：这个作用，我们叫做"灵魂"。若没有形体，便没有作用了，便没有灵魂了。范缜这篇《神灭论》出来的时候，惹起了无数人的反对。梁武帝叫了七十几个名士作论驳他，都没有什么真有价值的议论。其中只有沈约的《难神灭论》说："利若遍施四方，则利体无处复立；利之为用正存一边毫毛处耳。神之与形，举体若合，又安得同乎？若以此譬为尽耶，则不尽；若谓本不尽耶，则不可以为譬也。"这一段是说刀是无机体，人是有机体，故不能彼此相比。这话固然有理，但终不能推翻"神者形之用"的议论。近世唯物派的学者也说人的灵魂并不是什么无形体，独立存在的物事，不过是神经作用的总名：灵魂的种种作用都即是脑部各部分的机能作用；若有某部被损伤，某种作用即时废止；人年幼时，脑部不曾完全发达，神灵作用也不能完全，老年人脑部渐渐衰耗，神灵作用也渐渐衰耗。这种议论的大旨，与范缜所说"神者形之用"正相同。但是有许多人总舍不得把灵魂打消了，所以咬住说灵魂另是一种神秘玄妙的物事，并不是神经的作用。这个"神秘玄妙"的物事究竟是什么，他们也说不出来，只觉得总应该有这么一件物事。既是"神秘玄妙"，自然不能用科学试验来证明他，也不能用科学试验来驳倒他。既然如此，我们只好用实验主义（Pragmatism）的方法，看这种学说的实际效果如何，以为评判的标准。依此标准看来，信神不灭论的固然也有好人，信神灭论的也未必全是坏人。即如司马光、范缜、赫胥黎一类的人，说不信灵魂不灭的话，何尝没有高尚的道德？更进一层说，有些人因为迷信天堂，天国，地狱，末日裁判，方才修德行善，这种修行全是自私自利的，也算不得真正道德。总而言之，灵魂灭不灭的问题，于人生行为上实在没有什么重大影响；既没有实际的影响，简直可说是不成问题了。

（二）三不朽说　《左传》说的三种不朽是：（1）立德的不朽，（2）立功的不朽，（3）立言的不朽。"德"便是个人人格的价值，像墨翟、耶稣一类的人，一生刻意孤行，精诚勇猛，使当时的人敬爱信仰，使千百年后的人想念崇拜。这便是立德的不朽。"功"便是事业，像哥仑布发现美洲，像华盛顿造成美洲共和国，替当时的人开一新天地，替历史开一新纪元，替天下后世的人种下无量幸福的种子。这便是立功的不朽。"言"便是语言著作，像那《诗经》三百篇的许多无名诗人，又像陶潜、杜甫、萧士比亚、易卜生一类的文学家，又像柏拉图、卢骚、弥儿一类的哲学家，又像牛敦、达尔文一类的科学家，或是做了几首好诗使千百年后的人欢喜感叹；或是做了几本好戏使当时的人鼓舞感动，使后世的人发愤兴起；或是创出一种新哲学，或是发明了一种新学说，或在当时发生思想的革命，或在后世影响无穷。这便是立言的不朽。总而言之，这种不朽说，不问人死后灵魂能不能存在，只问他的人格，他的事业，他的著作有没有永远存在的价值。即如基督教徒说耶稣是上帝的儿子，他的神灵永永存在，我们正不用驳这种无凭据的神话，只说耶稣的人格，事业，和教训都可以不朽，又何必说那些无谓的神话呢？又如孔教会的人每到了孔丘的生日，一定要举行祭孔的典礼，还有些人学那"朝山进香"的法子，要赶到曲阜孔林去对孔丘的神灵表示敬意！其实孔丘的不朽全在他的人格与教训，不在他那"在天之灵"。大总统多行两次丁祭，孔教会多走两次"朝山进香"，就可以使孔丘格外不朽了吗？更进一步说，像那《三百篇》里的诗人，也没有姓名，也没有事实，但是他们都可说是立言的不朽。为什么呢？因为不朽全靠一个人的真价值，并不靠姓名事实的流传，也不靠灵魂的存在。试看古今来的多少大发明家，那发明火的，发明养蚕的，发明缫丝的，发明织布的，发明水车的，发明舂米的水碓的，发明规矩的，发明秤的，……虽然姓名不传，事实湮没，但他们的功业永远存在，他们也就都不朽了。这种不朽比那个人的小小灵魂的存在，可不是更可宝贵，更可羡慕吗？况且那灵魂的有无还在不可知之中，这三种不朽——德，功，言，——可是实在的。这三种不朽可不是比那灵魂的不灭更靠得住吗？

以上两种不朽论，依我个人看来，不消说得，那"三不朽说"是比那"神不灭说"好得多了。但是那"三不朽说"还有三层缺点，不可不知。第一，照平常的解说看来，那些真能不朽的人只不过那极少数有道德，有功业，有著述的人。还有那无量平常人难道就没有不朽的希望吗？世界上能有几个墨翟、耶稣，几个哥仑布、华盛顿，几个杜甫、陶潜，几个牛敦、达尔文呢？这岂不成了一种"寡头"的不朽论吗？第二，这种不朽论单从积极一方面着想，但没有消极的裁制。那种灵魂的不朽论既说有天国的快乐，又说有地狱的苦楚，是积极消极两方面都顾着的。如今单说立德可以不朽，不立德又怎样呢？立功可以不朽，有罪恶又怎样呢？第三，这种不朽论所说的"德，功，言"三件，范围都很含糊。究竟怎样的人格方才可算是"德"呢？怎样的事业方才可算是"功"呢？怎样的著作方才可算是"言"呢？我且举一个例。哥仑布发现美洲固然可算得立了不朽之功，但是他船上的水手火头又怎样呢？他那只船的造船工人又怎样呢？他船上用的罗盘器械的制造工人又怎样呢？他所读的书的著作者又怎样呢？……举这一条例，已可见"三不朽"的界限含糊不清了。

因为要补足这三层缺点，所以我想提出第三种不朽论来请大家讨论。我一时想不起别的好名字，姑且称他做"社会的不朽论"。

（三）社会的不朽论　社会的生命，无论是看纵剖面，是看横截面，都像一种有机的组织。从纵剖面看来，社会的历史是不断的；前人影响后人，后人又影响更后人；没有我们的祖宗和那无数的古人，又那里有今日的我和你？没有今日的我和你，又那里有将来的后人？没有那无量数的个人，便没有历史，但是没有历史，那无数的个人也决不是那个样子的个人：总而言之，个人造成历史，历史造成个人。从横截面看来，社会的生活是交互影响的：个人造成社会，社会造成个人；社会的生活全靠个人分工合作的生活，但个人的生活，无论如何不同，都脱不了社会的影响；若没有那样这样的社会，决不会有这样那样的我和你；若没有无数的我和你，社会也决不是这个样子。来勃尼慈（Leibnitz）说得好：

这个世界乃是一片大充实（Plenum，为真空 Vacuum 之

416

对)，其中一切物质都是接连着的。一个大充实里面有一点变动，全部的物质都要受影响，影响的程度与物体距离的远近成正比例。世界也是如此。每一个人不但直接受他身边亲近的人的影响，并且间接又间接的受距离很远的人的影响。所以世间的交互影响，无论距离远近，都受得着的。所以世界上的人，每人受着全世界一切动作的影响。如果他有周知万物的智慧，他可以在每人的身上看出世间一切施为，无论过去未来都可看得出，在这一个现在里面便有无穷时间空间的影子。（见 *Monadology* 第 61 节）

从这个交互影响的社会观和世界观上面，便生出我所说的"社会的不朽论"来。我这"社会的不朽论"的大旨是：

我这个"小我"不是独立存在的，是和无量数小我有直接或间接的交互关系的；是和社会的全体和世界的全体都有互为影响的关系的；是和社会世界的过去和未来都有因果关系的。种种从前的因，种种现在无数"小我"和无数他种势力所造成的因，都成了我这个"小我"的一部分。我这个"小我"，加上了种种从前的因，又加上了种种现在的因传递下去，又要造成无数将来的"小我"。这种种过去的"小我"，和种种现在的"小我"，和种种将来无穷的"小我"，一代传一代，一点加一滴；一线相传，连绵不断；一水奔流，滔滔不绝：——这便是一个"大我"。"小我"是会消灭的，"大我"是永远不灭的。"小我"是有死的，"大我"是永远不死，永远不朽的。"小我"虽然会死，但是每一个"小我"的一切作为，一切功德罪恶，一切语言行事，无论大小，无论是非，无论善恶，一一都永远留存在那个"大我"之中。那个"大我"，便是古往今来一切"小我"的纪功碑，彰善祠，罪状判决书，孝子慈孙百世不能改的恶谥法。这个"大我"是永远不朽的，故一切"小我"的事业，人格，一举一动，一言一笑，一个念头，一场功劳，一桩罪过，也都永远不朽。这便是社会的不朽，"大我"的不朽。

那边"一座低低的土墙，遮着一个弹三弦的人"。那三弦的声浪，在空间起了无数波澜；那被冲动的空气质点，直接间接冲动无数旁的空气质点；这种波澜，由近而远，至于无穷空间；由现在而将来，由此刹那以至于无量刹那，至于无穷时间：——这已是不灭不朽了。那时间，那"低低的土墙"外边来了一位诗人，听见那三弦的声音，忽然起了一个念头；由这一个念头，就成了一首好诗；这首好诗传诵了许多；人人读了这诗，各起种种念头；由这种种念头，更发生无量数的念头，更发生无数的动作，以至于无穷。然而那"低低的土墙"里面那个弹三弦的人又如何知道他所发生的影响呢？

一个生肺病的人在路上偶然吐了一口痰。那口痰被太阳晒干了，化为微尘，被风吹起空中，东西飘散，渐吹渐远，至于无穷时间，至于无穷空间。偶然一部份的病菌被体弱的人呼吸进去，便发生肺病，由他一身传染一家，更由一家传染无数人家。如此展转传染，至于无穷空间，至于无穷时间。然而那先前吐痰的人的骨头早已腐烂了，他又如何知道他所种的恶果呢？

一千五六百年前有一个人叫范缜说了几句话道："神之于形，犹利之于刀；未闻刀没而利存，岂容形亡而神在？"这几句话在当时受了无数人的攻击。到了宋朝有个司马光把这几句话记在他的《资治通鉴》里。一千五六百年之后，有一个十一岁的小孩子，——就是我，——看《通鉴》到这几句话，心里受了一大感动，后来便影响了他半生的思想行事。然而那说话的范缜早已死了一千五百年了！

二千六七百年前，在印度地方有一个穷人病死了，没人收尸，尸首暴露在路上，已腐烂了。那边来了一辆车，车上坐着一个王太子，看见了这个腐烂发臭的死人，心中起了一念；由这一念，展转发生无数念。后来那位王太子把王位也抛了，富贵也抛了，父母妻子也抛了，独自去寻思一个解脱生老病死的方法。后来这位王子便成了一个教主，创了一种哲学的宗教，感化了无数人。他的影响势力至今还在；将来即使他的宗教全灭了，他的影响势力终久还存在，以至于无穷。这可是那腐烂发臭的路毙所曾梦想到的吗？

以上不过是略举几件事，说明上文说的"社会的不朽"，"大我的不朽"。这种不朽论，总而言之，只是说个人的一切功德罪恶，一切言语行事，无论大小好坏，一一都留下一些影响在那个"大我"之中。一一都与这永远不朽的"大我"一同永远不朽。

上文我批评那"三不朽论"的三层缺点：（1）只限于极少数的人，（2）没有消极的裁制，（3）所说"功，德，言"的范围太含糊了。如今所说"社会的不朽"，其实只是把那"三不朽论"的范围更推广了。既然不论事业功德的大小，一切都可不朽，那第一第三两层短处都没有了。冠绝古今的道德功业固可以不朽，那极平常的"庸言庸行"，油盐柴米的琐屑，愚夫愚妇的细事，一言一笑的微细，也都永远不朽。那发现美洲的哥仑布固可以不朽，那些和他同行的水手火头，造船的工人，造罗盘器械的工人，供给他粮食衣服银钱的人，他所读的书的著作家，生他的父母，生他父母的父母祖宗，以及生育训练那些工人商人的父母祖宗，以及他以前和同时的社会，……都永远不朽。社会是有机的组织，那英雄伟人可以不朽，那挑水的，烧饭的，甚至于浴堂里替你擦背的；甚至于每天替你家掏粪倒马桶的，也都永远不朽。至于那第二层缺点，也可免去。如今说立德不朽，行恶也不朽；立功不朽，犯罪也不朽；"流芳百世"不朽，"遗臭万年"也不朽；功德盖世固是不朽的善因，吐一口痰也有不朽的恶果。我的朋友李守常先生说得好："稍一失脚，必致遗留层层罪恶种子于未来无量的人，——即未来无量的我，——永不能消除，永不能忏悔。"这就是消极的裁制了。

中国儒家的宗教提出一个父母的观念，和一个祖先的观念，来做人生一切行为的裁制力。所以说，"一出言而不敢忘父母，一举足而不敢忘父母。"父母死后，又用丧礼祭礼等等见神见鬼的方法，时刻提醒这种人生行为的裁制力。所以又说，"斋明盛服，以承祭祀，洋洋乎如在其上，如在其左右。"又说，"斋三日，则见其所为斋者；祭之日，入室，僾然必有见乎其位；周还出户，肃然必有闻乎其容声；出户而听，忾然必有闻乎其叹息之声。"这都是"神道设教"，见神见鬼的手段。这种宗教的手段在今日是不中用了。还有那种"默示"的宗教，神权的宗教，崇拜偶像的宗教，在我们心里也不能发生效力，不能裁制我们一生的行为。以我个人看来，这种"社会的不朽"观念很可以做我的宗教了。我的宗教的教旨是：

我这个现在的"小我"，对于那永远不朽的"大我"的无穷过去，须负重大的责任；对于那永远不朽的"大我"的无穷未来，也须负重大的责任。我须要时时想着，我应该如何努力利用现在的"小我"，方才可以不辜负了那"大我"的无穷过去，方才可以不遗害那"大我"的无穷未来？

〔跋〕这篇文章的主意是民国七年年底当我的母亲丧事里想到的。那时只写成一部分，到八年二月十九日方才写定付印。后来俞颂华先生在报纸上指出我论社会是有机体一段很有语病，我觉得他的批评很有理，故九年二月间我用英文发表这篇文章时，我就把那一段完全改过了。十年五月，又改定中文原稿，并记作文与修改的缘起于此。

民国八年二月十九日稿

（1919年2月19日）

不老
——跋梁漱溟先生致陈独秀书

一、梁先生原信节录

仲甫先生：

　　方才收到《新青年》六卷一号，看见你同陶孟和先生论我父亲自杀的事各一篇，我很感谢。为什么呢？因为凡是一件惹人注目的事，社会上对于他一定有许多思量感慨。当这用思兴感的时候，必不可无一种明确的议论来指导他们到一条正确的路上去，免得流于错误而不自觉。所以我很感谢你们作这种明确的议论。我今天写这信有两个意思：一个是我读孟和的论断似乎还欠明晰，要有所申论；一个是凡人的精神状况差不多都与他的思想有关系，要众人留意。……

　　诸君在今日被一般人指而目之为新思想家，那里知道二十年前我父亲也是受人指而目之为新思想家的呀。那时候人都毁骂郭筠仙（嵩焘）信洋人讲洋务，我父亲同他不相识，独排众论，极以他为然。又常亲近那最老的外交家许静山先生（珏）去访问世界大势，讨论什么亲俄亲英的问题。自己在日记上说："倘我本身不能出洋留学，一定节省出钱来叫我儿子出洋。万事可省，此事不可不办。"大家总该晓得向来小孩子开蒙念书照规矩是《百姓家》、《千字文》、《四书五经》。我父亲竟不如此，叫那先生拿"地球韵言"来教我。我八岁时候有一位陈先生开了一个"中西小学堂"，便叫我去那里学起 a b c d 来。到现在二十岁了，那人人都会背的《论语》、《孟子》，我不但不会背，还是没有念呢！请看二十年后的今日还在那里压派着小学生读经，稍为革废之论，即为大家所不容。没有过人的精神，能行之于二十年前么？我父亲有兄弟交彭翼仲先生是北京城报界开天辟地的人，创办《启蒙画报》、《京话日报》、《中华报》等等。（《启蒙画报》上边拿些浅近科学知识讲给人听，排斥迷信，恐怕是北京人与赛先生〔Science〕相遇的第一次呢！）北京人都叫他"洋报"，没人过问，赔累不堪，几次绝望。我父亲典当了钱接济他，前后千余金。在那借钱折子上自己批道："我们为开化社会，就是把这钱赔干净了也甘心。"我父亲又拿鲁国漆室女倚门而叹的故事编了一出新戏叫作《女子爱国》。其事距今有十四五年了，算是北京新戏的开创头一回。戏里边便是把当时认为新思想的种种改革的主张夹七夹八的去灌输给听戏的人。平日言谈举动，在一般亲戚朋友看去，都有一种生硬新异的感觉，抱一种老大不赞成的意思。当时的事且不再叙，去占《新青年》的篇幅了。然而到了晚年，就是这五六年，除了合于从前自己主张的外，自己常很激烈的表示反对新人物新主张（于政治为尤然）。甚至把从前所主张的，如申张民权排斥迷信之类，有返回去的倾向。不但我父亲如此，我的父执彭先生本是勇往不过的革新家，那一种破釜沉舟的气概，恐怕现在的革新家未必能及，到现在他的思想也是陈旧的很。甚至也有那返回去的倾向。当年我们两家虽都是南方籍贯，因为一连几代作官不曾回南，已经成了北京人。空气是异常腐败的。何以竟能发扬蹈厉去作革新的先锋？到现在的机会，要比起从前，那便利何止百倍，反而不能助成他们的新思想，却墨守条规起来，又何故呢？这便是我说的精神状况的关系了。当四十岁时，人的精神充裕，那一副过人的精神便显起效用来，于甚少的机会中追求出机会，摄取了知识，构成了思想，发动了志气，所以有那一番积极的作为。在那时代便是维新家了。到六十岁时，精神安能如昔？知识的摄取力先减了，思想的构成力也退了，所有的思想都是以前的遗留，没有那力兴未艾的创造，而外界的变迁却一日千里起来，于是乎就落后为旧人物了。因为所差的不过是精神的活泼，不过是创造的智慧，所以虽不是现在的新思想家，却还是从前的新思想家；虽没有今人的思想，却不像寻常人的没思想。况且我父亲虽然到了老年，因为有一种旧式道德家的训练，那颜色还是很好，目光极其有神，肌肉不瘠，步履甚健，样样都比我们年轻人还强。精神纵不如昔，还是过人。那神志的清明，志气的刚强，情感的真挚，真所谓老当益壮的了。对于外界政治上社会上种种不好的现象，他如何肯糊涂过去！便本着那所有的思想终日早起晏息的去作事，并且成了这自杀的举动。其间知识上的错误自是有的。然而不算事。假使拿他早年本有的精神遇着现在新学家同等的机会，那思想举动正未知如何呢！因此我又联想到何以这么大的中国，却只有一个《新青年》杂志可以验国人的精神状况了！诸君所反复说之不已的，不过是很简单的一点意思，何以一般人就大惊小怪起来，又有一般人就觉得趣味无穷起来？想来这般人的思想构成力太缺了！然则这国民的"精神的养成"恐怕是第一大事了。我说精神状况与思想关系是要留意的一桩事，就是这个。

梁漱溟

二、跋

漱溟先生这封信，讨论他父亲巨川先生自杀的事，使人读了都很感动。他前面说的一段，因陶先生已去欧洲，我们且不讨论。后面一段论"精神状况与思想有关系"一个问题，使我们知道巨川先生精神生活的变迁，使我们对于他老先生不能不发生一种诚恳的敬爱心。这段文章，乃是近来传记中有数的文字。若是将来的孝子贤孙替父母祖宗做传时，都能有这种诚恳的态度，写实的文体，解释的见地，中国文学也许发生一些很有文学价值的传记。

我读这一段时，觉得内中有一节很可给我们少年人和壮年人做一种永久的教训，所以我把他提出来抄在下面：

> 当四十岁时，人的精神充裕，那一副过人的精神便显起效用来，于甚少的机会中追求出机会，摄取了知识，构成了思想，发动了志气，所以有那一番积极的作为。在那时代便是维新家了。到六十岁时，精神安能如昔？知识的摄取力先减了，思想的构成力也退了，所有的思想都是以前的遗留，没有那方兴未艾的创造，而外界的变迁却一日千里起来，于是乎就落后成为旧人物了。

我们少年人读了这一段，应该问自己道："我们到了六七十岁时，还能保存那创造的精神，做那时代的新人物吗？"这个问题还不是根本问题。我们应该进一步，问自己道："我们该用什么法子方才可使我们的精神到老还是进取创造的呢？我们应该怎么预备做一个白头的新人物呢？"

从这个问题上着想，我觉得漱溟先生对于他父亲平生事实的解释还不免有一点"倒果为因"的地方。他说，"到了六十岁时，精神安能如昔？知识的摄取力先减了，思想的构成力也退了。"这似乎是说因为精神先衰了，所以不能摄取新知识，不能构成新思想。但他下文又说巨川先生老年的精神还是过人，"真所谓老当益壮"。这可见巨川先生致死的原因不在精神先衰，乃在知识思想不能调剂补助他的精神。

二十年前的知识思想决不够培养他那二十年后"老当益壮"的旧精神，所以有一种内部的冲突，所以竟致自杀。

我们从这个上面可得一个教训：我们应该早点预备下一些"精神不老丹"方才可望做一个白头的新人物。这个"精神不老丹"是什么呢？我说是永远可求得新知识新思想的门径。这种门径不外两条：（1）养成一种欢迎新思想的习惯，使新知识新思潮可以源源进来；（2）极力提倡思想自由和言论自由，养成一种自由的空气，布下新思潮的种子，预备我们到了七八十岁时，也还有许多簇新的知识思想可以收获来做我们的精神培养品。

今日的新青年！请看看二十年前的革命家！

民国八年四月

（1919 年 4 月）

新生活
——为《新生活》杂志第一期做的

哪样的生活可以叫做新生活呢？

我想来想去，只有一句话。新生活就是有意思的生活。

你听了，必定要问我，有意思的生活又是什么样子的生活呢？

我且先说一两件实在的事情做个样子，你就明白我的意思了。

前天你没有事做，闲的不耐烦了，你跑到街上一个小酒店里，打了四两白干，喝完了，又要四两，再添上四两。喝的大醉了，同张大哥吵了一回嘴，几乎打起架来。后来李四哥来把你拉开，你气忿忿的又要了四两白干，喝的人事不知，幸亏李四哥把你扶回去睡了。昨儿早上，你酒醒了，大嫂子把前天的事告诉你，你懊悔的很，自己埋怨自己：“昨儿为什么要喝那么多酒呢？可不是糊涂吗？”

你赶上张大哥家去，作了许多揖，赔了许多不是，自己怪自己糊涂，请张大哥大量包涵。正说时，李四哥也来了，王三哥也来了，他们三缺一，要你陪他们打牌。你坐下来，打了十二圈牌，输了一百多吊钱。你回得家来，大嫂子怪你不该赌博，你又懊悔的很，自己怪自己道："是呵，我为什么要陪他们打牌呢？可不是糊涂吗？"

　　诸位，像这样子的生活，叫做糊涂生活，糊涂生活便是没有意思的生活。你做完了这种生活，回头一想，"我为什么要这样干呢？"你自己也回不出究竟为什么。

　　诸位，凡是自己说不出"为什么这样做"的事，都是没有意思的生活。

　　反过来说，凡是自己说得出"为什么这样做"的事，都可以说是有意思的生活。

　　生活的"为什么"，就是生活的意思。

　　人同畜牲的分别，就在这个"为什么"上。你到万牲园里去看那白熊一天到晚摆来摆去不肯歇，那就是没有意思的生活。我们做了人，应该不要学那些畜牲的生活。畜牲的生活只是糊涂，只是胡混，只是不晓得自己为什么如此做。一个人做的事应该件件事回得出一个"为什么"。

　　我为什么要干这个？为什么不干那个？回答得出，方才可算是一个人的生活。

　　我们希望中国人都能做这种有意思的新生活。其实这种新生活并不十分难，只消时时刻刻问自己为什么这样做，为什么不那样做，就可以渐渐的做到我们所说的新生活了。

　　诸位，千万不要说"为什么"这三个字是很容易的小事。你打今天起，每做一件事，便问一个为什么，——为什么不把辫子剪了？为什么不把大姑娘的小脚放了？为什么大嫂子脸上搽那么多的脂粉？为什么出棺材要用那么多叫化子？为什么娶媳妇也要用那么多叫化子？为什么骂人要骂他的爹娘？为什么这个？为什么那个？——你试办一两天，你就会觉得这三个字的趣味真是无穷无尽，这三个字的功用也无穷无尽。

诸位，我们恭恭敬敬的请你们来试试这种新生活。

民国八年八月

（1919 年 8 月）

一个防身药方的三味药

毕业班的诸位同学，现在都得离开学校去开始你们自己的事业了，今天的典礼，我们叫作"毕业"，叫作"卒业"，在英文里叫作"始业"（Commencement），你们的学校生活现在有一个结束，现在你们开始进入一段新的生活，开始撑起自己的肩膀来挑自己的担子，所以叫作"始业"。

我今天承毕业班同学的好意，承阎校长的好意，要我来说几句话，我进大学是在五十年前（一九一〇），我毕业是在四十六年前（一九一四），够得上做你们的老大哥了，今天我用老大哥的资格，应该送你们一点小礼物，我要送你们的小礼物只是一个防身的药方，给你们离开校门，进入大世界，作随时防身救急之用的一个药方。

这个防身药方只有三味药：

第一味药叫做"问题丹"。

第二味药叫做"兴趣散"。

第三味药叫做"信心汤"。

第一味药，"问题丹"，就是说：每个人离开学校，总得带一两个麻烦而有趣味的问题在身边作伴，这是你们入世的第一要紧的救命宝丹。

问题是一切知识学问的来源，活的学问、活的知识，都是为了解答实际上的困难，或理论上的困难而得来的。年轻入世的时候，总得有一个两个不大容易解决的问题在脑子里，时时向你挑战，时时笑你不能对付他，不能奈何他，时时引诱你去想他。

只要你有问题跟着你，你就不会懒惰了，你就会继续有知识上的长进了。

学堂里的书，你带不走；仪器，你带不走；先生，他们不能跟你去，但是问题可以跟你走到天边！有了问题，没有书，你自会省吃省穿去买书；没有仪器，你自会卖田卖地去买仪器！没有好先生，你自会去找好师友；没有资料，你自会上天下地去找资料。

各位青年朋友，你今天离开学校，夹袋里准备了几个问题跟着你走？

第二味药，叫做"兴趣散"，这就是说：每个人进入社会，总得多发展一点专门职业以外的兴趣——"业余"的兴趣。

你们多数是学工程的，当然不愁找不到吃饭的职业，但四年前你们选择的专门职业，真是你们自己的自由志愿吗？你们现在还感觉你们手里的文凭真可以代表你们每个人终身的志愿，终身的兴趣吗？——换句话说，你们今天不懊悔吗？明年今天还不会懊悔吗？

你们在这四年里，没有发现什么新的，业余的兴趣吗？在这四年里，没有发现自己在本行以外的才能吗？

总而言之，一个人应该有他的职业，又应该有他的非职业的玩意儿。不是为吃饭而是心里喜欢做的，用闲暇时间做的，——这种非职业的玩意儿，可以使他的生活更有趣，更快乐，更有意思，有时候，一个人的业余活动也许比他的职业还更重要。

英国十九世纪的两个哲学家，一个是弥尔（J. S. Mill），他的职业是东印度公司的秘书，他的业余工作使他在哲学上、经济学上、政治思想史上，都有很大的贡献。一个是斯宾塞（Herbert Spencer），他是一个测量工程师，他的业余工作使他成为一个很有势力的思想家。

英国的大政治家邱吉尔，政治是他的终身职业，但他的业余兴趣很多，他在文学、历史，两方面，都有大成就；他用余力作油画，成绩也很好。

今天到自由中国的贵宾，美国大总统艾森豪先生，他的终身职业是军事，人都知道他最爱打高尔夫球，但我们知道他的油画也很有工夫。

各位青年朋友，你们的专门职业是不用愁的了，你们的业余兴趣是什么？你们能做的，爱做的业余活动是什么？

第三味药，我叫他做"信心汤"，这就是说：你总得有一点信心。

我们生存在这个年头，看见的、听见的，往往都是可以叫我们悲观、失望的——有时候竟可以叫我们伤心，叫我们发疯。

这个时代，正是我们要培养我们的信心的时候，没有信心，我们真要发狂自杀了。

我们的信心只有一句话："努力不会白费"，没有一点努力是没有结果的。

对你们学工程的青年人，我还用多举例来说明这种信心吗？工程师的人生哲学当然建筑在"努力不白费"的定律的基石之上。

我只举这短短几十年里大家都知道的两个例子：

一个是亨利福特（Henry Ford），这个人没有受过大学教育，他小时半工半读，只读了几年书，十六岁就在一小机器店里作工，每周工钱两块半美金，晚上还得去帮别家做夜工。

五十七年前（一九〇三）他三十九岁，他创立 Ford Motor Co.（福特汽车公司），原定资本十万元，只招得两万八千元。

五年之后（一九〇八），他造成了他的最出名的 model T 汽车，用全力制造这一种车子。

一九一三年——我已在大学三年级了，福特先生创立他的第一副"装配线"（Assembly line）。

一九一四年，——四十六年前，——他就能够完全用"装配线"的原理来制造他的汽车了。同时（一九一四）他宣布他的汽车工人每天只工作八点钟，比别处工人少一点钟——而每天最低工钱五元美金，比别人多一倍。

他的汽车开始是九百五十元一部，他逐年减低卖价，从九百五十元直减到三百六十元 ——第一次世界大战之后，减到二百九十元一部。

他的公司，在创办时（一九〇三）只有两万八千元的资本，——到二十三年之后（一九二六）已值得十亿美金了！已成了全世界最大的汽车公司了。一九一五年，他造了一百万部汽车，一九二八年，他造了一千五百万部车。

他的"装配线"的原则在二十年里造成了全世界的"工业新革命"。

福特的汽车在五十年中征服全世界的历史还不能叫我们发生"努力不白费"的信心吗？

第二个例子是航空工程与航空工业的历史。

也是五十七年前——一九〇三年十二月十七，正是我十二整岁的生日，——那一天，在北加罗林那州的海边 Kitty Hawk（基帝霍克）沙滩上，两个修理脚踏车的匠人，兄弟两人，用他们自己制造的一只飞机，在沙滩上试起飞，弟弟叫 Owille Wright，他飞起了十二秒钟。哥哥叫 Wilbur Wright，他飞起了五十九秒钟。

那是人类制造飞机飞在空中的第一次成功，——现在那一天（十二月十七日）是全美国庆祝的"航空日"——但当时并没有人注意到那两个弟兄的试验，但这两个没有受过大学教育的脚踏车修理匠人，他们并不失望，他们继续试飞，继续改良他们的飞机，一直到四年半之后（一九〇八年五月），才有重要的报纸来报导那两个人的试飞，那时候，他们已能在空中飞三十八分钟了！

这四十年中，航空工程的大发展，航空工业的大发展，这是你们学工程的人都知道的，航空工业在最近三十年里已成了世界最大工业的一种。

我第一次看见飞机是在一九一二年。我第一次坐飞机是在一九三〇年（三十年前）。我第一次飞过太平洋是在二十三年前（一九三七）；第一次飞过大西洋是在十五年前（一九四五年），当我第一次飞渡太平洋的时候，从香港到旧金山总共费了七天！去年我第一次坐 Jet 机，从旧金山到纽约，五个半钟点飞了三千英里！下月初，我又得飞过太平洋，当天中午起飞，当天晚上就到美国西岸了！

五十七年前，Kitty Hawk 沙滩上两个脚踏车修理匠人自造的一个飞机居然在空中飞起了十二秒钟，那十二秒钟的飞行就给人类打开了一个新的时代，——打开了人类的航空时代。

这不够叫我们深信"努力不会白费"的人生观吗？

古人说："信心可以移山"（Faith moves mountains），又说："功不唐捐"（唐是空的意思），又说："只要功夫深，生铁磨成绣花针。"

青年的朋友，你们有这种信心没有？

（1960 年 6 月 18 日在台南成功大学毕业典礼上的演讲）

6
自　述

介绍我自己的思想
——《胡适文选》自序

我在这十年之中，出版了三集《胡适文存》，约计有一百四五十万字。我希望少年学生能读我的书，故用报纸印刷，要使定价不贵。但现在三集的书价已在七元以上，贫寒的中学生已无力全买了。字数近百五十万，也不是中学生能全读的了。所以我现在从这三集里选出了二十二篇论文，印作一册，预备给国内的少年朋友们作一种课外读物。如有学校教师愿意选我的文字作课本的，我也希望他们用这个选本。

我选的这二十二篇文字，可以分作五组。

第一组六篇，泛论思想的方法。

第二组三篇，论人生观。

第三组三篇，论中西文化。

第四组六篇，代表我对于中国文学的见解。

第五组四篇，代表我对于整理国故问题的态度与方法。为读者的便利起见，我现在给每一组作一个简短的提要，使我的少年朋友们容易明白我的思想的路径。

一

第一组收的文字是：

演化论与存疑主义

杜威先生与中国

杜威论思想

问题与主义

新生活

新思潮的意义

我的思想受两个人的影响最大：一个是赫胥黎，一个是杜威先生。赫胥黎教我怎样怀疑，教我不信任一切没有充分证据的东西。杜威先生教我怎样思想，教我处处顾到当前的问题，教我把一切学说理想都看作待证的假设，教我处处顾到思想的结果。这两个人使我明了科学方法的性质与功用，故我选前三篇介绍这两位大师给我的少年朋友们。

从前陈独秀先生曾说实验主义和辨证法的唯物史观是近代两个最重要的思想方法，他希望这两种方法能合作一条联合战线。这个希望是错误的。辨证法出于海格尔的哲学，是生物进化论成立以前的玄学方法。实验主义是生物进化论出世以后的科学方法。这两种方法所以根本不相容，只是因为中间隔了一层达尔文主义。达尔文的生物演化学说给了我们一个大教训：就是教我们明了生物进化，无论是自然的演变，或是人为的选择，都由于一点一滴的变异，所以是一种很复杂的现象，决没有一个简单的目的地可以一步跳到，更不会有一步跳到之后可以一成不变。辨证法的哲学本来也是生物学发达以前的一种进化理论；依他本身的理论，这个一正一反相毁相成的阶段应该永远不断的呈现。……

实验主义从达尔文主义出发，故只能承认一点一滴的不断的改进是真实可靠的进化。我在《问题与主义》和《新思潮的意义》两篇里，只发挥这个根本观念。我认定民国六年以后的新文化运动的目的是再造中国文明，而再造文明的途径全靠研究一个个的具体问题。我说：

> 文明不是笼统造成的，是一点一滴的造成的。进化不是一晚上笼统进化的，是一点一滴的进化的。现今的人爱谈"解放"与"改造"，须知解放不是笼统解放，改造也不是笼统改造。解放是这个那个制度的解放，这种那种思想的解放，这个那个人的解放：都是一点一滴的解放。改造是这个那个制度的改造，这种那种思想的改造，这个那个人的改造：都是一点一滴的改造。

> 再造文明的下手工夫是这个那个问题的研究。再造文明的进行是这个那个问题的解决。（页六八）

我这个主张在当时最不能得各方面的了解。当时（民国八年）承"五四"、"六三"之后，国内正倾向于谈主义。我预料到这个趋势的危险，故发表"多研究些问题，少谈些主义"的警告。我说：

> 凡是有价值的思想，都是从这个那个具体的问题下手的。先研究了问题的种种方面的种种事实，看看究竟病在何处，这是思想的第一步工夫。然后根据于一生的经验学问，提出种种解决的方法，提出种种医病的丹方，这是思想的第二步工夫。然后用一生的经验学问，加上想像的能力，推想每一种假定的解决法应该可以有什么样的效果，更推想这种效果是否真能解决眼前这个困难问题。推想的结果，拣定一种假定的（最满意的）解决，认为我的主张，这是思想的第三步工夫。凡是有价值的主张，都是先经过这三步工夫来的。（页三六）

我又说：

> 一切主义，一切学理，都该研究。但只可认作一些假设的［待证的］见解，不可认作天经地义的信条；只可认作参考印证的材料，不可奉为金科玉律的宗教；只可用作启发心思的工具，切不可用作蒙蔽聪明，停止思想的绝对真理。如此

> 方才可以渐渐养成人类的创造的思想力，方才可以渐渐使人
> 类有解决具体问题的能力，方才可以渐渐解放人类对于抽象
> 名词的迷信。（页五〇）

这些话是民国八年七月写的。于今已隔了十几年，当日和我讨论的朋友，一个已被杀死了，一个也颓唐了，但这些话字字句句都还可以应用到今日思想界的现状。十几年前我所预料的种种危险，——"目的热"而"方法盲"，迷信抽象名词，把主义用作蒙蔽聪明停止思想的绝对真理，————都显现在眼前了。所以我十分诚恳的把这些老话贡献给我的少年朋友们，希望他们不可再走错了思想的路子。

《新生活》一篇，本是为一个通俗周报写的；十几年来，这篇短文走进了中小学的教科书里，读过的人应该在一千万以上了。但我盼望读过此文的朋友们把这篇短文放在同组的五篇里重新读一遍。赫胥黎教人记得一句"拿证据来！"我现在教人记得一句"为什么？"少年的朋友们，请仔细想想：你进学校是为什么？你进一个政党是为什么？你努力做革命工作是为什么？革命是为了什么而革命？政府是为了什么而存在？

请大家记得：人同畜生的分别，就在这个"为什么"上。

二

第二组的文字只有三篇：

《科学与人生观》序

不朽

易卜生主义

这三篇代表我的人生观，代表我的宗教。

《易卜生主义》一篇写的最早，最初的英文稿是民国三年在康奈尔大学哲学会宣读的，中文稿是民国七年写的。易卜生最可代表十九世纪欧洲的个人主义的精华，故我这篇文章只写得一种健全的个人主义的人生观。这篇文章在民国七八年间所以能有最大的兴奋作用和解放

作用，也正是因为它所提倡的个人主义在当日确是最新鲜又最需要的一针注射。

娜拉抛弃了家庭丈夫儿女，飘然而去，只因为她觉悟了她自己也是一个人，只因为她感觉到她"无论如何，务必努力做一个人"。这便是易卜生主义。易卜生说：

> 我所最期望于你的是一种真实纯粹的为我主义，要使你有时候觉得天下只有关于你的事最要紧，其余的都算不得什么。……你要想有益于社会，最好的法子莫如把你自己这块材料铸造成器……有的时候我真觉得全世界都像海上撞沉了船，最要紧的还是救出自己。（页一三○）

这便是最健全的个人主义。救出自己的唯一法子便是把你自己这块材料铸造成器。

把自己铸造成器，方才可以希望有益于社会。真实的为我，便是最有益的为人。把自己铸造成了自由独立的人格，你自然会不知足，不满意于现状，敢说老实话，敢攻击社会上的腐败情形，做一个"贫贱不能移，富贵不能淫，威武不能屈"的斯铎曼医生。斯铎曼医生为了说老实话，为了揭穿本地社会的黑幕，遂被全社会的人喊作"国民公敌"。但他不肯避"国民公敌"的恶名，他还要说老实话。他大胆的宣言：

> 世上最强有力的人就是那最孤立的人！

这也是健全的个人主义的真精神。

这个个人主义的人生观一面教我们学娜拉，要努力把自己铸造成个人；一面教我们学斯铎曼医生，要特立独行，敢说老实话，敢向恶势力作战。少年的朋友们，不要笑这是十九世纪维多利亚时代的陈腐思想！我们去维多利亚时代还老远哩。欧洲有了十八九世纪的个人主义，造出了无数爱自由过于面包，爱真理过于生命的特立独行之士，方才有今日的文明世界。

现在有人对你们说："牺牲你们个人的自由，去求国家的自由！"我对你们说："争你们个人的自由，便是为国家争自由！争你们自己的人格，便是为国家争人格！自由平等的国家不是一群奴才建造得起来的！"

《〈科学与人生观〉序》一篇略述民国十二年的中国思想界里的一场大论战的背景和内容。（我盼望读者能参读《文存》三集里《几个反理学的思想家》的吴敬恒一篇，页一五一——一八六。）在此序的末段，我提出我所谓"自然主义的人生观"（页九二——九五）。这不过是一个轮廓，我希望少年的朋友们不要仅仅接受这个轮廓，我希望他们能把这十条都拿到科学教室和实验室里去细细证实或否证。

这十条的最后一条是：

> 根据于生物学及社会学的知识，叫人知道个人——"小我"——是要死灭的，而人类——"大我"——是不死的，不朽的；叫人知道"为全种万世而生活"就是宗教，就是最高的宗教；而那些替个人谋死后的天堂净土的宗教乃是自私自利的宗教。

这个意思在这里说的太简单了，读者容易起误解。所以我把《不朽》一篇收在后面，专说明这一点。

我不信灵魂不朽之说，也不信天堂地狱之说，故我说这个小我是会死灭的。死灭是一切生物的普遍现象，不足怕，也不足惜。但个人自有他的不死不灭的部分：他的一切作为，一切功德罪恶，一切语言行事，无论大小，无论善恶，无论是非，都在那大我上留下不能磨灭的结果和影响。他吐一口痰在地上，也许可以毁灭一村一族。他起一个念头，也许可以引起几十年的血战。他也许"一言可以兴邦，一言可以丧邦"。善亦不朽，恶亦不朽；功盖万世固然不朽，种一担谷子也可以不朽，喝一杯酒，吐一口痰也可以不朽。古人说，"一出言而不敢忘父母，一举足而不敢忘父母。"我们应该说，"说一句话而不敢忘这句话的社会影响，走一步路而不敢忘这步路的社会影响。"这才是对于大我负责任。能如此做，便是道德，便是宗教。

这样说法，并不是推崇社会而抹煞个人。这正是极力抬高个人的重要。个人虽渺小，而他的一言一动都在社会上留下不朽的痕迹，芳不止流百世，臭也不止遗万年，这不是绝对承认个人的重要吗？成功不必在我，也许在我千百年后，但没有我也决不能成功。毒害不必在眼前，"找躬不阅，遑恤找后"！然而我岂能不负这毒害的责任？今日的世界便是我们的祖宗积的德，造的孽。未来的世界全看我们自己积什么德或造什么孽。世界的关键全在我们手里，真如古人说的"任重而道远"，我们岂可错过这绝好的机会，放下这绝重大的担子？

有人对你说，"人生如梦"。就算是一场梦罢，可是你只有这一个做梦的机会。岂可不振作一番，做一个痛痛快快轰轰烈烈的梦？

有人对你说，"人生如戏"。就说是做戏罢，可是，吴稚晖先生说的好，"这唱的是义务戏，自己要好看才唱的；谁便无端的自己扮做跑龙套，辛苦的出台，止算做没有呢？"

其实人生不是梦，也不是戏，是一件最严重的事实。你种谷子，便有人充饥；你种树，便有人砍柴，便有人乘凉；你拆烂污，便有人遭瘟；你放野火，便有人烧死。你种瓜便得瓜，种豆便得豆，种荆棘便得荆棘。少年的朋友们，你爱种什么？你能种什么？

三

第三组的文字，也只有三篇：

我们对于西洋近代文明的态度

漫游的感想

请大家来照照镜子

在这三篇里，我很不客气的指摘我们的东方文明，很热烈的颂扬西洋的近代文明。

人们常说东方文明是精神的文明，西方文明是物质的文明，或唯物的文明。这是有夸大狂的妄人捏造出来的谣言，用来遮掩我们的羞脸的。其实一切文明都有物质和精神的两部分：材料都是物质的，而运用材料的心思才智都是精神的。木头是物质；而剡木为舟，构木为屋，都靠人的智力，那便是精神的部分。器物越完备复杂，精神的因子越多。一只蒸汽锅炉，一辆摩托车，一部有声电影机器，其中所含的精神因子比我们老祖宗的瓦罐，大车，毛笔多的多了。我们不能坐在舢板船上自夸精神文明，而嘲笑五万吨大汽船是物质文明。

但物质是倔强的东西，你不征服他，他便要征服你。东方人在过去的时代，也曾制造器物，做出一点利用厚生的文明。但后世的懒惰子孙得过且过，不肯用手用脑去和物质抗争，并且编出"不以人易天"的懒人哲学，于是不久便被物质战胜了。天旱了，只会求雨；河决了，只会拜金龙大王；风浪大了，只会祷告观音菩萨或天后娘娘。荒年了，只好逃荒去；瘟疫来了，只好闭门等死；病上身了，只好求神许愿。树砍完了，只好烧茅草；山都精光了，只好对着叹气。这样又愚又懒的民族，不能征服物质，便完全被压死在物质环境之下，成了一分像人九分像鬼的不长进民族。所以我说：

这样受物质环境的拘束与支配，不能跳出来，不能运用人的心思智力来改造环境改良现状的文明，是懒惰不长进的民族的文明，是真正唯物的文明。（页一五四）

反过来看看西洋的文明，这样充分运用人的聪明智慧来寻求真理以解放人的心灵，来制服天行以供人用，来改造物质的环境，来改革社会政治的制度，来谋人类最大多数的最大幸福，——这样的文明是精神的文明。（页一五五）

这是我的东西文化论的大旨。

少年的朋友们，现在有一些妄人要煽动你们的夸大狂，天天要你们相信中国的旧文化比任何国高，中国的旧道德比任何国好。还有一些不曾出国门的愚人鼓起喉咙对你们喊道，"往东走！往东走！西方的这一套把戏是行不通的了！"

我要对你们说：不要上他们的当！不要拿耳朵当眼睛！睁开眼睛看看自己，再看看世界。我们如果还想把这个国家整顿起来，如果还希望这个民族在世界上占一个地位，——只有一条生路，就是我们自己要认错。我们必须承认我们自己百事不如人，不但物质机械上不如人，不但政治制度不如人，并且道德不如人，知识不如人，文学不如人，音乐不如人，艺术不如人，身体不如人。

肯认错了，方才肯死心塌地的去学人家。不要怕模仿，因为模仿是创造的必要预备工夫。不要怕丧失我们自己的民族文化，因为绝大多数人的惰性已尽够保守那旧文化了，用不着你们少年人去担心。你们的职务在进取，不在保守。

请大家认清我们当前的紧急问题。我们的问题是救国，救这哀病的民族，救这半死的文化。在这件大工作的历程里，无论什么文化，凡可以使我们起死回生，返老还童的，都可以充分采用，都应该充分收受。我们救国建国，正如大匠建屋，只求材料可以应用，不管他来自何方。

四

第四组的文字有六篇：

建设的文学革命论

《尝试集》自序

文学进化观念

国语的进化

文学革命运动

《词选》自序

这里有一部分是叙述文学革命运动的经过的，有一部分是我自己对于文学的见解。

我在这十几年的中国文学革命运动上，如果有一点点贡献，我的贡献只在：

（1）我指出了"用白话作新文学"的一条路子。（页一九四——二〇三；页二三八——二四〇；页二七七——二八三）

（2）我供给了一种根据于历史事实的中国文学演变论，使人明了国语是古文的进化，使人明了白话文学在中国文学史上占什么地位。（页二四二——二八四；页三〇四——三〇九）

（3）我发起了白话新诗的尝试。（页二一七——二四一）

这些文字都可以表出我的文学革命论也只是进化论和实验主义的一种实际应用。

五

第五组的文字有四篇：

《国学季刊》发刊宣言

古史讨论的读后感

《红楼梦》考证

治学的方法与材料

这都是关于整理国故的文字。

《季刊宣言》是一篇整理国故的方法总论，有三个要点：

第一，用历史的眼光来扩大研究的范围。

第二，用系统的整理来部勒研究的资料。

第三，用比较的研究来帮助材料的整理与解释。

这一篇是一种概论，故未免觉的太悬空一点。以下的两篇便是两个具体的例子，都可以说明历史考证的方法。

《古史讨论》一篇，在我的《文存》里要算是最精彩的方法论。这里面讨论了两个基本方法：一个是用历史演变的眼光来追求传说的演变，一个是用严格的考据方法来评判史料。

顾颉刚先生在他的《古史辨》的自序里曾说他从我的《〈水浒传〉考证》和《井田辨》等文字里得着历史方法的暗示。这个方法便是用历史演化的眼光来追求每一个传说演变的历程。我考证《水浒》的故事，包公的传说，狸猫换太子的故事，井田的制度，都用这个方法。顾先生用这方法来研究中国古史，曾有很好的成绩。顾先生说的最好："我们看史迹的整理还轻，而看传说的经历却重。凡是一件史事，应看他最先是怎样，以后逐步逐步的变迁是怎样。"其实对于纸上的古史迹，追求其演变的步骤，便是整理他了。

在这篇文字里，我又略述考证的方法，我说：

我们对于"证据"的态度是：一切史料都是证据。但史家要问：

（1）这种证据是在什么地方寻出的？

（2）什么时候寻出的？

（3）什么人寻出的？

（4）依地方和时候上看起来，这个人有做证人的资格吗？

（5）这个人虽有证人资格，而他说这句话时有作伪（无心的，或有意的）的可能吗？（页三四八——三四九）

《〈红楼梦〉考证》诸篇只是考证方法的一个实例。我说：

我觉得我们做《红楼梦》的考证，只能在"著者"和"本子"两个问题上着手；只能运用我们力所能搜集的材料，参考互证，然后抽出一些比较的最近情理的结论。这是考证学的方法。我在这篇文章里，处处想撇开一切先入的成见，处处存一个搜求证据的目的，处处尊重证据，让证据做向导，引我到相当的结论上去。（页四一一——四一二）

这不过是赫胥黎、杜威的思想方法的实际应用。我的几十万字的小说考证，都只是用一些"深切而著明"的实例来教人怎样思想。

试举曹雪芹的年代一个问题作个实例。民国十年，我收得了一些证据，得着这些结论：

我们可以断定曹雪芹死于乾隆三十年左右（约西历一七六五）。……我们可以猜想雪芹大约生于康熙末叶（约一七一五——一七二〇），当他死时，约五十岁左右。（页三八三）

民国十一年五月，我得着了《四松堂集》的原本，见敦诚挽曹雪芹的诗题下注"甲申"二字，又诗中有"四十年华"的话，故修正我的结论如下：

曹雪芹死在乾隆二十九年甲申（一七六四），……他死时只有"四十年华"，我们可以断定他的年纪不能在四十五岁以上。假定他死时年四十五岁，他的生时当康熙五十八年

（一七一九）（页四二〇）。

但到了民国十六年，我又得了脂砚斋评本《石头记》，其中有"壬午除夕，书未成，芹为泪尽而逝"的话。壬午为乾隆二十七年，除夕当西历一七六三年二月十二日，和我七年前的断定（"乾隆三十年左右，约西历一七六五"）只差一年多。又假定他活了四十五岁，他的生年大概在康熙五十八年（一七一七），这也和我七年前的猜测正相符合。（页四三三）

考证两个年代，经过七年的时间，方才得着证实。证实是思想方法的最后又最重要的一步：不曾证实的理论，只可算是假设；证实之后，才是定论，才是真理。我在别处（《文存》三集，页二七三）说过：

我为什么要考证《红楼梦》？

在消极方面，我要教人怀疑王梦阮、徐柳泉一班人的谬说。

在积极方面，我要教人一个思想学问的方法。我要教人疑而后信，考而后信，有充分证据而后信。

我为什么要替《水浒传》作五万字的考证？我为什么要替庐山一个塔作四千字的考证？

我要教人知道学问是平等的，思想是一贯的。……肯疑问"佛陀耶舍究竟到过庐山没有"的人，方才肯疑问"夏禹是神是人"。有了不肯放过一个塔的真伪的思想习惯，方才敢疑上帝的有无。

少年的朋友们，莫把这些小说考证看作我教你们读小说的文字。这些都只是思想学问的方法的一些例子。在这些文字里，我要读者学得一点科学精神，一点科学态度，一点科学方法。科学精神在于寻求事实，寻求真理。科学态度在于撇开成见，搁起感情，只认得事实，只跟着证据走。科学方法只是"大胆的假设，小心的求证"十个字。没有证据，只可悬而不断；证据不够，只可假设，不可武断；必须等到证实之后，方才奉为定论。

少年的朋友们，用这个方法来做学问，可以无大差失；用这种态度来做人处事，可以不至于被人蒙着眼睛牵着鼻子走。

从前禅宗和尚曾说，"菩提达摩东来，只要寻一个不受人惑的人。"我这里千言万语，也只是要教人一个不受人惑的方法。……我自己决不想牵着谁的鼻子走。我只希望尽我的微薄的能力，教我的少年朋友们学一点防身的本领，努力做一个不受人惑的人。

抱着无限的爱和无限的希望，我很诚挚的把这一本小书贡献给全国的少年朋友！

　　　　十九，十一，二十七晨二时，将离开江南的前一日。胡适

　　　　　　　　　　　　　　　　　　　（1930 年 11 月 27 日）

我的信仰（节录）

五

我年甫十三，即离家上路，以求"新教育"于上海。自这次别离后，我于十四年之中，只省候过我母亲三次，一总同她住了大约七个月。出自她对我伟大的爱忱，她送我出门，分明没有洒过一滴眼泪就让我在这广大的世界中，独自求我自己的教育和发展，所带着的，只是一个母亲的爱，一个读书的习惯，和一点点怀疑的倾向。

我在上海过了六年（一九〇四——一九一〇），在美国过了七年（一九一〇——一九一七）。在我停留在上海的时期内，我经历过三个学校（无一个是教会学校），一个都没有毕业。我读了当时所谓的"新教育"的基本东西，以历史、地理、英文、数学，和一点零碎的自然科学为主。从已故林纾氏及其他诸人的意译文字中，我初次认识一大批英国和欧洲的小说家，司各提（Scott）、狄更司（Dickens）、大小仲马（Dumas père and fils）、嚣俄（Hugo），以及托尔斯泰（Tolstoy）等氏的都在内。我读了中国上古、中古几位非儒教和新儒教哲学家的著作，并喜欢墨翟的兼爱说与老子、庄子有自然色彩的哲学。

从当代力量最大的学者梁启超氏的通俗文字中，我渐得略知霍布士（Hobbes）、笛卡儿（Descartes）、卢梭（Rousseau）、边沁（Bentham）、康德（Kant）、达尔文（Darwin）等诸泰西思想家。梁氏是一个崇拜近代西方文明的人，连续发表了一系列文字，坦然承认中国人以一个民族而言，对于欧洲人所具的许多良好特性，感受缺乏；显著的是注重公共道德，国家思想，爱冒险，私人权利观念与热心防其被侵，爱自由，自治能力，结合的本事与组织的努力，注意身体的培养与健康等。就是这几篇文字猛力把我以我们古旧文明为自足，除战争的武器，商业转运的工具外，没有什么要向西方求学的这种安乐梦中，震醒出来。它们开了给我，也就好像开了给几千几百别的人一样，对于世界整个的新眼界。

我又读过严复所译穆勒（John Stuart Mill）的《自由论》（On Liberty）和赫胥黎（Huxley）的《天演论》（Evolution and Ethic）。严氏所译赫胥黎的论著，于 1898 年就出版，并立即得到智识阶级的接受。有钱的人拿钱出来翻印新版以广流传（当时并没有版权），因为有人以达尔文的言论，尤其是它在社会上与政治上的运用，对于一个感受惰性与濡滞日久的民族，乃是一个合宜的刺激。

数年之间，许多的进化名词在当时报章杂志的文字上，就成了口头禅。无数的人，都采来做自己的和儿辈的名号，由是提醒他们国家与个人在生存竞争中消灭的祸害。向尝一度闻名的陈炯明以"竞存"为号。我有两个同学名杨天择和孙竞存。

就是我自己的名字，对于中国以进化论为时尚，也是一个证据。我请我二哥替我起个学名的那天早晨，我还记得清楚。他只想了一刻，他就说，"'适者生存'中的'适'字怎么样？"我表同意；先用来做笔名，最后于一九一〇年就用作我的名字。

六

我对于达尔文与斯宾塞两氏进化假说的一些知识，很容易的与几个中国古代思想家的自然学说联了起来。例如在道家伪书《列子》所述的下面这个故事中，发现二千年前有一个一样年轻，同抱一样信仰的人，使我的童心欢悦：

> 齐田氏祖于庭，食客千人。中坐有献鱼雁者，田氏视之，乃叹曰："天之于民厚矣！殖五谷，生鱼鸟以为之用。"众客和之如响。鲍氏之子，年十二，预于次，进曰："不如君言。天地万物，与我并生，类也。类无贵贱，徒以大小智力而相制，迭相食，非相为而生之。人取食者而食之，岂天本为人而生之？且蚊蚋囋肤，虎狼食肉，岂天本为蚊蚋生人，虎狼生肉者哉？"

一九〇六年，我在中国公学同学中，有几位办了一个定期刊物，名《竞业旬报》，——达尔文学说通行的又一例子——其主旨在以新思想灌输于未受教育的民众，系以白话刊行。我被邀在创刊号撰稿。一年之后，我独自做编辑。我编辑这个杂志的工作不但帮助我启发运用现行口语为一种文艺工具的才能，且以明白的话语及合理的次序，想出自我幼年就已具了形式的观念和思想。在我为这个杂志所著的许多论文内，我猛力攻击人民的迷信，且坦然主张毁弃神道，兼持无神论。

一九〇八年，我家因营业失败，经济大感困难。我于十七岁上，就必需供给我自己读书，兼供养家中的母亲。我有一年多停学，教授初等英文，每日授课五小时，月得修金八十元。一九一〇年，我教了几个月的国文。

那几年（一九〇九——一九一〇）是中国历史上的黑暗时代，也是我个人历史上的黑暗时代。革命在好几省内爆发，每次都归失败。中国公学原是革命活动的中心，我在那里的旧同学参加此等密谋的实繁有徒，丧失生命的为数也不少。这班政治犯有好些来到上海与我住在一起，我们都是意气消沉，厌世悲观的。我们喝酒，作悲观的诗词，日夜谈论，且往往作没有输赢的赌博。我们甚至还请了一个老伶工来教我们唱戏。有一天早上，我作了一首诗，中有这一句：“霜浓欺日淡！”（"How proudly does the wintry frost scorn the powerless rays of the sun."）

意气消沉与执劳任役驱使我们走入了种种的流浪放荡。有一个雨夜，我喝酒喝得醺醺大醉，在街上与巡捕角斗，把我自己弄进监里去关了一夜。到我次晨回寓，在镜中看出我脸上的血痕，就记起李白饮酒歌中的这一句：“天生我材必有用。”（"Some use might yet be made of this material born in me."）我决心脱离教书和我的这班朋友。下了一个月的苦工夫，我就前往北京投考用美国退还庚子赔款所设的学额。我考试及格，即于七月间放洋赴美。

七

我到美国，满怀悲观。但不久便交结了些朋友，对于那个国家和人民都很喜爱。美国人出自天真的乐观与朝气给了我很好的印象。在这个地方，似乎无一事一物不能由人类智力做得成的。我不能避免这种对于人生持有喜气的眼光的传染，数年之间，就渐渐治疗了我少年老成的态度。

我第一次去看足球比赛时，我坐在那里以哲学的态度看球赛时的粗暴及狂叫欢呼为乐。而这种狂叫欢呼在我看来，似乎是很不够大学生的尊严的。但是到竞争愈渐激烈，我也就开始领悟这种热心。随后我偶然回头望见白了头发的植物学教授劳理先生（Mr. W. W. Rowlee）诚心诚意的在欢呼狂叫，我觉得如是的自惭，以致我不久也就热心的陪着众人欢呼了。

就是在民国初年最黑暗的时期内，我还是想法子打起我的精神。在致一个华友的信里面，我说道：“除了你我自己灰心失意，以为无希望外，没有事情是无希望的。”在我的日记上，我记下些引录的句子，如引克洛浦（Clough）的这一句：“如果希望是麻醉物，恐惧就是作伪者。”又如我自己译自勃朗宁的这一节诗：

从不转背而挺身向前，

从不怀疑云要破裂，

虽合理的弄糟，违理的占胜，

而从不作迷梦的，

相信我们沉而再升，败而再战，

睡而再醒。

一九一四年一月，我写这一句在我的日记上："我相信我自离开中国后，所学得的最大的事情，就是这种乐观的人生哲学了。"一九一五年，我以关于勃朗宁最优的论文得受柯生奖金（Hiram Corson Prize）。我论文的题目是《勃朗宁乐观主义辨》（In Defense of Browning's Optimism）。我想来大半是我渐次改变了的人生观使我于替他辩护时，以一种诚信的意识来发言。

我系以在康奈耳大学做纽约农科学院的学生开始我的大学生涯。我的选择是根据了当时中国盛行的，谓中国学生须学点有用的技艺，文学、哲学是没有什么实用的这个信念。但是也有一个经济的动机。农科学院当时不收学费，我心想或许还能够把每月的月费省下一部来汇给我的母亲。

农场上的经验我一点都不曾有过，并且我的心也不在农业上。一年级的英国文学及德文课程，较之农场实习和养果学，反使我感觉兴趣。踌躇观望了一年又半，以立即缴纳四个学期的学费为处罚，以受了八个月困扰为代价，我最后转入文理学院。但是我对于我的新学科觉得更为自然，从不懊悔这番改变。

有一科"欧洲哲学史"——归故克莱顿教授（Professor J. E. Creighton）那位恩师主持，——领导我以哲学做了主科。我对于英国文学与政治学也深有兴趣。康奈耳的哲学院（The Sage School of Philosophy）是唯心论的重镇。在其领导之下，我读了古代近代古典派哲学家比较重要的著作。我也读过晚近唯心论者如布拉特莱（Bradley）、鲍森揆（Bosanquet）等的作品，但是他们提出的问题从未引起我的兴趣。

一九一五年，我往哥林比亚大学（Columbia University），就学于杜威教授（Professor John Dewey），直至一九一七年我回国之时为止。得着杜威的鼓励，我著成我的论文《先秦名学史》这篇论文，使我把中国古代哲学著作重读一过，并立下我对于中国思想史的一切研究的基础。

八

我留美的七年间，我有许多课外的活动，影响我的生命和思想，说不定也与我的大学课业一样。当意气颓唐的时候，我对于基督教大感兴趣，且差不多把《圣经》读完。一九一一年夏，我出席于在宾雪凡尼亚（Pennsylvania）普柯诺派恩司（Pocono Pines）举行的中国基督教学生会的大会做来宾时，我几乎打定主意做了基督徒。

但是我渐渐的与基督教脱离，虽则我对于其发达的历史曾多有习读，因为有好久时光我是一个信仰无抵抗主义的信徒。耶稣降生前五百年，中国哲学家老子曾传授过上善若水，水善应万物而不争。我早年接收老子的这个教训，使我大大的爱着《登山宝训》。

1914 年，世界大战爆发，我深为比利时的命运所动，而成了一个确定的无抵抗者。我在康奈耳大同俱乐部（Cornell Cosmopolitan Club）住了三年，结交了许多各种国籍的热心朋友。受着像那士密氏（George Nasmyth）和麦慈（John Mez）那样唯心的平和论者的影响，我自己也成了一个热心的平和论者。大学废军联盟因维腊特（Oswald Garrison Villard）的提议而成立于一九一五年，我是其创办人之一。

到后来，各国际政治俱乐部（International Polity Clubs）成立，我在那士密氏和安格尔（Norman Angell）的领导之下，做了一个最活动的会员，且曾参加过其起首两届的年会。一九一六年，我以我的论文《国际关系中有代替武力的吗？》（"Is There a Substitute for Force in International Relations？"）得受国际政治俱乐部的奖金。在这篇论文里面，我阐明依据以法律为有组织的武力建立一个国际联盟的哲理。

我的和平主义与国际大同主义往往使我陷入十分麻烦的地位。日本由攻击德国在山东的领土以加入世界大战时，向世界宣布说，这些领土"终将归还中国"。我是留美华人中唯一相信这个宣言的人，并以文字辨驳说，日本于其所言，说不定是意在必行的。关于这一层，我为许多同辈的学生所嘲笑。及一九一五年日本提出有名的对华二十一条件，留美学生，人人都赞成立即与日本开战。我写了一封公开的信给《中国留美学生月报》，劝告处之以温和，持之以冷静。我为这封信受了各方面的严厉攻击，且屡被斥为卖国贼。战争是因中国接受一部要求而得避免了，但德国在华领土则直至七年之后才交还中国。

我读易卜生（Ibsen）、莫黎（John Morley）和赫胥黎诸氏的著作，教我思考诚实与发言诚实的重要。我读过易卜生所有的戏剧，特别爱着《人民之敌》（*An Enemy of the People*）、莫黎的《论妥协》（*On Compromise*），先由我的好友威廉思女士（Miss Edith Clifford Williams）介绍给我，她是一直做了左右我生命最重要的精神力量。莫黎曾教我："一种主义，如果健全的话，是代表一种较大的便宜的。为了一时似是而非的便宜而将其放弃，乃是为小善而牺牲大善。疲弊时代，剥夺高贵的行为和向上的品格，再没有什么有这样拿得定的了。"

赫胥黎还更进一步教授一种理知诚实的方法。他单单是说："拿也如同可以证明我相信别的东西为合理的那种种证据来，那么我就相信人的不朽了。向我说类比和或能是无用的。我说我相信倒转平方律时，我是知道我意何所指的，我必不把我的生命和希望放在较弱的信证上。"赫胥黎也曾说过，"一个人生命中最神圣的举动，就是说出并感觉得我相信某项某项是真的。生在世上一切最大的赏，一切最重要的罚，都是系在这个举动上"。

人生最神圣的责任是努力思想得好（to think well），我就是从杜威教授学来的。或思想得不精，或思想而不严格的到它的前因后果，接受现成的整块的概念以为思想的前提，而于不知不觉间受其个人的影响，或多把个人的观念由造成结果而加以测验，在理知上都是没有责任心的。真理的一切最大的发现，历史上一切最大的灾祸，都有赖于此。

杜威给了我们一种思想的哲学，以思想为一种艺术，为一种技术。在《思维术》（*How To Think*）和《实验逻辑论文集》（*Essays in Experimental Logic*）里面，他制出这项技术。我察出不但于实验科学上的发明为然，即于历史科学上最佳的探讨，内容的详定，文字的改造，及高等的批评等也是如此。在这种种境域内，曾由同是这个技术而得到最佳的结果。这个技术主体上是具有大胆提出假设，加上诚恳留意于制裁与证实。这个实验的思想技术，堪当创造的智力（creative intelligence）这个名称，因其在运用想像机智以寻求证据，做成实验上，和在自思想有成就的结实所发出满意的结果上，实实在在是有创造性的。

奇怪之极，这种功利主义的逻辑竟使我变成了一个做历史探讨工作的人。我曾用进化的方法去思想，而这种有进化性的思想习惯，就做了我此后在思想史及文学工作上的成功之钥。尤更奇怪的，这个历史的思想方法并没有使我成为一个守旧的人，而时常是进步的人。例如，我在中国对于文学革命的辩论，全是根据无可否认的历史进化的事实，且一向都非我的对方所能答复得来的。

九

我母亲于一九一八年逝世。她的逝世，就是引导我把我在这广大世界中摸索了十四年多些的信条第一次列成条文的时机。这个信条系于一九一九年发表在以《不朽》（"Immortality，My Religion"）为题的一篇文章里面。

因有我在幼童时期读书得来的学识，我早久就已摒弃了个人死后生存的观念了。好多年来，我都是以一种"三不朽"的古说为满意，这种古说我是在《春秋左氏传》里面找出来的。传记里载贤臣叔孙豹于纪元前五四八年（时孔子还只有三岁。译者按，即鲁襄公二十四年）谓有立德、立功、立言三不朽。此三者"虽久不忘，此之谓不朽"。这种学说引动我心有如是之甚，以致我每每向我的外国朋友谈起，并给了它一个名字，叫做"三W的不朽主义"（三W即Worth，Work，Words三字的头一个字母）。

我母亲的逝世使我重新想到这个问题。我就开始觉得三不朽的学说有修正的必要。第一层，其弱点在太过概括一切。在这个世界上，有多少人其在德行功绩言语上的成就，其哲理上的智慧能久久不忘的呢？例如哥伦布是可以不朽的了，但是他那些别的水手怎样呢？那些替他造船或供给他用具的人，那许多或由作有勇敢的思考，或由在海洋中作有成无成的探险，替他铺下道路的前导又怎样呢？简括的说，一个人应有多大的成就，才可以得不朽呢？

次一层，这个学说对于人类的行为没有消极的裁制。美德固是不朽的了，但是恶德又怎样呢？我们还要再去借重审判日或地狱之火吗？

我母亲的活动从未超出家庭间琐屑细事之外，但是她的左右力，能清清楚楚的从来吊祭她的男男女女的脸上看得出来。我检阅我已死的母亲的生平，我追忆我父亲个人对她毕生左右的力量，及其对我本身垂久的影响，我遂诚信一切事物都是不朽的。我们所做的一切什么人，我们所干的一切什么事，我们所讲的一切什么话，从在世界上某个地方自有其影响这个意义看来，都是不朽的。这个影响又将依次在别个地方有其效果，而此事又将继续入于无限的空间与时间。

止如列勃涅慈（Leibnitz）有一次所说，"人人都感觉到在宇宙中所经历的一切，以使那目睹一切的人，可以从经历其他各处的事物，甚至曾经并将识别现在的事物中，解释出在时间与空间上已被移动的事物。我们是看不见一切的，但一切事物都在那里，达到无穷境无穷期"。一个人就是他所吃的东西，所以达柯塔的务农者，加利芳尼亚的种果者，以及千百万别的粮食供给者的工作，都是生活在他的身上。一个人就是他所想的东西，所以凡曾于他有所左右的人——自苏格拉底（Socrates）、柏拉图（Plato）、孔子以至于他本区教会的牧师和抚育保姆——都是生活在他的身上。一个人也就是他所享乐的东西，所以无数美术家和以技取悦的人，无论现尚生存或久已物故，有名无名，崇高粗俗，都是生活在他的身上。诸如此类，以至于无穷。

一千四百年前，有一个人写了一篇论"神灭"的文章，被认为亵渎神圣，有如是之甚，以致其君皇敕七十个大儒来相驳难，竟给其驳倒。

但是五百年后，有一位史家把这篇文章在他的伟大的史籍中纪了一个撮要。又过了九百年，然后有一个十一岁的小孩偶然碰到这个三十五个字的简单撮要，而这三十五个字，于埋没了一千四百年之后，突然活了起来而生活于他的身上，更由他而生活于几千百个男男女女的身上。

一九一二年，我的母校来了一位英国讲师，发表一篇演说：《论中国建立共和的不可能》。他的演讲当时我觉得很不通，但是我以他对于母音 O 的特异的发音方法为有趣，我就坐在那里摹拟以自娱。他的演说久已忘记了，但是他对于母音 O 的发音方法，这些年来却总与我不离，说不定现在还在我的几千百个学生的口上，而从没有觉察到是由于我对于布兰特先生（Mr. J. C. P. Bland）的恶作剧的摹仿，而布兰特先生也是从不知道的。

两千五百年前，希马拉雅山的一个山峡里死了一个乞丐。他的尸体在路旁已在就腐了，来了一个少年王子，看见这个怕人的景象，就从事思考起来。他想到人生及其他一切事物的无常，遂决心脱离家庭，前往旷野中去想出一个自救以救人类的方法。多年后，他从旷野里出来，做了释迦佛，而向世界宣布他所找出的拯救的方法。这样，甚至一个死丐尸体的腐溃，对于创立世界上一个最大的宗教，也曾不知不觉的贡献了其一部分。

这一个推想的线索引导我信了可以称为社会不朽（Social Immortality）的宗教，因为这个推想在大体上全系根据于社会对我的影响，日积月累而成小我，小我对于其本身是些什么，对于可以称社会、人类或大自在的那个大我有些什么施为，都留有一个抹不去的痕记这番意思。小我是会要死的，但是他还是继续存活在这个大我身上。这个大我乃是不朽的，他的一切善恶功罪，他的一切言行思想，无论是显著的或细微的，对的或不对的，有好处或有坏处——样样都是生存在其对于大我所产生的影响上。这个大我永远生存，做了无数小我胜利或失败的垂久宏大的左证。

这个社会不朽的概念之所以比中国古代三不朽学说更为满意，就在于包括英雄圣贤，也包括贱者微者，包括美德，也包括恶德，包括功绩，也包括罪孽。就是这项承认善的不朽，也承认恶的不朽，才构成这种学说道德上的许可。一个死尸的腐烂可以创立一个宗教，但也可以为患全个大陆。一个酒店侍女偶发一个议论，可以使一个波斯僧侣豁然大悟，但是一个错误的政治或社会改造议论，却可以引起几百年的杀人流血。发现一个极微的杆菌，可以福利几千百万人，但是一个害瘵的人吐出的一小点痰涎，也可以害死大批的人，害死几世几代。

人所做的恶事，的确是在他们身后还存在的！就是明白承认行为的结果才构成我们道德责任的意识。小我对于较大的社会的我负有巨大的债项，把他干的什么事情，作的什么思想，做的什么人物，概行对之负起责任，乃是他的职分。人类之为现在的人类，固是由我们祖先的智行愚行所造而成，但是到我们做完了我们分内时，我们又将由人类将成为怎么样而受裁判了。我们要说，"我们之后是大灾大厄"吗？抑或要说，"我们之后是幸福无疆"吗？

十

一九二三年，我又得了一个时机把我们信条列成更普通的条文。地质学家丁文江氏所著，在我所主编的一个周报上发表，论《科学与人生观》的一篇文章，开始了一场差不多延持了一个足年的长期论战。在中国凡有点地位的思想家，全都曾参与其事。到1923年终，由某个善经营的出版家把这论战的文章收集起来，字数竟达二十五万。我被请为这个集子作序。我的序言给这本已卷帙繁重的文集又加了一万字，而以我所拟议的"新宇宙观和新人生观的轮廓"为结论，不过有些含有敌意的基督教会，却以恶作剧的口吻，称其为"胡适的新十诫"，我现在为其自有其价值而选译出来：

（1）根据于天文学和物理学的知识，叫人知道空间的无限之大。

（2）根据于地质学及古生物学的知识，叫人知道时间的无穷之长。

（3）根据于一切科学，叫人知道宇宙及其中万物的运行变迁皆是自然的，——自己如此的，——正用不着什么超自然的主宰或造物者。

（4）根据于生物学的科学知识，叫人知道生物界的生存竞争的浪费与惨酷，——因此叫人更可以明白那"有好生之德"的主宰的假设是不能成立的。

（5）根据于生物学、生理学、心理学的知识，叫人知道人不过是动物的一种；他和别种动物只有程序的差异，并无种类的区别。

（6）根据于生物的科学及人类学、人种学、社会学的知识，叫人知道生物及人类社会演进的历史和演进的原因。

（7）根据于生物的及心理的科学，叫人知道一切心理的现象都是有因的。

（8）根据于生物学及社会学的知识，叫人知道道德礼教是变迁的，而变迁的原因都是可以用科学的方法寻求出来的。

（9）根据于新的物理化学的知识，叫人知道物质不是死的，是活的；不是静的，是动的。

（10）根据于生物学及社会学的知识，叫人知道个人——"小我"——是要死灭的，而人类——"大我"——不是死的，不朽的；叫人知道"为全种万世而生活"就是宗教，就是最高的宗教。而那些替个人谋死后的"天堂""净土"的宗教，乃是自私自利的宗教。

我结论道：

这种新人生观是建筑在二三百年的科学常识之上的一个大假设，我们也许可以给他加上"科学的人生观"的尊号。但为避免无谓的争论起见，我主张叫他做"自然主义的人生观"。

我们在那个自然主义的宇宙里，在那无穷之大的空间里，在那无穷之长的时间里，这个平均高五尺六寸，上寿不过百年的两手动物——人——真是一个藐乎其小的微生物了。在那个自然主义的宇宙里，天行是有常度的，物变是有自然法则的，因果的大法支配着他——人——的一切生活，生存竞争的惨剧鞭策着他的一切行为，——这个两手动物的自由真是很有限的了。

然而那个自然主义的宇宙里的这个渺小的两手动物，却也有他的相当的地位和相当的价值。他用的两手和一个大脑，居然能作出许多器具，想出许多方法，造成一点文化。他不但驯伏了许多禽兽，他还能考究宇宙间的自然法则，利用这些法则来驾驭天行，到现在他居然能叫电气给他赶车，以太给他送信了。

他的智慧的长进就是他的能力的增加。然而智慧的长进却又使他的胸襟扩大，想像力提高。他也曾拜物拜畜生，也曾怕神怕鬼，但他现在渐渐的脱离了这种种幼稚的时期，他现在渐渐明白：空间之大只增加他对于宇宙的美感；时间之长只使他格外明了祖宗创业之艰难；天行之有常只增加他制裁自然界的能力。

甚至于因果律之笼罩一切，也并不见得束缚他的自由。因为因果律的作用，一方面使他可以由因求果，由果推因，解释过去，预测未来；一方面又使他可以运用他的智慧，创造新因，以求新果。甚至于生存竞争的观念也并不见得就使他成为一个冷酷无情的畜生，也许还可以格外增加他对于同类的同情心，格外使他深信互助的重要，格外使他注重人为的努力，以减免天然竞争的惨酷与浪费。总而言之，这个自然主义的人生观里，未尝没有美，未尝没有诗意，未尝没有道德的责任，未尝没有充分运用创造的智慧的机会。

（原为英文，曾在美国《论坛报》（*Forun*）1931年1—2月号上发表。向真将其译为中文。）

461

我的歧路（节录）

四、我的自述

　　以上三篇通信，梅先生是向来不赞成我谈思想文学的，现在却极赞成我谈政治；孙先生是向来最赞成我谈思想文学的，现在很恳挚的怪我不该谈政治；常先生又不同了，他并非不赞成我谈思想文学，他只希望我此时把全副精神用在政治上。——这真是我的歧路了！

　　我在这三岔路口，也曾迟回了三年；我现在忍着心肠来谈政治，一只脚已踏上东街，一只脚还踏在西街，我的头还是回望着那原来的老路上！伏庐的怪我走错了路，我也可以承认；燕生怪我精神不贯注，也是真的。我要我的朋友们知道我所以"变节"与"变节而又迟回"的原故，我不能不写一段自述的文章。

　　我是一个注意政治的人。当我在大学时，政治经济的功课占了我三分之一的时间。当一九一二至一九一六年，我一面为中国的民主辩护，一面注意世界的政治。我那时是世界学生会的会员，国际政策会的会员，联校非兵会的干事。一九一五年，我为了讨论中日交涉的问题，几乎成为众矢之的。一九一六年，我的国际非攻论文曾得最高奖金。但我那时已在中国哲学史的研究上寻着我的终身事业了，同时又被一班讨论文学问题的好朋友逼上文学革命的道路了。从此以后，哲学史成了我的职业，文学做了我的娱乐。

一九一七年七月我回国时，船到横滨，便听见张勋复辟的消息；到了上海，看了出版界的孤陋，教育界的沉寂，我方才知道张勋的复辟乃是极自然的现象，我方才打定二十年不谈政治的决心，要想在思想文艺上替中国政治建筑一个革新的基础。我这四年多以来，写了八九十万字的文章，内中只有一篇曾琦《国体与青年》的短序是谈政治的，其余的文字都是关于思想与文艺的。

一九一八年十二月，我的朋友陈独秀、李守常等发起《每周评论》。那是一个谈政治的报，但我在《每周评论》做的文字总不过是小说文艺一类，不曾谈过政治。直到一九一九年六月中，独秀被捕，我接办《每周评论》，方才有不能不谈政治的感觉。那时正当安福部极盛的时代，上海的分赃和会还不曾散伙。然而国内的"新"分子闭口不谈具体的政治问题，却高谈什么无政府主义与马克思主义。我看不过了，忍不住了，——因为我是一个实验主义的信徒，——于是发愤要想谈政治。我在《每周评论》第三十一号里提出我的政论的导言，叫做《多研究些问题，少谈些主义！》（《文存》卷二，页一四七以下）。我那时说：

> 我们不去研究人力车夫的生计，却去高谈……主义；……不去研究安福部如何解散，不去研究南北问题如何解决，却去高谈无政府主义；我们还要得意扬扬的夸口道："我们所谈的是根本解决"。老实说罢，这是自欺欺人的梦话，这是中国思想界破产的铁证，这是中国社会改良的死刑宣告！……

> 高谈主义，不研究问题的人，只是畏难求易，只是懒！

但我的政论的"导言"虽然出来了，我始终没有做到"本文"的机会！我的导言引起了无数的抗议，北方的社会主义者驳我，南方的无政府主义者痛骂我。我第三次替这篇导言辩护的文章刚排上版，《每周评论》就被封禁了；我的政论文章也就流产了。

《每周评论》是一九一九年八月三十日被封的。这两年零八个月之中，忙与病使我不能分出工夫来做舆论的事业。我心里也觉得我的哲学文学事业格外重要，实在舍不得丢了我的旧恋来巴结我的新欢。况且几年不谈政治的人，实在不容易提起一股高兴来作政论的文章，心里总想国内有人起来干这种事业，何必要我来加一忙呢？

然而我等候了两年零八个月，中国的舆论界仍然使我大失望。……他们确然也还谈谈，因为骂日本是不犯禁的；然而华盛顿会议中，英美调停，由中日两国代表开议，国内的报纸就加上一个"直接交涉"的名目。直接交涉是他们反对过的，现在这个莫名其妙的东西又叫做"直接交涉"了，所以他们不能不极力反对。然而他们争的是什么呢？怎样才可以达到目的呢？是不是要日本无条件的屈伏呢？外交问题是不是可以不交涉而解决呢？这些问题就很少人过问了。

我等候了两年零八个月，实在忍不住了。我现在出来谈政治，虽是国内的腐败政治激出来的，其实大部分是这几年的"高谈主义而不研究问题"的"新舆论界"把我激出来的。我现在的谈政治，只是实行我那"多研究问题，少谈主义"的主张。我自信这是和我的思想一致的。梅迪生说我谈政治"较之谈白话文与实验主义胜万万矣"，他可错了；我谈政治只是实行我的实验主义，正如我谈白话文也只是实行我的实验主义。

实验主义自然也是一种主义，但实验主义只是一个方法，只是一个研究问题的方法。他的方法是：细心搜求事实，大胆提出假设，再细心求实证。一切主义，一切学理，都只是参考的材料，暗示的材料，待证的假设，绝不是天经地义的信条。实验主义注重在具体的事实与问题，故不承认根本的解决。他只承认那一点一滴做到的进步，——步步有智慧的指导，步步有自动的实验，——才是真进化。

我这几年的言论文字，只是这一种实验主义的态度在各方面的应用。我的唯一目的是要提倡一种新的思想方法，要提倡一种注重事实，服从证验的思想方法。古文学的推翻，白话文学的提倡，哲学史的研究，《水浒》、《红楼梦》的考证，一个"了"字或"们"字的历史，都只是这一个目的。我现在谈政治，也希望在政论界提倡这一种"注重事实，尊崇证验"的方法。

我的朋友们，我不曾"变节"；我的态度是如故的，只是我的材料与实例变了。

孙伏庐说他想把那被政治史夺去的我，替文化史夺回来。我很感谢他的厚意。但我要加一句：没有不在政治史上发生影响的文化；如果把政治划出文化之外，那就又成了躲懒的，出世的，非人生的文化了。

至于我精神不能贯注在政治上的原因，也是很容易明白的。哲学是我的职业，文学是我的娱乐，政治只是我的一种忍不住的新努力。我家中政治的书比其余的书，只成一与五千的比例；我七天之中，至多只能费一天在《努力周报》上；我做一段二百字的短评，远不如做一万字《李觏学说》的便利愉快。我只希望提倡这一点"多研究问题，少谈主义"的政论态度，我最希望国内爱谈政治又能谈政治的学者来霸占这个周报。以后我七天之中，分出一天来替他们编辑整理，其余六天仍旧去研究我的哲学与文学，那就是我的幸福了。

我很承认常燕生的责备，但我不能承认他责备的理由。他说：

> 至于思想文艺等事，先生们这几年提倡的效果也可见了，难道还期望他尚能再有进步吗？

他下文又说"现在到了山顶以后，便应当往下走了。"这些话我不大懂得。燕生决不会承认现在的思想文艺已到了山顶，不能"再有进步"了。我对于现今的思想文艺，是很不满意的。孔丘、朱熹的奴隶减少了，却添上了一班……克洛泡特金的奴隶；陈腐的古典主义打倒了，却换上了种种浅薄的新古典主义。我们"提倡有心，创造无力"的罪名是不能避免的。这也是我在这歧路上迟回瞻顾的一个原因了。

十一，六，十六

（1922 年 6 月 16 日）

补充选目